谨以此书献给
孙优贤院士80华诞

Operating Condition Monitoring and Fault Tracing Reasoning:
Machine Learning Method

运行工况监测与故障溯源推理：
机器学习方法

赵春晖　余万科　著
柴　铮　冯良骏

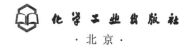

·北京·

内容简介

本书围绕工业生产过程智能监控的若干核心问题展开论述。首先介绍工业过程运行监测和故障溯源推理的重要性、工业过程智能监控相关的机器学习理论基础。在此基础上，介绍过程生产状态的感知与异常情况的预警，即过程监测方法，具体包括针对大规模工业过程的分布式监测方法、针对复杂时变过程的条件驱动建模方法、针对过程正常慢变化和工况切换的自适应监测方法等。接下来介绍异常变量的隔离与过程故障的诊断，即故障诊断方法，具体包括针对故障过程时变的多模型判别方法、针对历史数据稀缺的增量学习方法、迁移学习和零样本学习方法等。

本书可作为自动控制或信息科学等相关专业研究生的教学参考书，同时对从事自动化过程监控研究、设计、开发和应用的广大工程技术人员也具有一定的参考价值。

图书在版编目（CIP）数据

运行工况监测与故障溯源推理：机器学习方法/赵春晖等著.
—北京：化学工业出版社，2022.2
（工业智能化创新之路丛书）
ISBN 978-7-122-40346-9

Ⅰ.①运… Ⅱ.①赵… Ⅲ.①机器学习-应用-工业生产-过程控制 Ⅳ.①F406.2

中国版本图书馆 CIP 数据核字（2021）第 245303 号

责任编辑：宋　辉
文字编辑：毛亚囡
责任校对：宋　玮
装帧设计：王晓宇

出版发行：化学工业出版社
　　　　（北京市东城区青年湖南街13号　邮政编码100011）
印　　装：三河市延风印装有限公司
710mm×1000mm　1/16　印张20　彩插1　字数376千字
2022年9月北京第1版第1次印刷

购书咨询：010-64518888
售后服务：010-64518899
网　　址：http://www.cip.com.cn
凡购买本书，如有缺损质量问题，本社销售中心负责调换。

定　　价：99.00元　　　　　　　　版权所有　违者必究

前言

工业决定着国民经济现代化的速度、规模和水平，在当今世界各国国民经济中起着主导作用。打造具有国际竞争力的工业，是提升综合国力、保障国家安全、建设世界强国的必由之路。在国家战略指导下，以智能制造为主导方向的工业自动化技术在迅速推进。工业生产过程也在朝着大型化、复杂化和智能化的方向高速发展。

提升产品质量、减少能源消耗、提高生产效率、降低生产成本和保障生产安全，是工业过程智能化的几个重要目标。其中，提高工业过程的安全性，尤其是降低生产事故和异常情况出现的频率，对于提高生产效率、保证人员和设备的安全以及提高工业生产流程的经济效益有着十分重要的意义。因此，对工业生产过程或者运行设备进行故障监测与诊断，排除潜在的异常状态，预防重大事故发生，已然成为当前工业领域亟须解决的重要问题。

随着计算机技术和传感器技术的不断发展，先进的集散控制系统应运而生，实时获取工业过程数据的能力大大提高，海量的过程历史数据也因此被存储下来。如何从历史数据中挖掘过程运行状态信息，并据此建立有效的过程监测与故障诊断模型，成了工业过程控制领域新的研究热点，具有重要的理论价值与现实意义。本书将深入解析复杂工业过程的数据特性，并在此基础上结合先进的机器学习技术介绍一系列的过程监测与故障诊断方法，目的是实现异常行为的及时监测和过程故障的准确溯源，从而为消除故障影响、恢复正常生产提供便利。同时，本书的工作也能为后续的设备故障检修、剩余寿命预测等打下坚实的基础，为提高企业的产品竞争力和市场经济效益提供有力的保障。

在国家自然科学基金委、科技部和工信部等资助下，笔者长期从事面向工业过程智能监控的基础理论方法与关键技术研究工作，先后提出并发展了一系列运行工况识别、故障溯源诊断方法，用数字化与智能化手段提升工业装备服役效能，促进了该领域的进一步发展。本书将结合笔者在具体工业领域的多年实践经验，从分析实际工业过程的具体特性出发，基于机器学习方法，介绍基本的工业过程智能监控技术以及作者在这些领域的最新研究成果，围绕工业过程智能监控的若干核心问题展开论述。本书第1章首先介绍了工业过程运行工况监测和故障溯源推理的重要性，并详细分析了前人的相关研究工作。第2章综述了工业过程智能监控相关的机器学习理论基础，重点阐述了以协整分析、典型相关分析、慢特征分析、混合高斯模型和自编码网络为代表的无监督学习方法和以线性判别分析、随机森林、卷积神经网络、宽度学习和零样本学习为核心的监督学习方法。第3~7章主要介绍了对过程生产状态的感知与异常情况的预警，即过程监测方法，具体包括基于稀疏协整分析的变工况分布式建模与过程监测、条件驱动的大范围非平稳瞬变过程建模与状态监测、基于动态双层解析的工业过程动静协同精细工况识别、基于递归指数慢特征分析的精细化自适应过程监测、基于降噪自编码器和弹性网的非线性鲁棒监测与故障隔离。第8~12章主要介绍了异常变量的隔离与过程故障的诊断，即故障诊断方法，具体包括多模型指数判别分析方法及其在故障诊断中的应用、基于动静协同解析的增强随机森林故障诊断、具有增量学习能力的宽度卷积神经网络及其故障诊断、基于细粒度对抗网络的域自适应方法及跨域故障诊断、基于零样本学习的数据与知识融合方法及故障诊断。第3~12章包含了作者近几年的一系列研究成果，即对工业过程智能监控中的实际具体问题的分析与解决办法。

本书涉及的研究成果得到了众多科研机构的支持，其中特别感谢NSFC-浙江两化融合联合基金(No.U1709211)、国家杰出青年科学基金(No.62125306)、国家重点研发计划（2019YFC1908100）、中央高校基本科研业务费专项资金（浙江大学NGICS大平台）、工业控制技术国家重点实验室自主课题(ICT2021A15)、流程工业综合自动化国家重点实验室开放课题基金资助项目(2020-KF-21-07)。

《史记》中有一句话：泰山不让土壤，故能成其大；河海不择细流，故能就其深。经历科研的蹒跚学步，到逐步熟练得心应手，在人生的不同阶段，笔者何其有幸得到了多位品德高尚的老师的指导和帮助。博士求学期间以及工作阶段，在东北大学王福利教授、香港科技大学高福荣教授和加拿大阿尔伯塔大学黄彪教授指导下，针对机器学习方法以及工业过程监测与故障诊断进行了许多深入的研究工作，受益匪浅；自2012年1月加入浙江大学孙优贤院士团队以来，得到了孙院士无私的爱护和关怀；母校柴天佑院士一直关心东大学子的成长，不吝指导着笔者的研究工作和研究方向。两位院士德高望重，笔者每一步的成长、进步和发展都得到了两位院士的指引和帮助。在此，特别表达对两位院士的深切感恩之情。

在本书编写期间，研究生陈军豪、宋鹏宇、郑嘉乐、赵健程、田畅、王婕、李宝学、赵诣、王应龙等做了文献翻译、整理、格式校对等方面的工作。在本书正式出版之际，谨向他们表示衷心的感谢。

由于理论水平有限，以及所做研究工作的局限性，书中难免存在不妥之处，恳请广大读者批评指正。

赵春晖

2021年6月于浙江大学

为了便于阅读，书中所有图片提供电子版彩图，扫描二维码获取

目录

第1章　绪论　　　　　　　　　　　　　　　　　　　/001

 1.1　概述　　　　　　　　　　　　　　　　　　/002

 1.2　运行工况监测与故障溯源推理研究现状　　　　/004

  1.2.1　基础理论方法　　　　　　　　　　　/004

  1.2.2　运行工况监测研究现状　　　　　　　/005

  1.2.3　故障溯源推理研究现状　　　　　　　/009

 1.3　全书概况　　　　　　　　　　　　　　　　/013

 参考文献　　　　　　　　　　　　　　　　　　　/016

第2章　运行工况监测与故障溯源诊断的基础理论方法　/031

 2.1　概述　　　　　　　　　　　　　　　　　　032

 2.2　无监督学习方法　　　　　　　　　　　　　033

  2.2.1　协整分析　　　　　　　　　　　　　033

  2.2.2　典型相关分析　　　　　　　　　　　035

  2.2.3　慢特征分析及其衍生方法　　　　　　037

  2.2.4　高斯混合模型　　　　　　　　　　　039

  2.2.5　自编码网络　　　　　　　　　　　　041

 2.3　监督学习方法　　　　　　　　　　　　　　042

  2.3.1　线性判别分析及其衍生方法　　　　　042

  2.3.2　随机森林　　　　　　　　　　　　　045

  2.3.3　卷积神经网络　　　　　　　　　　　047

  2.3.4　宽度学习　　　　　　　　　　　　　048

  2.3.5　零样本学习　　　　　　　　　　　　050

 2.4　本章小结　　　　　　　　　　　　　　　　052

 参考文献　　　　　　　　　　　　　　　　　　　052

第3章 基于稀疏协整分析的变工况分布式建模与过程监测/059

- 3.1 概述 060
- 3.2 稀疏协整分析方法回顾 062
- 3.3 基于稀疏协整分析的变工况过程分布式监测 064
  - 3.3.1 基于协整关系的模块分解 064
  - 3.3.2 过程动静态信息提取 066
  - 3.3.3 局部监测统计量计算 068
  - 3.3.4 全局监测统计量计算 068
  - 3.3.5 监测算法在线实施 069
  - 3.3.6 总结与讨论 070
- 3.4 百万千瓦超超临界机组的应用研究 072
- 3.5 本章小结 081
- 参考文献 082

第4章 条件驱动的大范围非平稳瞬变过程建模与状态监测/087

- 4.1 概述 088
- 4.2 变工况多模式过程监测建模方法 091
  - 4.2.1 问题陈述与工作动机 091
  - 4.2.2 条件驱动的数据阵列重组 093
  - 4.2.3 自动有序条件模态划分 094
  - 4.2.4 精细化分布评估算法 096
  - 4.2.5 算法在线实施方案 099
- 4.3 百万千瓦超超临界机组的应用研究 100
  - 4.3.1 百万千瓦超超临界机组 100
  - 4.3.2 建模与实验分析 101
- 4.4 本章小结 108
- 参考文献 108

第 5 章　基于动态双层解析的工业过程动静协同精细工况识别 /115

- 5.1　概述　116
- 5.2　基于 CVA 和 SFA 的变工况过程动静协同监测　118
  - 5.2.1　问题阐述与动机分析　118
  - 5.2.2　基于典型变量分析的动态特征提取　119
  - 5.2.3　基于慢特征分析的动静协同状态监测　120
  - 5.2.4　在线监测策略　122
- 5.3　三相流过程中的应用　124
  - 5.3.1　过程描述　124
  - 5.3.2　实验设计与建模数据　124
  - 5.3.3　算法验证及讨论　125
- 5.4　本章小结　133
- 参考文献　133

第 6 章　基于递归指数慢特征分析的精细化自适应过程监测 /139

- 6.1　概述　140
- 6.2　问题陈述与动机分析　142
- 6.3　递归指数慢特征分析　144
  - 6.3.1　指数慢特征分析　145
  - 6.3.2　递归指数慢特征分析　146
  - 6.3.3　RESFA 中的监测统计量　148
  - 6.3.4　基于 RESFA 的自适应监测策略　149
- 6.4　方法验证与结果分析　151
  - 6.4.1　青霉素发酵过程　151
  - 6.4.2　卷烟生产过程　156
  - 6.4.3　注塑过程　159
- 6.5　本章小结　162
- 参考文献　162

第7章 基于降噪自编码器和弹性网的非线性鲁棒监测与故障隔离 /167

- 7.1 概述 168
- 7.2 方法回顾与动机分析 170
  - 7.2.1 降噪自编码器 170
  - 7.2.2 问题陈述与动机分析 171
- 7.3 方法介绍 172
  - 7.3.1 DAE-EN 算法 172
  - 7.3.2 基于 DAE-EN 的过程监测 173
  - 7.3.3 基于 DAE-EN 的故障隔离 176
  - 7.3.4 方法相关的讨论 177
- 7.4 方法验证与结果分析 178
  - 7.4.1 热电厂生产过程 178
  - 7.4.2 卷烟生产过程 180
- 7.5 本章小结 183
- 参考文献 183

第8章 多模型指数判别分析方法及其在故障诊断中的应用/189

- 8.1 概述 190
- 8.2 问题陈述与动机分析 192
- 8.3 多模型指数判别分析 194
  - 8.3.1 多模型指数判别分析方法 194
  - 8.3.2 概率多模型指数判别分析方法 198
  - 8.3.3 在线故障诊断 199
  - 8.3.4 MEDA 算法的进一步改进 200
  - 8.3.5 讨论与分析 201
- 8.4 方法验证与结果分析 202
- 8.5 本章小结 205
- 参考文献 205

第 9 章　基于动静协同解析的增强随机森林故障诊断　/211

- 9.1　概述　212
- 9.2　基于 CART 树的随机森林算法回顾　214
- 9.3　动静态协同的增强随机森林　214
  - 9.3.1　问题陈述与动机分析　214
  - 9.3.2　动静态节点提取　216
  - 9.3.3　基于特征重要性排序的增强随机森林算法　218
  - 9.3.4　增强随机森林算法的步骤　219
- 9.4　方法验证与结果分析　221
  - 9.4.1　田纳西-伊斯曼过程　221
  - 9.4.2　三相流过程　225
- 9.5　本章小结　230
- 参考文献　230

第 10 章　具有增量学习能力的宽度卷积神经网络及其故障诊断/237

- 10.1　概述　238
- 10.2　问题陈述与动机分析　240
- 10.3　宽度卷积神经网络　242
  - 10.3.1　所提网络框架　242
  - 10.3.2　对新样本和新类别的增量学习能力　244
  - 10.3.3　关于 BCNN 的一些讨论　246
- 10.4　方法验证与结果分析　247
  - 10.4.1　田纳西-伊斯曼过程　247
  - 10.4.2　三相流过程　252
- 10.5　本章小结　254
- 参考文献　255

第 11 章　基于细粒度对抗网络的域自适应方法及跨域故障诊断 /261

11.1	概述	262
11.2	问题描述与深度神经网络简介	264
	11.2.1　问题描述	264
	11.2.2　深层神经网络	264
11.3	基于迁移学习的对抗网络	266
	11.3.1　动机分析	266
	11.3.2　细粒度对抗网络的总体结构	267
	11.3.3　细粒度对抗网络的优化目标	268
	11.3.4　对抗训练策略	269
	11.3.5　在线诊断步骤	270
11.4	方法验证与结果分析	271
	11.4.1　机械滚动轴承	271
	11.4.2　三相流过程	275
11.5	本章小结	278
	参考文献	278

第 12 章　基于零样本学习的数据与知识融合方法及故障诊断 /285

12.1	概述	286
12.2	问题建模	289
	12.2.1　故障描述的向量表示	289
	12.2.2　零样本故障诊断的定义	289
12.3	基于零样本学习的故障诊断	290
	12.3.1　属性迁移的故障语义描述	290
	12.3.2　可行性分析	292
12.4	方法验证与结果分析	293
	12.4.1　田纳西-伊斯曼过程	293
	12.4.2　百万千瓦超超临界机组	300
12.5	本章小结	302
	参考文献	303

第 1 章

绪论

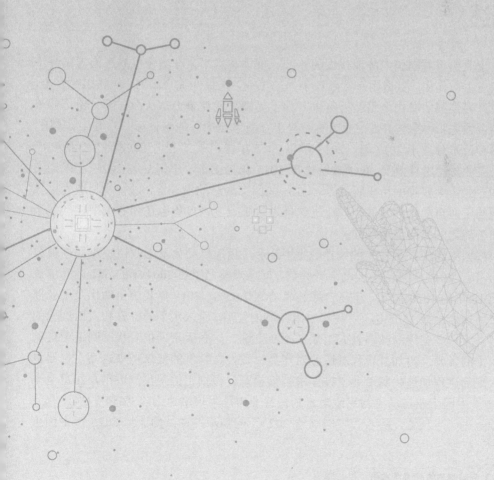

现代生产制造过程向大规模和集成化方向发展，对生产制造的智能化水平提出了更大的挑战与需求。过程运行状态监控作为一个新兴的研究问题，能够保证生产的安全、稳定运行以及获得更高的企业综合经济效益，逐渐受到学术界和工业界的广泛关注。随着传感技术、大数据、云计算在工业工厂中的广泛使用，大量的过程运行数据得到了收集和存储。同时，深度神经网络及相关人工智能方法的迅猛发展使得机器学习技术具有处理大规模数据的需求和能力。两方面的结合使得工业过程的智能监控技术有望迈进新的发展阶段。一般来说，过程监控技术包含运行工况监测和故障溯源推理两个部分。其中，运行工况监测能够向操作人员反映过程运行状态，及时给出异常预警，避免重大事故发生；而故障溯源推理则可以分析故障类型并诊断故障原因，提供有效信息用于过程系统维护，从而尽快恢复工业生产。

1.1 概述

工业决定着国民经济现代化的速度、规模和水平，在当今世界各国国民经济中起着主导作用。打造具有国际竞争力的工业，是提升综合国力、保障国家安全、建设世界强国的必由之路。近年来，为了提高工业竞争力，从而在新一轮工业革命中占领先机，各个主要工业国纷纷提出在新世纪中的战略目标[1-3]。其中，美国、德国和日本分别于 2012 年、2013 年和 2015 年提出了"工业互联网""工业 4.0"和"工业价值链计划"。我国政府也在 2015 年提出了"中国制造 2025"，以期实现制造业由大变强的历史跨越[4-7]。在这些国家战略的指导下，以智能制造为主导方向的工业自动化的发展步伐在迅速推进，工业生产过程也在朝着大型化、复杂化和智能化的方向高速发展。

根据中国工控网发布的统计数据[8]显示，我国自动化及工业控制市场规模自 2004 年至 2018 年期间呈波动上升趋势，市场规模已经从 2004 年的 652 亿元增长至 2018 年的 1830 亿元，年复合增长率达到 7.65%。2019 年我国自动化及工业控制市场规模达到 1865 亿元。随着中国经济的发展、收入水平的提升和人口结构的转型，人口红利逐渐减弱且人工成本不断上涨，这些因素助推着我国制造业自动化水平的提升。再加之现代制造业对产品一致性、精度的要求越来越高，机器替代人工的进程加速，制造业工控需求持续提升。根据工控网预测数据，2021 年、2022 年中国工业自动控制系统装置制造行业市场规模增速为 4.3%和 5.6%。在此基础上进一步预测，随着"中国制造 2025"的稳步推进，预计到 2025 年中国工业自动控制系统装置制造行业市场规模将达到 2347 亿元左右。

提升产品质量、减少能源消耗、加快生产效率、降低生产成本和保障生产安全是工业过程自动化的几个重要目标。其中，提高工业过程的安全性，尤其是降低生产事故和异常情况出现的频率，对于提高生产效率、保证设备和人员的安全以及提高工业生产流程的经济效益有着十分重要的意义。一般来说，工业生产往往涉及持续吸热放热的物理、化学反应，整个工业过程经常处于高温高压等极端环境并具有潜在的危险性。据应急管理部危险化学品安全监督管理司发布的全国化工事故分析报告显示[9]，2016~2018 年三年间，全国共发生 620 起化工事故，造成 728 人死亡。近两年来，我国化工生产事故总体呈现下降趋势，但是与世界先进国家水平相比仍存在差距。具体来说，2019 年全国共发生化工事故 164 起，造成 274 人死亡；2020 年全国共发生化工事故 148 起，造成 180 人死亡。因此，对工业生产过程或者运行设备进行故障监测与诊断，排除潜在的故障，预防重大事故发生，已然成为当前工业领域亟须解决的重要问题。

然而，现代化的工业工厂经常涉及数以万计的设备和系统回路，这导致精确的数据物理模型往往难以有效建立。另外，随着计算机技术和传感器技术的不断发展，先进的集散控制系统（Distributed Control System，DCS）应运而生，实时获取工业过程数据的能力大大提高，海量的过程历史数据也因此被存储下来。如何从历史数据中挖掘过程运行状态信息，并据此建立有效的过程状态监测与故障诊断模型，日益成为工业过程控制领域新的研究热点，具有重要的理论价值与现实意义[10, 11]。事实上，近十年来在 Web of Science 核心合集上以"Machine learning"和"Process monitoring"为主题的文章数量在逐年增长。如图 1-1 所示，每年文章数量已经从 2010 年的 56 篇增长到了 2020 年的 1204 篇。本书将深入解析复杂工业过程数据的特性，并在此基础上结合先进的机器学习技术，介绍一系列过程监测与故障诊断方法，目的是实现异常行为的及时监测和过程故障的准确溯源，从而为消除故障影响恢复正常生产提供便利。同时，本书的工作也能为后续如设备故障检修、剩余寿命预测等打下坚实的基础，为提高企业的产品竞争力和市场经济效益提供有力的保障。

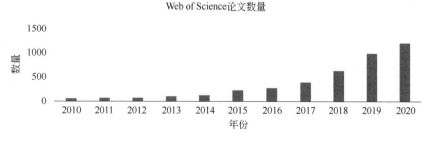

图 1-1　Web of Science 核心合集中以"Machine learning"和
"Process monitoring"为主题检索的文章数量

1.2 运行工况监测与故障溯源推理研究现状

近十年来，针对工业过程的智能监控问题，相关学者结合最新的机器学习方法做了大量的研究工作。其中，以多元统计分析方法和深度神经网络方法最为常见，下面分别就运行工况监测和故障溯源推理的研究现状做简单的梳理和概括介绍。

1.2.1 基础理论方法

以机器学习为代表的数据驱动方法是目前过程监测与诊断领域的研究热点。这类方法本质上也是一种基于知识的方法，只是这里的知识不是专家经验等定性的知识，而是工业过程中收集到的海量数据，因此该类方法也具有基于知识方法的优点。数据驱动方法不需要系统精确模型的先验知识，通过分析处理过程数据，挖掘出数据内部包含的信息，以此获得工业过程的运行状态，从而实现故障监测与诊断[12-14]。

随着物联网技术、互联网的发展和工业智能化水平的提高，大量过程数据、传感器数据、工艺参数等的观测、采集和存储变得越来越便利迅速[15]。这些数据可以反映过程温度、流速、组分、压力等参数和过程运行状态信息，为过程建模提供数据支持。而且，模式识别、信号处理、机器学习、统计分析等技术为数据驱动方法的发展提供了理论指导。近年来，数据驱动方法日益成为过程控制领域的研究热点，受到国内外学者的广泛关注。目前，基于数据驱动的故障监测与诊断技术受到了高度重视，其系统理论和方法的研究正在向深层次发展[16-18]。

根据知识提取的方式，机器学习方法可以分为无监督类型与有监督类型。

无监督方法主要有：协整分析（Cointegration Analysis，CA）[19]、典型相关分析（Canonical Correlation Analysis，CCA）[20]、自编码器（Autoencoders，AE）[21]、慢特征分析（Slow Feature Analysis，SFA）[22]、高斯混合模型（Gaussian Mixture Model，GMM）[23]等。这类方法主要借助于统计理论针对高维冗余的历史数据，利用线性或非线性映射函数，在没有标签（指示信息）的监督下，将代表过程状态的主要变量投影到低维空间，达到维数约简和特征提取的目的。无监督算法主要借助于统计理论，分析过程的历史数据，挖掘数据中隐含的过程信息，提取样本的控制统计量，并与正常训练数据估算出的统计指标进行对比，从而检测出当前系统运行的异常状态。其用于监测的主要思路是：假设数据呈独立同分布，利用映射函数将正常操作的历史数据分解成低维特征空间和残差空间两个子空间，分别对这两个空间计算监测统计量，并与其对应的控制限进行对比，判断过程所属的运行状态。

有监督方法主要有：线性判别分析（Linear Discrimination Analysis，LDA）[24]、随机森林（Random Forest，RF）[25]、宽度学习（Broad Learning System，BLS）[26, 27]、卷积神经网络（Convolutional Neural Network，CNN）[28]、零样本学习（Zero Sample Learning，ZSL）[29]等。该类机器学习方法同样不需要定量数学模型，利用额外的标签监督信息，教导计算机如何从数据中学习、推理和决策等实现故障诊断。运用的知识包含系统结构知识、经验规则知识、工作状态知识、环境知识等。基于机器学习方法，通过对接故障识别库、算法、构建模型、迭代优化等步骤，逐步完善自动化故障诊断系统。主要按照以下步骤处理：收集报警数据到大数据平台；数据预处理（清洗、转换、统一等）；基础统计；基础统计结果存储到数据库；计算引擎加载数据；划分训练和测试集合；训练模型，在测试集上验证；保存模型；迭代式优化模型。简单来说，就是利用过程系统中采集的正常及故障数据（包括历史输入输出数据、过程采样数据、执行器记录数据等），训练机器学习方法，实施故障监测与诊断[30-32]。

1.2.2 运行工况监测研究现状

随着现代科技的迅猛发展和市场竞争的愈演愈烈，工业过程规模不断扩大，过程的复杂性也不断提高，工业过程的安全生产和高效运行受到越来越广泛的关注。运行工况监测技术在现代工业中发挥着举足轻重的作用，已经成为近年来工业自动化领域内的研究热点。该技术是保障制造业转型升级，实现智能制造的基本技术之一。运行工况监测技术[14-18]是采用各种检测、测量、监视、分析和判别方法，并结合系统的历史和现状，综合考虑环境因素，对装备运行状态进行评估，确定其整体或局部是否正常。进而，帮助过程操作和管理人员及时了解和掌握过程及装备的运行情况，早期发现故障并预报故障发展趋势，给出故障处理的对策与建议，这对避免灾难性事故和减少产品质量波动，降低经济成本，保证工业过程运行的安全性和高效性，具有十分重要的意义。

现阶段，过程监测相关的研究已经历了几十年的发展。学者们提出了不同方法用于解决过程监测中遇到的问题。Venkatasubramanian 等人[33-35]对前人工作进行了详细的梳理，并将现有的运行工况监测方法分为三大类：基于解析模型、基于知识以及基于数据驱动的方法。

基于解析模型的方法是最先被提出来的，与现代控制理论紧密相关。其需要建立被监测对象的精确数学物理模型，利用参数估计或者状态估计来反映系统的运行状态[36-38]。该类方法起步较早，国内外学者均有过大量的研究，包括Ding[39]、周东华[40]、赵春晖[41]等人，相应的成果也已经应用到航天器、导弹等领域中[42, 43]。基于解析模型的过程监测方法通常具有良好的监测效果，因为精确的数学物理模型更接近实际情况。但是如何建立比较精确的数学物理模型是关键问题。由于过程中往往存在着不确定性、非线性、时变性等特点，很难建立准确的数学物理模型。因此，基于解析模型的方法通常局限于一些简单的工业过程，而难以在规模庞大、机理复杂的现代工业中取得广泛的应用。

基于过程知识的方法相比于基于解析模型的方法，不再依赖于建立精确的数学或物理模型。它是通过计算机模拟专家在过程监测上的推理能力实现监测目的的。常见的基于过程知识的方法包括故障树[44]、模糊逻辑[45, 46]等。基于知识的方法可以提供故障的传播路径，能有效地对故障演变进行解释[47]。但基于知识方法的主要瓶颈是过程监测的准确率依赖知识的积累和专家水平的高低，对于一个复杂的系统，过程知识和经验的积累往往是一个缓慢的过程，所以基于知识的方法通用性也比较差。

基于数据驱动的方法是随着数据测量与存储技术的飞速发展而得以发展成熟的。工业运行过程中积累了丰富的过程数据，包括高频和低频的传感器测量信号、工艺数据和产品质量等结构化和非结构化数据。这些数据包含了过程历史运行的信息，客观地反映了工业过程的运行情况，工业大数据概念也由此提出[48, 49]。基于数据驱动的运行工况监测方法通过分析挖掘收集的海量过程数据，提取数据内部隐含的信息和特征，实施过程设备的运行状态监测并追溯故障原因，受到了各界学者的关注，并逐渐成为运行工况监测领域的中流砥柱。目前主流的数据驱动的运行工况监测方法主要包含多元统计分析和人工智能等方法[50-52]。下面对数据驱动的方法做深入介绍。

（1）基于多元统计分析的过程监测方法

由于基于多元统计分析的过程监测方法[53-56]在处理高维耦合数据上的独特优势，近几十年来得到了迅速发展并广泛应用于各大工业过程中。基于多元统计分析的过程监测方法通常称为多元统计过程监测，它们使用多元统计分析方法对高维冗余的过程数据进行降维，消除变量之间的共线性关系并提取关键的特征和信息，构建统计性能指标对过程的运行状态进行评估。主成分分析（Principal Component Analysis，PCA）[57, 58]、偏最小二乘（Partial Least Square，PLS）[59, 60]、独立主成分分析（Independent Component Analysis，ICA）[61, 62]和线性判别分析（Linear Discriminant Analysis，LDA）[63]等都是主流的传统多元统计分析方法。伴随着工业智能化的发展趋势，发电、化工生产、船舶制造等工业过程，规模庞大、设备众多、参数高维且相互影响，具有复杂的过程特性。常见的工业过程特性包含：动态性、非线性、非高斯、非平稳等。上述传统多元统计分析方法无法有效地捕捉过程的复杂特性，进而无法实现对复杂工业过程准确且高效的工况识别。

因此，为了更好地适应规模庞大且特性复杂的现代工业过程，学者们在传统多元统计分析方法的基础上进行了一系列的改进与扩展，并成功应用到石油、化工、航空航天、轨道交通、海洋工程等流程及装备制造行业。

针对过程动态特性，由于闭环控制器的使用及过程惯性影响，相邻数据样本间表现出显著的时序相关性。Ku 等人[64]提出了动态主元分析（Dynamic PCA，DPCA）算法，将时序拓展后的过程数据输入 PCA 模型中进行分析。基于此思想，传统多元统计分析方法的动态扩展，譬如动态偏最小二乘（Dynamic PLS，DPLS）[65-67]、动态独立成分分析（Dynamic ICA，DICA）[68-70]等也相继被提出。这些方法操作简单且便于实施，但是依赖的动态扩展可能造成变量维度的大幅度增加，无法实现数据的降维分析，且易受静态波动的影响。进而，有学者提出了直接的时序相关特征提取方法，使得投影后得到的特征与未来或者过去一段时间的数据具有较大的相关性，譬如动态潜变量模型（Dynamic Latent Variable，DLV）[71]、动态内部主元分析方法（Dynamic-inner Principal Component Analysis，DiPCA）[72]等。针对非线性，学者们基于核函数先后提出了核主元分析（Kernel PCA，KPCA）[73-75]、核独立成分分析（Kernel ICA，KICA）[76-78]等方法。针对由于工业过程受到操作点设定、工况变迁等因素影响所造成的过程数据非高斯，学者们结合贝叶斯理论提出了基于高斯混合模型（Gaussian Mixture Model，GMM）的监测策略[79-81]，利用多个高斯模型来拟合过程数据。针对受工况变化、设备老化等因素影响呈现非平稳特性的数据，Engle 和 Granger[82]合作提出了协整理论，认为具有非平稳特性的变量间可能存在着长期的动态均衡关系，即各个变量围绕着一个共同的长期协整关系随机波动，而与各自的非平稳性质无关。根据这样的理论观点，如果能够建立起工程系统变量之间的协整关系模型，那么当系统发生故障而造成变量之间关系被改变时，相应的信息便会反映在模型残差中。Chen 等人[83]首次将协整分析用于工业蒸馏装置的状态监测，为复杂工业过程的非平稳运行工况识别带来了新的思路和方法。Zhao 的团队[84-87]基于协整分析方法展开了非平稳过程状态监测和故障诊断的一系列深入研究，并通过工业实例验证了有效性和合理性。另外一些学者则提出利用自适应策略，通过连续更新模型来捕获过程的非平稳变化。Li 等人[88]推出了两种递归 PCA 算法来自适应更新 PCA 监测模型，包括递归 PCA 和带遗忘因子的递归 PCA。Yu 等人[89]推出了递归协整分析算法来解决模型伪更新和频繁更新问题，并结合动静态信息实现了精细化状态识别。由于控制回路的作用，故障发生时过程的动态信息会产生不同的动态变化，可以借此识别正常工况切换和真实过程异常。针对非平稳过程的状态监测，另一经典的思路是基于工况划分的多模型方法。考虑到工业过程往往在"平稳态—过渡态—平稳态"各状态下不断交替运行，即工况始终在不断发生变化，因此，近年来不少学者提出了基于工况划分的多模型策略[90-92]，其主要思想是对多稳态工况数据进行聚类，将数据聚类成不同子集对应的多个工况,最后对聚类后的数据建立多个局部模型,实现对多工况过程的状态监测。上述的非平稳研究方法是时间驱动的,着重于分析时间上的变化规律。从时间维度上来讲,过程模式的变化非常繁杂,包括频繁的工况切换以及切换的初始和目标工况不同,给建模和理解带来很大困难。为了解决操作工况变化在时间上的无序性和重复性难题,Zhao 等人[93, 94]首次提出了条件驱动的多模式分析新范式,将传统的时间轴上繁杂的变工况导致的模式变化转变为条件轴上规律性的多模式变化,消除了非平稳问题的影响,抓住了工况变化的本质,在火电装备的磨煤机上做了成功验证,并可广泛适用于非平稳运行的连续工业生产系统,拓展了非平稳分析的理论方法体系。

(2)基于人工智能的运行工况监测方法

随着工业互联网和物联网技术的迅猛发展,人工智能算法[95-97],包括深度学习[98-100]、零样本学习[101]、集成学习[102, 103]等,不断发展完善。人工智能的方法具有并行处理、学习和记忆、非线性映射、自适应能力和鲁棒性等性质,与传统监测方法相比在很多方面具有明显的优势,逐渐成为复杂工业过程运行工况监测领域中的研究热点。Yang 等人[104]结合随机森林和遗传算法去诊断机械齿轮故障。Shao 等人[105]提出了一种深度自编码方法,通过整合不同性质的编码器来诊断齿轮故障。Hua 等人[106]提出了一种集成学习方法来自适应诊断历史样本不充分的故障。Yu 等人[107]将自编码网络应用于工业过程中,并考虑降噪功能,通过训练中心层较小的多层神经网络将高维数据转换为低维特征,通过提取非线性特征,建立了相应的监测模型以检测异常。Zhang 等人[108]则提出了一种基于变分自编码器的非线性工况识别方法,其通过在网络的隐层中添加高斯分布约束,使得变分自编码器学习到的非线性特征服从高斯分布。

表 1-1 对比总结了各类运行工况监测方法。随着工业工厂的规模不断扩大,生产设备的复杂程度不断提高,精确的解析模型往往难以建立,充分的专家知识也不易获得,基于知识与解析模型的监测方法都具有很大的局限性。相比之下,基于数据驱动的方法不需要假设或对模型参数的经验估计,具有强大的建模能力,已逐渐成为运行工况监测领域中的主流方向。

表 1-1　运行工况监测方法对比

类型	方法	原理	优点	缺点
基于解析模型	数学模型的方法	建立精确的数学模型和可观测输入输出量构造残差信号来反映装备期望行为与实际运行模式间是否一致	① 可靠,精确 ② 模型通用性强 ③ 机理解释性强	① 领域知识需求高 ② 模型参数辨识难 ③ 复杂对象耗时长

续表

类型	方法	原理	优点	缺点
基于过程知识	专家知识经验	根据对生产过程的理解和操作经验来建立知识库，再通过计算机利用知识库信息模拟专家在过程监测上的推理能力实现监测	不需要精确的数学物理模型	① 模型通用性差 ② 复杂对象的过程知识和经验的积累耗时长
基于数据驱动	多元统计分析的方法	对历史过程数据进行统计分析，比较正常样本估算得到的监控指标置信限和每个样本的监控统计量分析当前样本的运行状态	① 无需假设或对参数进行经验估计 ② 时间复杂度较低 ③ 算法解释性强，参数易调整	① 处理非高斯、多模态、非线性数据时，效果较差 ② 忽视数据微小特征对结果的影响
基于数据驱动	人工智能的方法	利用人工智能算法模拟和实现人类的思维和行为，自动完成工况识别过程	① 实时数据分析，减少人工干预 ② 强大的非线性表达能力和自适应学习能力	① 黑箱模型，参数和模型不易理解 ② 对数据质量和规模要求高

1.2.3 故障溯源推理研究现状

当工业过程的故障被检测出来后，需要对该故障进行隔离和诊断。故障隔离的目的在于找到与故障发生最相关的过程变量，可以使得过程操作人员以及工程师定位到对应的子系统。故障诊断的内容是判断具体发生的故障类型、故障位置、故障大小以及发生时间。最后，基于上述对故障的详细分析，消除故障影响，从而恢复过程正常运行状态。本小节针对故障的隔离与诊断，分别对其研究现状进行介绍。故障溯源推理的代表性方法总结如表1-2所示。

表1-2 故障溯源推理代表性方法

故障溯源推理	代表性方法	方法特点
故障变量隔离	基于贡献图的方法[112, 113]	易于使用，但结果通常会受拖尾效应的影响
故障变量隔离	基于重构的贡献方法[116-118]	仍存在拖尾效应，计算复杂
故障变量隔离	基于凸优化的关键变量选择[121, 122, 129]	计算复杂度较低；一般基于线性模型，且对噪声敏感
故障诊断	线性判别分析[128, 129]	线性方法，对非线性分类问题并不一定有效

续表

故障溯源推理	代表性方法	方法特点
故障诊断	支持向量机[131, 132]	需设置合适的核函数
	概率图模型[134, 135]	依赖复杂的过程知识建立精确图模型
	深度神经网络[142-146]	对训练数据量要求较高

（1）故障变量隔离研究现状

故障变量隔离一般是指隔离导致故障的主要变量，从而方便后续的根因追溯[109]。过程变量通常高度相关，因此在过程监测中首选多元统计分析方法[110]。在这些方法中，主成分分析[111]引起了相当大的关注，而贡献图[112, 113]可以认为是基于 PCA 监测方法的故障隔离工具。在贡献图中，通过计算每个变量对平方预测误差（SPE）的贡献来确定最有可能引起故障的变量。除 SPE 统计量之外，还可以为每个变量计算对 T^2 统计量的贡献。尽管贡献图易于使用，但诊断结果通常会受到拖尾效应的影响。也就是说，故障的发生会使得无关变量受到影响而导致其贡献增加[114]。这种影响增加了错误隔离故障变量的可能性。拖尾效应的原因已在文献[115]中进行了讨论：尽管过程变量的贡献值在正常运行条件下遵循一定的分布，但故障发生时假设无故障变量的贡献遵循相同的分布是不正确的。

为了克服贡献图的缺点，Dunia 和 Qin[116]提出了一种基于重构的故障隔离方法，并假定潜在的故障方向是已知的。此方法涉及将故障方向上的 SPE 统计信息最小化。作为该方法的扩展，Yue 和 Qin[117]提出从历史故障数据中提取故障方向，并将故障重构应用于组合监测统计量（Combined Index）。后来，Alcala 和 Qin 提出了一种基于重构的贡献（Reconstruction Based Contribution，RBC）方法[118]，其中沿可变方向的监测统计量的重构量被视为变量的贡献。尽管 RBC 的表现优于传统贡献图，但如作者所指出的，拖尾效应仍然存在。传统的基于重构的方法的主要问题是，如果故障方向不可用并且历史故障数据不足，则监测统计信息的最小化问题将成为组合优化问题。为了找到故障变量，Kariwala 等人[119]和 He 等人[120]基于概率 PCA（Probabilistic PCA，PPCA）模型，将分支定界（Branch and Bound，B&B）算法与缺失变量方法集成在一起，以进行故障隔离。然而，对于在线应用而言，B&B 算法的计算负担通常过大，尤其是对于具有高维变量的工业过程而言。

近年来，随着 Lasso 和 Elastic net 方法的提出，利用凸优化的方法选择关键变量成了研究的热点。它们利用 1 范数作为 0 范数的凸包络，将 NP-Hard 问题转化成凸优化问题，使用较小的计算复杂度实现故障变量隔离。在 Lasso 和 Elastic net 的基础上，前人提出了很多在线故障变量隔离方法并取得了成功的引用[121, 122]。但是，需要指出的是，很多方法都是基于线性模型的，且对环境噪声敏感，因此可能不够鲁棒。本书将在第 7 章中对此进行讨论，通过结合降噪自编码器与弹性网实现非线性过程鲁棒故障变量隔离。

（2）故障诊断研究现状

和过程监测类似，基于数据驱动的故障诊断技术可以将海量的历史数据转化成过程信息，并据此建立诊断模型而无需先验专家知识来诊断过程异常[123]。这样，一些不能有效建立物理和数学模型的复杂工业过程也可以安全、高效和经济地运行[124]。多元统计方法和机器学习方法均可用于工业过程操作和生产的故障诊断。这些方法将具有相同故障原因的异常样本视为同一个故障类别，从而将故障诊断问题转化为多类别分类问题[125]。在线诊断时，通过将相应的异常样本分配到与其最密切相关的故障类别中，可以有效地识别故障原因。线性判别分析[126, 127]自 Chiang 等人在 2000 年[128]首次提出以来，一直是工业过程中最常用的故障诊断方法之一。在最近几年，Yu 等人[129]提出了一种稀疏指数判别分析方法，它解决了线性判别分析方法的奇异性问题，同时识别了异常状态的故障变量。尽管判别分析方法在工业过程的故障诊断中表现良好，但它是一种线性方法，对于解决非线性分类问题可能并不有效。支持向量机[130, 131]可以使用所谓的核技巧有效地执行非线性分类，将输入隐式映射到高维特征空间。因此，可以研究解决工业过程中的非线性故障诊断问题[132, 133]。但是，核方法的性能受到核函数选择的限制，为特定的诊断问题选择合适的核函数是一个难题。基于图模型的诊断方法，包括因果图[134]和贝叶斯网络[135]，也是工业过程中故障诊断的研究热点。它们结合过程的机理知识和采集的数据样本，能够获得更好的诊断效果。需要注意的是，由于可能不容易获得机理知识，因此可能难以建立某些复杂过程的图模型。

在上述算法中，数据集的每一类都是使用单一模型来描述的，这可能会导致在处理复杂的故障诊断问题时分类性能较差。在实际的工业过程中，由于故障过程的时变特性，历史故障数据可能包含多种模式，不能用单一模型准确描述。历史故障数据的数据结构类似于多模态过程数据，因此，利用单一模型来进行故障建模，可能存在性能下降的问题。在第 8 章中，本书将对此问题进行讨论，并提出一种基于多模型指数判别分析的故障诊断方法。

动态特性是工业过程的一大重要特性。为了在实施故障诊断时准确捕获工业过程的典型动态特征，一些基于动态图模型的方法，如动态贝叶斯网络等被提出[136, 137]。然而，这些方法需依赖精确的工业过程变量因果关系，这在实际中往往是复杂且困难的。此外，一些多元统计分析方法通过引入具有时滞的变量，实现对工业过程动态特征的提取[138-140]。然而，提取出的特征中动态信息和静态信息是耦合的，因此无法提供过程数据的静态与动态行为的充分表示。本书第 9 章针对此问题，分别对静态和动态特征进行解析以充分提取数据特征，并基于此提出了一种增强随机森林算法以进行故障分类。

在过去的十年中,深度神经网络被提出,并引起了不同研究领域的广泛关注。基于已提出的深度架构,深度神经网络（Deep Neural Networks, DNNs）能够自适应地从输入数据中捕获代表性的信息,并以很小的误差逼近复杂的非线性函数[141]。凭借这些优势,各种深度学习方法诸如堆栈自编码器（Stacked Auto-encoders, SAE）[142-144]、深度置信网络（Deep Belief Networks, DBN）[145, 146]和卷积神经网络（Convolutional Neural Network, CNN）[147]等用于解决故障诊断问题,并取得巨大成功。Lu 等人[147]提出了一种基于堆栈去噪自编码（Stack Denoising Autoencode, SDAE）的方法,并将其应用于解决旋转机械部件的故障诊断问题。Chen 等人[148]集成了稀疏 AE 和 DBN,以结合不同传感器的信息进行故障诊断。Qin 等人[149]使用改进的 Sigmoid 函数来优化 DBN 进而对风力涡轮机行星齿轮箱的故障进行了诊断。Zhang 等人[150]提出了一种改进的 DBN 方法来解决复杂化学过程中的故障诊断问题。Sun 等人[151]提出了一种卷积判别特征学习方法,用于感应电动机故障诊断。Wen 等人[152]设计了一种基于 LeNet-5 的新卷积神经网络,以解决制造系统中的图像分类问题。Wu 等人[153]建立了一种深层 CNN 结构来解决化学过程的故障诊断问题。深度神经网络强大的非线性逼近能力是建立在大量的历史训练数据的基础上的。在很多实际工业应用中,并不能得到充足的历史故障数据。很多情况下需要在少量数据上建立一个基础的模型,然后不断更新模型来涵盖新收集的故障数据,从而优化诊断模型。此外,故障表征会随时间变化,使得原有模型失配,但是该问题并没有被上述的方法所考虑。本书的第 10 章将会对这两个问题进行分析,对包含故障趋势信息且具有增量学习能力的诊断模型进行理论探讨和实验验证。

尽管上述机器学习与深度学习技术已经在工业过程故障诊断问题中进行了深入研究,然而这些方法均基于一些基本假设,即训练数据是充分的,且训练与测试数据采样于同一分布。然而,在实际中这些假设往往难以成立。例如,训练数据集可以在特定设定点的工作条件下采集,而设定点的工作条件可能随生产过程的变化而变化。迁移学习技术在近年来获得迅猛发展[154]。例如,一些基于最大平均差异指标和 DNN 模型的域自适应方法如自编码器、堆叠式自编码器或卷积神经网络在近年来已被提出[155-158]。几乎与此同时,一些源于生成对抗网络[159]的对抗式学习机制被成功地引入域自适应问题中,在训练和测试数据变分布的模式识别问题中展示出较好性能[160]。此外,为解决迁移学习场景中训练数据样本稀少的问题,零样本学习这一任务被提出并用于解决一些模式识别问题[161, 162]。本书的第 10 章和第 11 章将对这些迁移学习技术进行探讨,并对其如何解决工业故障诊断任务中的变分布与少样本等问题进行深入研究。

1.3 全书概况

本书专题介绍工业过程运行工况监测与故障溯源推理工作，重点放在基于机器学习的方法。本书第 1 章介绍了工业过程运行工况监测与故障溯源推理的重要性与前人工作。第 2 章综述了工业过程运行工况监测与故障溯源推理所依托的机器学习基础，分为无监督学习和监督学习两个部分进行阐述。第 3 章～第 7 章主要介绍了针对工业过程大范围、非平稳、动态性等特性所提出的状态监测方法，具体包括针对大型非平稳过程的分布式监测方法、面向大范围非平稳瞬变连续过程的条件驱动的状态监测方法、针对动态过程的动静协同监测方法、针对非平稳慢时变过程的精细化自适应监测方法以及针对非线性含噪过程的鲁棒监测方法。第 8 章～第 12 章主要介绍了异常变量的隔离与过程故障的诊断，即故障诊断方法，具体包括多模型指数判别分析方法及其在故障诊断中的应用、基于动静协同解析的增强随机森林故障诊断、具有增量学习能力的宽度卷积神经网络及其故障诊断、基于细粒度对抗网络的域自适应方法及跨域故障诊断、基于零样本学习的数据与知识融合方法及故障诊断。

第 1 章绪论概述了工业过程运行工况监测与故障溯源推理的重要性与前人工作，包括运行工况监测和故障溯源推理的研究现状，并对全书的编写背景和组织结构进行了介绍。

第 2 章重点介绍了本书的机器学习基础。具体来说，介绍以协整分析、典型相关分析、慢特征分析、高斯混合模型和自编码网络为代表的无监督学习方法，阐述以线性判别分析、随机森林、卷积神经网络、宽度学习、零样本学习为代表的监督学习算法。概括总结了这些方法的主要原理以及应用到实际工业过程中所需要考虑的问题。

第 3 章针对闭环控制下的大规模非平稳过程，研究了一种基于稀疏协整的动态分布式建模策略，以监测过程的运行状况和动态性，解决了传统协整分析方法在此场景下无法有效区分正常工况变化和实际故障的问题。所提方法首先基于稀疏协整分析提出了一种无需先验知识的迭代变量子块划分方法，将非平稳过程变量自动地分解为不同的子块，各个子块内变量具有较强的长期均衡关系。其次，通过探究每个子块的协整模型来分离过程的静态和动态特性，并构建并行监测模型以监视每个子块的稳态变化及其相应的动态变化，从而更加全面地描述过程的变化。由于局部统计量在实际中往往是互补的，我们最后通过贝叶斯推理方法融合了每个子块中的局部监测结果，获得全局结果，从而可以从全局和局部角度描述和监测静态和动态变化，获得更有意义的监测结果。在实际的百万千瓦超超临界火电机组上的实验结果表明，所提分布式监测策略与主成分分析算法以及修正协整分析算法相比，具有更低的误报率与漏报率，能够有效区分过程正常变化与真实故障，并且提供更有意义的物理解释。

第4章针对实际过程工业中运行条件宽幅频繁变化所导致的沿时间方向的大范围非平稳瞬变特性，提出了一种条件驱动的过程建模与监测新方法，解决了学习到的模型的准确性与变化的复杂性之间的冲突。区别于传统时间驱动的方法，本章所提方法首先设计了一种条件驱动的数据重组策略，将时间上的非平稳瞬变过程简洁地划分到了不同的条件片中，相同条件片具有相似的过程特性。其次，对新的条件片单元进行分析。一方面，通过慢特征分析实现了粗粒度自动条件模式划分，以跟踪沿条件方向变化的运行特性。另一方面，使用高斯混合模型对每个条件模式执行细粒度分布评估。条件驱动的多模式分析方法为大范围非平稳过程监测提供了一种新的范式。此外，定义了基于贝叶斯推断的距离监测指标，清楚地指示故障影响并通过有意义的物理解释来区分不同的运行情况。通过对实际工业过程的案例研究，表明了该方法可以有效处理非平稳瞬变过程，对不同工况进行准确划分。并且，以检测时延指标来衡量，所提出的方法相比全局慢特征分析以及条件段慢特征分析算法方法表现出更灵敏的检测性能。此外，该方法可以为监测结果提供清晰的物理解释，有助于揭示正在发生哪种类型的过程变化。

第5章针对闭环控制产生的过程动态性，研究了一种动态双层解析的工业过程状态监测及工况识别方法，实现了闭环控制作用下过程动态变化的准确指示，为过程工况变化提供了清晰的物理解释。与传统动态算法不同，所提方法通过双层动态解析，同时考虑了数据的时序相关性和变化速度两方面，揭示了控制行为对过程行为的影响，实现了对过程动态特性的全面分析以及闭环控制下过程状态的精细化识别。该方法首先在上层利用典型变量分析方法提取过程的时序相关性，将过程数据分解成时序相关的典型子空间和时序无关的残差子空间，进一步在下层利用慢特征分析方法深入分析各个子空间的变化速度，从而实现对过程信息的动态双层解析，并准确识别出控制作用影响下的过程动态变化。应用三相流过程的实验表明，相比于其他动态监测方法，所介绍方法不仅提高了故障监测的准确度和灵敏度，而且清晰地指示出了控制器对过程的影响。

第6章针对非平稳慢时变过程的模型失配问题，研究了一种递归指数慢特征分析方法，实现了反馈控制下的工业过程精细化自适应监测。与慢特征分析模型相比，所提出的指数慢特征分析方法可以提取更慢的特征，以便更好地捕获过程变化的总体趋势。更进一步，提出了递归指数慢特征分析算法，可以快速更新监测模型以涵盖新收集的样本，从而适应工业过程中正常的慢变化。此外，模型从历史数据中充分提取了过程数据的动态信息，以反映工业过程的动态变化。因此，所提出的方法可以准确地检测出具有异常动态行为的微小故障，从而避免使用故障样本错误地更新监测模型；并可以有效区分操作工况的正常切换与过程动态异常，针对新的正常操作工况有效地更新监测模型。使用一个数值仿真过程和两个实际工业过程验证了基于递归指数慢特征分析的自适应监测方案的性能。实验结果表明，该方法有效降低了误报率并且保持了较低的漏报率。

第 7 章针对非线性含噪过程，研究了一种基于降噪自编码器（Denoising Autoencoder，DAE）与弹性网（Elastic Net，EN）的方法以进行过程监测并隔离故障变量，实现了工业过程的鲁棒异常检测和可靠故障隔离。相比于传统线性方法或普通自编码网络，所提方法使用降噪自编码器算法，可以更为鲁棒地捕获带有噪声的过程数据的非线性结构，从而建立了一种鲁棒监测模型，对工业过程的异常状态进行监测。一方面，利用弹性网将编码器网络更新为稀疏模型，从而选择与每个神经元相关的关键变量；另一方面，根据提取的系统结构和保留的残差信息建立两个统计量，并结合上述两个统计量构建了一个新的统计量，为过程样本提供了一个整体的评估。故障检测后，利用稀疏指数判别分析（Sparse Exponential Discriminant Analysis，SEDA）对故障神经元进行识别，从而分离出每个故障神经元上的相关故障变量。通过两个实际工业过程验证了该方法的有效性。实验结果表明，该方法能有效地检测出工业过程中的异常样本，并能准确地分离出故障变量和正常变量。

第 8 章针对故障数据的多模态特性，研究了一种多模型指数判别分析（Multi-model Exponential Discriminant Analysis，MEDA）方法，克服了故障过程时变特性的影响。区别于传统用单一模态描述故障数据的诊断方法，MEDA 算法自动为每个故障类别建立子类，以更精细地描述同一故障类别下数据的分布，然后递归地更新聚类中心和多模型指数判别模型，直到所建立的子类能够很好地分离，得到更好的判别性能。在此基础上，提出了一种概率 MEDA 算法及其相应的在线概率诊断模型，从而建立了一个模糊模型，使子类具有模糊边界的故障类也能得到有效的诊断。利用田纳西-伊斯曼（Tennessee Eastman，TE）过程验证了所提 MEDA 算法的诊断性能。实验结果表明，所提算法能够更准确地诊断不同类型的故障。

第 9 章针对动态工业过程的故障诊断问题，研究了一种静动态节点协同分析的增强随机森林方法，解决了传统随机森林分类模型的故障类别的混叠问题。区别于传统随机森林模型，所提方法考虑到不同故障类别之间的差异不仅体现在状态值（即静态信息）上，也会体现在动态变化值上。对此，所提方法同时提取静态和动态信息引入随机森林模型中作为输入节点，借助于动静信息一起协同区分不同故障类别，有效地减少了动态工业过程中不同故障类别之间的重叠度。此外，借助特征排序和选择过程可以确定重要特征，进而提高故障诊断的准确性。通过仿真基准数据和实际三相流过程实验结果表明，该方法相比于传统随机森林算法，有效提高了故障分类的准确性。

第 10 章研究了一种具有增量学习能力的宽度卷积神经网络用于诊断工业过程中的故障，解决了传统的数据驱动故障诊断方法忽略了故障样本变化趋势且无法诊断新故障类型的问题。所提方法利用卷积运算来提取非线性结构和故障趋势，以便更好地捕捉过程异常的特征。此外，与每次更新都需要完全重新训练的传统故障诊断方法相比，该方法具有增量学习能力，因此可以使用新收集的样本轻松地对原始模型进行更新以提高其诊断性能。所提出的宽度卷积神经网络方法还可以涵盖新收集的故障类别而无须重新训练模型。通过这种方式，属于新故障的异常样本也可以得到有效的诊断。宽度卷积神经网络的性能通过数值仿真过程和实际工业过程得到了验证。实验结果表明，该方法可以较好地捕捉故障过程的特征实现高精度故障诊断，并且可以高效率自我更新以涵盖新出现的异常样本和故障类别。

第 11 章针对跨域工业过程故障诊断问题，阐述了一种基于细粒度对抗网络的域自适应方法，解决了传统故障诊断模型在实际场景中由于训练测试数据分布不一致所导致的性能下降问题。与传统的只考虑域差异的对抗自适应故障诊断方法不同，本章深入探索了域内的细粒度故障分布，提升了两个域的全局对齐以及跨域的每个故障类的细粒度对齐水平。该方法不仅能使源域和目标域的分布保持一致，而且能保留两个域内的故障判别结构，以保证精确的诊断结果。最后在机械滚动轴承数据集和工业三相流数据集上的验证结果表明了该方法在故障诊断中的有效性。

第 12 章针对零样本故障诊断问题，研究了一种基于故障描述的属性迁移方法，实现了目标故障类别没有训练样本的故障诊断任务。该方法不采用传统的诊断范式，而是为每个故障提供由属性组成的故障描述作为辅助信息。这一故障描述层嵌入在故障样本层和故障类别层之间。基于故障描述层的细粒度类共享属性，构建了一个级联诊断系统，用于将训练故障的属性知识迁移到目标故障进行零样本的故障诊断。在基于故障描述的方法中，所提方法还采用有监督的主成分分析作为特征提取器，提供与属性相关的特征，实现更有效的学习。并且，我们从理论上分析和解释了基于故障描述方法的有效性和可行性。基于经典的田纳西-伊斯曼基准过程和真实的百万千瓦发电装备的典型设备设计了零样本情形下的故障诊断实验，结果表明本章所提方法能够在没有样本的情况下有效地诊断目标故障。

参考文献

[1] 张琪，冯莹. "中国制造 2025" 亟须解决的若干问题[J]. 改革与开放，2018，3：65-66.

[2] 吕铁，李扬帆. 德国 "工业 4.0" 的战略意义与主要启示[J]. 中国党政干部论坛，2015，3：36-39.

[3] 秦龙. 聚焦中国制造 2025 [J]. 国企管理，2017，2：54-57.

[4] 朱明皓，孙虎，邵立国. 工业基础能力托起中国制造 2025 [J]. 装备制造，2014，8：46-49.

[5] 陈星. 传统制造业向新型制造业转变的重要性[J]. 现代经济信息, 2011, 13: 236.

[6] 彭锋, 李晓. 中国电炉炼钢发展现状和趋势[J]. 钢铁, 2017, 52(4): 7-12.

[7] 李大东. 炼油工业: 市场的变化与技术对策[J]. 石油学报(石油加工), 2015, 31(2): 208-217.

[8] 2020年中国工业自动控制系统装置制造产业附发展现状及竞争格局分析. https://gongkong.ofweek.com/ 2020-10/ART-310002-8420-30463291.html.

[9] 中华人民共和国应急管理部危险化学品安全监督管理司司长孙广宇. 提升危险化学品重大安全风险管控能力. https://baijiahao.baidu.com/s?id=1673349295899595963&wfr=spider&for=pc.

[10] 侯忠生, 徐建新. 数据驱动控制理论及方法的回顾和展望[J]. 自动化学报, 2009, 35(6): 650-667.

[11] 刘强, 柴天佑, 秦泗钊, 等. 基于数据和知识的工业过程监测及故障诊断综述[J]. 控制与决策, 2010, 25(6): 801-807.

[12] ZHAO C H, SUN Y X. Multispace total projection to latent structures and its application to online process monitoring[J]. IEEE Transactions on Control Systems Technology, 2014, 22(3): 868-883.

[13] CHUN-CHIN H, CHAO-TAO S. An adaptive forecast-based chart for non-Gaussian processes monitoring: with application to equipment malfunctions detection in a thermal power plant[J]. IEEE Transactions on Control Systems Technology, 2011, 19: 1245-1250.

[14] HSU C C, SU C T. Dynamic distributed monitoring strategy for large-scale nonstationary processes subject to frequent varying conditions under closed-loop control[J]. IEEE Transactions on Industrial Electronics, 2019, 66(6): 4749-4758.

[15] SHENG N, LIU Q, QIN S J, et al. Comprehensive monitoring of nonlinear processes based on concurrent kernel projection to latent structures[J]. IEEE Transactions on Automation Science and Engineering, 2016, 13(2): 1129-1137.

[16] LIU Q, QIN S J, CHAI T Y. Unevenly sampled dynamic data modeling and monitoring with an industrial application[J]. IEEE Transactions on Industrial Informatics, 2017, 13(5): 2203-2213.

[17] LI W Q, ZHAO C H, GAO F R. Linearity evaluation and variable subset partition based hierarchical process modeling and monitoring[J]. IEEE Transactions on Industrial Electronics, 2018, 65(3): 2683-2692.

[18] WANG G, JIAO J F, YIN S. A kernel direct decomposition-based monitoring approach for nonlinear quality-related fault detection[J]. IEEE Transactions on Industrial Informatics, 2017, 13(4): 1565-1574.

[19] ENGLE R F, GRANGER C W J. Cointegration and error correction: representation, estimation and testing[J]. Econo-

metrica, 1987, 55（2）: 251-276.

[20] HARDOON D R, SZEDMAK S, SHAWE-TAYLOR J. Canonical corre- lation analysis: an overview with application to learning methods [J]. Neural Computation, 2004, 16（12）: 2639-2664.

[21] HINTON G, SALAKHUTDINOV R. Reducing the dimensionality of data with neural networks [J]. Science, 2006, 313（5786）: 505-707.

[22] WISKOTT L, SEJNOWSKI T J. Slow feature analysis: unsupervised learning of invariances [J]. Neural Computation, 2002, 14（4）: 715-770.

[23] BILMES J A. A gentle tutorial of the EM algorithm and its application to parameter estimation for Gaussian mixture and hidden Markov models [J]. International Computer Science Institute, 1998, 4（510）: 126.

[24] MIKA S, RATSCH G, WESTON J, et al. Fisher discriminant analysis with kernels [C] //Neural networks for signal processing IX: proceedings of the 1999 IEEE signal processing society workshop（cat. no. 98th8468）. IEEE, 1999: 41-48.

[25] HAM J, CHEN Y, CRAWFORD M M, et al. Investigation of the random forest framework for classification of hyperspectral data [J]. IEEE Transactions on Geoscience & Remote Sensing, 2005, 43（3）: 492-501.

[26] CHEN C L P, LIU Z L. Broad learning system: an effective and efficient incremental learning system without the need for deep architecture [J]. IEEE Transactions on Neural Networks and Learning Systems, 2018, 29（1）: 10-24.

[27] FENG S, CHEN C L P. Fuzzy broad learning system: a novel neuro-fuzzy model for regression and classification [J]. IEEE Transactions on Cybernetics, 2020, 50（2）: 414-424.

[28] KRIZHEVSKY A, SUTSKEVER I, HINTON G E. Imagenet classification with deep convolutional neural networks [J]. Advances in neural information processing systems, 2012, 25: 1097-1105.

[29] FENG L J, ZHAO C H. Transfer increment for generalized zero-shot learning [J]. IEEE Transactions on Neural Networks and Learning Systems, 2020, 32（6）: 2506-2520.

[30] TIDRIRI K, CHATTI N, VERRON S, et al. Bridging data-driven and model-based approaches for process fault diagnosis and health monitoring: a review of researches and future challenges [J]. Annual Reviews in Control, 2016, 42: 63-81.

[31] MISRA M, YUE H H, QIN S J, et al. Multivariate process monitoring and fault diagnosis by multi-scale PCA [J]. Computers & Chemical Engineering, 2002, 26（9）: 1281-1293.

[32] CHIANG L H, RUSSELL E L, BRAATZ R D. Fault diagnosis in chemical processes using Fisher discriminant analysis and support vector machines [J]. Computers & Chemical Engineering, 2004, 28: 1389-1401.

[33] VENKATASUBRAMANIAN V, RENGASWAMY R YIN K, et al. A review of process fault detection and diagnosis: Part I quantitative model-based methods[J]. Computers and Chemical Engineering, 2003, 27(3): 293-311.

[34] VENKATASUBRAMNIAN V, RENGASWAMY R, KAVURI S N. A review of process fault detection and diagnosis: Part II qualitative models and search strategies[J]. Computers and Chemical Engineering, 2003, 27(3): 313-326.

[35] VENKATASUBRAMNIAN V, RENGASWAMY R, KAVURI S N, et al. A review of process fault detection and diagnosis: Part III process history data based methods[J]. Computers and Chemical Engineering, 2003, 27(3): 327-346.

[36] FRANK P M. Fault diagnosis in dynamic systems using analytical and knowledge-based redundancy: a survey and some new results[J]. Automatica, 1990, 26: 459-474.

[37] SHIH R F, LEE L S. Use of fuzzy cause-effect digraph for resolution fault diagnosis for process plant, fuzzy cause-effect digraph[J]. Industrial and Engineering Chemistry Research, 1995, 34: 1688-1702.

[38] FRANK P M, DING X. Survey of robust residual generation and evaluation methods in observer-based fault detection systems [J]. Journal of Process Control, 1997, 7: 403-424.

[39] DING S X. Model-based fault diagnosis techniques: design schemes, algorithms, and tools[M]. Berlin: Springer Science & Business Media, 2008.

[40] 周东华, 叶银忠. 现代故障诊断与容错控制[M]. 北京: 清华大学出版社, 2000.

[41] 赵春晖, 王福利. 工业过程运行状态智能监控: 数据驱动方法[M]. 北京: 化学工业出版社, 2019.

[42] ZHOU D H, SUN X Y, XI Y G, et al. Extension of friedland's separate-bias estimation to randomly time-varying bias of nonlinear systems [J]. IEEE Transactions on Automatic Control, 1993, 38(8): 1270-1273.

[43] ZHOU D H, SUN X Y, XI Y G, et al. Real-time detection and diagnosis of parameter bias fault for nonlinear systems[J]. Automatica, 1993, 19(2): 184-189.

[44] HIRANMAYEE V, VENKAT V. PCA-SDG based process monitoring and fault diagnosis[J]. Control Engineering Practice, 2012, 7(7): 903-917.

[45] WU J D, WANG Y H, MINGSIAN R B. Development of an expert system for fault diagnosis in scooter engine platform using fuzzy-logic inference

[J]. Expert Systems with Application, 2007, 33(4): 1063-1075.

[46] SURESH P, BABAR A, RAJ V V. Uncertainty in fault tree analysis: a fuzzy approach[J]. Fuzzy sets and Systems, 1996, 83(2): 135-141.

[47] IRI M, AOKI K, O'SHIMA E, et al. An algorithm for diagnosis of system failures in the chemical process [J]. Computers and Chemical Engineering, 1979, 3(1): 489-493.

[48] ZHAO C H, MO S Y, GAO F R, et al. Statistical analysis and online monitoring for handling multiphase batch processes with varying durations [J]. Journal of Process Control, 2011, 21(6): 817-829.

[49] ZHAO C H, YAO Y, GAO F R, et al. Statistical analysis and online monitoring for multimode processes with between-mode transitions [J]. Chemical Engineering Science, 2010, 65(22): 5961-5975.

[50] ZHAO C H, GAO F R, SUN Y X. Between-phase calibration modeling and transition analysis for phase-based quality interpretation and prediction [J]. AIChE Journal, 2013, 59(1): 108-119.

[51] 周东华, 胡艳艳. 动态系统的故障诊断技术[J]. 自动化学报, 2009, 35(6): 748-758.

[52] DRAGO R J. Incipient failure detection [J]. Power Transmission Design, 1979, 21(2): 40-45.

[53] ZHAO C H, WANG F L, MAO Z Z, et al. Improved knowledge extraction and phase-based quality prediction for batch processes[J]. Industrial & Engineering Chemistry Research, 2008, 47(3), 825-834.

[54] ZHAO C H, GAO F R, NIU D P, et al. Enhanced process comprehension and quality analysis based on subspace separation for multiphase batch processes [J]. AIChE Journal, 2011, 57(2): 388-403.

[55] CHOI S W, LEE C, LEE J M, et al. Fault detection and identification of nonlinear processes based on kernel PCA [J]. Chemometrics and Intelligent Laboratory Systems, 2005, 75(1): 55-67.

[56] ZHAO C H. A quality-relevant sequential phase partition approach for regression modeling and quality prediction analysis in manufacturing processes [J]. IEEE Transactions on Automation Science and Engineering, 2014, 11(4): 983-991.

[57] ZHAO C H, GAO F R. Fault-relevant principal component analysis (FPCA) method for multivariate statistical modeling and process monitoring[J]. Chemometrics and Intelligent Laboratory Systems, 2014, 133(1): 1-16.

[58] WISE B M, RICKER N L, VELTKAMP D F, et al. A theoretical basis for the use of principal component models for monitoring multivariate processes [J]. Process Control and Quality, 1990, 1(1): 41-51.

[59] ZHAO C H, GAO F R, SUN Y X. Between-phase calibration modeling and transition analysis for phase-based quality interpretation and prediction [J]. AIChE Journal, 2013, 59 (1): 108-119.

[60] QIN Y, ZHAO C H, WANG X Z, et al. Subspace decomposition and critical phase selection based cumulative quality analysis for multiphase batch processes [J]. Chemical Engineering Science, 2017, 166: 130-143.

[61] ZHAO C H, GAO F R. Multiset independent component regression (msicr) based statistical data analysis and calibration modeling [J]. Industrial & Engineering Chemistry Research, 2013, 52 (8), 2917-2924.

[62] ZHAO C H, GAO F R, WANG F L. An improved independent component regression modeling and quantitative calibration procedure [J]. AIChE Journal, 2010, 56 (6): 1519-1535.

[63] CHIANG L H, KOTANCHEK M E, KORDON A K. Fault diagnosis based on Fisher discriminant analysis and support vector machines [J]. Computers & Chemical Engineering, 2004, 28 (8): 1389-1401.

[64] KU W, STORER R H, GEORGAKIS C. Disturbance detection and isolation by dynamic principal component analysis [J]. Chemometrics and Intelligent Laboratory Systems, 1995, 30 (1): 179-196.

[65] KASPAR M H, RAY W H. Dynamic PLS modelling for process control [J]. Chemical Engineering Science, 1993, 48 (20): 3447-3461.

[66] LAKSHMINARAYANAN S, SHAH S L, NANDAKUMAR K. Modeling and control of multivariable processes: dynamic PLS approach [J]. AIChE Journal, 1997, 43 (9): 2307-2322.

[67] CHEN J, LIU K C. On-line batch process monitoring using dynamic PCA and dynamic PLS models [J]. Chemical Engineering Science, 2002, 57 (1): 63-75.

[68] LEE J M, YOO C K, LEE I B. Statistical monitoring of dynamic processes based on dynamic independent component analysis [J]. Chemical Engineering Science, 2004, 59 (14): 2995-3006.

[69] ODIOWEI P P, CAO Y. State-space independent component analysis for nonlinear dynamic process monitoring [J]. Chemometrics and Intelligent Laboratory Systems, 2010, 103 (1): 59-65.

[70] FAN J C, WANG Y Q. Fault detection and diagnosis of non-linear non-Gaussian dynamic processes using kernel dynamic independent component analysis [J]. Information Sciences, 2014, 259: 369-379.

[71] LI G, QIN S J, ZHOU D H. A new method of dynamic latent-variable modeling for process monitoring [J]. IEEE Transactions

on Industrial Electronics, 2014, 61(11): 6438-6445.

[72] DONG Y N, QIN S J. A novel dynamic PCA algorithm for dynamic data modeling and process monitoring[J]. Journal of Process Control, 2018, 67: 1-11.

[73] WANG G, YIN S. Quality-related fault detection approach based on orthogonal signal correction and modified PLS [J]. IEEE Transactions on Industrial Informatics, 2015, 11(1): 310-321.

[74] ROSIPAL R, GIROLAMI M, TREJO L J, et al. Kernel PCA for feature extraction and de-noising in nonlinear regression [J]. Neural Computing & Applications, 2001, 10(3): 231-243.

[75] ROMDHANI S, GONG S, PSARROU A. A multi-view nonlinear active shape model using kernel PCA[C]//BMVC. 1999, 10: 483-492.

[76] ZHANG Y W. Fault detection and diagnosis of nonlinear processes using improved kernel independent component analysis (KICA) and support vector machine (SVM) [J]. Industrial & Engineering Chemistry Research, 2008, 47(18): 6961-6971.

[77] MARCHESI S, BRUZZONE L. ICA and kernel ICA for change detection in multispectral remote sensing images [C]//2009 IEEE International Geoscience and Remote Sensing Symposium. IEEE, 2009, 2: II-980-II-983.

[78] BACH F R, JORDAN M I. Kernel independent component analysis [J]. Journal of Machine Learning Research, 2002, 3: 1-48.

[79] CHOI S W, PARK J H, LEE I B. Process monitoring using a Gaussian mixture model via principal component analysis and discriminant analysis [J]. Computers & Chemical Engineering, 2004, 28(8): 1377-1387.

[80] XIE X, SHI H B. Dynamic multimode process modeling and monitoring using adaptive Gaussian mixture models [J]. Industrial & Engineering Chemistry Research, 2012, 51(15): 5497-5505.

[81] JIANG Q C, HUANG B, YAN X F. GMM and optimal principal components-based Bayesian method for multimode fault diagnosis [J]. Computers & Chemical Engineering, 2016, 84: 338-349.

[82] ENGLE R F. GRANGER C W J. Cointegration and error-correction: representation, estimation, and testing. Econometrica. 1987. 55: 251-276.

[83] CHEN Q, KRUGER U, LEUNG A Y T. Cointegration testing method for monitoring nonstationary processes [J]. Industrial & Engineering Chemistry Research, 2009, 48(7): 3533-3543.

[84] ZHAO C H, SUN H, TIAN F. Total variable decomposition based on sparse cointegration analysis for distributed monitoring of nonstationary industrial processes [J]. IEEE Transactions on Control Systems Technology, 2019, 28

(4): 1542-1549.

[85] ZHAO C H, HUANG B. A full-condition monitoring method for nonstationary dynamic chemical processes with cointegration and slow feature analysis [J]. AIChE Journal, 2018, 64(5): 1662-1681.

[86] HU Y Y, ZHAO C H. Fault diagnosis with dual cointegration analysis of common and specific nonstationary fault variations [J]. IEEE Transactions on Automation Science and Engineering, 2019, 17(1): 237-247.

[87] ZHAO C H, SUN H. Dynamic distributed monitoring strategy for large-scale nonstationary processes subject to frequently varying conditions under closed-loop control [J]. IEEE Transactions on Industrial Electronics, 2018, 66(6): 4749-4758.

[88] LI W H, YUE H H, VALLE-CERVANTES S, et al. Recursive PCA for adaptive process monitoring [J]. Journal of Process Control, 2000, 10(5): 471-486.

[89] YU W K, ZHAO C H, HUANG B. Recursive cointegration analytics for adaptive monitoring of nonstationary industrial processes with both static and dynamic variations [J]. Journal of Process Control, 2020, 92: 319-332.

[90] ZHAO C H, YAO Y, GAO F R, et al. Statistical analysis and online monitoring for multimode processes with between-mode transitions [J]. Chemical Engineering Science, 2010, 65(22): 5961-5975.

[91] TAN S, WANG F L, PENG J, et al. Multimode process monitoring based on mode identification [J]. Industrial & Engineering Chemistry Research, 2012, 51(1): 374-388.

[92] ZHAO C H, WANG W, QIN Y, et al. Comprehensive subspace decomposition with analysis of between-mode relative changes for multimode process monitoring [J]. Industrial & Engineering Chemistry Research, 2015, 54(12): 3154-3166.

[93] ZHAO C H, CHEN J H, JING H. Condition-driven data analytics and monitoring for wide-range nonstationary and transient continuous processes [J]. IEEE Transactions on Automation Science and Engineering, 2021, 18(4): 1563-1574.

[94] ZHAO Y, ZHAO C H, SUN Y X. Fault detection for nonstationary process with decomposition and analytics of gaussian and non-gaussian subspaces [C] // 2020 16th international conference on control, automation, robotics and vision (ICARCV). IEEE, 2020: 642-647.

[95] JORDAN M I, MITCHELL T M. Machine learning: trends, perspectives, and prospects [J]. Science, 2015, 349(6245): 255-260.

[96] SHALEV-SHWARTZ S, BEN-DAVID S. Understanding machine learning:

from theory to algorithms[M]. Cambridge: Cambridge University Press, 2014.

[97] LANE T, BRODLEY C E. An application of machine learning to anomaly detection [C] //Proceedings of the 20th national information systems security conference. USA: Baltimore, 1997, 377: 366-380.

[98] OMAR S, NGADI A, JEBUR H H. Machine learning techniques for anomaly detection: An overview[J]. International Journal of Computer Applications, 2013, 79(2): 33-41

[99] CHALAPATHY R, CHAWLA S. Deep learning for anomaly detection: a survey [J]. ArXiv Preprint ArXiv: 1901. 03407, 2019.

[100] MA M, SUN C, CHEN X. Deep coupling autoencoder for fault diagnosis with multimodal sensory data [J]. IEEE Transactions on Industrial Informatics, 2018, 14(3): 1137-1145.

[101] SOCHER R, GANJOO M, SRIDHAR H, et al. Zero-shot learning through cross-modal transfer [J]. ArXiv Preprint ArXiv: 1301. 3666, 2013.

[102] BROWN G. Ensemble Learning [J]. Encyclopedia of machine learning, 2010, 312: 15-19.

[103] SAGI O, ROKACH L. Ensemble learning: a survey [J]. Wiley Interdisciplinary Reviews: Data Mining and Knowledge Discovery, 2018, 8(4): e1249.

[104] YANG B-S, DI X, HAN T. Random forests classifier for machine fault diagnosis [J]. Journal of Mechanical Science and Technology, 2008, 22: 1716-1725.

[105] SHAO H D, JIANG H K, LIN Y, et al. A novel method for intelligent fault diagnosis of rolling bearings using ensemble deep auto-encoders[J]. Mechanical Systems and Signal Processing, 2018, 102: 278-297.

[106] HUA Z S, YU H T, HUA Y. Adaptive ensemble fault diagnosis based on online learning of personalized decision parameters[J]. IEEE Transactions on Industrial Electronics, 2018, 65(11): 8882-8894.

[107] YU W K, ZHAO C H. Robust monitoring and fault isolation of nonlinear industrial processes using denoising autoencoder and elastic net[J]. IEEE Transactions on Control Systems Technology, 2020, 28(3): 1083-1091.

[108] ZHANG Z, JIANG T, LI S, et al. Automated feature learning for nonlinear process monitoring: an approach using stacked denoising autoencoder and k-nearest neighbor rule[J]. Journal of Process Control, 2018, 64: 49-61.

[109] CHIANG L H, KOTANCHEK M E, KORDON A K. Fault diagnosis based on Fisher discriminant analysis and support vector machines [J]. Computers & Chemical Engineering, 2004,

28(8): 1389-1401.

[110] QIN S J. Survey on data-driven industrial process monitoring and diagnosis [J]. Annual Reviews in Control, 2012, 36(2): 220-234.

[111] JOLLIFFE I T. Principal component analysis [M]. 2nd ed. NewYork: Springer, 2002.

[112] MILLER P, SWANSON R E, HECKLER C E. Contribution plots: a missing link in multivariate quality control [J]. Applied Mathematics and Computer Science, 1998, 8(4): 775-792.

[113] WESTERHUIS J A, GURDEN S P, SMILDE A K. Generalized contribution plots in multivariate statistical process monitoring [J]. Chemometrics and Intelligent Laboratory Systems, 2000, 51(1): 95-114.

[114] KERKHOF P V D, VANLAER J, GINS G, et al. Analysis of smearing-out in contribution plot based fault isolation for statistical process control [J]. Chemical Engineering Science, 2013, 104: 285-293.

[115] LIU J, WONG D S H, CHEN D S. Bayesian filtering of the smearing effect: fault isolation in chemical process monitoring [J]. Journal of Process Control, 2014, 24(3): 1-21.

[116] DUNIA R, QIN S J. Subspace approach to multidimensional fault identification and reconstruction[J]. AIChE Journal, 1998, 44(8): 1813-1831.

[117] YUE H H, QIN S J. Reconstruction-based fault identification using a combined index [J]. Industrial & Engineering Chemistry Research, 2001, 40(20): 4403-4414.

[118] ALCALA C F, QIN S J. Reconstruction-based contribution for process monitoring [J]. Automatica, 2009, 45(7): 1593-1600.

[119] KARIWALA V, ODIOWEI P E, CAO Y, et al. A branch and bound method for isolation of faulty variables through missing variable analysis [J]. Journal of Process Control, 2010, 20(10): 1198-1206.

[120] HE B, YANG X H, CHEN T, et al. Reconstruction-based multivariate contribution analysis for fault isolation: a branch and bound approach [J]. Journal of Process Control, 2012, 22(7): 1228-1236.

[121] YAN Z B, YAO Y. Variable selection method for fault isolation using least absolute shrinkage and selection operator(LASSO)[J]. Chemometrics and Intelligent Laboratory Systems, 2015, 146: 136-146.

[122] YU W K, ZHAO C H. Robust monitoring and fault isolation of nonlinear industrial processes using denoising autoencoder and elastic net [J]. IEEE Transactions on Control Systems Technology, 2019, 28(3): 1083-1091.

[123] YU W K, ZHAO C H. A multi-model

exponential discriminant analysis algorithm for online probabilistic diagnosis of time-varying faults [C] //2017 IEEE 56th annual conference on decision and control (CDC). IEEE, 2017: 5751-5756.

[124] KOURTI T, MACGREGOR J F. Process analysis, monitoring and diagnosis, using multivariate projection methods [J]. Chemometrics and Intelligent Laboratory Systems, 1995, 28 (1): 3-21.

[125] PENG K X, ZHANG K, YOU B, et al. A quality-based nonlinear fault diagnosis framework focusing on industrial multimode batch processes [J]. IEEE Transactions on Industrial Electronics, 2016, 63 (4): 2615-2624.

[126] HE Q P, QIN S J, WANG J. A new fault diagnosis method using fault directions in Fisher discriminant analysis [J]. AIChE Journal, 2005, 51(2): 555-571.

[127] JIANG B B, ZHU X X, HUANG D X, et al. A combined canonical variate analysis and Fisher discriminant analysis (CVA-FDA) approach for fault diagnosis [J]. Computers & Chemical Engineering, 2015, 77: 1-9.

[128] CHIANG L H, RUSSELL E L, BRAATZ R D. Fault diagnosis in chemical processes using Fisher discriminant analysis, discriminant partial least squares, and principal component analysis [J]. Chemometrics and Intelligent Laboratory Systems, 2000, 50 (2): 243-252.

[129] YU W K, ZHAO C H. Sparse exponential discriminant analysis and its application to fault diagnosis [J]. IEEE Transactions on Industrial Electronics, 2018, 65 (7): 5931-5940.

[130] XU S, AN X, QIAO X D, et al. Multioutput least-squares support vector regression machines [J]. Pattern Recognition Letters, 2013, 34 (9): 1078-1084.

[131] KEERTHI S S, SHEVADE S K, BHATTACHARYYA C, et al. Improvements to Platt's SMO algorithm for SVM classifier design [J]. Neural Computation, 2001, 13(3): 637-649.

[132] ONEL M, KIESLICH C A, PISTIKOPOULOS E N. A nonlinear support vector machine-based feature selection approach for fault detection and diagnosis: Application to the Tennessee Eastman process [J]. AIChE Journal, 2019, 65 (3): 992-1005.

[133] GAO X, HOU J. An improved SVM integrated GS-PCA fault diagnosis approach of Tennessee Eastman process [J]. Neurocomputing, 2016, 174: 906-911.

[134] CHIANG L H, JIANG B B, ZHU X X, et al. Diagnosis of multiple and unknown faults using the causal map and multivariate statistics [J]. Journal of

Process Control, 2015, 28: 27-39.
[135] GHARAHBAGHERI H, IMTIAZ S A, KHAN F. Root cause diagnosis of process fault using KPCA and Bayesian network [J]. Industrial & Engineering Chemistry Research, 2017, 56 (8): 2054-2070.
[136] YU J, RASHID M M. A novel dynamic bayesian network-based networked process monitoring approach for fault detection, propagation identification, and root cause diagnosis [J]. AIChE Journal, 2013, 59 (7): 2348-2365.
[137] CAI B P, HUANG L, XIE M. Bayesian networks in fault diagnosis [J]. IEEE Transactions on Industrial Informatics, 2017, 13 (5): 2227-2240.
[138] KU W F, STORER R H, GEORGAKIS C. Disturbance detection and isolation by dynamic principal component analysis [J]. Chemometrics and Intelligent Laboratory Systems, 1995, 30 (1): 179-196.
[139] CHEN J H, LIU K C. On-line batch process monitoring using dynamic PCA and dynamic PLS models [J]. Chemical Engineering Science, 2002, 57 (1): 63-75.
[140] ODIOWEI P E P, CAO Y. Nonlinear dynamic process monitoring using canonical variate analysis and kernel density estimations [J]. IEEE Transactions on Industrial Informatics, 2009, 6 (1): 36-45.
[141] LECUN Y, BENGIO Y, HINTON G. Deep learning [J]. Nature, 2015, 521 (7553): 436-444.
[142] ZHANG Z H, JIANG T, LI S H, et al. Automated feature learning for nonlinear process monitoring: an approach using stacked denoising autoencoder and k-nearest neighbor rule [J]. Journal of Process Control, 2018, 64: 49-61.
[143] VINCENT P, LAROCHELLE H, BENGIO Y, et al. Extracting and composing robust features with denoising autoencoders [C]//Proceedings of the 25th international conference on Machine learning. 2008: 1096-1103.
[144] VINCENT P, LAROCHELLE H, LAJOIE I, et al. Stacked denoising autoencoders: learning useful representations in a deep network with a local denoising criterion [J]. Journal of Machine Learning Research, 2010, 11 (12): 371-3408.
[145] MOHAMED A, DAHL G E, HINTON G. Acoustic modeling using deep belief networks [J]. IEEE Transactions on Audio, Speech, and Language Processing, 2011, 20 (1): 14-22.
[146] HINTON G E, OSINDERO S, TEH Y W. A fast learning algorithm for deep belief nets [J]. Neural Computation, 2006, 18 (7): 1527-1554.
[147] LU C, WANG Z Y, QIN W L, et al. Fault diagnosis of rotary machinery components using a stacked denoising

autoencoder-based health state identification[J]. Signal Processing, 2017, 130: 377-388.

[148] CHEN Z Y, LI W H. Multisensor feature fusion for bearing fault diagnosis using sparse autoencoder and deep belief network [J]. IEEE Transactions on Instrumentation and Measurement, 2017, 66(7): 1693-1702.

[149] QIN Y, WANG X, ZOU J Q. The optimized deep belief networks with improved logistic sigmoid units and their application in fault diagnosis for planetary gearboxes of wind turbines [J]. IEEE Transactions on Industrial Electronics, 2018, 66(5): 3814-3824.

[150] ZHANG Z P, ZHAO J S. A deep belief network based fault diagnosis model for complex chemical processes [J]. Computers & Chemical Engineering, 2017, 107: 395-407.

[151] SUN W J, ZHAO R, YAN R Q, et al. Convolutional discriminative feature learning for induction motor fault diagnosis [J]. IEEE Transactions on Industrial Informatics, 2017, 13(3): 1350-1359.

[152] WEN L, LI X, GAO L, et al. A new convolutional neural network-based data-driven fault diagnosis method [J]. IEEE Transactions on Industrial Electronics, 2017, 65(7): 5990-5998.

[153] WU H, ZHAO J S. Deep convolutional neural network model based chemical process fault diagnosis[J]. Computers & Chemical Engineering, 2018, 115: 185-197.

[154] PAN S J, YANG Q. A survey on transfer learning [J]. IEEE Transactions on Knowledge & Data Engineering, 2018, 22(10): 1345-1359.

[155] LU W N, LIANG B, CHENG Y, et al. Deep model based domain adaptation for fault diagnosis[J]. IEEE Transactions on Industrial Electronics, 2016, 64(3): 2296-2305.

[156] WEN L, GAO L, LI X Y. A new deep transfer learning based on sparse auto-encoder for fault diagnosis [J]. IEEE Transactions on Systems, Man, and Cybernetics: Systems, 2017, 49(1): 136-144.

[157] GUO L, LEI Y, XING S B, et al. Deep convolutional transfer learning network: a new method for intelligent fault diagnosis of machines with unlabeled data [J]. IEEE Transactions on Industrial Electronics, 2018, 66(9): 7316-7325.

[158] YANG B, LEI Y G, JIA F, et al. An intelligent fault diagnosis approach based on transfer learning from laboratory bearings to locomotive bearings [J]. Mechanical Systems and Signal Processing, 2019, 122: 692-706.

[159] GOODFELLOW I, POUGET-ABADIE J, MIRZA M, et al. Generative

adversarial networks [J]. Communications of the ACM. 2020, 63 (11): 139-144.

[160] GANIN Y, USTINOVA E, AJAKAN H, et al. Domain-adversarial training of neural networks [J]. The Journal of Machine Learning Research, 2016, 17 (1): 2096-2030.

[161] LAMPERT C H, NICKISCH H, HARMELING S. Learning to detect unseen object classes by between-class attribute transfer[C]//2009 IEEE conference on computer vision and pattern recognition. IEEE, 2009: 951-958.

[162] ROMERA-PAREDES B, TORR P H. An embarrassingly simple approach to zero-shot learning[C]//International conference on machine learning. PMLR, 2015: 2152-2161.

第 2 章
运行工况监测与故障溯源诊断的基础理论方法

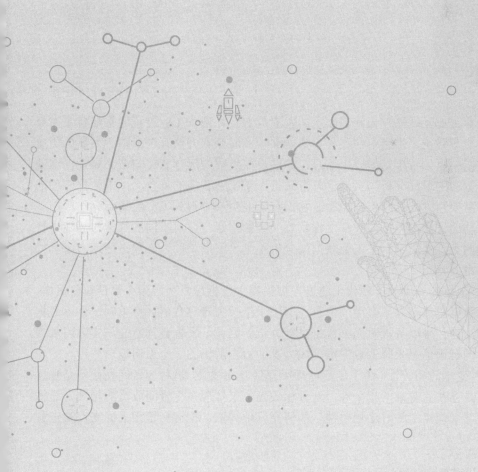

工业过程的运行工况监测与故障溯源推理包括状态监测、溯源诊断两方面的研究工作。对生产过程的状态监测可以为过程工程师提供过程运行状态的实时信息，排除安全隐患；对生产过程的溯源诊断则可以为过程工程师及时地提供故障信息，消除故障带来的不良影响，保证生产安全与产品质量。本章主要介绍状态监测和溯源推理所依托的机器学习基础，分为无监督学习和监督学习两个部分进行阐述。其中，无监督学习方法主要包括协整分析（Cointegration Analysis，CA）[1, 2]、典型相关分析（Canonical Correlation Analysis，CCA）[3, 4]、慢特征分析（Slow Feature Analysis，SFA）[5-8]、高斯混合模型（Gaussian Mixture Model，GMM）[9, 10]、自编码网络（Autoencoder，AE）[11, 12]等，监督学习方法则主要包括线性判别分析（Linear Discriminant Analysis，LDA）[13]、随机森林（Random Forest，RF）[14, 15]、宽度学习（Broad Learning System，BLS）[16-18]、卷积神经网络（Convolutional Neural Network，CNN）[19, 20]、零样本学习（Zero-Shot Learning，ZSL）[21, 22]等。本章将简略介绍这些方法的原理，作为后文过程状态监测与故障溯源推理方法的理论基础。

2.1
概述

随着工业互联网与云计算技术的发展与普及，现代工业过程通常配备了完整的传感检测系统，生产中的过程参数能够被实时获取并储存至云端。大量的历史生产数据中蕴含着丰富的有用信息，能够反映过程的运行状态与产品质量，这使得数据驱动的统计分析与机器学习方法走上了工业智能的舞台。由于数据驱动的方法不需要精确的过程机理模型，它们在工业生产中得到了广泛的研究与应用。数据驱动的方法可以挖掘表征过程状态的关键信息，并对不同的异常与故障进行溯源与归类。然而，对于工业数据的分析不是一蹴而就的，必须充分地考虑其如下几个主要特点[23, 24]。

① 数据的高维性。现代工业过程规模庞大、机理复杂，测点数目与日俱增。高维度数据虽然蕴含了有用的信息，但由于维数灾难等数值计算限制，许多数据驱动方法往往难以直接对高维数据进行分析。因此，根据数据特性与实际需求提取其中的有用信息来降低数据维度成为工业数据解析的一个迫切需求。

② 变量的相关性。由于工业过程中变量互相耦合，过程变量间往往不是独立的，而是存在着复杂的相关性。这种相关性不仅体现在变量间取值的相关，还体现在相邻采样点上的时序相关性。如何充分地提取、挖掘变量相关性来反映过程

特性、识别过程异常是工业数据解析中的一大难点。

③ 数据的非线性。随着过程机理的复杂化与智能控制算法的推广与应用，过程变量间不再局限于简单的线性相关关系，而是呈现出较强的非线性特性。因此，在对工业生产过程进行状态监测与溯源诊断时，还需要考虑变量之间的非线性关系。

④ 非平稳特性。现代工业过程的机理复杂，通常呈现出变工况特性，这导致了过程数据通常呈现出非平稳特性。由于非平稳变化趋势的影响，过程变量间的真实关系常被掩盖，从而影响了故障检测与诊断的准确性与灵敏度，为工业数据解析带来挑战[25, 26]。

⑤ 标签的不充分性。现代工业过程规模庞大、机理复杂，因此故障类型繁多。然而，过程在大多数情况都运行在正常状态，供采集与分析的故障数据十分有限，难以囊括所有可能出现的故障类型，从而导致有标签数据的不充分性。如何识别未知的故障类别是工业过程溯源诊断中的一大难点。

上述问题困扰数据驱动的过程分析与建模方法，然而，随着大数据与人工智能技术的快速发展，先进的机器学习方法在21世纪不断涌现，并逐渐应用于过程数据解析领域来解决上述问题[27-51]。这些先进的智能方法引领工业过程的状态监测与溯源推理研究走入了一个全新的时代。

2.2 无监督学习方法

现实生活中常常会有这样的问题：缺乏足够的先验知识，因此难以人工标注类别或进行人工类别标注的成本太高。很自然地，我们希望计算机能代替我们完成这些工作，或至少提供一些帮助。根据类别未知（没有被标记）的训练样本解决模式识别中的各种问题，称为无监督学习。本节将主要介绍以协整分析、典型相关分析、慢特征分析、高斯混合模型和自编码网络为主的几种无监督学习方法。

2.2.1 协整分析

时间序列的非平稳性为数据建模带来诸多挑战。协整分析是一种时间序列分析方法，如图2-1所示，其主要思想是通过求解适当的线性变换，使多个非平稳变量的线性组合具有平稳性，从而使得各种针对于平稳数据的方法也可以应用于非平稳场景。

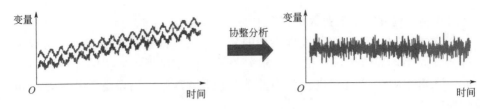

图 2-1 协整分析模型示意图❶

目前，协整分析已经应用于非平稳过程数据的分析中[9, 46, 48, 51]。对于一个非平稳时间序列 x_j，如果其在 d 次差分操作后具有平稳性，则称其 d 阶平稳，记为 $x_j \sim I(d)$。给定一系列时间序列 $X(N \times J) = [x_1, x_2, \cdots, x_J]$，$x_j = (x_1, x_2, \cdots, x_N)$ 且 $x_j \sim I(d)$，其中 J 为变量（时间序列）数目，下标 j 表示变量的序号，N 则为样本数目。CA 旨在寻求这些非平稳变量的线性组合协整模型，从而反映非平稳变量之间的长期均衡关系，即：

$$\gamma = b_1 x_1 + b_2 x_2 + \cdots + b_J x_J = Xb \tag{2-1}$$

式中，γ 为均衡误差序列；b 为协整向量。

Johansen[52]提出了一种基于向量自回归（Vector Autoregression，VAR）模型的方法，用于从一组 $I(1)$ 的非平稳变量中计算协整向量。对于一个变量个数为 J 的多元时间序列，其 VAR 模型可以描述为：

$$x_t = \Pi_1 x_{t-1} + \cdots + \Pi_p x_{t-p} + c + \mu_t \tag{2-2}$$

式中，t 为采样时间点；$\Pi_i(J \times J)$ 为 VAR 的系数矩阵；$\mu_t(J \times 1)$ 为白噪声向量；$c(J \times 1)$ 为常数向量；p 为 VAR 模型的阶数。在式（2-2）等号两端同时减去 x_{t-1}，可以得到如下关系式：

$$\Delta x_t = \sum_{i=1}^{p-1} \Omega_i \Delta x_{t-i} + \Gamma x_{t-1} + \mu_t \tag{2-3}$$

式中，Δx_t 为 x_t 的一阶差分；$\Gamma = -I_J + \sum_{i=1}^{p} \Pi_i$，$\Omega_i = -\sum_{j=i+1}^{p} \Pi_j, i=1,2,\cdots p-1$，其中 I_J 为 J 阶段单位矩阵。将 Γ 分解成两个列满秩矩阵，即 $\Gamma = AB_f^T$，其中 $A(J \times R_c)$ 和 $B_f(J \times R_c)$ 分别称为负载矩阵和协整矩阵（R_c 为协整向量数目），则式（2-3）可以转化为：

$$\Delta x_t = \sum_{i=1}^{p-1} \Omega_i \Delta x_{t-i} + AB_f^T x_{t-1} + \mu_t \tag{2-4}$$

从而均衡误差序列 γ_{t-1} 可由下式计算：

---

❶ 为便于阅读，书中图片提供电子版彩图，扫描前言中二维码获取。

$$\gamma_{t-1} = \boldsymbol{B}_f^T \boldsymbol{x}_{t-1} = (\boldsymbol{A}^T\boldsymbol{A})^{-1}\boldsymbol{A}^T\left(\Delta\boldsymbol{x}_t - \sum_{i=1}^{p-1}\boldsymbol{\Omega}_i\Delta\boldsymbol{x}_{t-i} - \boldsymbol{\mu}_t\right) \tag{2-5}$$

由于各变量1阶平稳，故 $\Delta\boldsymbol{x}_t$ 和 $\Delta\boldsymbol{x}_{t-i}$ 都为平稳序列。因此，式（2-5）等式左右两端均为平稳序列。由于式（2-5）左端恰为对各非平稳变量的线性组合产生的平稳成分，于是 $\boldsymbol{B}_f$ 即为所求协整向量构成的矩阵。

为了高效地求解出协整向量，Johansen[52]证明了可以通过求解如下特征值方程来获取协整向量矩阵的最大似然估计：

$$\left|\lambda\boldsymbol{\Sigma}_{11} - \boldsymbol{\Sigma}_{10}\boldsymbol{\Sigma}_{00}^{-1}\boldsymbol{\Sigma}_{01}\right| = 0 \tag{2-6}$$

式中，$\boldsymbol{\Sigma}_{ij} = \frac{1}{N}\boldsymbol{e}_i\boldsymbol{e}_j^T, i,j=0,1$；$\boldsymbol{e}_0 = \Delta\boldsymbol{x}_t - \sum_{i=1}^{p-1}\boldsymbol{\Theta}_i\Delta\boldsymbol{x}_{t-i}$ 为 $\Delta\boldsymbol{x}_t$ 的预测误差，$\boldsymbol{e}_1 = \boldsymbol{x}_t - \sum_{i=1}^{p-1}\boldsymbol{\Phi}_i\Delta\boldsymbol{x}_{t-i}$ 为 $\boldsymbol{x}_t$ 的预测误差，预测模型的系数 $\boldsymbol{\Theta}_i$ 和 $\boldsymbol{\Phi}_i$ 均可由最小二乘法计算；λ 为特征值 $\lambda_1 \geq \lambda_2 \geq \cdots \geq \lambda_J$ 构成的对角矩阵。求解式（2-6）获得特征值 $\lambda_1 \geq \lambda_2 \geq \cdots \lambda_J$，其对应的特征向量即为所求协整向量。协整向量数目 R_c 可由Johansen检验确定，从而协整向量矩阵 $\boldsymbol{B}_f(J \times R_c)$ 求解完毕。

2.2.2 典型相关分析

典型相关分析是一种线性的统计学习模型，如图2-2所示。这种方法旨在从两个数据集合中分别找到各自的线性投影方向，使得两个集合的线性投影具有最大的线性相关性。CCA能够寻找两个多元数据集间的关联，是一种跨模态信息融合的有力工具[53]。

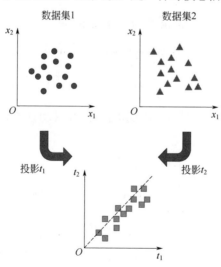

图 2-2 典型相关分析算法示意图

给定两个样本数目均为 N 的数据矩阵 $X_1 = [x_1^1, x_2^1, \cdots, x_N^1] \in \mathbb{R}^{d_1 \times N}$ 和 $X_2 = [x_1^2, x_2^2, \cdots, x_N^2] \in \mathbb{R}^{d_2 \times N}$，不失一般性，我们假定两个数据集均已去中心化，即两数据集内样本均值为 0。在 CCA 的第一阶段，两个数据矩阵 X_1 和 X_2 被映射到一个维数为 1 的潜在子空间，从而使它们的 Pearson 相关系数可以像向量一样容易计算。具体来说，令 $w_1 \in \mathbb{R}^{1 \times d_1}$ 是 X_1 的投影方向，$w_2 \in \mathbb{R}^{1 \times d_2}$ 是 X_2 的投影方向，则它们在 1 维子空间中的投影分别为 $z_1 = w_1 X_1$ 和 $z_2 = w_2 X_2$。称 z_1 和 z_2 为数据集 X_1 和 X_2 的典型变量，它们的相关系数 ρ 可以计算为：

$$\rho = \frac{z_1^T z_2}{\sqrt{z_1^T z_1} \sqrt{z_2^T z_2}} = \frac{w_1^T C_{12} w_2}{\sqrt{w_1^T C_{11} w_1} \sqrt{w_2^T C_{22} w_2}} \tag{2-7}$$

式中，$[X_1, X_2]$ 的总协方差矩阵定义为：

$$C = \begin{bmatrix} X_1 X_1^T & X_1 X_2^T \\ X_2 X_1^T & X_2 X_2^T \end{bmatrix} = \begin{bmatrix} C_{11} & C_{12} \\ C_{21} & C_{22} \end{bmatrix} \tag{2-8}$$

式（2-7）表明典型变量间的相关系数 ρ 完全取决于投影方向 w_1 和 w_2，CCA 的目标正是求解最佳的 w_1 和 w_2，使典型变量 z_1 和 z_2 在低维空间中具有最大的一致性。因此，CCA 的优化目标可以写为：

$$\arg \max_{w_1, w_2} \rho = \frac{w_1^T C_{12} w_2}{\sqrt{w_1^T C_{11} w_1} \sqrt{w_2^T C_{22} w_2}} \tag{2-9}$$

其可以进一步转化为：

$$\arg \max_{w_1, w_2} \rho = w_1^T C_{12} w_2$$
$$\text{s.t.} \; w_1^T C_{11} w_1 = 1, w_2^T C_{22} w_2 = 1 \tag{2-10}$$

利用拉格朗日乘子法求解该优化问题，拉格朗日函数计算为：

$$L = w_1^T C_{12} w_2 - \frac{\lambda_1}{2}(w_1^T C_{11} w_1 - 1) - \frac{\lambda_2}{2}(w_2^T C_{22} w_2 - 1) \tag{2-11}$$

式中，λ_1 和 λ_2 为拉格朗日乘子。根据极值条件，我们可以得到下列关系：

$$\frac{\partial L}{\partial w_1} = C_{12} w_2 - \lambda_1 C_{11} w_1 = 0 \tag{2-12}$$

$$\frac{\partial L}{\partial w_2} = C_{21} w_1 - \lambda_2 C_{22} w_2 = 0 \tag{2-13}$$

利用 w_1^T 和 w_2^T 分别左乘式（2-12）和式（2-13）再相减，可得：

$$\begin{aligned} 0 &= w_1^T C_{12} w_2 - \lambda_1 w_1^T C_{11} w_1 - w_2^T C_{21} w_1 + \lambda_2 w_2^T C_{22} w_2 \\ &= \lambda_2 w_2^T C_{22} w_2 - \lambda_1 w_1^T C_{11} w_1 = \lambda_2 - \lambda_1 \end{aligned} \tag{2-14}$$

因此 λ_1 和 λ_2 相等，设 $\lambda_2 = \lambda_1 = \lambda$，根据式（2-13），我们可以得到下列关系：

$$\frac{C_{22}^{-1}C_{21}w_1}{\lambda} = w_2 \quad (2\text{-}15)$$

将式（2-15）代入式（2-12），得到：

$$C_{11}^{-1}C_{12}C_{22}^{-1}w_1 C_{21} = \lambda^2 w_1 \quad (2\text{-}16)$$

同理，有：

$$C_{22}^{-1}C_{21}C_{11}^{-1}w_2 C_{12} = \lambda^2 w_2 \quad (2\text{-}17)$$

可见，原优化问题转化为特征值分解问题，其对应特征向量即为所求的最优投影方向。

上面给出了求解一组典型变量的方法，实际上 CCA 最多可以求解 k 组典型变量，其中 $k = \min(d_1, d_2)$，对应的投影矩阵表示为 $W_1 = [w_1^1, w_2^1, \cdots, w_k^1]$ 和 $W_2 = [w_1^2, w_2^2, \cdots, w_k^2]$。此时，只需对于特征值分解问题式（2-16）和式（2-17）分别求解 k 个最大的特征值对应的特征向量来组成投影矩阵。这种求解方式同时保证了各组典型变量间均不相关。

2.2.3　慢特征分析及其衍生方法

一个系统中往往同时包含缓变信号和快速信号。通常情况下，系统中的缓变成分往往描述了系统的主要波动，而快速部分则往往源于噪声的干扰。慢特征分析（Slow Feature Analysis，SFA）是一种时间序列的特征提取方法，其示意图如图 2-3 所示。SFA 旨在从时变信号中提取携带重要信息的不变或缓慢变化的分量[9, 54, 55]，从而描述系统的时变特性。

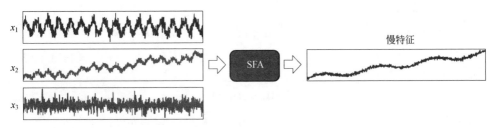

图 2-3　慢特征分析算法示意图

在介绍 SFA 的具体公式前，不妨先定义一个时间序列 $x(t)$ 的缓慢程度为：

$$\Delta(x) = \left\langle \dot{x}(t)^2 \right\rangle_t \quad (2\text{-}18)$$

式中，$\langle \cdot \rangle_t$ 为由 N 个时间点上的测量样本 $\{x(t)\}_{t=1}^N$ 计算得到的平均值；$\dot{x}(t)$ 为样本的一

阶差分，即 $\dot{x}(t) = x(t+1) - x(t)$；$\Delta(\cdot)$ 为对于信号 $x(t)$ 变化速度的自然度量。给定一组维度为 m 的输入信号 $x(t)$，SFA 的目标为寻找一组慢特征 $s(t) = [s_1(t), \cdots, s_m(t)]$，$s_i(t) = g_i(x(t))$，若要使得每个 $\Delta(s_i)$ 均最小化，则可以得到如下优化问题：

$$\min \Delta(s_i), i = 1, 2, \cdots, m$$
$$s.t. \begin{cases} \langle s_i \rangle_t = 0 \\ \langle s_i^2 \rangle_t = 1 \\ \forall i \neq j, \langle s_i s_j \rangle_t = 0 \end{cases} \tag{2-19}$$

式中，三个约束依次为零均值约束、单位方差约束以及去相关约束。其中零均值及单位方差的约束用以防止所求慢特征恒为常数。此外，这两个约束将提取得到的慢特征放缩至统一的尺度，实现了变化速度比较的公平性。去相关约束要求 SFA 提取出的慢特征两两不相关，避免了不同的慢特征之间只是简单的相互重现。

在线性情况下，每个慢特征 $s_i(t)$ 均为所有输入变量的线性组合，即 $s_i(t) = w_i^T x(t)$，从而从 $x(t)$ 到 $s(t)$ 的映射可以简化为如下形式：

$$s(t) = Wx(t) \tag{2-20}$$

式中，$W = [w_1, \cdots, w_m]^T$ 为需要经过 SFA 优化的参数矩阵。容易证明，若想使得输入变量满足零均值约束，则需要对于输入变量强制地进行自动去均值操作。将式（2-20）代入式（2-19），可以得到线性情况下 SFA 的优化目标为：

$$\min \frac{\Delta(s_i)}{\langle s_i^2 \rangle_t} = \frac{w_j^T A w_j}{w_j^T B w_j} \tag{2-21}$$
$$s.t. \ w_j^T B w_j = 1$$

式中，$A = \langle \dot{x}\dot{x}^T \rangle_t$，为输入 x 的一阶差分的协方差矩阵；$B = \langle xx^T \rangle_t$，为输入 x 的协方差矩阵。利用拉格朗日乘子法，上述的优化问题转变为一个广义特征值分解问题[56]：

$$AW = BW\Omega \tag{2-22}$$

式中，W 包括了矩阵对 $\{A, B\}$ 的 m 个广义特征向量，$\Omega = diag\{\omega_1, \cdots, \omega_m\}$ 是一个对角矩阵，其中 $\omega_i = \langle \dot{s}_i^2 \rangle_t$，为广义特征值。此处的优化问题与 LDA 类似，因此不再给出详细的推导过程，请感兴趣的读者自行推导。

除了采用拉格朗日乘子法，也可以通过奇异值分解（Singular Value Decomposition，SVD）来求解参数矩阵 W，这实质上等于式（2-22）中广义特征值问题的数值解。相比之下，这种求解方式进一步阐明了 SFA 的统计特性。首先，

我们对于矩阵 B 进行奇异值分解：

$$B = U\Lambda U^{\mathrm{T}} \quad (2\text{-}23)$$

基于上式，原始输入 x 可以被球化，从而去除相关性，即：

$$z = \Lambda^{-1/2} U^{\mathrm{T}} x \quad (2\text{-}24)$$

注意到 $\langle zz^{\mathrm{T}} \rangle_t = I_m$，式中，$z$ 为输入 x 球化后的结果；I_m 为 m 阶单位矩阵。从而原始的优化问题转变为找到一个矩阵 P，使得 $s = Pz$ 且 $\langle ss^{\mathrm{T}} \rangle_t = I_m$，从而满足了单位方差和去相关约束，将 $\langle ss^{\mathrm{T}} \rangle_t = I_m$ 代入 $s = Pz$ 可得：

$$PP^{\mathrm{T}} = I_m \quad (2\text{-}25)$$

这表明 P 是正交矩阵。此处，使 $\langle \dot{s}_i^2 \rangle_t = p_i^{\mathrm{T}} \langle \dot{z}\dot{z}^{\mathrm{T}} \rangle_t p_i$ 取得最小值的解可以利用对 z 的一阶差分的协方差阵，即 $\langle \dot{z}\dot{z}^{\mathrm{T}} \rangle_t$ 作 SVD 分解而求解：

$$\langle \dot{z}\dot{z}^{\mathrm{T}} \rangle_t = P^{\mathrm{T}} \Omega P \quad (2\text{-}26)$$

通过这种方法，最终的系数矩阵 W 可以由下式得到：

$$W = P\Lambda^{-1/2} U^{\mathrm{T}} \quad (2\text{-}27)$$

此外，SFA 存在相应的指数改进版本，称为指数慢特征分析（Exponential Slow Feature Analysis，ESFA）[57]。ESFA 与 SFA 的运算步骤几乎完全一致，区别在于 ESFA 对矩阵 A 和 B 进行了指数变换。下面讲述 ESFA 中指数操作的意义。对于 SFA 方法，慢特征提取的表现好坏可以用特征差分的模长与特征模长之比衡量，该比值越小则所提取的特征变化越缓慢，模型表现更好。经过推导可获得下述关系式：

$$\sum_{i=1}^{m} \langle \dot{s}_i^2 \rangle_t \propto tr(A) = \sum_{i=1}^{m} \lambda_i^A \quad (2\text{-}28)$$

$$\sum_{i=1}^{m} \langle s_i^2 \rangle_t \propto tr(B) = \sum_{i=1}^{m} \lambda_i^B \quad (2\text{-}29)$$

式中，λ_i^A 和 λ_i^B 分别为矩阵 A 和 B 的第 i 个特征值。在对两个矩阵进行指数运算后，这两个距离分别为 $\sum_{i=1}^{m} \exp(\lambda_i^A)$ 和 $\sum_{i=1}^{m} \exp(\lambda_i^B)$。由于矩阵 A 与 B 均为正定阵，其特征值均大于 0，而矩阵的指数变换将倾向于让大的特征值更大、小的特征值更小，因此指数运算可以提高所提取较慢特征的相对慢度，并利于快慢信号间的分离。

2.2.4　高斯混合模型

高斯混合模型（Gaussian Mixture Model，GMM）是一种无监督的分布拟合方

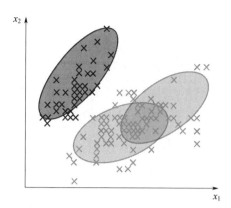

图 2-4 高斯混合模型示意图

法，其描述了一个可能来自多个类别或状态的随机变量所固有的异质性[58]。根据中心极限定理，任意 N 个独立随机数的均值近似服从于高斯分布[59]。GMM 方法利用若干个多元高斯分布的线性组合来逼近任意分布，从而完成对数据分布特性的拟合。图 2-4 展示了 GMM 的拟合示意图，对于图中分布不规则的数据集合，GMM 采用两个高斯分布对其分布进行描述。

对于一个 J 维随机变量 $\boldsymbol{x}$，GMM 利用如下分布函数对其进行描述：

$$G(\boldsymbol{x}|\boldsymbol{\Theta}) = \sum_{q=1}^{Q}\omega^q g(\boldsymbol{x}|\boldsymbol{\theta}^q) \quad (2\text{-}30)$$

式中，Q 为高斯元个数；$g(\boldsymbol{x}|\boldsymbol{\theta}^q)$ 为第 q 个高斯元的概率密度函数，$\boldsymbol{\theta}^q$ 表示第 q 个高斯元的参数集合，具体包括均值向量 $\boldsymbol{\mu}^q$ 和协方差矩阵 $\boldsymbol{\Xi}^q$；ω^q 为第 q 个高斯元的权重，满足 $\sum_{q=1}^{Q}\omega^q=1$；$\boldsymbol{\Theta}$ 为 GMM 中所有高斯元参数的集合。

具体而言，第 q 个高斯元 C^q 的概率密度函数 $g(\boldsymbol{x}|\boldsymbol{\theta}^q)$ 为：

$$g(\boldsymbol{x}|\boldsymbol{\theta}^q) = \frac{1}{(2\pi)^{J/2}|\boldsymbol{\Xi}^q|^{1/2}}\exp\left[-\frac{1}{2}(\boldsymbol{x}-\boldsymbol{\mu}^q)^{\mathrm{T}}(\boldsymbol{\Xi}^q)^{-1}(\boldsymbol{x}-\boldsymbol{\mu}^q)\right] \quad (2\text{-}31)$$

每个高斯元描述了数据的局部分布规律，而权重 ω^q 量化了第 q 个高斯分量的先验概率。由于参数 ω^q、$\boldsymbol{\mu}^q$ 以及 $\boldsymbol{\Xi}^q$ 均未知，需要对它们进行参数估计。常用的参数估计方法包括期望-最大化算法（Expectation-Maximization Algorithm，EM）[60]以及 Figueiredo-Jain（F-J）算法[61]。鉴于 F-J 算法具有自动确定高斯元个数的优点，本书采用 F-J 算法对 GMM 进行参数估计。F-J 算法分为 E 步和 M 步，两步交替进行直到收敛，对于给定样本集合 $X=\{\boldsymbol{x}_1,\cdots,\boldsymbol{x}_N\}$，其具体迭代公式为：

E 步：根据 d 轮迭代的参数集合 $\boldsymbol{\Theta}^d$ 计算第 d 次迭代中每个样本 $\boldsymbol{x}_i$ 的后验概率：

$$P^{(d)}(C^q|\boldsymbol{x}_i) = \frac{\omega^{q,(d)}g(\boldsymbol{x}_i|\boldsymbol{\mu}^{q,(d)},\boldsymbol{\Xi}^{q,(d)})}{\sum_{q=1}^{Q}\omega^{q,(d)}g(\boldsymbol{x}_i|\boldsymbol{\mu}^{q,(d)},\boldsymbol{\Xi}^{q,(d)})} \quad (2\text{-}32)$$

M 步：通过最大化似然函数来更新模型参数，得到第 $d+1$ 次的参数集合 $\boldsymbol{\Theta}^{d+1}$：

$$\boldsymbol{\mu}^{q,(d)} = \frac{\sum_{i=1}^{N} P^{(d)}(C^q|\boldsymbol{x}_i)\boldsymbol{x}_i}{\sum_{i=1}^{N} P^{(d)}(C^q|\boldsymbol{x}_i)} \tag{2-33}$$

$$\boldsymbol{\Xi}^{q,(d)} = \frac{\sum_{i=1}^{N} P^{(d)}(C^q|\boldsymbol{x}_i)(\boldsymbol{x}_i - \boldsymbol{\mu}^{q,(d+1)})^{\mathrm{T}}(\boldsymbol{x}_i - \boldsymbol{\mu}^{q,(d+1)})}{\sum_{i=1}^{N} P^{(d)}(C^q|\boldsymbol{x}_i)} \tag{2-34}$$

$$\omega^{q,(d+1)} = \frac{\max\left\{0, \sum_{i=1}^{N} P^{(d)}(C^q|\boldsymbol{x}_i) - \frac{V}{2}\right\}}{\sum_{q=1}^{Q} \max\left\{0, \sum_{i=1}^{N} P^{(d)}(C^q|\boldsymbol{x}_i) - \frac{V}{2}\right\}} \tag{2-35}$$

式中，$\boldsymbol{\mu}^{q,(d+1)}$、$\boldsymbol{\Xi}^{q,(d+1)}$、$\omega^{q,(d+1)}$ 分别为第 q 个高斯元 C_q 在第 $d+1$ 次迭代中的均值向量、协方差矩阵和先验概率；$V = J^2/2 + 3J/2$。

除了拟合训练数据的分布，GMM 还可用于聚类，对于样本 $\boldsymbol{x}_n$，其相对于第 q 个高斯元 C_q 的后验概率可计算为：

$$P(C^q|\boldsymbol{x}_n) = \frac{\omega^q g(\boldsymbol{x}_n|\boldsymbol{\mu}^q, \boldsymbol{\Xi}^q)}{\sum_{q=1}^{Q} \omega^q g(\boldsymbol{x}_n|\boldsymbol{\mu}^q, \boldsymbol{\Xi}^q)} \tag{2-36}$$

通常可以取具有最大后验概率的高斯元作为聚类簇。

2.2.5 自编码网络

自编码网络（AE）是一种无监督的降维方法[17]，其结构如图 2-5 所示，AE 使用称为"编码器"的多层神经网络来获取原始输入数据的低维特征，并利用"解码器"网络从特征中恢复数据，在这一过程中，AE 旨在通过优化编码器与解码器的网络参数来提取能够最大化重构原数据的低维特征，从而在降维的同时保留原数据中的主要信息。与传统的主元分析方法相比，AE 可以认为是一种非线性的降维方法。

图 2-5 自编码网络结构示意图

将 AE 中第 L 层的输入矩阵表示为 H_L，则该层的输出可计算为：

$$H_{L+1} = \sigma(W_L^T H_L + b_L) \tag{2-37}$$

式中，$\sigma(\cdot)$ 为非线性激活函数，通常可采用 ReLU $(x) = \max(0, x)$；W_L 为第 L 个 AE 层的权重矩阵，b_L 为该层的偏置向量。值得注意的是，编码器与解码器的形状往往是对称的，且低维特征的维度通常要小于输入样本的维度。

给定输入样本构成的矩阵 X，AE 的优化目标是：

$$\min_{D,E} \| D(E(X)) - X \|_2 \tag{2-38}$$

式中，E 和 D 分别为编码器和解码器所表示的函数。寻找最优的编码器和解码器函数，实际上就是在寻找各层最优的权重矩阵和偏置向量。式（2-38）所示的优化问题通常可以使用随机梯度下降（SGD）等寻优算法进行求解。

2.3 监督学习方法

监督学习是从标记的训练数据来推断一个功能的机器学习任务。在监督学习中，每个实例都是由一个输入对象（通常为矢量）和一个期望的输出值（也称为监督信号）组成的。监督学习算法是分析该训练数据，并产生一个推断的功能。本节主要讨论以线性判别分析、随机森林、卷积神经网络、宽度学习和零样本学习为主的监督学习算法。

2.3.1 线性判别分析及其衍生方法

线性判别分析（LDA）是一种有监督的分类方法[62]，其基本思想是：寻找一个最佳的线性投影，将高维空间的样本投影到低维空间上，使得投影后的样本数据在低维空间中，同类样本间尽可能接近，不同类样本间尽可能远离，即类内紧缩、类间分离，从而达到区分各类别样本的目的。线性判别分析方法的投影方向示意图如图 2-6 所示，其中三角与圆形的数据点分属于两个不同的类别，橙色线条则代表了线性判别分析所求解的投影方向，在该方向上，两类数据的投影点很好地满足了"类内紧缩、类间分离"的要求。

给定数据集 $D = \{(x_1, y_1), (x_2, y_2), \cdots, (x_N, y_N)\}$，其中标签 $y_i \in \{0,1\}$ 指定了每个样本所属的类别，N 为样本数目。定义 $X_j = \{x_i | y_i = 0, i = 1, 2, \cdots, N\}$ $(j = 0,1)$ 为分属

两个类别的样本集合，各类样本的均值向量 $\boldsymbol{\mu}_j$ 和离差矩阵 $\boldsymbol{S}_j (j=0,1)$ 分别计算为：

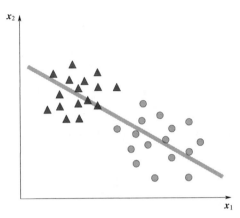

图 2-6　线性判别分析方法的投影方向示意图

$$\boldsymbol{\mu}_j = \frac{1}{N_j}\sum_{k=1}^{N_j}\boldsymbol{x}_k (j=0,1) \tag{2-39}$$

$$\boldsymbol{S}_j = \sum_{\boldsymbol{x}\in X_j}(\boldsymbol{x}-\boldsymbol{\mu}_j)(\boldsymbol{x}-\boldsymbol{\mu}_j)^{\mathrm{T}}(j=0,1) \tag{2-40}$$

设投影函数为 $\boldsymbol{w}^{\mathrm{T}}\boldsymbol{x}$，则两类样本投影后的均值和离差矩阵分别为 $\boldsymbol{w}^{\mathrm{T}}\boldsymbol{\mu}_j$ 和 $\boldsymbol{w}^{\mathrm{T}}\boldsymbol{S}_j\boldsymbol{w}$。为使各样本点的低维投影类内尽可能紧缩，需要使投影后的各类样本离差尽可能小，这一目标可以通过最小化离差和 $\boldsymbol{w}^{\mathrm{T}}\boldsymbol{S}_0\boldsymbol{w}+\boldsymbol{w}^{\mathrm{T}}\boldsymbol{S}_1\boldsymbol{w}$ 来实现；要使投影后不同类样本间尽可能分离，可以令投影后的各类中心的距离尽可能大，即最大化 $\|\boldsymbol{w}^{\mathrm{T}}(\boldsymbol{\mu}_0-\boldsymbol{\mu}_1)\|_2 = \boldsymbol{w}^{\mathrm{T}}(\boldsymbol{\mu}_0-\boldsymbol{\mu}_1)(\boldsymbol{\mu}_0-\boldsymbol{\mu}_1)^{\mathrm{T}}\boldsymbol{w}$。定义样本的类内散度矩阵为 $\boldsymbol{S}_{\mathrm{w}}=\boldsymbol{S}_0+\boldsymbol{S}_1$；类间散度矩阵为 $\boldsymbol{S}_{\mathrm{b}}=(\boldsymbol{\mu}_0-\boldsymbol{\mu}_1)(\boldsymbol{\mu}_0-\boldsymbol{\mu}_1)^{\mathrm{T}}$。因此，投影后的各类样本离差和为 $\boldsymbol{w}^{\mathrm{T}}\boldsymbol{S}_{\mathrm{w}}\boldsymbol{w}$；投影后的各类中心的距离为 $\boldsymbol{w}^{\mathrm{T}}\boldsymbol{S}_{\mathrm{b}}\boldsymbol{w}$。为同时实现"类内紧缩"和"类间分离"两个目标，建立如下优化问题：

$$\max_{\boldsymbol{w}}\frac{\boldsymbol{w}^{\mathrm{T}}\boldsymbol{S}_{\mathrm{b}}\boldsymbol{w}}{\boldsymbol{w}^{\mathrm{T}}\boldsymbol{S}_{\mathrm{w}}\boldsymbol{w}} \tag{2-41}$$

注意到上式的分子和分母都是关于 $\boldsymbol{w}$ 的二次项，待优化目标的大小取决于 $\boldsymbol{w}$ 的方向，而与 $\boldsymbol{w}$ 的模长无关。不失一般性，不妨令 $\boldsymbol{w}^{\mathrm{T}}\boldsymbol{S}_{\mathrm{w}}\boldsymbol{w}=1$，从而上述问题简化为：

$$\begin{aligned}&\min_{\boldsymbol{w}} -\boldsymbol{w}^{\mathrm{T}}\boldsymbol{S}_{\mathrm{b}}\boldsymbol{w}\\ &\mathrm{s.t.}\ \boldsymbol{w}^{\mathrm{T}}\boldsymbol{S}_{\mathrm{w}}\boldsymbol{w}=1\end{aligned} \tag{2-42}$$

该问题可由拉格朗日乘子法求解。拉格朗日函数 L 计算为：

$$L = -\boldsymbol{w}^\mathrm{T}\boldsymbol{S}_\mathrm{b}\boldsymbol{w} + \lambda(\boldsymbol{w}^\mathrm{T}\boldsymbol{S}_\mathrm{w}\boldsymbol{w} - 1) \tag{2-43}$$

式中，λ 为拉格朗日乘子。令 L 对 $\boldsymbol{w}$ 的偏导数为 0，得到如下关系：

$$\frac{\partial L}{\partial \boldsymbol{w}} = -2\boldsymbol{S}_\mathrm{b}\boldsymbol{w} + 2\lambda\boldsymbol{S}_\mathrm{w}\boldsymbol{w} = 0 \tag{2-44}$$

$$\boldsymbol{S}_\mathrm{w}^{-1}\boldsymbol{S}_\mathrm{b}\boldsymbol{w} = \lambda\boldsymbol{w} \tag{2-45}$$

从而原问题转化为一个容易求解的特征值分解问题。

上文讲述了利用 LDA 处理二分类问题的步骤，基于此，LDA 可以被拓展到多分类场景。设有 K 个类别，第 i 个类别的样本数为 N_i，则在多类别场景下类间散度矩阵定义为：

$$\boldsymbol{S}_\mathrm{w} = \sum_{i=0}^{K-1}\boldsymbol{S}_i \tag{2-46}$$

类间散度矩阵的定义为：

$$\boldsymbol{S}_\mathrm{b} = \sum_{i=0}^{K-1}\frac{N_i}{N}(\boldsymbol{\mu}_i - \boldsymbol{\mu})(\boldsymbol{\mu}_i - \boldsymbol{\mu})^\mathrm{T} \tag{2-47}$$

式中，$\boldsymbol{\mu}$ 为所有样本的均值向量。因此，多分类问题的优化目标可推广为：

$$\max_{\boldsymbol{W}} \frac{tr(\boldsymbol{W}^\mathrm{T}\boldsymbol{S}_\mathrm{b}\boldsymbol{W})}{tr(\boldsymbol{W}^\mathrm{T}\boldsymbol{S}_\mathrm{w}\boldsymbol{W})} \tag{2-48}$$

式中，$\boldsymbol{W}$ 为若干个投影向量组成的投影矩阵。相似地，通过拉格朗日乘子法，该问题可以转化为如下特征值求解问题：

$$\boldsymbol{S}_\mathrm{w}^{-1}\boldsymbol{S}_\mathrm{b}\boldsymbol{w}_l = \lambda_l\boldsymbol{w}_l \tag{2-49}$$

式中，l 为特征值与特征向量的序号，满足 $1 \leqslant l \leqslant K-1$。$\boldsymbol{W}$ 的闭式解是矩阵 $\boldsymbol{S}_\mathrm{w}^{-1}\boldsymbol{S}_\mathrm{b}$ 的 K-1 个最大特征值对应的特征向量组成的矩阵。

LDA 的求解过程中需要涉及矩阵的逆运算，然而对于某些特殊情况，变量数目将会大于样本数目，这将会导致矩阵 $\boldsymbol{S}_\mathrm{w}$ 奇异，从而使 LDA 模型失效。为解决该问题，有学者提出了一种称为指数判别分析（Exponential Discriminant Analysis，EDA）[56, 63] 的改进方法。在正式介绍该方法前，首先引入矩阵指数的定义：对于任意方阵 $\boldsymbol{A}$，其指数运算为 $\exp(\boldsymbol{A}) = \boldsymbol{I} + \boldsymbol{A} + \frac{\boldsymbol{A}^2}{2!} + \cdots + \frac{\boldsymbol{A}^n}{n!} + \cdots$，该运算具有如下性质：

① 对于任意方阵，其指数运算结果均为非奇异阵，且 $[\exp(\boldsymbol{A})]^{-1} = \exp(-\boldsymbol{A})$；

② 对于非奇异矩阵 $\boldsymbol{T}$ 及任意方阵 $\boldsymbol{A}$，有 $\exp(\boldsymbol{T}^{-1}\boldsymbol{A}\boldsymbol{T}) = \boldsymbol{T}^{-1}\exp(\boldsymbol{A})\boldsymbol{T}$。由该性质可知，若某矩阵存在特征值 λ，则其矩阵运算必存在特征值 $\exp(\lambda)$。

由性质①可知，指数运算可以用来解决非奇异问题，EDA 方法正是利用了这一性质，其优化目标为：

$$\max_{W} \frac{tr(W^{\mathrm{T}}\exp(S_{\mathrm{b}})W)}{tr(W^{\mathrm{T}}\exp(S_{\mathrm{w}})W)} \qquad (2\text{-}50)$$

相应的特征值分解问题则转化为：

$$\exp(-S_{\mathrm{w}})\exp(S_{\mathrm{b}})w_i = \lambda_i w_i \qquad (2\text{-}51)$$

从而类内协方差矩阵奇异的问题得以解决。实际上，EDA 的优势不仅如此，在判别分析中，我们可以使用类间距离与类内距离之比的平方来衡量数据的线性可分性，该数值越大，说明数据可分性越强。对于多类问题，两类间距离与类内距离分别计算如下：

$$\sum_{i=0}^{K-1}\frac{N_i}{N}\|\mu_i - \mu\|_2^2 = tr(S_{\mathrm{b}}) = \sum_{i=0}^{K-1}\lambda_i^{\mathrm{b}} \qquad (2\text{-}52)$$

$$\sum_{k=0}^{K-1}\sum_{x_i^k \in X_k}\frac{1}{N}\|\mu_k - x_i^k\|_2^2 = tr(S_{\mathrm{w}}) = \sum_{i=0}^{K-1}\lambda_i^{\mathrm{w}} \qquad (2\text{-}53)$$

式中，X_k 为隶属于第 k 类的样本集合；λ_i^{b} 与 λ_i^{w} 分别为矩阵 S_{b} 与 S_{w} 的第 i 个特征值。根据矩阵指数运算的性质②可知，在对两个矩阵进行指数运算后，这两个距离分别为 $\sum_{i=0}^{K-1}\exp(\lambda_i^{\mathrm{w}})$ 和 $\sum_{i=0}^{K-1}\exp(\lambda_i^{\mathrm{b}})$。由于矩阵 S_{b} 与 S_{w} 均为正定阵，其特征值均大于 0，因此有 $\exp(\lambda_i^{\mathrm{b}})/\exp(\lambda_i^{\mathrm{w}}) > \lambda_i^{\mathrm{b}}/\lambda_i^{\mathrm{w}}$ 成立，因此指数运算可以提高数据的线性可分性。可见，EDA 方法的本质是将原始的散度矩阵转换到更高维的指数空间，在该空间的定义下，数据的类内、类间散度矩阵更加利于线性分类。

2.3.2 随机森林

随机森林是一种有监督的算法，是在集成学习思想的基础上所提出的一种分类算法[55, 64]。图 2-7 描述了随机森林的基本框架。如图所示，随机森林以决策树为基本学习单元，通过多次重复抽样得到多种决策树组合，最后将这些组合的分类结果汇总后整体输出。在介绍随机森林前，有必要了解其基本学习单元——决策树。

决策树是一种特殊的树结构。训练阶段中，在树结构的每个分支节点上，决策树通过样本点的一个属性值产生相应规则，将训练数据一分为二，在其子节点上再建立关于其他属性值的规则，用于划分数据集。如此递归地生成树结构，直到每个子节点上的样本标签均相同。在应用时，只需根据树结构中每个节点的规则，将新样本递归地划分到不同的子节点，直到该样本到达决策树的末端（即没有可继续划分的子节点）即可获得所需标签。决策树有多种生成方式，主要包括 ID3[65]、C4.5[66]等，它们的思想大同小异，本书主要介绍其中最为经典的 ID3 方法。

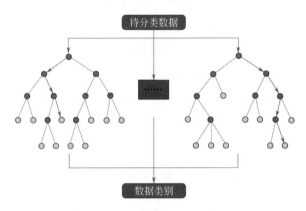

图 2-7　随机森林示意图

为了生成决策树，在树结构的每个节点上，需要具体的样本划分规则。ID3 算法使用信息增益作为属性选择的标准。首先引入信息论中广泛使用的一个物理量，称为熵（Entropy）。该物理量度量了信息量的大小，越是混乱无序的数据集合，其熵越高。给定集合 $S = \{(\boldsymbol{x}_1, y_1), \cdots, (\boldsymbol{x}_N, y_N)\}$，其中 $\boldsymbol{x}_i$ 为包含了 J 个属性值的向量，$y_i \in \{1, 2, \cdots, C\}, i = 1, 2, \cdots, N$ 为样本点所属标签，C 为类别总数，则集合 S 的熵的具体表达式为：

$$Entropy(S) = -\sum_{c=1}^{C} p_c \log_2 p_c \tag{2-54}$$

式中，p_c 为标签为 c 的样本总数占所有样本的比例。易知，若所有样本点标签相同，则熵值为 0，此时数据集完全确定，熵取得最小值。

ID3 算法的核心思想为：如果根据一个属性将数据集一分为二，划分后的两个子数据集中各样本的标签越确定，则说明该属性对分类越有效。具体而言，ID3 算法采用了信息增益来度量划分前后数据集熵的变化，从而挑选出对于分类最为有用的特征。信息增益的表达式为：

$$Gain(S, A) = Entropy(S) - \sum_{v \in V(A)} \frac{|S_v|}{|S|} Entropy(S_v) \tag{2-55}$$

式中，A 为某个属性，$V(A)$ 为 A 的所有取值构成的集合；S_v 为所有属性 A 取值为 v 的样本构成的集合；|•|算子用于求集合的元素总数。可见，属性 A 对于分类提供的有用信息越多，则按照属性 A 对集合进行划分所产生的子集的熵值之和就越

小。这里将不确定度的减少量定义为信息增益。

基于上述理论，ID3算法的基本流程为：

① 创建决策树的根节点和候选属性集合 K，将样本的所有属性加入 K；

② 若所有样本均属于同一类别 c，则返回根节点作为一个叶子节点，并将该节点标记为 c 类别；

③ 若 K 为空集，则返回根节点作为一个叶子节点，并将该节点标记为该节点所含样本中占比最高的类别；

④ 计算 K 中各个候选属性的信息增益，选择最大的信息增益对应的属性 A，标记为新的根节点；

⑤ 对于 $V(A)$ 中的每个元素 v，从根节点产生相应的一个分支，并记 S_v 为训练样本中所有取值为 v 的样本构成的集合；

⑥ 若 S_v 为空，则将对应的叶子节点标记为该节点所含样本中占比最高的类别；否则，将该属性从候选属性集合中删除，返回步骤②，递归地创建子树。

在决策树的基础上，随机森林的原理也不难解释了。指定决策树数目 T 以及子集和样本数目 N_S，随机森林通过有放回的随机抽样生成 T 个子集 $S^1, S^2, \cdots, S^T$，且 $\forall j \in \{1, 2, \cdots, T\}, |S^j| = N_S$。此后，分别利用这 T 个子集和，互不干扰地训练 T 个决策树结构。对于任意样本，T 棵决策树会给出各自的分类结果，随机森林采取投票法，即选择出这 T 个分类结果中出现次数最多的标签作为该样本的分类结果。随机森林的随机抽样及投票预测体现了集成学习思想，这种方式保证每棵树之间的差异性足够大，从不同的角度对数据进行分类，从而获取更高的样本预测准确性和稳定性。

2.3.3 卷积神经网络

卷积神经网络（CNN）是一种前馈人工神经网络，已广泛应用于多种模式识别问题[16]，例如图像处理、语音识别、自然语言处理等。对于图像、视频、自然语言等高维度、非结构化数据，传统的机器学习方法往往难以对其直接进行处理，因此需要人工提取特征，再输入机器学习模型中。作为深度学习的代表性研究成果之一，CNN 可以省去人工特征提取，自动从高维数据中提取有用信息。如图 2-8 所示，一个典型的 CNN 由三个主要结构组成[67]，包括卷积层、池化层与全连接层。下文将分别介绍这三种结构。

① 卷积层：在这一结构中，神经元的参数由一组可训练的滤波器组成。卷积层使用预先定义的滤波器在输入数据上不断滑动，在每一个滑动窗口上对相应的输入数据进行一次卷积来进行特征提取。给定输入数据 X，其维度为 $N \times p$，假设滤波器各元素构成的矩阵 F 的窗口大小为 $m_f \times n_f$，用 $F_{\theta, \vartheta}$ 表示矩阵中第 θ 行第 ϑ

列中的元素，则卷积层的输出可以按下式计算：

$$Y^c = \delta(Conv(X,F)) \qquad (2-56)$$

式中，$Conv$ 算子表示卷积操作；$\delta(\cdot)$ 为非线性映射函数，通常可采用 ReLU(x) = max$(0,x)$。$Conv$ 算子计算过滤器元素和输入数据之间的点积。令 Y_f 表示滤波器的输出，则 $Conv$ 算子的计算规则如下：

$$Y_{i,j}^f = Conv(X,F) = \sum_{\theta,\vartheta}^{m_f,n_f} F_{\theta,\vartheta} \times X_{i+\theta,j+\vartheta} \qquad (2-57)$$

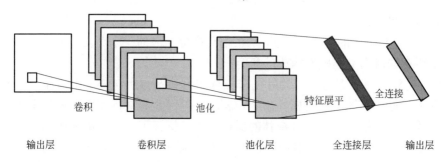

图 2-8　卷积神经网络示意图

② 池化层：池化层是一种特殊的网络结构，用于实现非线性下的采样功能。池化层通常作为卷积层的后置层，来实现一定程度上的移位不变性。池化层将上一层神经元簇的输出组合成下一层的单个神经元，最常用的池化方式为最大池化（Maxpooling），它使用前一层每组神经元中的最大值，其具体计算方法为：

$$Y_{i,j}^p = \max\{Y_{i',j'}^f | \ i \leqslant i' \leqslant i+u, j \leqslant j' \leqslant j+v\} \qquad (2-58)$$

式中，u 和 v 为池化单元的宽度和高度；Y_p 为池化算子的输出。

③ 全连接层：经过若干个卷积层和池化层，CNN 已经提取到原始数据中的深层特征。为了将这些特征利用到相应的分类或回归任务中，还需要引入全连接层进行处理。与常规的神经网络相似，全连接层中的神经元与上一层中的所有神经元都有连接，其输入与输出的具体运算关系可参考式（2-37）。

2.3.4　宽度学习

随着深度学习的火热，神经网络的相关研究备受关注。深度学习具有结构灵活、拟合能力强等优势，但由于结构复杂、模型参数过多等因素，需要消耗较多的计算资源。网络层的深度堆叠是提高神经网络拟合能力的主要手段，也是计算消耗增加的主要原因。为了在保证一定的拟合能力的同时显著降低运算消耗，C.

L. P. Chen 等人[14]设计了一种轻量级的宽度学习系统（Broad Learning System, BLS），与深度学习对神经网络的"纵向"堆叠不同，BLS 对网络节点进行非线性的"横向"延拓，用更多的节点增强网络的学习能力。

BLS 是一个多输入多输出的回归模型[68]，图 2-9 展示了 BLS 的主体结构。如图所示，BLS 将原始数据 X 转换为映射节点 Z，再通过 Z 生成若干增强节点 H 来提升网络宽度。在这里，我们将映射节点和增强节点统称为特征节点，BLS 正是通过生成大量的特征节点来学习输入层和输出层之间的潜在线性映射 W。

给定一个数据集 $\Theta = \{X \in \mathbb{R}^{N \times D}, Y \in \mathbb{R}^{N \times C}\}$，BLS 生成 N 组映射节点 $Z_i \in \mathbb{R}^{N \times E}$ ($i = 1, \cdots, N$) 以及一组增强节点 $H \in \mathbb{R}^{N \times M}$，其中 E 为映射节点个数，M 为增强节点个数。每组映射节点即为原始数据的一组特征，生成多组特征能够充分提取数据的潜在特征。增强节点是基于映射节点而非原始数据生成的，这表明它们对所有映射数据进行编码从而获得更有意义的特征。在实际应用中，往往会生成数千个增强节点来扩展模式结构，这些节点包含了各种特征。因此，BLS 不需要生成多组增强节点，只需直接生成一组增强节点，以降低模型复杂度，加快模型训练。映射节点 Z_i 和增强节点 H 的计算公式如下所示：

$$Z_i = \phi([X, 1]W_{ei}) \tag{2-59}$$

$$H = \xi([Z^n, 1]W_h) \tag{2-60}$$

式中，ϕ 和 ξ 为非线性激活函数，类似于核函数；$1 \in \mathbb{R}^{N \times 1}$ 为单位向量，用于为网络提供偏置；$Z^n = [Z_1, \cdots, Z_n] \in \mathbb{R}^{N \times nE}$ 为所有映射节点构成的矩阵；$W_{ei} \in \mathbb{R}^{(D+1) \times E}$ 和 $W_h \in \mathbb{R}^{(nE+1) \times M}$ 为网络随机生成为稀疏形式的权重矩阵。此处，给出一种 W_{ei} 的生成方式：首先，随机生成一个正交矩阵 W_{ei}^r 来获得一组初始映射节点 $Z_i^r = \phi([X, 1]W_{ei}^r) \in \mathbb{R}^{N \times E}$。随后求解下式的稀疏优化问题来确定初始化的 W_{ei}。

$$\arg\min_{W_{ei}} \| Z_i^r W_{ei}^T - [X, 1] \|_2^2 + \lambda \| W_{ei} \|_1 \tag{2-61}$$

该优化问题称为 Lasso 稀疏化回归，已经有许多简单易行的方法来对其进行求解[69-71]。按照这种方式，可以生成大量映射节点 Z_n 和增强节点 H 来作为网络的输出层 $A = [Z_n, H]$。

下面介绍 BLS 的优化目标。BLS 旨在找到一个输出 A 与输出 Y 间的线性映射 W 使得回归误差最小，其具体的优化目标为：

$$\arg\min_W \| AW - Y \|_2^2 + \lambda \| W \|_2^2 \tag{2-62}$$

式中，λ 为 L2 正则化约束的惩罚系数。该优化问题实际上为岭回归问题[72]，具有数值解，也可以采用梯度下降[73]等优化算法求解。

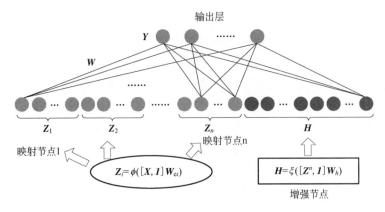

图 2-9 宽度学习系统结构示意图

2.3.5 零样本学习

对于有监督问题，充分、正确的有标签样本是至关重要的，标签信息指导了模型的优化与求解，如果标签缺失严重，那么即便是最先进的有监督模型也无法取得令人满意的性能。然而，由于数据采集的种种局限，充足的有标签样本往往并不容易获取。举例说明：在计算机视觉领域，图像、视频的标签往往需要人工标注，在动辄数以万计的样本数据面前，人工标注的方法未免过于低效；在工业领域，由于过程机理的复杂性，故障类型往往多种多样，所收集的历史数据中往往难以涵盖所有可能的故障情况。标签获取的种种困难，催生了零样本学习[21, 22]。

零样本学习指的是用有限的有标签样本训练一种分类器，使得这种分类器可以识别未知的（未包含在训练集中的）数据类别。与前面所介绍的方法不同，零样本学习并不是一个具体的算法或网络结构，而是一种新颖的学习范式。本书主要介绍一种基于嵌入表示技术的零样本学习框架。

嵌入表示技术是识别未知数据类别的基础，它将样本和标签从其原始空间转换为特征和标签嵌入空间[74-76]。图 2-10 展示了嵌入表示技术的大致框架。在特征嵌入空间中，这些特征往往是通过如 CNN 等神经网络提取出来的深度表示的。在标签嵌入空间中，数据集的每一类都由其属性或字向量等来描述[77]。这里，为了使读者更好地理解属性描述，我们以具有各种描述属性的动物数据集[74]进行举例。数据集中的"蓝鲸"类别可以用许多属性来描述，包括"四肢（假）""蓝（真）""海（真）"和"大（真）"等，属性旁边的括号中表示该属性对于类别的正确性。同样地，"黑猩猩"也可以用相同的属性来描述，包括"四肢（真）""蓝色（假）""海（假）"和"大（假）"等。 属性描述可以通过独热编码技术表示为属性向量，即用数字 0 表示假，数字 1 表示真，例如上述蓝鲸与大猩猩的属性向量可分别表示为[0，1，1，1]和[1，0，0，0]。

属性向量在标签嵌入空间中对于不同类别进行了细粒度表示。不同于一般的有监督学习任务，零样本学习并非直接学习样本与类别标签的关系，而是去学习样本与属性向量间的关系。图 2-10 中从原空间到特征嵌入空间的特征提取，以及从特征嵌入空间到标签嵌入空间的映射（通常采取多层全连接神经网络）学习，均是在属性向量的指导下有监督地完成的。这样，即便是在线应用时出现了一个属于未知类别的样本，模型也能够获取其属性向量，从而使人们可以结合相关知识从属性描述反推出标签。例如，如果我们利用一定数目的蓝鲸图片与黑猩猩图片学习出原始图片到属性向量的映射关系，当输入一张老虎图片时，我们可以获得属性向量[1，0，0，1]，表示新样本具有"四肢（真）""蓝色（假）""海（假）"和"大（真）"的属性，从而便于我们根据这些属性描述反推出新类别。当然，仅仅在我们给出的简单例子中，还不足以从四个属性反推出真实类别，但当我们加入其他更加具体、详尽的描述，即对属性向量进行扩充后，反推也会变得更加容易。

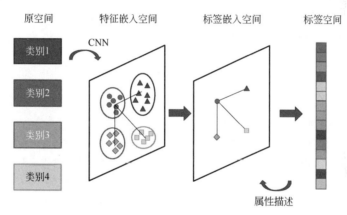

图 2-10　基于嵌入表示技术的零样本学习示意图

除了人工进行属性描述来获取属性向量外，也可以采用预训练词向量的方式获取属性向量。词向量的嵌入表示属于自然语言处理范畴，其通常根据语义相关性、上下文信息等知识，为每个词学习相应的向量表示，含义相近的词的词向量通常具有较大的相关系数，反之亦然。目前，已经有许多预训练的词向量"词典"[78，79]，利用这些词向量作为各类别的描述，建立起原始数据与类别词向量间的映射关系，在线应用时，即可得到新类别的词向量，通过相关系数匹配，从"词典"中搜索出具有最大相关系数的词作为新样本的标签，即可完成未知类别的识别。

2.4 本章小结

本章介绍了运行工况监测与故障溯源诊断所涉及的基础理论与方法,包括无监督学习和监督学习。其中,无监督学习主要关注在缺少数据标签的情况下对数据进行特征提取与分布拟合,从而用低维潜变量或分布信息对高维数据进行描述;有监督学习则关注在数据标签已知的情况下,如何建立数据与标签间的联系,从而实现数据类别的划分。值得注意的是,各种方法都有其独特的应用场景,例如协整分析着力于解决非平稳特性,慢特征分析针对于时序数据,卷积神经网络则主要应用于图像、视频等高维复杂数据。如果抛开应用场景,盲目应用模型,则数据分析与建模的可靠性将会大打折扣。因此,如何针对不同的工业场景,选择并改进相应的数据解析方法,是运行工况监测与故障溯源诊断的研究重点。本书的后续章节中,将着力于介绍如何将各种理论方法有针对性地应用于不同工业场景,从而有效构建过程监测与故障诊断模型。

参考文献

[1] HALL A D, ANDERSON H M, GRANGER C W J. A cointegration analysis of treasury bill yields [J]. The review of Economics and Statistics, 1992, 74 (1): 116-126.

[2] ENGLE R F, GRANGER C W J. Cointegration and error correction: representation, estimation and testing [J]. Econometrica, 1987, 55 (2): 251-276.

[3] HOTELLING H. The most predictable criterion [J]. Journal of Educational Psychology, 1935, 26 (2): 139-142.

[4] HARDOON D R, SZEDMAK S, SHAWE-TAYLOR J. Canonical correlation analysis: an overview with application to learning methods [J]. Neural Computation, 2004, 16 (12): 2639-2664.

[5] CHIANG L H, KOTANCHEK M E, KORDON A K. Fault diagnosis based on fisher discriminant analysis and support vector machines [J]. Computers & Chemical Engineering, 2004, 28 (8): 1389-1401.

[6] WISKOTT L, SEJNOWSKI T J. Slow feature analysis: unsupervised learning of invariances [J]. Neural Computation, 2002, 14 (4): 715.

[7] FRANZIUS M, WILBERT N, WISKOTT L. Invariant object recognition and pose estimation with slow feature analysis. [J]. Neural Computation, 2011, 23 (9): 2289-2323.

[8] ZHANG S M, ZHAO C H, HUANG B. Simultaneous static and dynamic

analysis for fine-scale identification of process operation statuses [J]. IEEE Transactions on Industrial Informatics, 2019, 15(9): 5320-5329.

[9] ZHAO C H, HUANG B. A full-condition monitoring method for nonstationary dynamic chemical processes with cointegration and slow feature analysis [J]. AIChE Journal, 2018, 64(5): 1662-1681.

[10] YANG M H, AHUJA N. Gaussian mixture model for human skin color and its applications in image and video databases [J]. Storage & Retrieval for Image & Video Databases VII, 1999, 3656(1): 458-466.

[11] YU J. A nonlinear kernel Gaussian mixture model based inferential monitoring approach for fault detection and diagnosis of chemical processes [J]. Chemical Engineering Science, 2012, 68(1): 506-519.

[12] CHAI Z, ZHAO C H. Enhanced random forest with concurrent analysis of static and dynamic nodes for industrial fault classification[J]. IEEE Transactions on Industrial Informatics, 2019, 16(1): 54-66.

[13] HAM J, CHEN Y, CRAWFORD M M, et al. Investigation of the random forest framework for classification of hyperspectral data [J]. IEEE Transactions on Geoscience & Remote Sensing, 2005, 43(3): 492-501.

[14] CHEN C L P, LIU Z L. Broad learning system: an effective and efficient incremental learning system without the need for deep architecture [J]. IEEE Transactions on Neural Networks and Learning Systems, 2018, 29(1): 10-24.

[15] FENG S, CHEN C L P. Fuzzy broad learning system: a novel neuro-fuzzy model for regression and classification [J]. IEEE Transactions on Cybernetics, 2020, 50(2): 414-424.

[16] YU W K, ZHAO C H. Broad convolutional neural network based industrial process fault diagnosis with incremental learning capability [J]. IEEE Transactions on Industrial Electronics, 2020, 67(6): 5081-5091.

[17] YU W K, ZHAO C H. Robust monitoring and fault isolation of nonlinear industrial processes using denoising autoencoder and elastic net [J]. IEEE Transactions on Control Systems Technology, 2019, 28(3): 1083-1091.

[18] HINTON G E, SALAKHUTDINOV R R. Reducing the dimensionality of data with neural networks [J]. Science, 2006, 313(5786): 504-507.

[19] ZEILER M D, FERGUS R. Visualizing and understanding convolutional neural networks[C]// European conference on computer vision. Cham: Springer, 2014: 818-833.

[20] KRIZHEVSKY A, SUTSKEVER I, HINTON G E. Imagenet classification with deep convolutional neural networks[J]. Advances in Neural Information Processing Systems, 2012, 25: 1097-1105.

[21] FENG L J, ZHAO C H. Transfer increment for generalized zero-shot learning [J]. IEEE Transactions on Neural Networks and Learning Systems,

2020, 32 (6): 2506-2520.

[22] FENG L J, ZHAO C H. Fault description based attribute transfer for zero-sample industrial fault diagnosis [J]. IEEE Transactions on Industrial Informatics, 2020, 17 (3): 1852-1862.

[23] 刘炎. 工业过程运行状态最优性评价及非优原因追溯方法的研究 [D]. 沈阳: 东北大学, 2016.

[24] 赵春晖. 多时段间歇过程统计建模、在线监测及质量预报 [D]. 沈阳: 东北大学, 2009.

[25] 鲁帆. 基于协整理论的复杂动态工程系统状态监测方法应用研究 [D]. 南京: 南京航空航天大学, 2010.

[26] SUN H, ZHANG S M, ZHAO C H, et al. A sparse reconstruction strategy for online fault diagnosis in nonstationary processes with no priori fault information [J]. Industrial & Engineering Chemistry Research, 2017, 56 (24): 6993-7008.

[27] ZHAO C H, CHEN J H, JING H. Condition-driven data analytics and monitoring for wide-range nonstationary and transient continuous processes [J]. IEEE Transactions on Automation Science and Engineering, 2020, 18 (4): 1563-1574.

[28] CHOI S W, LEE I B. Multiblock PLS-based localized process diagnosis [J]. Journal of Process Control, 2005, 15 (3): 295-306.

[29] YE L B, LIU Y M, FEI Z S, et al. Online probabilistic assessment of operating performance based on safety and optimality indices for multimode industrial processes [J]. Industrial & Engineering Chemistry Research, 2009, 48 (24): 10912-10923.

[30] KHATIBISEPEHR S, HUANG B, KHARE S. A probabilistic framework for real-time performance assessment of inferential sensors [J]. Control Engineering Practice, 2014, 26: 136-150.

[31] LIU Y, WANG F L, CHANG Y Q. Operating optimality assessment and nonoptimal cause identification for non-Gaussian multimode processes with transitions [J]. Chemical Engineering Science, 2015, 137 (1): 106-118.

[32] 张晶晶, 姚建, 苏维, 等. 火电厂烟气脱硫技术综合评价专家系统权重的确定 [J]. 资源开发与市场, 2006, 22 (1): 15-16.

[33] 韩富春, 董邦洲, 贾雷亮, 等. 基于贝叶斯网络的架空输电线路运行状态评估 [J]. 电力系统及其自动化学报, 2008, 20 (1): 101-104.

[34] MERUANE V, ORTIZ B A. Structural damage assessment using linear approximation with maximum entropy and transmissibility data [J]. Mechanical Systems and Signal Processing, 2015, 54: 210-223.

[35] YU J, QIN S J. Statistical MIMO controller performance monitoring: Part I data-driven covariance benchmark [J]. Journal of Process Control, 2008, 18 (3): 277-296.

[36] YU J, QIN S J. Statistical MIMO controller performance monitoring: Part II performance diagnosis [J]. Journal of Process Control, 2008, 18 (3): 297-319.

[37] GAO Z, CECATI C, DING S X. A survey of fault diagnosis and fault-tolerant

techniques: Part I Fault diagnosis with model-based and signal-based approaches [J]. IEEE Transactions on Industrial Electronics, 2015, 62(6): 3757-3767.

[38] SORSA T, KOIVO H N, KOIVISTO H. Neural networks in process fault diagnosis [J]. IEEE Transactions on Systems, Man, and Cybernetics, 1991, 21(4): 815-825.

[39] NANDI S, TOLIYAT H A, LI X. Condition monitoring and fault diagnosis of electrical motors: A review [J]. IEEE transactions on energy conversion, 2005, 20(4): 719-729.

[40] CAI B P, HUANG L, XIE M. Bayesian networks in fault diagnosis [J]. IEEE Transactions on Industrial Informatics, 2017, 13(5): 2227-2240.

[41] WEN L, LI X, GAO L Y, ZHANG Y. A new convolutional neural network-based data-driven fault diagnosis method [J]. IEEE Transactions on Industrial Electronics, 2017, 65(7): 5990-5998.

[42] WOODALL W H, MONTGOMERY D C. Some current directions in the theory and application of statistical process monitoring [J]. Journal of Quality Technology, 2014, 46(1): 78-94.

[43] LU W P, YAN X. Deep double supervised embedding neural network enhancing class separation for visual high-dimensional industrial process monitoring [J]. IEEE Transactions on Industrial Informatics, 2020.

[44] MARCONDES F D, VALK M. Dynamic VAR model-based control charts for batch process monitoring [J]. European Journal of Operational Research, 2020, 285(1): 296-305.

[45] WANG J, ZHAO C H. A Gaussian feature analytics-based dissim method for fine-grained non-gaussian process monitoring [J]. IEEE Transactions on Automation Science and Engineering, 2020, 17(4): 2175-2181.

[46] ZHAO C H, WANG W, TIAN C, et al. Fine-scale modelling and monitoring of wide-range nonstationary batch processes with dynamic analytics [J]. IEEE Transactions on Industrial Electronics, 2020, 68(9): 8808-8818.

[47] WANG J, ZHAO C H. Mode-cloud data analytics based transfer learning for soft sensor of manufacturing industry with incremental learning ability [J]. Control Engineering Practice, 2020, 98: 104392.

[48] ZOU X Y, ZHAO C H, GAO F R. Linearity decomposition-based cointegration analysis for nonlinear and nonstationary process performance assessment [J]. Industrial & Engineering Chemistry Research, 2020, 59(7): 3052-3063.

[49] JIANG Q, YAN S, CHENG H, et al. Local-global modeling and distributed computing framework for nonlinear plant-wide process monitoring with industrial big data [J]. IEEE Transactions on Neural Networks and Learning Systems, 2020, 32(8): 3355-3365.

[50] TIAN Y, YAO H, LI Z. Plant-wide process monitoring by using weighted copula-correlation based multiblock

principal component analysis approach and online-horizon bayesian method [J]. ISA Transactions, 2020, 96: 24-36.

[51] 孙鹤. 数据驱动的复杂非平稳工业过程建模与监测[D]. 杭州: 浙江大学, 2018.

[52] JOHANSEN S, JUSELIUS K. Maximum likelihood estimation and inference on cointegration with applications to the demand for money [J]. Oxford Bulletin of Economics & Statistics, 2010, 52(2): 169-210.

[53] YANG X H, LIU W F, LIU W, et al. A survey on canonical correlation analysis [J]. IEEE Transactions on Knowledge and Data Engineering, 2019, 33(6): 2349-2368.

[54] SHANG C, YANG F, GAO X Q, et al. Concurrent monitoring of operating condition deviations and process dynamics anomalies with slow feature analysis[J]. AIChE Journal, 2015, 61(11): 3666-3682.

[55] CHAI Z, ZHAO C H. Enhanced random forest with concurrent analysis of static and dynamic nodes for industrial fault classification[J]. IEEE Transactions on Industrial Informatics, 2019, 16(1): 54-66.

[56] ZHANG T, FANG B, TANG Y Y, et al. Generalized discriminant analysis: a matrix exponential approach [J]. IEEE Transactions on Systems, Man, and Cybernetics, Part B (Cybernetics), 2009, 40(1): 186-197.

[57] YU W K, ZHAO C H. Recursive exponential slow feature analysis for fine-scale adaptive processes monitoring with comprehensive operation status

identification [J]. IEEE Transactions on Industrial Informatics, 2018, 15(6): 3311-3323.

[58] IRI M, AOKI K, SHIMA E O, et al. An algorithm for diagnosis of system failures in the chemical process [J]. Computers & Chemical Engineering, 1979, 3(1-4): 489-493.

[59] 柴天佑, 丁进良, 王宏, 等. 复杂工业过程运行的混合智能优化控制方法[J]. 自动化学报, 2008, 34(5): 505-515.

[60] DUDA R O, HART P E, STORK D G. Pattern classification[M]. New York: John Wiley & Sons, 2012.

[61] TITSIAS M K, LIKAS A C. Shared kernel models for class conditional density estimation [J]. IEEE Transactions on Neural Networks, 2001, 12(5): 987-997.

[62] WANG Y, ZHAO C H. Probabilistic fault diagnosis method based on the combination of nest-loop fisher discriminant analysis and analysis of relative changes[J]. Control Engineering Practice, 2017, 68: 32-45.

[63] YU W K, ZHAO C H. Sparse exponential discriminant analysis and its application to fault diagnosis[J]. IEEE Transactions on Industrial Electronics, 2017, 65(7): 5931-5940.

[64] CHAI Z, ZHAO C H. Multiclass oblique random forests with dual-incremental learning capacity[J]. IEEE Transactions on Neural Networks and Learning Systems, 2020, 31(12): 5192-5203.

[65] QUINLAN J R. Induction of decision trees [J]. Machine learning, 1986, 1(1):

81-106.

[66] RUGGIERI S. Efficient C4. 5[J]. IEEE Transactions on Knowledge and Data Engineering, 2002, 14(2): 438-444.

[67] ZHANG L, SUGANTHAN P N. Visual tracking with convolutional random vector functional link network [J]. IEEE Transactions on Cybernetics, 2016, 47(10): 3243-3253.

[68] FENG L J, ZHAO C H, CHEN C L P, et al. BNGBS: an efficient network boosting system with triple incremental learning capabilities for more nodes, samples, and classes [J]. Neurocomputing, 2020, 412: 486-501.

[69] AHARON M, ELAD M, BRUCKSTEIN A. K-SVD: an algorithm for designing overcomplete dictionaries for sparse representation [J]. IEEE Transactions on Signal Processing, 2006, 54(11): 4311-4322.

[70] TROPP J A, GILBERT A C. Signal recovery from random measurements via orthogonal matching pursuit [J]. IEEE Transactions on Information Theory, 2007, 53(12): 4655-4666.

[71] BOYD S, PARIKH N, CHU E. Distributed optimization and statistical learning via the alternating direction method of multipliers[J]. Foundations and Trends in Machine Learning, 2011, 3(1): 1-122.

[72] HOERL A E, KENNARD R W. Ridge regression: applications to nonorthogonal problems [J]. Technometrics, 1970, 12(1): 69-82.

[73] YAO Y, ROSASCO L, CAPONNETTO A. On early stopping in gradient descent learning [J]. Constructive Approximation, 2007, 26(2): 289-315.

[74] LAMPERT C H, NICKISCH H, HARMELING S. Learning to detect unseen object classes by between-class attribute transfer [C] //2009 IEEE conference on computer vision and pattern recognition. IEEE, 2009: 951-958.

[75] LAMPERT C H, NICKISCH H, HARMELING S. Attribute-based classification for zero-shot visual object categorization [J]. IEEE Transactions On Pattern Analysis and Machine Intelligence, 2013, 36(3): 453-465.

[76] YU Y, JI Z, GUO J, et al. Transductive zero-shot learning with adaptive structural embedding [J]. IEEE Transactions on Neural Networks and Learning Systems, 2017, 29(9): 4116-4127.

[77] WANG X, YE Y, GUPTA A. Zero-shot recognition via semantic embeddings and knowledge graphs [C] //Proceedings of the IEEE conference on computer vision and pattern recognition. IEEE, 2018: 6857-6866.

[78] CHURCH K W. Word2Vec[J]. Natural Language Engineering, 2017, 23(1): 155-162.

[79] PENNINGTON J, SOCHER R, MANNING C D. Glove: global vectors for word representation [C] //Proceedings of the 2014 conference on empirical methods in natural language processing (EMNLP). Doha, Qatar: Association for Computational Linguistics, 2014: 1532-1543.

第 3 章

基于稀疏协整分析的变工况分布式建模与过程监测

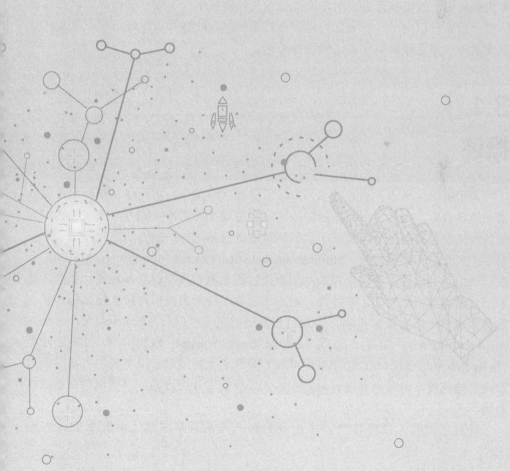

由于生产产品的改变或者运行负荷变化等原因，闭环控制下的大规模工业过程通常会频繁地改变运行条件，从而引发典型的非平稳特性。对于闭环控制过程，运行条件的正常变化可能会有与真实故障不同的静态与动态波动，因此，需要同时考虑静态与动态以区分不同类型的过程变化。此外，考虑到过程的大规模特性，需要对变量进行分块，以实现更加详细的过程描述和理解。本章针对上述问题提出了一种动态分布式监测策略，可以区分静态与动态变化并同时进行监控，以区别闭环控制下大规模非平稳过程的正常工况变化和真实故障。本策略首先基于稀疏协整分析提出了一种不需要先验知识的迭代变量子块划分方法，将非平稳过程变量自动地分解为不同的子块，各个子块内变量具有较强的长期均衡关系。其次，通过探究每个子块的协整模型来分离过程的静态和动态特性，并构建并行监测模型以监视每个子块的稳态变化及其相应的动态变化，从而更加全面地描述过程的变化。由于局部统计量在实际中往往是互补的，我们最后通过贝叶斯推理方法融合了每个子块中的局部监测结果，获得全局结果，从而可以从全局和局部角度描述和监测静态和动态变化，获得更有意义的监测结果。在实际的百万千瓦超超临界火电机组上的实验结果表明，所提分布式监测策略与主成分分析算法以及修正协整分析算法相比，具有更低的误报率与漏报率，能够有效区分过程正常变化与真实故障，并且提供更有意义的物理解释。

3.1

概述

为了确保生产率、能源效率、产品质量和工厂安全，需要尽早检测出过程异常和设备故障，并且识别和排除造成这些异常情况的因素。如今，工业过程由大量的测量变量所刻画，因此基于数据驱动的过程监测与诊断方法[1-9]占据了主流。其中，多元统计过程监测（Multivariate Statistical Process Monitoring，MSPM）方法[10-20]由于其建模时不需要先验知识而在过程监测领域变得愈发重要。然而，随着工业过程越来越复杂，非线性、动态性、非平稳、大规模等特性越来越常见，给异常监测与诊断带来挑战。因此，在基础的主成分分析（Principal Component Analysis，PCA）、偏最小二乘（Partial Least Square，PLS）、独立成分分析（Independent Component Analysis，ICA）等算法上发展出了很多变种方法[21-30]以解决这些问题。本章内容将针对过程的大规模特性开展研究，以实现精细的过程监测。

针对过程的大规模特性，多块或分布式监测策略引起了研究者们极大的兴趣[31, 32]。多块或分布式监测策略首先依据过程机理特性或变量相关性将数量庞大的过程变量分解为不同的子块,然后在各个子块内进行建模监测。由于每个子块只包含紧密相关的部分变量,在其内部建立局部模型对过程进行分析监测的难度显著降低。该策略成功实施的关键在于如何实现变量分块或过程分解。为了实现过程分解,Jiang 等人提出了一种与故障相关的性能驱动的变量选择方法[33]。Li 等人提出了一种用于层次化建模和监测的线性评估和变量子集划分方法[34]。尽管先前描述的算法对大规模过程采用了分布式建模策略,但是它们仅描述了静态关系和静态过程变化。实际上,为了满足不断变化的产品需求和过程中的某些干扰,动态变化在过程中很常见。考虑到过程的动态特性,传统的多元统计方法已扩展为动态版本,例如动态 PCA(Dynamic PCA,DPCA)[35, 36]和动态 PLS(Dynamic PLS,DPLS)[37]。这些扩展方法可以挖掘出瞬态上的分布,将时序相关性考虑在内,以进行动态过程监控。但是,DPCA 和 DPLS 无法有效地从过程数据中挖掘动态信息,因为它们假设提取出来的潜变量(Latent Variable,LV)在统计上是独立的,而没有考虑过程数据是在闭环反馈控制下收集的。瞬态过程行为不能由现有的监测模型及其扩展的动态版本显式地表示[38]。过程的稳态运行条件可以抽象为稳态分布,而过程动态性可以看作是瞬态分布,其携带不同的过程信息,类似于物理学中的"位置"和"速度"的概念[38]。Shang 等人[38]提出了一种并行监视方法,通过慢特征分析来区分运行条件偏差和过程动态异常。在他们的研究中,设计了两个额外的指标来描述过程的动态特性,这些指标可以揭示当运行条件偏离时过程动态特性是否被破坏。根据上述讨论,如果过程偏离其预定义的运行条件,则静态过程变化可能会超出预定义的正常区域。相比之下,对于正常的运行变化,过程动态性可能首先受到影响,然后由于闭环控制的作用而恢复正常。在真实故障情况下,闭环控制可能无法使过程恢复到正常运行状态,从而导致异常的动态行为[39, 40]。因此,静态和动态信息应相互分离并同时进行监测,以揭示闭环控制的效果,尤其是在受控过程频繁切换工作点时。此外,由于季节变化、设施老化等因素,复杂的工业过程显示出非平稳的特征[41]。Berthouex 和 Box[42]指出,如果时间序列的均值和方差随时间变化,则该时间序列是非平稳的。但是,上述方法均没有考虑到过程的非平稳性。具有非平稳特性的闭环过程动态变化的建模和监控值得特别注意。

协整分析(Cointegration Analysis,CA)是研究非平稳变量之间关系的一种有效方法[43],如果这些变量具有相同的单整阶数并共享共同的趋势,则它们的线性组合可能是平稳的。CA 已被用于故障检测和诊断[26, 44, 45]。先前的研究方法[26]尽管考虑了非平稳特性,但由于集中式的监控结构,它们可能不适用于大规模的非平稳工业过程。它们中的大多数[44, 45]仅从长期均衡关系中挖掘稳定分布并监控静态变化,然而却并没有明确表示出过程数据的动态信息。

针对闭环控制下的大规模非平稳工业过程，本章提出了一种动态分布式监测策略。首先，所提出的迭代变量分解算法将非平稳变量分解为不同的子块。其次，在每个子块中进行有代表性的 CA 建模，以提取静态信息及其相应的动态信息。最后，提出了一种新的基于 CA 的分布式动态监控系统，用于同时监控局部和全局的两种类型的变化，将其组合起来以区分闭环控制下的大规模非平稳过程的正常工作状态变化和真实故障。

本章所提方法的主要贡献总结如下：

① 提出了一种针对大规模非平稳过程的迭代子块分解方法，该方法可以将非平稳变量自动分解为不同的块，从而可以对过程特性进行精细描述。

② 分布式监测策略可以从全局和局部角度描述和监测静态和动态均衡关系，这可以提供更有意义的物理解释。

本章的其余部分安排如下。首先，简要回顾稀疏协整分析（Sparse CA，SCA）算法。然后，提出用于监测大规模非平稳过程的算法。最后，介绍该方法在 1000MW 超超临界（Ultra-Super Critical，USC）发电机组这一的实际工业过程中的应用结果。结论将在 3.4 节里给出。

3.2
稀疏协整分析方法回顾

第 2 章中回顾过的传统的协整分析是为了得到协整向量矩阵，其中的协整向量可以使非平稳变量的线性组合变为平稳序列。然而，传统协整向量中的元素都是非零的，这就导致得到的静态残差序列是所有非平稳变量的线性组合，因此很难解释每个协整向量的物理含义。稀疏协整（Sparse CA，SCA）[46]是常规 CA 的扩展，它通过排除一些不显著的变量来提供更好的估计和预测准确性。稀疏协整向量可以使用 SCA 算法获得，其每个协整向量的部分元素被压缩为零。给定一组非平稳时间序列 $X(M \times N) = [x_1, x_2, \cdots, x_N]$，$x_t = [x_t^1, x_t^2, \cdots, x_t^M]^T$，其中 N 为非平稳时间序列的个数，M 为采样点数。同传统协整分析一样，稀疏协整分析首先也是建立误差纠正模型：

$$\Delta x_t = \sum_{i=1}^{p-1} \boldsymbol{\Omega}_i \Delta x_{t-i} + \boldsymbol{\Gamma} x_{t-1} + \boldsymbol{\mu}_t \tag{3-1}$$

式中，$\Delta x_t = x_t - x_{t-1}$；$p$ 为 VEC 模型（向量误差纠正模型）的阶次；$\boldsymbol{\Omega}_1, \boldsymbol{\Omega}_2, \cdots, \boldsymbol{\Omega}_{p-1}$ 和 $\boldsymbol{\Gamma}$ 为 $N \times N$ 的参数矩阵，$\boldsymbol{\Gamma}$ 可以分解为两个列满秩矩阵 $\boldsymbol{\Gamma} = \boldsymbol{AB}^T$，$\boldsymbol{A}(N \times R)$，

$\boldsymbol{B}(N \times R)$; $\boldsymbol{\mu}_t(N \times 1)$ 为白噪声向量，服从 $N(0, \boldsymbol{\varXi})$ 分布。在求解协整向量矩阵时采用的是极大似然估计方法[47]，这里在求解稀疏协整向量矩阵时同样采用极大似然估计方法，目标函数为：

$$L(\boldsymbol{\Omega}, \boldsymbol{\varGamma}, \boldsymbol{\Theta}) = -\frac{MN}{2}\ln(2\pi) + \frac{M}{2}\ln|\boldsymbol{\Theta}| - \frac{1}{2}tr((\boldsymbol{X} - \boldsymbol{Y}\boldsymbol{\Omega} - \boldsymbol{Z}\boldsymbol{\varGamma}^{\mathrm{T}})\boldsymbol{\Theta} \\ (\boldsymbol{X} - \boldsymbol{Y}\boldsymbol{\Omega} - \boldsymbol{Z}\boldsymbol{\varGamma}^{\mathrm{T}})^{\mathrm{T}}) + \lambda_1 P_1(\boldsymbol{B}) + \lambda_2 P_2(\boldsymbol{\Omega}) + \lambda_3 P_3(\boldsymbol{\Theta}) \quad (3\text{-}2)$$

式中，$L(\cdot)$ 为极大似然估计；$tr(\cdot)$ 表示矩阵的迹；$\boldsymbol{X} = [\Delta \boldsymbol{x}_{p+1}, \cdots, \Delta \boldsymbol{x}_M]^{\mathrm{T}}$；$\boldsymbol{Y} = [\Delta \boldsymbol{Y}_{p+1}, \cdots, \Delta \boldsymbol{Y}_M]^{\mathrm{T}}$；$\boldsymbol{Y}_t = [\Delta \boldsymbol{x}_{t-1}^{\mathrm{T}}, \cdots, \Delta \boldsymbol{x}_{t-p+1}^{\mathrm{T}}]^{\mathrm{T}}$；$\boldsymbol{\Omega} = [\boldsymbol{\Omega}_1, \cdots, \boldsymbol{\Omega}_{p-1}]^{\mathrm{T}}$；$\boldsymbol{Z} = [\boldsymbol{x}_{t-1}, \cdots, \boldsymbol{x}_{M-1}]^{\mathrm{T}}$；$\boldsymbol{\Theta} = \boldsymbol{\varXi}^{-1}$；$P_1$、$P_2$ 和 P_3 为惩罚函数。从目标函数中可以看出，与传统协整分析不同的是稀疏协整分析在求解待估计参数时引入了惩罚函数。为了得到稀疏的协整向量，这里三个惩罚函数 P_1、P_2 和 P_3 为 1 范数[48]，以 P_1 为例：

$$P_1(\boldsymbol{B}) = \sum_{i=1}^{N}\sum_{j=1}^{R}|b_{ij}| \quad (3\text{-}3)$$

1 范数的引入可以得到稀疏的协整向量，这样协整向量矩阵 $\boldsymbol{B}$ 中的一些元素被压缩成零。加入 1 范数可以得到稀疏解的原因可由图 3-1 简要说明：考虑二维的情况，在 (w_1, w_2) 平面上可以画出目标函数 L 的等高线，如同心椭圆所示，而 1 范数所构成的约束条件则成为平面上的一个菱形。等高线与菱形首次相交的地方就是最优解：可以看到菱形在和每个坐标轴相交的地方都有"角"出现，因此等高线和菱形在四个角，也就是坐标轴上相遇的概率很大，此时某一维可以表示为 0，因此就可以产生稀疏解。

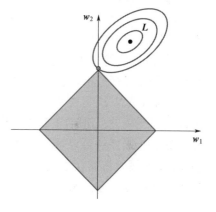

在稀疏协整分析的目标函数中引入了三个惩罚函数来实现得到稀疏协整向量的目的。为

图 3-1 1 范数产生稀疏解原因示意图

了得到合理的稀疏结果，每个惩罚函数都引入了一个可调参数，分别为 λ_1、λ_2、λ_3，来调整待估计系数的稀疏程度。由于引入的惩罚函数为 1 范数，则可调参数 λ_1、λ_2、λ_3 越大，对应的待估计系数的稀疏度越大，也就是说得到的估计系数中为零的元素越多，这意味着更多的元素被压缩成零。以 λ_1 为例，λ_1 越大，得到的稀疏协整向量中越多的元素被压缩成零，得到的协整向量稀疏度越高；λ_1 越小，得到的稀疏协整向量中非零的元素越多；当 λ_1 为零时，则不会得到稀疏的协整向量，此时算法为传统的协整分析。通过上述分析我们可以看到，三个可调参数 λ_1、

λ_2、λ_3 同时影响着算法的结果，因此确定合适的可调参数对算法十分重要。这里可调参数 λ_1、λ_2 的确定采用交叉检验方法；可调参数 λ_3 采用贝叶斯信息准则（Bayesian Information Criterion，BIC）方法。当三个可调参数都为零时，此时算法即为传统的协整分析方法。稀疏协整向量可以根据迭代算法通过求解式（3-2）中的目标函数来获得。SCA 算法的细节可以在文献[46]中找到。

3.3
基于稀疏协整分析的变工况过程分布式监测

本节将基于以下认识介绍所提出的方法。

① 可以将大型工业过程分解为不同的块，以减少过程分析的复杂性，从而可以增强对过程的了解和监控性能。

② 虽然闭环反馈系统对过程有调节作用，但是由于过程运行机理的控制，一些变量具有长期的均衡关系，这种均衡关系在反馈系统调节过程中保持不变。

③ 如果过程处于受控条件下即处于正常工况下运行，过程的动态特性会保持不变，因为相似的运行条件会共享一些公共信息。

④ 过程的稳态和动态变化中包含不同的过程运行状态信息，二者应该被分离开来并分别进行分析，以挖掘更丰富的过程信息。

这是 CA 首次实现对静态和动态均衡关系的单独描述，以便在闭环控制下对大规模非平稳过程进行分布式监测。所提出的方法首先采用迭代的非平稳变量块分解算法，该算法可以很好地捕获每个块中的局部非平稳特征。然后，在每个子块中，CA 模型将捕获子块内的瞬时动态性和静态信息以监控这两个状态。最后，使用贝叶斯推断方法来结合各个子块的局部监测结果。

3.3.1 基于协整关系的模块分解

对大规模非平稳过程分布式建模的关键在于，如何将具有非平稳特性的变量进行子块划分。我们知道工业过程都是由不同的设备通过过程运行机理联系在一起的，这就导致了设备内以及设备间的变量具有相关性。所以我们可以将具有较强相关关系的变量划分至同一个变量子块，这样能保证充分提取过程局部信息。根据这一原则，我们提出了一种迭代变量子块划分方法，下面详细介绍其步骤。

在进行变量子块划分前首先利用单位根检验（ADF）[49]来检验过程变量是否为非平稳的，将非平稳变量与平稳变量分离开来。接下来，定义由非平稳变量构

成的数据集为 $X_{\text{orig}}(M \times N) = [x_1, x_2, \cdots, x_N]$，$x_t = [x_1, x_2, \cdots, x_M]^{\text{T}}$，其中 N 为非平稳变量的个数，M 为样本的数目。值得注意的是，本部分内容主要针对非平稳过程，所以这里只考虑非平稳变量。对平稳变量而言，传统的分布式监测方法可以用于处理平稳变量[33, 34]。下面详细阐述如何实现非平稳变量的变量组划分。

前面我们已经对稀疏协整分析进行了详细的介绍和分析，这里为了将非平稳变量划分为不同的变量组，首先对非平稳变量数据集 X_{orig} 使用稀疏协整分析算法。在计算求解目标函数式（3-2）时固定三个可调参数 λ_1、λ_2、λ_3，这样可以得到稀疏协整向量矩阵，这里可调参数 λ_1、λ_2 采用交叉检验的方法进行选择，可调参数 λ_3 采用贝叶斯信息准则方法进行选择。通过求解得到稀疏协整向量矩阵 $B_s(N \times K) = [\beta_{s,1}, \beta_{s,2}, \cdots, \beta_{s,K}]$，$\beta_{s,i}(i=1,\cdots,K)$ 中的一些元素被压缩到零，K 为稀疏协整向量的个数。在得到稀疏协整向量后直观的想法是，将每个稀疏协整向量中非零元素对应的变量划分为一个变量组，但是这样的划分方法会导致变量组间存在某些变量重复的现象。这说明这些重复的变量在不同方向上与其他变量具有协整关系。这意味着一定存在一个方向 $\beta_{s,i}$，在这个方向上变量间具有较强的协整关系，也就是说，沿着这个方向可以最好地描述变量间的关系。这说明通过 $\beta_{s,i}$ 的稀疏线性组合方式有效地捕捉了过程局部的非平稳特性，同时也保证了这些变量是高度相关的。

接下来利用 ADF 检验统计量来从稀疏协整向量矩阵 B_s 中选择最佳的方向用于变量组划分。利用 B_s 中的每个稀疏协整向量可以得到一个平稳的残差序列 $\gamma_{i,t} = \beta_{s,i}^{\text{T}} x_t$，残差序列的平稳度越高说明变量间的协整关系越强，通过这些变量可以最大限度地捕捉到过程局部的非平稳特性。为了衡量每个平稳残差的平稳度，利用 ADF 检验来对每个残差序列 $\gamma_{i,t}$ 进行检验并得到对应的检验统计量 t_i $(i=1,\cdots,K)$，检验统计量的数值越小表明该序列的平稳度越高，同时构成该平稳序列的变量间协整关系越强，能更好地反映出过程局部非平稳信息。下面对检验统计量 t_i 进行排序，将与检验统计量最小值对应的稀疏协整向量保留下来，进而该向量中非零元素对应的变量被划分为一个变量组并记为 X_i。

综上所述，基于 3.2 节中描述的 SCA 算法设计了一种新的迭代块分解算法，以将非平稳变量分解为不同的块。具体的变量组划分步骤如下所示：

步骤 1：获取稀疏协整向量，针对得到的非平稳变量数据集 X_{orig} 使用稀疏协整分析算法，通过求解得到稀疏协整向量矩阵 $B_s(N \times K) = [\beta_{s,1}, \beta_{s,2}, \cdots, \beta_{s,K}]$。

步骤 2：获取平稳残差序列，通过稀疏协整向量 $\beta_{s,i}$ 可以得到不同变量间的线性组合即平稳的残差序列 $\gamma_{i,t} = \beta_{s,i}^{\text{T}} x_t$，其中 $i=1,\cdots,K$，$t=1,\cdots,M$，M 为采样点

的数目。

步骤3：衡量每个残差序列的平稳度，利用ADF检验测试每个残差序列 $\gamma_{i,t}$ 的平稳性，并得到对应的检验统计量 $t_i(i=1,\cdots,K)$。

步骤4：变量组划分，将得到的检验统计量 t_i 进行排序处理，并将检验统计量最小值对应的稀疏协整向量保留下来。然后该向量中非零元素对应的变量被划分为一个变量组并记为 X_i。

步骤5：更新原始数据集，在实现一个变量组的划分后将 X_i 中的变量从原始数据集中移除，此时原始数据集记为 X_L。

步骤6：循环执行，迭代执行步骤1~5直到数据集 X_L 中没有剩余变量为止，此时意味着所有非平稳变量都已经被划分到不同的变量组中。

经过上述变量子块划分步骤后，数据集 X_{orig} 可以被划分为 Z 个不同的变量组 $[X_1,X_2,\cdots,X_Z]$，变量子块划分框图如图3-2所示。这里值得指出的是，本部分提出的迭代划分方法实现了非平稳变量的变量组划分，而且每个变量组保证了最大限度地捕捉过程局部非平稳信息。同时，每个变量组 X_i 中的元素具有较强的长期均衡关系并且具有共同趋势，这样能更好地反映出过程局部的状态。如果异常发生在某个变量组中的一个变量中，这个异常可以及时地被检测出来，保障了每个变量组的监测性能。最后，需要强调的是，所提出的变量组划分方法可以自动地将非平稳变量划分成不同的变量组，不需要任何过程机理知识。

3.3.2 过程动静态信息提取

在进行变量模块分解之后，非平稳变量已被划分成不同的变量子块。此时，每个子块中非平稳变量之间具有较强的局部协整关系，过程静态特征和动态特征蕴含在这种关系之中，下面我们将二者分离开来。为此我们在每个变量子块中建立协整分析模型：

$$\gamma_{s,i,t} = B_{f,i}^{T} x_{i,t} \tag{3-4}$$

式中，$\gamma_{s,i,t}$ 为第 i 个变量子块中得到的平稳残差序列；$B_{f,i}$ 为协整向量矩阵。

然而，根据式（3-4）在每个变量子块中得到的平稳残差 $\gamma_{s,i,t}$，描述的只是变量间静态的长期均衡关系，其表征的是过程静态特性及静态变化情况。动态平稳信息也是可以反映过程动态关系的重要属性。动态变化包含更有价值的过程信息，这些信息可以反映过程的物理特性。关键是如何提取动态信息。如先前的工作[26]所述，均衡残差序列的导出实际上来源于典型相关分析的解。因此，可以计算出一个动态的潜在特征[26]，将其表达如下，以描述动态均衡误差：

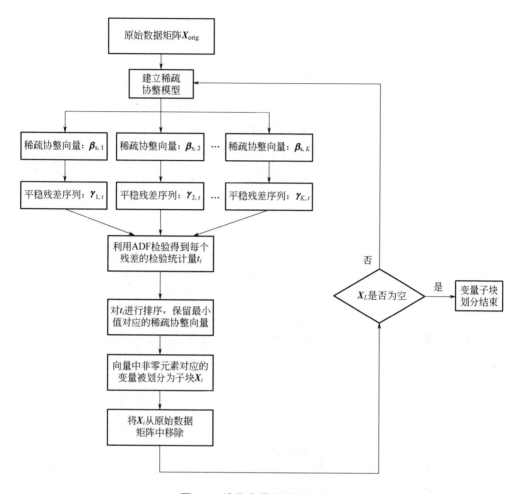

图 3-2 迭代变量子块划分方法

$$E_i = \Delta X_{p,i} - \Delta X_i^p \Theta_i$$
$$T_{e,i} = E_i B_{e,i} \tag{3-5}$$

式中，$\Delta X_{p,i} = \begin{bmatrix} \Delta x_{p+1,i}^T \\ \Delta x_{p+2,i}^T \\ \vdots \\ \Delta x_{N,i}^T \end{bmatrix}$，$\Delta X_i^p = \begin{bmatrix} \Delta x_{1,i}^T, \Delta x_{2,i}^T, \cdots, \Delta x_{p,i}^T \\ \Delta x_{2,i}^T, \Delta x_{3,i}^T, \cdots, \Delta x_{p+1,i}^T \\ \vdots \\ \Delta x_{N-p,i}^T, \Delta x_{N-p-1,i}^T, \cdots, \Delta x_{N-1,i}^T \end{bmatrix}$，下角标 i 和 p 分别

表示第 i 个变量子块和时间滞后项；Θ_i 为最小二乘得到的回归系数矩阵；$B_{e,i}$ 为计算 E_i 典型相关分析得到的矩阵；典型成分 $T_{e,i}$ 分别由残差矩阵 E_i 计算得来，这里选用 $T_{e,i}$ 来描述动态均衡关系。通过以上方法可以对过程静态特征和动态特征进行分解，将二者分离开来。二者中蕴含着不同的过程物理运行信息，我们针对

二者提出了协同建模及监测方法，用于充分挖掘过程信息。

3.3.3 局部监测统计量计算

在 3.3.2 节中，我们实现了动静态特征分解，即分别提取了静态信息和动态信息。为了更有效地考虑闭环系统对过程监测的影响，对二者采用协同建模策略。首先，对静态特征，在每个变量子块中，基于协整模型计算其均衡残差的 T^2 统计量，用于监测每个子块中非平稳变量间的静态均衡关系的变化情况，计算公式如下：

$$T_{s,i}^2 = \gamma_{s,i,t}^T \Lambda_{s,i}^{-1} \gamma_{s,i,t} \qquad (3\text{-}6)$$

式中，$\Lambda_{s,i} = (X_i B_{f,i})^T (X_i B_{f,i}) / (M-1)$ $(i=1,\cdots,Z)$ 为第 i 个变量子块中基于正常数据得到的平稳残差序列的协方差矩阵；M 为采样点数目；Z 为变量组个数。显然，$T_{s,i}^2$ 是根据静态均衡误差计算的，该静态均衡误差是非平稳变量的线性组合。因此，$T_{s,i}^2$ 实际上描述了静态变化的信息。

但是，$T_{s,i}^2$ 仅描述每个块中的静态变化，过程变量之间的动态均衡关系还在大规模非平稳过程中提供了动态信息。每个块中的动态监测统计量计算如下：

$$T_{e,i}^2 = t_{e,i}^T t_{e,i} \qquad (3\text{-}7)$$

式中，$t_{e,i}$ 为动态均衡残差矩阵 $T_{e,i}$ 中的向量。通过 $T_{s,i}^2$ 和 $T_{e,i}^2$ 两个监测统计量，可以分别监测变量间局部静态长期均衡关系和动态长期均衡关系的变化，二者的协同工作可以有效判断闭环系统控制性能的变化，即区分工况正常切换和真实故障，增强对过程的物理解释。两个监测统计量对应的控制限采用核密度估计[50]的方法确定。

3.3.4 全局监测统计量计算

通过以上过程，在每个变量子块中可以判断闭环控制性能的变化情况。在局部监控模型中，可以获得分布式的局部监控结果。从上述推导以及实践经验中我们注意到，局部统计量是互补的。因此，可以将这些局部统计量组合为全局统计量以简化故障检测任务。全局监测指标可以完整地度量整个空间中的变化，因此在实践中将其用于故障检测很方便。本章使用贝叶斯推理方法[33]来组合每个块中的局部监测结果。

在贝叶斯融合的过程中，对于数据 x_i，其故障的条件概率计算方式如下：

$$P(F|x_i) = \frac{P(x_i|F)P(F)}{P(x_i)} \qquad (3\text{-}8)$$

$$P(\boldsymbol{x}_i) = P(\boldsymbol{x}_i|\ N)P(N) + P(\boldsymbol{x}_i|\ F)P(F) \qquad (3\text{-}9)$$

式中，$\boldsymbol{x}_i$ 为第 i 个变量子块中的采样点；N 和 F 分别表示正常和故障状态；$P(N)$ 为置信度 α；$P(F)$ 为 $1-\alpha$。

对静态监测统计量 $T_{s,i}^2$，其条件概率 $P(\boldsymbol{x}_i|\ N_s)$ 和 $P(\boldsymbol{x}_i|\ F_s)$ 可定义为：

$$P(\boldsymbol{x}_i|\ N_s) = \exp\left\{-\frac{T_{s,i}^2(\boldsymbol{x}_i)}{T_{s,i,\mathrm{lim}}^2}\right\}, P(\boldsymbol{x}_i|\ F_s) = \exp\left\{-\frac{T_{s,i,\mathrm{lim}}^2}{T_{s,i}^2(\boldsymbol{x}_i)}\right\} \qquad (3\text{-}10)$$

式中，$T_{s,i}^2(\boldsymbol{x}_i)$ 为第 i 个变量子块中样本 $\boldsymbol{x}_i$ 对应的 $T_{s,i}^2$ 监测统计量；N_s 和 F_s 表示静态特征的正常和故障状态；$T_{s,i,\mathrm{lim}}^2$ 为变量子块 i 中 $T_{s,i}^2$ 监测统计量对应的控制限。

对于动态监测统计量 $T_{e,i}^2$，其条件概率 $P(\boldsymbol{x}_i|\ N_e)$ 和 $P(\boldsymbol{x}_i|\ F_e)$ 可定义为：

$$P(\boldsymbol{x}_i|N_e) = \exp\left\{-\frac{T_{e,i}^2(\boldsymbol{x}_i)}{T_{e,i,\mathrm{lim}}^2}\right\}, P(\boldsymbol{x}_i|\ F_e) = \exp\left\{-\frac{T_{e,i,\mathrm{lim}}^2}{T_{e,i}^2(\boldsymbol{x}_i)}\right\} \qquad (3\text{-}11)$$

式中，$T_{e,i}^2(\boldsymbol{x}_i)$ 为第 i 个变量子块中样本 $\boldsymbol{x}_i$ 对应的 $T_{e,i}^2$ 监测统计量；N_e 和 F_e 表示动态特征的正常和故障状态；$T_{e,i,\mathrm{lim}}^2$ 为变量子块 i 中 $T_{e,i}^2$ 监测统计量对应的控制限。各个变量子块中的静态和动态监测统计量可以被融合为：

$$
\begin{aligned}
BIC_s &= \sum_{i=1}^{Z}\left\{\frac{P(\boldsymbol{x}_i|\ F_s)P(F_s|\ \boldsymbol{x}_i)}{\sum_{j=1}^{Z}P(\boldsymbol{x}_j|\ F_s)}\right\} \\
BIC_e &= \sum_{i=1}^{Z}\left\{\frac{P(\boldsymbol{x}_i|\ F_e)P(F_e|\ \boldsymbol{x}_i)}{\sum_{j=1}^{Z}P(\boldsymbol{x}_j|\ F_e)}\right\}
\end{aligned}
\qquad (3\text{-}12)
$$

式中，BIC_s 和 BIC_e 分别为全局静态和动态监测统计量，通过二者表征出局部变化是否可以从全局观测到。对于给定的置信度，可以使用 KDE[50]计算 BIC_s 和 BIC_e 的控制限。

3.3.5 监测算法在线实施

在线应用时，针对新采集的数据样本 $\boldsymbol{x}_{\mathrm{new},t}$，首先根据变量子块划分方法将其分解为不同的变量子块：$[\boldsymbol{x}_{\mathrm{new},1,t}, \boldsymbol{x}_{\mathrm{new},2,t}, \cdots, \boldsymbol{x}_{\mathrm{new},Z,t}]$。在每个变量子块中提取静态特征并计算监测统计量：

$$\begin{aligned}\boldsymbol{\xi}_{s,i,t} &= \boldsymbol{B}_{f,i}^{T}\boldsymbol{x}_{\text{new},i,t}\\ T_{\text{news},s,i}^{2} &= \boldsymbol{\xi}_{s,i,t}^{T}\boldsymbol{\Lambda}_{s,i}^{-1}\boldsymbol{\xi}_{s,i,t}\end{aligned} \tag{3-13}$$

同时提取动态特征并计算相应监测统计量用于监测动态变化：

$$\begin{aligned}\boldsymbol{e}_{\text{new},i}^{T} &= \Delta\boldsymbol{x}_{\text{new},p,i}^{T} - \Delta\boldsymbol{x}_{\text{new},i}^{pT}\boldsymbol{\Theta}\\ \boldsymbol{t}_{\text{new},e,i}^{T} &= \boldsymbol{e}_{\text{new},i}^{T}\boldsymbol{B}_{e,i}\\ T_{\text{news},e,i}^{2} &= \boldsymbol{t}_{\text{new},e,i}^{T}\boldsymbol{t}_{\text{new},e,i}\end{aligned} \tag{3-14}$$

在每个变量子块中，如果两个监测统计量都没有发生报警，意味着过程处于正常的运行条件下运行。如果某个监测统计量发生报警，则需要进一步分析监测结果。接下来将局部监测结果转化为概率进行融合：

$$\begin{aligned}BIC_{\text{new},s} &= \sum_{i=1}^{Z}\left\{\frac{P(\boldsymbol{x}_{\text{new},i,t}|F_{s})P(F_{s}|\boldsymbol{x}_{\text{new},i,t})}{\sum_{j=1}^{Z}P(\boldsymbol{x}_{\text{new},j,t}|F_{s})}\right\}\\ BIC_{\text{new},e} &= \sum_{i=1}^{Z}\left\{\frac{P(\boldsymbol{x}_{\text{new},i,t}|F_{e})P(F_{e}|\boldsymbol{x}_{\text{new},i,t})}{\sum_{j=1}^{Z}P(\boldsymbol{x}_{\text{new},j,t}|F_{e})}\right\}\end{aligned} \tag{3-15}$$

判断监测统计量 $BIC_{\text{new},s}$ 和 $BIC_{\text{new},e}$ 是否超出对应控制限，并结合局部监测结果判断当前过程的变化是否可由全局表征。

对于在线应用，将两个局部监测统计量与每个块的各自控制限进行比较。如果在每个块中两个监测统计量均未报警，则认为该位置在正常条件下运行。否则，如果某些监测统计量发出连续的警报信号，则表明该过程的当前位置存在故障或产生了具有新的均衡关系的运行条件。将两个全局监测统计量也与其各自的控制限进行比较。如果两个监测统计量均未报警，则认为全局过程在正常条件下运行。否则，如果某些统计量发出连续的警报信号，则表明在此过程中发生了故障或产生了具有新的均衡关系的新运行状况，并且全局状态或动态特性受到了影响。

3.3.6　总结与讨论

本章提出的动静态特征协同监测方法在局部和全局层面提出了四个监测统计量。为了更好地理解这四个监测统计量的含义，在表 3-1 中对不同监测空间中的统计量进行总结。结合这四个监测统计量的结果将得到不同的结论，现在总结如下：

(1) 局部层面

① 如果监测统计量 $T_{s,i}^2(\boldsymbol{x}_i)$ 检测到静态变化的同时，监测统计量 $T_{e,i}^2(\boldsymbol{x}_i)$ 也发生报警，这意味变量间静态和动态的长期均衡关系都被打破，此时说明在某个变量子块中过程的动态特性已经受到过程故障的影响，体现出异常的动态特性，此时闭环控制系统无法补偿该故障的影响。

② 如果在监测统计量 $T_{s,i}^2(\boldsymbol{x}_i)$ 发生报警的同时，监测统计量 $T_{e,i}^2(\boldsymbol{x}_i)$ 超出控制限一段时间后回到正常范围，意味着通过闭环控制的调节，局部动态均衡关系仍然保持。此时，变量间形成了新的静态均衡关系，这意味着过程当前运行在新的工况下，且这种工况的信息不包含在建模数据中。

③ 如果监测统计量 $T_{s,i}^2(\boldsymbol{x}_i)$ 和 $T_{e,i}^2(\boldsymbol{x}_i)$ 均未发生报警，这意味着过程可能工作在新的工况，由于闭环控制的调节过程仍处于受控状态且变量间动态及静态长期均衡关系未被打破，或者当前工况的信息包含在建模数据中。

(2) 全局层面

① 当监测统计量 $T_{s,i}^2(\boldsymbol{x}_i)$ 和 $T_{e,i}^2(\boldsymbol{x}_i)$ 被故障影响时，BIC_s 或 BIC_e 也超出控制限，此时意味着该故障不仅影响到过程的局部状态，同时这种影响也可以从全局表征出来，并被观测到。否则，当前故障只影响到过程的局部状态。

② 如果当 $T_{s,i}^2(\boldsymbol{x}_i)$ 和 $T_{e,i}^2(\boldsymbol{x}_i)$ 检测到过程运行的工况改变后，BIC_s 和 BIC_e 都未发生报警，这意味着工况的改变只影响到局部的状态。否则，工况的改变不仅可以从局部观测到，同时也能从全局表征出来。

本章提出的动静态协同监测方法主要分为离线建模和在线应用两部分。在离线建模部分利用过程正常运行下的数据建立动静态协同监测模型。在线监测部分将建立好的模型应用到新采集的样本中。具体总结如下：

(1) 离线建模

① 根据变量子块划分方法，将变量分解为不同的变量子块：$[\boldsymbol{X}_1, \boldsymbol{X}_2, \cdots, \boldsymbol{X}_Z]$；

② 在每个变量子块中进行动静态特征分解；

③ 在每个变量子块对静态特征建立协同监测模型，并制定对应的控制限；

④ 将局部监测结果转化为概率形式，利用贝叶斯推论将局部监测结果进行融合。

(2) 在线监测

① 针对新采集样本，将其分解为 Z 个不同的变量子块；

② 在每个变量子块中计算局部监测统计量 $T_{new,s,i}^2$ 和 $T_{new,e,i}^2$；

③ 将局部监测结果融合，计算全局监测统计量 BIC_s 和 BIC_e；

④ 如果有监测统计量发生报警，进一步分析当前闭环系统控制性能，并分析

报警信息是由故障引起还是工况改变引起的。

表 3-1 监测统计量定义

监测空间	监测统计量	描述
局部静态变化	$T_{s,i}^2$	在每个变量子块中描述变量间静态长期均衡关系，用来监测过程的静态变化
局部动态变化	$T_{e,i}^2$	在每个变量子块中描述变量间动态长期均衡关系，用来监测过程的动态变化
全局静态变化	BIC_s	融合局部静态监测结果，表征过程的全局静态变化
全部动态变化	BIC_e	融合局部动态监测结果，表征过程的全局动态变化

3.4
百万千瓦超超临界机组的应用研究

百万千瓦超超临界机组是一个大规模、高度复杂的发电系统，其锅炉中的蒸汽压力达到 30MPa，蒸汽温度达到 600℃，并且运行在多重的闭环控制之下[51]。百万千瓦超超临界机组框图如图 3-3 所示。本部分的数据来自浙江某电厂百万千瓦超超临界机组，数据集包含 159 个变量。这里选取过程正常运行下的数据作为建模数据，用来建立动静态协同监测模型。同时选取两个案例用于验证算法性能，其中案例 1 的数据来自过程运行工况的改变，即过程中没有故障发生，案例 2 则是真实故障案例。

在案例 1 中，过程的运行曲线如图 3-4（a）所示，在第 860 个采样点处过程的负荷发生改变，意味着机组运行工况发生切换。由于闭环反馈控制的作用，机组仍然处于受控状态，并工作在新的工作点。

案例 2 为机组中实际发生的故障。该故障为凝汽器内圈水室冷却水压降偏差大，其故障变量曲线如图 3-4（b）所示，该故障在测试集中从过程开始就发生。

首先，从图 3-4（a）中可以看出过程处于变工况下运行。这里选取前 740 个采样点作为建模数据。经过 ADF 检验后，有 51 个变量被识别出具有非平稳特性，这些变量记为 $X = [x_1, x_2, \cdots, x_{51}]$。接下来利用变量子块划分方法将变量划分为 5 个变量组，分别包含 17、13、4、11 和 6 个变量。具体的划分结果如表 3-2 所示。这些变量来自不同的设备，如表 3-3 所示。

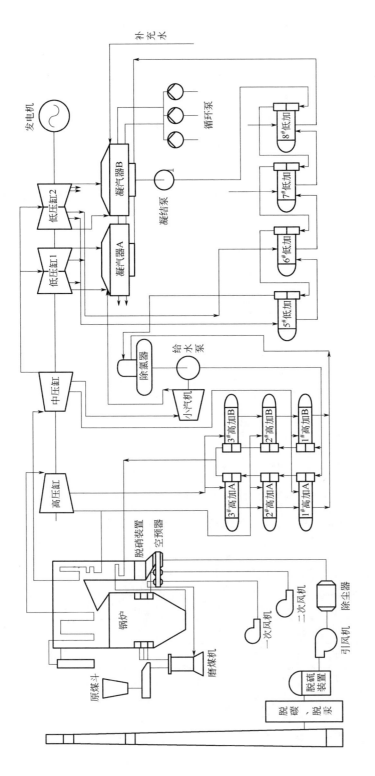

图 3-3 百万千瓦超超临界机组框图

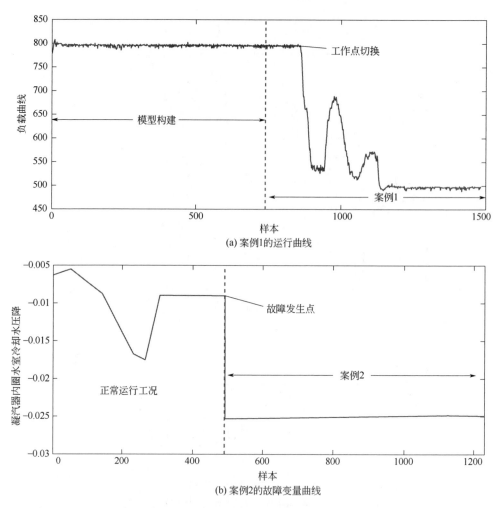

图 3-4 案例 1 的运行曲线和案例 2 的故障变量曲线

表 3-2 变量划分结果

变量子块	变量
1	4，7，15，16，20，22，26，27，29，30，33，34，37，39，43，47，49
2	5，6，13，18，24，31，35，40，41，42，45，50，51
3	28，44，46，48
4	8，9，11，12，17，19，21，23，25，36，38
5	1，2，3，10，14，32

对于案例 1，图 3-5 给出了差分 PCA 方法的监测结果，这种方法是对差分数

据执行 PCA。大多数 T^2 和 SPE 统计量都超出了控制限，并且无法判断异常是由故障还是运行条件变化引起的。修正 CA[9] 的监测结果如图 3-6（a）所示，其中 T_{ca}^2 监测统计量在工作点切换之前保持在正常范围内，并在过程进入新的运行条件时保持警报状态。因此，静态监测统计量无法识别正常的过程变化。另外，动态监测统计量 $T_{ca,e}^2$ 被设计用于监测动态变化，其监测结果如图 3-6（b）所示，展现出较高的误报率。这是因为修正 CA 方法[26]采用集中式监测结构，因此无法有效地提取局部过程动态信息。

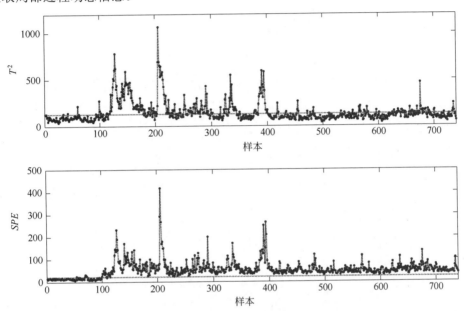

图 3-5　案例 1 差分 PCA 方法的监测结果

（红色虚线：95%控制限；蓝色点线：监测统计量）

表 3-3　不同设备的非平稳变量

设备名	变量编号
凝汽器	1～4
给水泵	5～30
高压加热器	31，32，34～42
低压加热器	33，43～47
除氧器	48～51

作为对比，本章所提方法的监测结果如图 3-7 所示。图 3-7（a）中展示了动

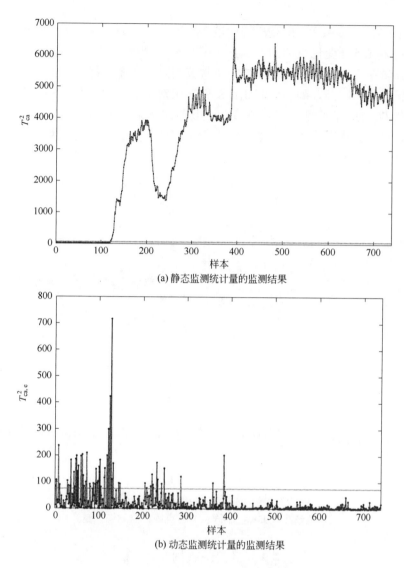

图 3-6 案例 1 修正协整分析[26]的监测结果
（红色虚线：95%控制限；蓝色点线：监测统计量）

静态特征协同局部监测结果，可以看出当过程的运行工况发生改变时，在变量子块 1~4 中的静态监测统计量都超出控制限发生报警，这说明了此时静态长期均衡关系被打破。同时，变量子块 5 中的静态监测统计量没能检测到过程运行工况的改变，这说明该子块内变量间的协整关系没有受到工况改变的影响。接下来我们再看局部动态监测统计量的结果，可以看出在 5 个变量子块中动态监测统计量在工况开始变化时有报警的现象，展现出过程的运行工况发生了改变，由于反馈控制的调节，机组在工况改变后仍然处于受控状态，所以动态监测统计量的报警随之消除。因此，通过动静态特征协同监测模型，可以有效地识别出闭环控制的调节作用，并判断出过程正常工况的改变，给出的监测结果与实际过程一致，对过程的解释性更强。在这种情况下，现场技术人员可以根据监测结果判断出当前机组仍然处于受控状态，只是机组工况发生切换，并没有异常发生。如果单独地考虑静态监测信息，那么无法消除闭环反馈对过程监测带来的影响，同时无法区分当前报警是故障还是过程正常的工况变化。

下面通过贝叶斯推论将局部监测结果进行融合，给出全局结果，如图3-7（b）所示。从图中可以看出，全局的静态监测统计量在第120个样本点处过程的工况改变后持续报警，而全局动态监测统计量在工况开始变化时有报警的现象，但是后续报警消除。根据3.3.6节中概述的物理含义，所提方法可以在同时考虑静态和动态变化的情况下识别正常的运行变化，这与实际情况相符。

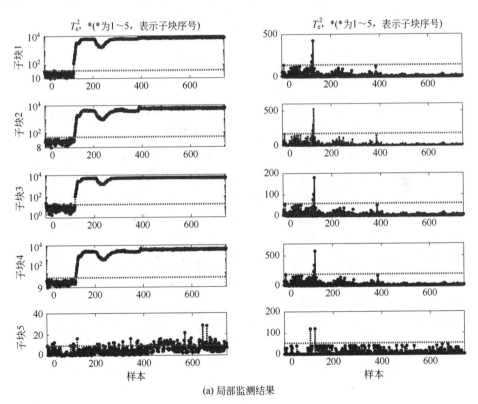

(a) 局部监测结果

图 3-7

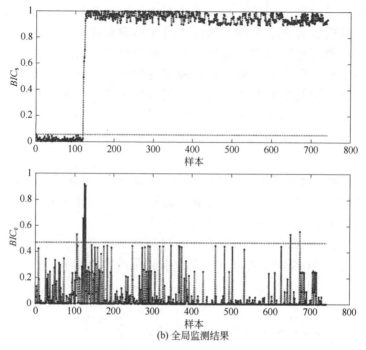

(b) 全局监测结果

图 3-7 案例 1 所提方法的监测结果
（红色虚线：95%控制限；蓝色点线：监测统计量）

在案例 2 中，740 个样本被用来测试所提方法。图 3-8 给出了差分 PCA 方法的监测结果，其中 T^2 的漏报率是 28.11%，而 SPE 的漏报率是 57.43%。修正 CA[26] 的监测结果如图 3-9 所示，其中静态监测统计量 T_{ca}^2 在故障发生之后保持警报状态。但是动态监测统计量 $T_{ca,e}^2$ 有高达 76.22%的漏报率。这是因为修正 CA 使用所有变量来构建监测模型,所示正常变化会掩盖故障信息。所提方法的监测结果如图 3-10 所示。该案例为真实故障案例，可以从监测结果图 3-10（a）中看出在变量子块 1～4 中的静态和动态监测统计量都发生了持续报警，这意味着由于故障的影响，变量间的协整关系发生改变，致使变量间原有的静态均衡被打破。同时闭环控制回路无法消除故障的影响，造成了过程动态特性发生异常，导致了变量间原有的动态均衡关系也被打破，所以相应的动态监测统计量发生报警，监测到故障的发生。这说明闭环反馈系统无法对该故障的影响进行补偿，此时需要及时进行故障诊断以消除故障的影响。我们可以进一步看出在变量子块 5 中，静态和动态监测统计量没有发生报警。这说明虽然过程中有故障发生，但是该故障没有影响变量子块 5 中变量间的协整关系，它们还保持着原有的静态和动态均衡关系。这样的监测结果可以为后续的故障诊断提供帮助，现场工作人员可以将故障排除的注意力放在发生异常的变量组子块中，大大缩小诊断范围。图 3-10（b）给出了全局监测结果，其中静态和动态统计量均超限。从结果来看，该故障不仅对过程的局部有影响，而且这种影响可以从过程的全局观测到。此外，动态监测统计量间隔地超过控制限，显示出较低的漏报率（16.08%），表明了闭环控制器的调节作用。这样，所提出的方法可以识别出当前的警报是由实际故障引起的。

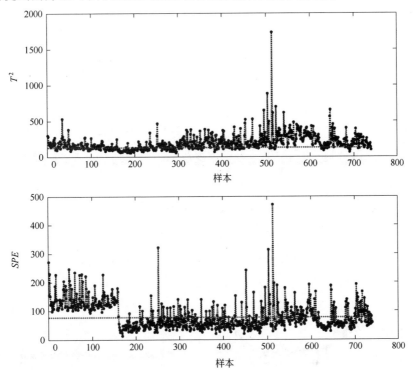

图 3-8 案例 2 的差分 PCA 方法的监测结果
（红色虚线：95%控制限；蓝色点线：监测统计量）

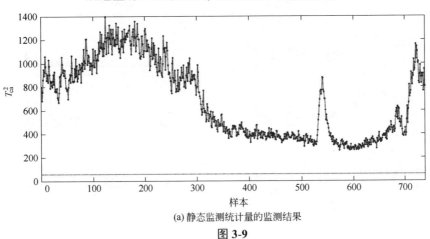

(a) 静态监测统计量的监测结果

图 3-9

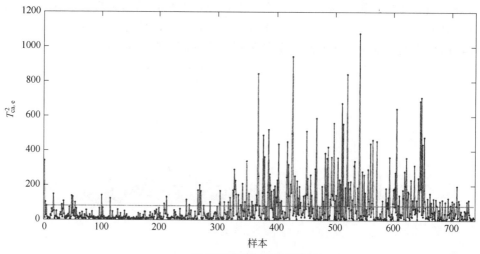

(b) 动态监测统计量的监测结果

图 3-9　案例 2 修正协整分析[26]的监测结果
（红色虚线：95%控制限；蓝色点线：监测统计量）

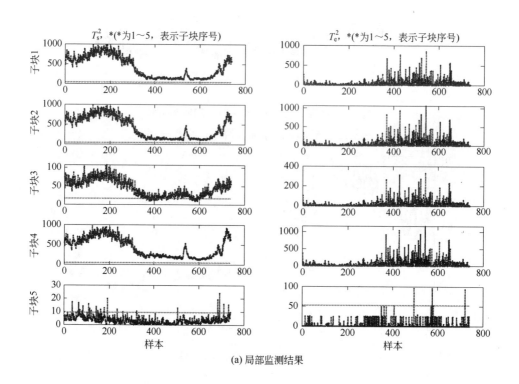

(a) 局部监测结果

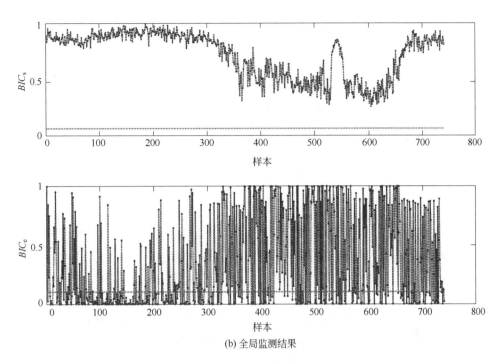

(b) 全局监测结果

图 3-10 案例 2 所提方法的监测结果
（红色虚线：95%控制限；蓝色点线：监测统计量）

3.5 本章小结

  本章提出了一种基于稀疏协整分析的分布式动态监测策略，用于在闭环控制下监测大型非平稳过程的运行状况和过程动态性。该策略首先利用稀疏协整分析设计了一种迭代变量子块划分方法，实现了非平稳过程变量的自动分块。其次，该策略针对每个子块建立不同的协整模型，分离了过程的静态和动态特性，并且构建了并行监测模型以监视每个子块的稳态变化及其相应的动态变化，从而全面地描述了过程的变化。最后借助贝叶斯推理方法融合了每个子块中的局部监测结果，获得全局结果，实现对过程的全面精细监测。在实际的百万千瓦超超临界火电机组上的实验结果表明，所提分布式监测策略与主成分分析算法以及修正协整分析算法相比，具有更低的误报率与漏报率，能够有效区分过程正常变化与真实故障，并且提供更有意义的物理解释。

参考文献

[1] ZHAO C H, CHEN J H, JING H. Condition-driven data analytics and monitoring for wide-range nonstationary and transient continuous processes [J]. IEEE Transactions on Automation Science and Engineering, 2020, 18(4): 1563-1574.

[2] HSU C C, SU C T. An adaptive forecast-based chart for non-Gaussian processes monitoring: with application to equipment malfunctions detection in a thermal power plant [J]. IEEE Transactions on Control Systems Technology, 2011, 19: 1245-1250.

[3] ZHAO C H, SUN H. Dynamic distributed monitoring strategy for large-scale nonstationary processes subject to frequent varying conditions under closed-loop control [J]. IEEE Transactions on Industrial Electronics, 2019, 66(6): 4749-4758.

[4] ODIOWEI P E P, CAO Y. Nonlinear dynamic process monitoring using canonical variate analysis and kernel density estimations [J]. IEEE Transactions on Industrial Informatics, 2010, 6(1): 36-45.

[5] LIU Q, QIN S J, CHAI T Y. Unevenly sampled dynamic data modeling and monitoring with an industrial application [J]. IEEE Transactions on Industrial Informatics, 2017, 13(5): 2203-2213.

[6] ZHAO C H, HUANG B. Incipient fault detection for complex industrial processes with stationary and nonstationary hybrid characteristics [J]. Industrial & Engineering Chemistry Research, 2018, 57: 5045-5057.

[7] WANG G, YIN S. Quality-related fault detection approach based on orthogonal signal correction and modified PLS [J]. IEEE Transactions on Industrial Informatics, 2015, 11(1): 310-321.

[8] HYVARINEN A. Fast and robust fixed-point algorithms for independent component analysis [J]. IEEE Transactions on Neural Networks, 1999, 10: 626-634.

[9] HYVÄRINEN A, KARHUNEN J, OJA E. Independent component analysis: algorithms and applications [J]. Neural Networks, 2000, 13: 411-430.

[10] LEE J, YOO C, LEE I. Statistical process monitoring with independent component analysis [J]. Journal Process Control, 2006, 14: 467-485.

[11] ZHANG Y W, ZHANG Y, Fault detection of non-Gaussian processes based on modified independent component analysis [J]. Chemical Engineering Science, 2010, 65: 4630-4639.

[12] SCHÖLKOPF B, SMOLA A, MÜLLER K R. Kernel principal component analysis [C] // International Conference on Artificial Neural Networks. Berlin: Springer, 1997: 583-588.

[13] LEE J, et al. Nonlinear process monitoring using kernel principal component analysis [J]. Chemical Engineering Science, 2004, 59: 223-234.

[14] DOYMAZ F, CHEN J, ROMAGNOLI J A,

et al. A robust strategy for real-time process monitoring[J]. Journal Process Control, 2001, 11: 343-359.

[15] MACGREGOR J F, KOURTL T. Statistical process control of multivariate processes [J]. Control Engineering Practice, 1995, 3(3): 403-414.

[16] YU W K, ZHAO C H. Online fault diagnosis for industrial processes with Bayesian network-based probabilistic ensemble learning strategy [J]. IEEE Transactions on Automation Science and Engineering, 2019, 16(4): 1922-1932.

[17] YU W K, ZHAO C, H HUANG B. Recursive cointegration analytics for adaptive monitoring of nonstationary industrial processes with both static and dynamic variations [J]. Journal of Process Control, 2020, 92: 319-332.

[18] LIU Q, QIN S J, CHAI T Y. Multiblock concurrent PLS for decentralized monitoring of continuous annealing processes[J]. IEEE Transactions on Industrial Electronics, 2014, 61(11): 6429-6437.

[19] ZHAO C H, GAO F R. Critical-to-fault-degradation variable analysis and direction extraction for online fault prognostic [J]. IEEE Transactions on Control Systems Technology, 2017, 25(3): 842-854.

[20] ZHANG S M, ZHAO C H. Slow-feature-analysis-based batch process monitoring with comprehensive interpretation of operation condition deviation and dynamic anomaly [J]. IEEE Transactions on Industrial Electronics, 2019, 66(5): 3773-3783.

[21] ZHAO C H, GAO F R. Fault-relevant principal component analysis (FPCA) method for multivariate statistical modeling and process monitoring [J]. Chemometrics and Intelligent Laboratory Systems, 2014, 133: 1-16.

[22] YU W K, ZHAO C H. Sparse exponential discriminant analysis and its application to fault diagnosis[J]. IEEE Transactions on Industrial Electronics, 2018, 65(7): 5931-5940.

[23] ZHAO C H, SUN Y X. Multispace total projection to latent structures and its application to online process monitoring [J]. IEEE Transactions on Control Systems Technology, 2014, 22(3): 868-883.

[24] SONG B, TAN S, SHI H B. Process monitoring via enhanced neighborhood preserving embedding [J]. Control Engineering Practice, 2016, 50: 48-56.

[25] KRUGER U, ANTORY D, HAHN J, et al. Introduction of a nonlinearity measure for principal component models[J]. Computers and Chemical Engineering, 2005, 29: 2355-2362.

[26] ZHAO C H, HUANG B. A full-condition monitoring method for nonstationary dynamic chemical processes with cointegration and slow feature analysis [J]. AIChE Journal, 2018, 64(5): 1662-1681.

[27] JACKSON J. A user's guide to principal

components [M]. New York: Wiley, 1991.

[28] YOO C K, VILLEZ K, LEE I-B, et al. Multi-model statistical process monitoring and diagnosis of a sequencing batch reactor [J]. Biotechnology and Bioengineering, 2007, 96(4): 687-701.

[29] DAYAL B S, MACGREGOR J F. Improved PLS algorithms [J]. Journal of Chemometrics, 1997, 11(1): 73-85.

[30] LÜ N, WANG X. Fault diagnosis based on signed digraph combined with dynamic kernel PLS and SVR [J]. Industrial and Engineering Chemistry Research, 2008, 47(23): 9447-9456.

[31] MACGREGOR J F, JAECKLE C, KIPARISSIDES C, et al. Process monitoring and diagnosis by multiblock PLS methods [J]. AIChE Journal, 1994, 40(5): 826-838.

[32] WESTERHUIS J A, KOURTI T, MACGREGOR J F. Analysis of multiblock and hierarchical PCA and PLS models [J]. Journal of Chemometrics, 1998, 12(5): 301-321.

[33] JIANG Q C, YAN X F, HUANG B. Performance-driven distributed pca process monitoring based on fault-relevant variable selection and Bayesian inference [J]. IEEE Transactions on Industrial Electronics, 2016, 63(1): 377-386.

[34] LI W Q, ZHAO C H, GAO F R. Linearity evaluation and variable subset partition based hierarchical process modeling and monitoring [J]. IEEE Transactions on Industrial Electronics, 2018, 65(3): 2683-2692.

[35] BURNHAM A J, VIVEROS R, MACGREGOR J F. Frameworks for latent variable multivariate regression [J]. Journal of Chemometrics, 1996, 10(1): 31-45.

[36] KU W, STORER R H, GEORGAKIS C. Disturbance detection and isolation by dynamic principal component analysis [J]. Chemometrics and Intelligent Laboratory Systems, 1995, 30(1): 179-196.

[37] CHEN J H, LIU K C. On-line batch process monitoring using dynamic PCA and dynamic PLS models [J]. Chemical Engineering Science, 2002, 57(1): 63-75.

[38] SHANG C, YANG F, GAO X L, et al. Concurrent monitoring of operating condition deviations and process dynamics anomalies with slow feature analysis [J]. AIChE Journal, 2015, 61(11): 3666-3682.

[39] SHANG C, HUANG B, YANG F, et al. Slow feature analysis for monitoring and diagnosis of control performance [J]. Journal of Process Control, 2016, 39: 21-34.

[40] GUO F H, SHANG C, HUANG B, et al. Monitoring of operating point and process dynamics via probabilistic slow feature analysis [J]. Chemometrics and Intelligent Laboratory Systems, 2016, 151: 115-125.

[41] CHEN Q, KRUGER U, LEUNG A Y T. Cointegration testing method for mon-

itoring nonstationary processes[J]. Industrial and Engineering Chemistry Research, 2009, 48(7): 3533-3543.

[42] BERTHOUEX P M, BOX G E. Time series models for forecasting wastewater treatment plant performance [J]. Water Research, 1996, 30(8): 1865-1875.

[43] ENGLE R F, GRANGER C W J. Cointegration and error correction: representation, estimation and testing[J]. Econometrica, 1987, 55(2): 251-276.

[44] LI G, QIN S J, YUAN T. Nonstationary and cointegration tests for fault detection of dynamic process[J]. IFAC Proceedings Volumes, 2014, 47: 24-29.

[45] SUN H, ZHANG S M, ZHAO C H, et al. A sparse reconstruction strategy for online fault diagnosis in nonstationary processes with no a priori fault information[J]. Industrial and Engineering Chemistry Research, 2017, 56(24): 6993-7008.

[46] WILMS I, CROUX C. Forecasting using sparse cointegration[J]. International Journal of Forecasting, 2016, 32(4): 1256-1267.

[47] JOHANSEN S, JUSELIUS K. Maximum likelihood estimation and inference on cointegration: with applications to the demand for money[J]. Oxford Bulletin of Economics and Statistics, 1990, 52(2): 169-210.

[48] TIBSHIRANI R. Regression shrinkage and selection via the lasso[J]. Journal of the Royal Statistical Society, Series B, 1996, 58(1): 267-288.

[49] DICKEY D A, FULLER W A. Likelihood ratio statistics for autoregressive time series with a unit root[J]. Econometrica, 1981, 49(4): 1057-1072.

[50] GIANTOMASSI A, FERRACUTI F, IARLORI S, et al. Electric motor fault detection and diagnosis by kernel density estimation and kullback-leibler divergence based on stator current measurements[J]. IEEE Transactions on Industrial Electronics, 2015, 62(3): 1770-1780.

[51] KONG X, LIU X, LEE K Y. An effective nonlinear multivariable hmpc for usc power plant incorporating nfn-based modeling[J]. IEEE Transactions on Industrial Informatics, 2016, 12(2): 555-566.

第 4 章

条件驱动的大范围非平稳瞬变过程建模与状态监测

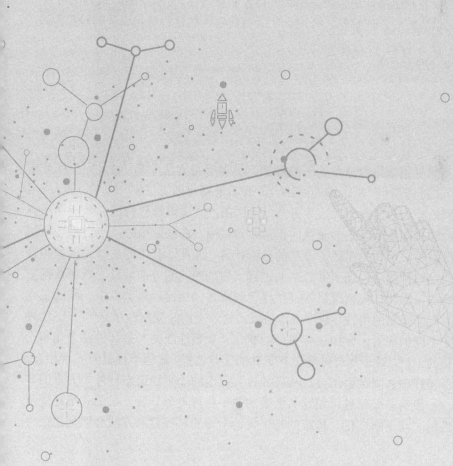

实际过程工业中普遍存在频繁且宽幅的运行条件变化，这导致了过程随时间变化而产生大范围非平稳瞬变特性。因此，如何解决模型的准确性与变化的复杂性之间的冲突，以分析和监测非平稳瞬变连续过程，是过程监测领域的重大挑战之一。本章提出了一种新颖的条件驱动的数据分析方法来处理此问题。首先，设计了一种条件驱动的数据重组策略，该策略可以将时间上的非平稳瞬变过程简洁地划分到不同的条件片中。在相同条件片中的数据具有相似的过程特征，因此，可以方便地对新的条件片分析单元进行过程分析。为实现运行模式的合理划分，一方面，通过慢特征分析实现了粗粒度自动条件模式划分，以跟踪沿条件方向变化的运行特征；另一方面，使用高斯混合模型对每个条件模式执行细粒度分布评估。此外，定义了基于贝叶斯推断的距离监测指标来清楚地指示故障影响，并通过有意义的物理解释来区分不同的运行情况。通过对实际工业过程的案例研究，表明了该方法可以有效处理非平稳瞬变过程，对不同工况进行准确划分。通过分析检测时延指标，验证了所提出的方法相比全局慢特征分析（Slow Feature Analysis，SFA）以及条件段 SFA 算法方法表现出更灵敏的检测性能，说明了条件段划分算法以及利用高斯混合模型细粒度建模的有效性。不仅如此，该方法可以为监测结果提供清晰的物理解释，有助于明确目前发生的过程变化属于哪种类型。

4.1
概述

随着工业过程测量数据量的不断增加，机器学习方法[1-20]，如多元统计分析方法[1, 2]、支持向量机[3-10]、神经网络[11-18]和贝叶斯推断方法[19, 20]，被广泛应用在工业过程的分析与监测中。这些方法以不同的方式提取过程特征，从而揭示测量数据中的潜在性质，并定义变量的正常波动范围。在线应用时，当过程运行超出正常的区域时，则认为出现了异常的过程行为。因此，其中的关键是模型和置信范围能否足够精确地描述正常的工业过程。传统的监测方法假设了观测数据的分布是平稳的，因此，模型可以从样本泛化到总体。然而现实世界中一般的工业过程普遍具有非平稳的特性，通常由均值或自协方差的时变反映出来[21, 22]。这种特性来自于不同的因素，比如运行条件的变化、频繁地改变产品、设备老化和一些无法测量的干扰。对于具有时变运行条件的工业过程，过程不仅具有多种稳态，而且将在不同稳态之间频繁切换，从而导致大范围的非平稳瞬态特性。大范围非平稳过程与一般的非平稳过程相比其变量的非平稳性更加显著。由于非平稳变量的统计特性随时间不断变化，传统的基于机器学习的过程监测方法会遇到模型失配的问题，这是由于要评估的过程行为会随着时间变化，且与参考数据有所不同。此外，体现丰富动态信息的瞬态变化过程并没有被很好地建模描述，因此，可能会被淹没在频繁的过程波动中。即使过程处于正常运行状态，非平稳以及瞬态变化也可能导致频繁的误报。因而非平稳瞬变连续过程的监测是一项艰巨的任务，并且目前的研究也比较少。

一些现有的机器学习算法可以用于解决此类问题。一种是自适应的算法[23-25]，但这些算法试图捕获过程随时间的频繁变化，因此需要频繁地更新模型，可能会错误地包含故障数据，从而导致模型性能下降。即时学习（Just-in-time Learning，JITL）[26]被认为是自适应方法的一种特殊情况。在没有预先建立模型的情况下，该方法采用数据库技术和最近邻算法查询相似样本从而动态地建立局部模型。但是，数据搜索的准确性会影响所建立的局部模型，导致模型对异常不敏感。此外，即时学习方法仅仅将超出控制限的样本视为异常，无法区分不同类型的正常的变化和实际故障。多模态过程监测策略[27-29]把大范围非平稳过程分为不同的稳定过程并根据不同的操作状态建立多个模型，每个模型都代表一种特定的操作模式，并且精细地解释过程特征，从而可以有效地提高监测的可靠性。多模态过程监测策略关键在于如何将整个过程分为不同的模式，并且在线判断新样本的模式隶属关系，以便正确地采用适当模式的模型进行监测。聚类算法可以将每个观测值划分到不同的操作模式。因此，可以使用一些较流行的聚类或分类算法[30-33]进行模式划分，包括K-均值（K-means）[30]、K-近邻（K-nearest neighbor，KNN）[31, 32]、模糊c-均值（Fuzzy c-Means）[33]等。然而，聚类方法通常考虑的是单独样本之间的距离，因此无法全面描述不同模式间的不同特性。模式划分的质量也可能直接影响模型的性能，从而影响到监测性能。因此，对于在线应用，很难确定当前样本属于哪种模式，以及应该使用哪种模型来计算监测统计量，通常需要尝试使用不同的模型以检查哪种模型最适合当前样本。如果采用了错误的模型，可能会导致监测结果不准确，包括漏报和误报现象。此外，现有的多模式建模策略仅考虑了稳态分布并监测每个操作模式的稳态偏差，而这些偏差并不能明确表示过程数据的瞬态信息。

如第2章所述，协整分析（Cointegration Analysis，CA）[22]是一种研究非平稳变量间长期均衡关系的有效方法，近年来受到了越来越多的关注。尽管过程特性随着时间变化，但其基本的长期均衡关系仍然保持不变，因此仅需要单个CA模型来描述这种长期稳定的特性即可。在工业领域中，协整分析有多种应用[34-37]，包括过程监测和故障诊断。Zhao等人[34, 35]考虑了稳态分布和瞬态过程行为，以监测与长期均衡关系间的偏差，从而可以区分非平稳过程中正常工作条件的变化和实际故障。尽管CA算法在一些工业应用中取得了良好效果，但其假设非平稳变量具有相同的单整阶数，这与实际情况可能并不相符。在这种情况下，CA可能无法处理非平稳的过程变量。

对于实际的工业过程，操作状态通常是瞬变的，这意味着过程仅在短时间内停留在某种状态下，并且可能在不同状态之间有过渡模式，从而展现出典型的动态特性。与具有静态分布的稳态运行条件不同，过程动态性可以看作是瞬态分布[38]。它们带有不同的信息，分别类似于物理中的"位置"和"速度"[39]。因此，由于静态特性和动态变化彼此完全不同，应该对静态和动态变化分别监测并进行不同的解释。

Zhang 和 Zhao[40]提出了一种并行批次过程监测策略，利用慢特征分析（Slow Feature Analysis，SFA）算法[41-43]来区分运行条件偏差和过程动态异常。此外，他们进一步推导了 SFA 算法的递归版本[23]，使用新样本进行更新以适应新的缓慢正常变化。尽管 SFA 可以探测动态信息，但它假设运行条件是唯一的，这对于非平稳过程是不成立的。对于瞬变过程解析，静态信息和其对应的动态信息对于揭示过程真实情况都很重要。单个或多个稳态模型都不能很好地描述隐藏在波动状态下的动态信息。这种现状因此激起了对瞬变过程建模和监测的进一步细粒度的研究。对于高级机器学习方法的研究是非常必要的，这需要对物理过程的本质进行深入分析，设计机器学习模型来捕获工业过程的特定变化。这与直接应用于工业过程的传统机器学习方法不同，因此，本章将其称为高级机器学习方法。

本章提出了一种新的过程分析方法来处理具有大范围非平稳瞬变连续过程的监测问题。首先，根据条件指示变量的变化，将样本分为不同的条件片来重构一个新的数据分析对象。在每个条件片中，样本处于相同条件值附近，因此可以认为过程特性是相似的，并可很容易地通过双向 SFA 模型揭示其基本过程特性。其次，可以通过跟踪 SFA 投影矩阵的变化来自动识别不同的条件模式，这反映了潜在特性沿条件方向变化的规律。也就是说，条件片矩阵在每个条件模式下将具有相似的 SFA 模型，不同的条件模式具有不同的 SFA 模型，这反映了过程相关性随着不同条件模式的变化。而后，建立了基于 SFA 的条件模式模型以提取静态和动态信息。通过高斯混合模型（Gaussian Mixture Model，GMM）进一步研究了每个条件模式下的静态分布与瞬态信息，提出了四个新颖的贝叶斯推断距离统计量来监测不同的过程变化，并且给出了有意义的物理解释。最后，通过实际的非平稳连续工业过程的案例研究，表明了方法的可行性。该方法也可以推广到其他非平稳连续过程。

本章的主要贡献总结如下：

① 设计了新颖的数据重组策略。该策略可以将时间驱动的大范围非平稳、瞬态过程巧妙地转化为不同的条件片。这是基于如下认识首次提出条件驱动的概念：过程特性在相同条件片内保持相似。

② 通过设计自动顺序条件模式划分算法揭示了过程特性沿条件方向的变化规律。尽

管运行条件随时间不断变化，但在相同的条件模式下，潜在的变量相关关系大体相似，而在不同的条件模式下则显著不同。

③ 通过对静态和动态信息进行联合分析定义了 *BID* 监测指标。该指标可以清晰地指示故障影响以及区分不同的操作情况。

本章的其余部分安排如下。首先，将陈述目前的问题和工作的动机；而后从以下几个方面描述所提出的条件驱动的数据解析方法，包括条件片数据矩阵重组、自动顺序条件模式划分、细粒度模型建立和在线应用；接下来，展示所提出的建模和监测方法在实际大范围非平稳瞬变工业过程中的应用结果，并与常规方法进行比较；最后，在 4.3 节给出结论。

4.2
变工况多模式过程监测建模方法

本节首先分析了这项研究的必要性。而后，提出了一种基于高级机器学习算法的过程分析和监测策略，包括粗粒度分析和细粒度分析两个层级。驱动过程运行条件变化的主要因素可以反映过程特性的变化，因此可以用作指示变量来重组数据矩阵。指示变量往往是系统的输入变量，例如，对于磨煤机来说，给煤量是关键输入变量，因而被选为了条件指示变量。磨煤机的其他过程变量，比如出口压力等，都是在给煤量的影响下随着时间变化的。接着，提出了一种自动有序条件模式划分方法，以初步区分运行状态，这个过程被称为粗粒度建模和分析。在适当的维度重组和自动有序条件模式划分之后，这种粗粒度建模和分析方法使得 SFA "直接"应用于非平稳过程；在此基础上，又进行了细粒度分析，以进一步探索每种条件模式的潜在分布及其相应的在线监测策略。

4.2.1 问题陈述与工作动机

在实际中，工业过程常常运行在不同的条件之下，因而有着非平稳的运行轨迹，这通常反映在时变均值或时变自协方差上。随着各种运行条件发生频繁变化，且每个运行条件都由不同的物理和化学因素主导，工业过程呈现出典型的大范围非平稳特性。此外，工业过程可能不会持续停留在某个稳定点，而是会频繁地在不同运行条件间动态切换，因而包含典型的瞬态特性。即使是处于同一运行条件下的运行点，过程状态也可能不稳定，因为该过程可能正在进行运行条件间的切换，只是暂时跨越当前运行点。

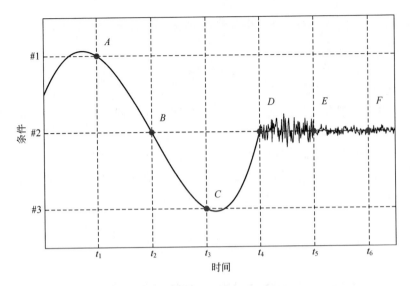

图 4-1 大范围非平稳瞬变过程说明

图 4-1 示意了大范围非平稳瞬变过程的不同运行点。一方面，对于不同时间的运行点，它们可能处于不同的运行条件下，但却展现出相同的过程动态性。另一方面，尽管过程可能处于相同的运行条件下，但过程可能在时间方向上呈现不同的动态性。例如，点 A 和点 C 处于不同的运行条件下，即条件#1 和条件#3，但是它们展示出了相同的过程动态性。点 B、点 D、点 E 和点 F 处于相同的运行条件，即条件#2，但是其瞬态特性截然不同。首先，点 B 和点 D 正在不同的运行条件间切换。点 B 正从条件#1 向下切换为条件#2。而点 D 正从条件#3 向上切换为条件#2。其次，它们可能在同一时间跨度内具有不同的变化速度和不同的变化幅度。对于点 E 和点 F，尽管它们都在条件#2 下运行，但由变化速度可以看出它们呈现出不同的瞬态特性。

从图 4-1 中可以明显看出，只利用静态信息可能无法全面描述过程特性。特别地，时变过程的运行轨迹揭示了大量动态分布信息。静态和动态信息对于区分不同的过程状态和变化都很重要。在过程处于大范围非平稳变化的情况下，如何全面描述和建模过程的瞬态特性势在必行。然而，之前很少有人从数据驱动的角度出发讨论该问题。

对于时变运行条件下的大范围非平稳瞬变过程，我们首先认识到了以下几点：①尽管过程特性随时间变化，但在相同运行条件下，过程可能遵循一定的关系；②考虑到瞬变特性，动态信息对于区分不同的过程变化非常重要；③尽管运行条件随时间而变化，但在相同的条件模式下，潜在的变量相关性将非常相似，并且可以通过以条件变量指示的固有的过程相关性将过程分为多个条件模式。

基于以上分析，需要一个新的数据分析单元来准备建模数据。运行条件的变化可以指示过程特性的变化,因此可以作为重组数据矩阵的指示变量。数据矩阵的重组策略将在 4.2.2 节进行描述。

4.2.2 条件驱动的数据阵列重组

对于非平稳瞬变连续过程,可以得到两维数据矩阵 $\boldsymbol{X}(K\times J)$,其中 J 代表在线采集的过程变量数,K 代表采样时间。如图 4-1 所示,由于运行条件随时间的频繁变化,该过程表现出了大范围非平稳瞬变特性,其中,非平稳变量并非同阶单整,因此无法用 CA 建模。既然传统的方法无法较好地应用于过程变量并从数据中获取隐含的过程特性,一个问题自然而然地出现了,即:是否可以重组采样数据以在一定程度上减少非平稳性的影响?显然,不能直接使用时间维度,而应该设计新的分析单元。这里,我们重构了分析维度,可以将时间维度上的非平稳瞬变过程转化为条件维度上性质良好的数据矩阵。此外,为了揭示重要的瞬态分布信息,相应地,需要将变化速度随着静态数据一同进行重组。数据矩阵重组按以下方式进行。

首先,每个测量向量在每个采样时间 t 进行扩展,以具有时序差分信息。考虑样本 $\boldsymbol{x}_t \in \mathbb{R}^J$,差分向量 $\dot{\boldsymbol{x}}_t$ 被定义为 $\dot{\boldsymbol{x}}_t^\mathrm{T}(1\times J) = \boldsymbol{x}_t^\mathrm{T}(1\times J) - \boldsymbol{x}_{t-1}^\mathrm{T}(1\times J)$。通过这种方式,每个采样时间点对应的测量向量 $\boldsymbol{x}_t$ 都被扩展为具有其时间差分项的组合,即样本对 $\{\boldsymbol{x}_t, \dot{\boldsymbol{x}}_t\}$。值得注意的是,第一个时刻的差分向量 $\dot{\boldsymbol{x}}_t$ 是利用 $t=0$ 时刻的采样信息进行计算得到的。

其次,使用条件维度而不是时间维度来重组测量数据 $\boldsymbol{x}_t$。这里将指示运行条件的变量称为条件指示变量。根据条件指示变量的值将样本对重新排序,以使条件指示变量单调递增。接着,定义条件间隔 β 以将所有条件变量的值分成 M 个条件区间。在相同条件间隔内的采样数据被同时聚集为静态部分和动态部分。

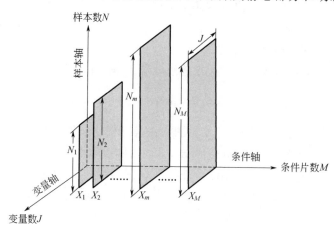

图 4-2 重组后形成的三维数据矩阵(每个灰色片代表在相同条件间隔内的采样数据)

基于上述数据重组方法，提出了新的分析策略。如图 4-2 所示，对于静态和动态数据，在条件维度上重新排列，形成了三维不规则数据阵列，包括条件、样本和变量这三个维度。这里仅显示了静态数据数组，动态数据以相同的方式排列。收集到的测量数据和差分矩阵在每个条件间隔中被定义为：$X_m(N_m \times J)$ 和 $\dot{X}_m(N_m \times J)$，在此称为条件片，它们是最小的分析单元。N_m 代表每个条件片中的采样样本数，且 $K = \sum_{m=1}^{M} N_m$；下标 m 表示条件，且 $m=1,2,\cdots,M$；X_m 代表静态条件片，$\dot{X}_m$ 代表动态条件片，它们表示不同运行条件下的静态过程状态信息以及相应的动态信息。通过提出的数据重组策略，传统的测量数据被转换成三维数据结构，这种结构通常用于描述批次过程[44]。这样，批次过程和连续过程的监控方法就被巧妙地连接起来了。区别在于，批次过程是时间驱动的，揭示了过程特征随时间的变化，而连续过程是条件驱动的。

4.2.3 自动有序条件模态划分

在本小节，将聚集具有类似潜在过程特性的条件片以定义条件模态。在 SFA 算法中，投影模型代表了过程相关信息。所提出的建模策略首先要分析每个条件片上的投影矩阵。在每个条件模式下的条件片会具有相似的 SFA 模型，不同的条件模式会导致不同的 SFA 模型，这反映了过程相关性随不同的条件模式而变化。同样，SFA 模型的变化反映了潜在过程行为的变化，因此可以用来确定条件模式。这里，我们提出了一种新的基于重构数据矩阵的条件模式划分方法。局部条件模式内的相似特征和条件序列都需要被考虑以进行自动条件模式划分，其中基本分析与建模单元为条件片。建模过程如下所述：

步骤 1：数据预处理。

如前所述，准备静态条件片 $X_m(N_m \times J)$ 和对应的动态条件片 $\dot{X}_m(N_m \times J)$。对于每个条件片数据矩阵 X_m，将变量预处理为零均值。将预处理后的条件片记作 $\overline{X}_m$。

步骤 2：条件片建模。

对静态和动态条件片执行 SFA 算法，并获得初始条件片模型。保留的慢特征的数量（SFs）由本章参考文献[39]给出，以分离慢和快的过程信息。然后找到在所有条件片下出现次数最多的 SFs，并将其设置为条件片 SFA 模型的统一维度。计算主空间和残差空间中 SFs 的监测统计量，以形成正交分解并完全监测每个条件下的数据空间，并通过核密度估计（KDE）[45]确定条件片置信限 $Ctr_{s,m}$ 和 $Ctr_{f,m}$，它们表示条件片 SFA 模型的解释能力。

步骤 3：条件段 SFA 建模。

从重组后的第一个条件片数据矩阵开始，将下一个条件片一个接一个地添加到现有条件片中，并在当前条件段中对其进行变量展开，直至第 k 个条件片，如图 4-3 所示，以形成条件段数据矩阵 $\boldsymbol{X}_{v,k}\left(\sum_{i=1}^{k} N_i \times J\right)$。同样，可以得到对应的动态矩阵 $\dot{\boldsymbol{X}}_{v,k}\left(\sum_{i=1}^{k} N_i \times J\right)$。在重新排列的数据矩阵上执行 SFA，并获得慢速和快速部分的条件段 SFA 模型，$\boldsymbol{W}_{v,s,k}(J \times R)$ 和 $\boldsymbol{W}_{v,f,k}(J \times (J-R))$。利用当前条件段 SFA 模型，计算每个条件片数据矩阵的慢特征监测值和快特征监测值，并通过 KDE 确定置信限 $Ctr_{v,s,k}$ 和 $Ctr_{v,f,k}$[45]。它表示条件段 SFA 模型对相应条件段内每个条件片的重构能力。

步骤 4：比较模型的准确度。

在相应的条件段内，对每个条件片比较 $Ctr_{v,s,k}$ 和 $Ctr_{s,k}$ 以及 $Ctr_{v,f,k}$ 和 $Ctr_{f,k}$。找到条件片 k^* 使得连续三个条件片呈现出 $Ctr_{v,s,k} > \alpha * Ctr_{s,k}$ 或 $Ctr_{v,f,k} > \alpha * Ctr_{f,k}$，其中 α 为一个附加到原始条件片控制限的常数，在此称为松弛因子。这意味着添加当前条件片对条件段 SFA 监测模型的性能产生了很大的影响，条件段模型的准确性明显比条件片模型的准确性差。因此 α 确定了允许条件段 SFA 模型代表性比条件片 SFA 模型弱的程度，即与相同维度的条件片 SFA 模型相比，解释能力不足的程度。k^* 之前的条件片称为一种条件模式。

步骤 5：数据更新和递归实现。

移除划分好的第一个条件模式，并将剩余的过程数据用作步骤 3 中的输入数据。递归地重复步骤 3 和步骤 4，以找到之后的条件模式。

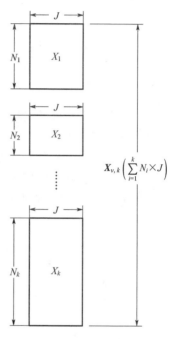

图 4-3 按变量轴展开 k 次后的重组数据矩阵

算法的输出是沿着条件方向的样本集的划分，并且不同条件模式沿着条件方向是连续的。算法的基本思想是找到那些具有相似变量相关性的条件片，以便它们可以由相同的模型建模，而那些特性不同的条件片将由不同的模型表征。在每个条件模式下，使用如图 4-3 所示的方式，将所有的条件片 $\overline{\boldsymbol{X}}_m$ 合并形成条件模式数据 $\boldsymbol{X}_c^v(N_c^v \times J)$，其中 $N_c^v = \sum_{m \in C} N_m$。相应地，对于动态的部分 $\dot{\boldsymbol{X}}_c^v(N_c^v \times J)$，也基于 $\dot{\boldsymbol{X}}_m$ 进行重组。

对于不同的运行条件，提出的自动有序条件模态划分（SCMD）算法是将具有时变运行条件的整个过程分为不同的条件模态。在相同的条件模态下认为过程具有相似的静态特性，并且不同的条件模态之间存在不同的变量相关性。之所以称为"粗粒度模式划分"，是因为每个条件片的分布都被假定为高斯分布，并且不使用动态信息进行评估。通过将复杂的非平稳过程划分为不同的条件模态，还可以在一定程度上减少非线性。因此，本章使用了线性方法。但是，如果不能忽略非线性，则可以考虑在每种条件模式下使用非线性方法进行建模。

4.2.4 精细化分布评估算法

以上条件模式划分算法仅使用静态信息来执行。相同的运行条件并不意味着它们具有完全相同的过程特征或服从高斯分布。显然，如图 4-1 所示，它们在特定的运行条件下可能显示不同的变化，比如过程以不同的方式经历相同的条件。因此，将进行细粒度的过程分析以进一步和全面地探究潜在的过程特征，包括静态和动态分布信息。

这里，构造高斯混合模型（GMM）[46-48]来表征每种条件模式下的多个运行区域。为了降低建模复杂性，使用正交特征代替测量数据进行 GMM 建模。因此，首先使用 SFA 在每个条件模式中提取特征，如下所示：

$$\min tr\left[W_c^T \frac{\dot{X}_c^{vT}\dot{X}_c^v}{N_c^v-1}W_c\right]$$

$$\text{s.t. } W_c^T \frac{X_c^{vT}X_c^v}{N_c^v-1}W_c = I$$

(4-1)

式中，I 为单位矩阵；N_c^v 为属于同一条件模式中的样本数量；W_c 为条件段 SFA 模型。

显然，对于 SFA，它将输出的慢速特征在时间上的变化降到最低。与仅通过最大化输出特征的方差来描述静态变化的 PCA 相比，SFA 既可以提取时间上的变化，也可以提取静态变化。W_c 将用作初始条件段模型，以评估每个条件模式 c 内样本的静态和动态信息。然后，通过在每个条件段内进行投影来计算慢特征：

$$S_c^v = X_c^v W_c, \quad \dot{S}_c^v = \dot{X}_c^v W_c$$

(4-2)

在这里，为简单起见，除了方差为零的慢速特征，所有其他慢速特征（SFs）

均保留。J_z 表示特征数。静态特征 $\boldsymbol{S}_c^v$ 表示在相同条件段下的静态过程变化,动态特征 $\dot{\boldsymbol{S}}_c^v$ 表示在第 c 个条件段内的动态过程变化。基于提取的静态特征,包含快特征和慢特征,即 $\boldsymbol{S}_{f,c}^v$ 和 $\boldsymbol{S}_{s,c}^v$,由本章参考文献[25]中的规则进行分离。相应的动态特征,$\dot{\boldsymbol{S}}_{f,c}^v$ 和 $\dot{\boldsymbol{S}}_{s,c}^v$,也被彼此分离。因此,慢速模型和快速模型是分开的,分别由 $\boldsymbol{W}_{c,s}$ 和 $\boldsymbol{W}_{c,f}$ 来描述。需要注意的是,对于上述 SCMD 算法,是假定条件片服从高斯分布来评估过程特性的变化的。但是在现实中,此假设可能无法满足。此外,考虑到特征的四个部分具有不同的分布特性,可以对 SFA 特征的每个部分进行 GMM 建模[47],以进一步进行细粒度的探索。这样,每个条件模式下特征的各个部分的分布可以分解为几个子模式,揭示不同的运行状态和瞬时动态性。建模过程描述如下。

第 c 个条件段内的静态慢特征(这里记作 SS)可以由一个二维矩阵 $\boldsymbol{S}_{s,c}^v(N_c^v \times R_{s,c}^v)$ 来描述;动态慢特征(这里记作 SD)可以由一个二维矩阵 $\dot{\boldsymbol{S}}_{s,c}^v(N_c^v \times R_{s,c}^v)$ 来描述;静态快特征(这里记作 FS)可以由一个二维矩阵 $\boldsymbol{S}_{f,c}^v(N_c^v \times (J_z - R_{s,c}^v))$ 来描述;动态快特征(这里记作 FD)可以由一个二维矩阵 $\dot{\boldsymbol{S}}_{f,c}^v(N_c^v \times R_{f,c}^v)$ 来描述。接下来将阐述基于 GMM 的监测策略,这里以静态特征为例。

将 GMM 分别应用于静态慢特征(SS)与静态快特征(FS)。假设 M_{ss}^c 和 M_{fs}^c 高斯成分可以用于每个静态条件模式 c 中的慢速和快速部分。对于任意一个特征 $\boldsymbol{s}_{s,t} \in \boldsymbol{S}_{s,c}^v$ 和特征 $\boldsymbol{s}_{f,t} \in \boldsymbol{S}_{f,t}^v$,其概率密度函数可以表示为:

$$g(\boldsymbol{s}_{s,t} | \boldsymbol{\theta}_{ss}^c) = \sum_{\ell=1}^{M_{ss}^c} \omega_{ss,\ell}^c g(\boldsymbol{s}_{s,t} | \boldsymbol{\theta}_{ss,\ell}^c) \tag{4-3}$$

$$g(\boldsymbol{s}_{f,t} | \boldsymbol{\theta}_{fs}^c) = \sum_{\ell=1}^{M_{fs}^c} \omega_{fs,\ell}^c g(\boldsymbol{s}_{f,t} | \boldsymbol{\theta}_{fs,\ell}^c) \tag{4-4}$$

式中,$\omega_{ss,\ell}^c$ 为第 c 个条件段中静态慢特征(SS)的第 ℓ 个高斯成分的先验概率,且满足 $0 \leqslant \omega_{ss,\ell}^c \leqslant 1$ 和 $\sum_{l=\ell}^{M_{ss}^c} \omega_{ss,\ell}^c = 1$;$\omega_{fs,\ell}^c$ 为第 c 个条件段中静态快特征(FS)的第 l 个高斯成分的先验概率,且满足 $0 \leqslant \omega_{fs,\ell}^c \leqslant 1$ 和 $\sum_{\ell=1}^{M_{fs}^c} \omega_{fs,\ell}^c = 1$;$\boldsymbol{\theta}_{ss,\ell}^c = \{\boldsymbol{\mu}_{ss,\ell}^c, \boldsymbol{\Sigma}_{ss,\ell}^c\}$ 包含了均值 $\boldsymbol{\mu}_{ss,\ell}^c$ 和协方差矩阵 $\boldsymbol{\Sigma}_{ss,\ell}^c$。相似地,$\boldsymbol{\theta}_{fs,\ell}^c = \{\boldsymbol{\mu}_{fs,\ell}^c, \boldsymbol{\Sigma}_{fs,\ell}^c\}$ 包含了均值 $\boldsymbol{\mu}_{fs,\ell}^c$ 和协方差矩阵 $\boldsymbol{\Sigma}_{fs,\ell}^c$。

$g(\boldsymbol{s}_{s,t} | \boldsymbol{\theta}_{ss,\ell}^c)$ 和 $g(\boldsymbol{s}_{f,t} | \boldsymbol{\theta}_{fs,\ell}^c)$ 表示静态慢特征(SS)和静态特征(FS)第 ℓ 个高斯元的多变量高斯概率密度函数。其具体表达式如下:

$$g(\boldsymbol{s}_{s,t} | \boldsymbol{\theta}_{ss,l}^c) = \frac{\exp\left[-\frac{1}{2}(\boldsymbol{x} - \boldsymbol{\mu}_{ss,l}^c)^T \boldsymbol{\Sigma}_{ss,l}^{c-1}(\boldsymbol{x} - \boldsymbol{\mu}_{ss,l}^c)\right]}{\sqrt{(2\pi)^{R_{s,c}^v} |\boldsymbol{\Sigma}_{ss,l}^c|}} \tag{4-5}$$

$$g(s_{f,t}| \theta_{fs,\ell}^c) = \frac{\exp\left[-\frac{1}{2}(x - \mu_{fs,\ell}^c)^T \Sigma_{fs,\ell}^{c-1}(x - \mu_{fs,\ell}^c)\right]}{\sqrt{(2\pi)^{J_z - R_{s,c}^v} | \Sigma_{fs,\ell}^c |}} \quad (4-6)$$

可以使用 EM 算法估计 GMM 的参数，并且可以通过 F-J 算法[46]来调整高斯组分的数量。为了监测工业过程，计算了第 c 个条件段的静态慢特征（SS）和静态快特征（FS）的两个基于贝叶斯推断的距离（BID）监测指标，分别表示为 $BID_{ss,t}$ 和 $BID_{fs,t}$：

$$BID_{ss,t} = \sum_{\ell=1}^{M_{ss}^c} p(\Theta_{ss,\ell}^c | s_{s,t}) D_L^\ell(s_{s,t}, \Theta_{ss,\ell}^c) \quad (4-7)$$

$$BID_{fs,t} = \sum_{\ell=1}^{M_{fs}^c} p(\Theta_{fs,\ell}^c | s_{f,t}) D_L^\ell(s_{f,t}, \Theta_{fs,\ell}^c) \quad (4-8)$$

式中，$p(\Theta_{ss,\ell}^c | s_{s,t})$ 为特征 $s_{s,t}$ 对于第 ℓ 个静态慢特征（SS）高斯元 $\Theta_{ss,\ell}^c$ 的后验概率；$p(\Theta_{fs,\ell}^c | s_{f,t})$ 为特征 $s_{f,t}$ 对于第 ℓ 个静态快特征（FS）高斯元 $\Theta_{fs,\ell}^c$ 的后验概率；$D_L^l(s_{s,t}, \Theta_{ss,\ell}^c)$ 为在第 c 个条件片中，采样点 $s_{s,t}$ 到第 ℓ 个静态慢特征（SS）高斯元的局部马氏距离；$D_L^l(s_{f,t}, \Theta_{fs,\ell}^c)$ 为在第 c 个条件片中，采样点 $s_{f,t}$ 到第 ℓ 个静态快特征（FS）高斯元的局部马氏距离。

这两个后验概率可以按如下公式进行计算：

$$p(\Theta_{ss,\ell}^c | s_{s,t}) = \frac{p(\Theta_{ss,\ell}^c) p(s_{s,t} | \Theta_{ss,\ell}^c)}{\sum_{i=1}^{M_{ss}^c} p(s_{s,t} | \Theta_{ss,i}^c) p(\Theta_{ss,i}^c)} = \frac{\omega_{ss,\ell}^c g(s_{s,t} | \theta_{ss,\ell}^c)}{g(s_{s,t} | \theta_{ss}^c)} \quad (4-9)$$

$$p(\Theta_{fs,\ell}^c | s_{f,t}) = \frac{p(\Theta_{fs,\ell}^c) p(s_{f,t} | \Theta_{fs,\ell}^c)}{\sum_{i=1}^{M_{ss}^c} p(s_{f,t} | \Theta_{fs,i}^c) p(\Theta_{fs,i}^c)} = \frac{\omega_{fs,\ell}^c g(s_{s,t} | \theta_{fs,\ell}^c)}{g(s_{s,t} | \theta_{fs}^c)} \quad (4-10)$$

BID 指标的值可以量化故障影响的变化，这与常规贝叶斯推断概率（BIP）指标[47]不同，后者是所有异常的最大监测值，因此不能表现出不同的故障影响。对于预先设定的置信度 $(1-\alpha)$，可以使用（Kernel Density Estimation，KDE）[45]计算出 $BID_{ss,t}$ 和 $BID_{fs,t}$ 的控制限。当两个 BID 指标都大于具有特定置信度的控制限时，可以认为该过程不同于历史参考状态。

之后，对动态特征也进行了如上所述的建模过程，从而获得了 $BID_{sd,t}$ 和 $BID_{fd,t}$ 指标。因此，对该方法而言，针对静态和动态层面共构建了四个监测统计量，这些统计量总结在表 4-1 中，其中不同的指标组合具有不同的物理意义。

表 4-1 监测统计量指示的四种不同情况

情况 #	两个静态监测统计量 $BID_{ss,t}$ $BID_{fs,t}$	两个动态监测统计量 $BID_{sd,t}$ $BID_{fd,t}$	物理描述
1	√	√	该过程在正常运行，没有意外的条件改变和控制措施
2	√	×	随着运行条件的改变，控制器正在调节过程，控制器的调节作用导致了与参考数据不同的动态特性。此外，静态监测统计量尚未检测到偏差，表示过程与当前条件的偏差不明显
3	×	√	与当前条件有所偏离，但动态变化特性仍与参考数据中的相似，这意味着控制器正以与参考数据中相同的方式在调节过程
4	×	×	控制器采取了与参考数据中不同的方式调节过程，从而导致异常动态行为。此外，与当前条件的偏差很大，并且已经被静态监测统计量检测到

注："√"是指相关统计量处于控制限内；"×"是指至少一种统计量超出控制限。

4.2.5 算法在线实施方案

在线应用期间，对于任何新的样本向量 x_{new}，其条件变量用于指示当前样本所处的条件模式。然后采用对应于模式的 SFA 模型来提取慢速和快速部分的静态和动态特征，如下所示：

$$s_{s,new} = x_{new}^T W_{c,s}, \quad s_{f,new} = x_{new}^T W_{c,f}$$
$$\dot{s}_{s,new} = \dot{x}_{new}^T W_{c,s}, \quad \dot{s}_{f,new} = \dot{x}_{new}^T W_{c,f}$$
(4-11)

然后针对静态和动态特征，都采用相应的条件模式 GMM 模型来计算 BID 指标，如下所示：

$$BID_{ss,new} = \sum_{l=1}^{M_{ss}^c} p(\Theta_{ss,l}^c | s_{s,new}) D_L^\ell(s_{s,new}, \Theta_{ss,l}^c)$$
(4-12)

$$BID_{fs,new} = \sum_{l=1}^{M_{fs}^c} p(\Theta_{fs,l}^c | s_{f,new}) D_L^\ell(s_{f,new}, \Theta_{fs,l}^c)$$
(4-13)

$$BID_{sd,new} = \sum_{l=1}^{M_{fs}^c} p(\Theta_{sd,l}^c | \dot{s}_{s,new}) D_L^\ell(s_{s,new}, \Theta_{fs,l}^c)$$
(4-14)

$$BID_{fd,new} = \sum_{l=1}^{M_{fs}^c} p(\Theta_{fd,l}^c | \dot{s}_{f,new}) D_L^\ell(s_{f,new}, \Theta_{fd,l}^c)$$
(4-15)

对于在线应用，将四个监测统计量相结合以揭示当前过程的变化，并对每个新样本将其四个监测统计量与各自的控制限进行比较。如果所有监测统计量都没报警，则认为该过程在正常条件下运行。否则，如果任一统计量发出连续的警报信号，则表明当前进程具有某些不同的行为，如表 4-1 中所述。对于运行条件的变化，控制器将连续调节过程，从而产生时序相关性（即典型的动态特性）。因此，对于非平稳过程监控，必须对过程动态性进行分析以区分不同的过程变化。与可以抽象为静态分布的稳定运行条件不同，可以将过程动态性视为瞬态分布。它们带有不同的信息，分别类似于物理学中的"位置"和"速度"的概念[35]。静态信息可以指示过程当前所处的运行状态，而动态信息可以表明过程状态在运行条件的调节下是否正在改变。因此，应以不同的方式解释过程的稳态变化和动态变化，并同时进行监控，这可以推断得到过程变化的物理解释。如果不考虑过程动态性，传统的多元统计分析方法可能无法有效地区分正常状态变化和异常干扰。

4.3
百万千瓦超超临界机组的应用研究

4.3.1 百万千瓦超超临界机组

本节将验证所提出的方法处理大范围非平稳瞬变过程的能力。百万千瓦超超临界（USC）机组是一个高度复杂的工业过程，具有时变、动态性和非平稳性等特性。对于过程机制的具体描述，读者可以参考第 3 章相关叙述以及先前的工作[34, 49]。磨煤机是火力发电厂 USC 机组的重要辅机之一，在本小节中，其被用作实验对象以评估所提出的方法。磨煤机运行在变工况条件下，它的关键输入变量给煤量经常随时间变化，从而导致其具有典型的非平稳瞬变特性。这提供了一个很好的平台用以验证所提出的包括数据重组、条件模式划分和建模以及在线监测在内的条件驱动建模与监测方法。在本工作中，使用 35 个测量变量进行分析和监测。为了简化起见，表 4-2 中仅列出了前 15 个变量。采样间隔为一分钟。收集了三个测试数据集，其中一个数据集是正常运行，包含了频繁的运行点切换过程，而另外两个数据集是在非平稳运行期间发生的实际故障。

表 4-2 磨煤机部分过程变量描述

序号	变量描述	变量单位
1	电机线圈温度	℃
2	电机轴承温度	℃

续表

序号	变量描述	变量单位
3	电机电流	A
4	行星齿轮轴承温度	℃
5	旋转分离器电机电流	A
6	旋转分离器轴承温度	℃
7	旋转分离器转速	r/min
8	油箱温度	℃
9	出口温度	℃
10	出口压力	kPa
11	进口一次风量	t/h
12	进口一次风温度	℃
13	密封风压力	kPa
14	进口一次风压力	kPa
15	给煤量	t/h

4.3.2 建模与实验分析

超过 15000 个样本用于建模，可以充分涵盖运行条件的变化。从图 4-4 中可以清楚地看出，给煤量在沿时间方向有着较大范围的频繁变化，并且相应地，过程变量（例如出口压力）在其影响下也随时间变化。给煤量显示出典型的非平稳特性。考虑到过程随给煤量的变化而变化，因此将其选为条件指示变量。基于 3δ 规则[50]，给煤率的条件间隔 β 设置为 0.48t/h，约为相同运行条件下该变量标准差的 3 倍。然后通过在相同条件间隔内收集样本来获得条件片。在每个条件片中，静态和动态信息都被收集。可以认为过程特征在相同条件片内保持相似。然后将提出的划分方法用于评估过程特征的变化。对于不同的条件片，将 25 个慢特征与 9 个快特征分开。通过交叉验证将常数 α 设置为 1.5，其可以在验证数据上得到最佳监控性能。使用所提出的算法，随着给煤量的增加，整个非平稳过程被自动分为 8 个条件段，其中样本数量分别为 86、80、138、10308、1950、2290、113 和 70。分段结果如图 4-5 所示。很明显，具有相似给煤量的条件片被分到相同的条件段。此外，可以看到有一个较大的条件段，其中有 10308 个样本，该条件段对应的给煤速率为 45～65t/h。也就是说，该过程在大多数时间都处于此条件模式下。

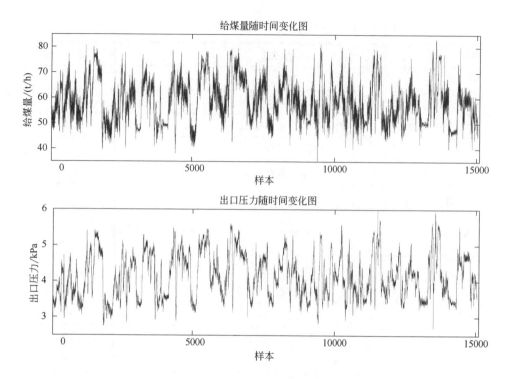

图 4-4 给煤量和出口压力的非平稳变化轨迹

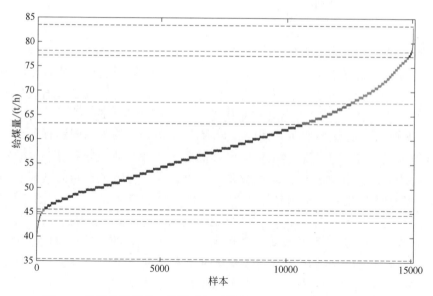

图 4-5 基于给煤量的工况模式划分结果（不同工况模式用虚线分隔）

如前所述，在用 SCMD 划分得到的每个条件段内，并不意味着数据具有高斯分布。在每个条件段，将属于该条件段的所有条件片沿变量轴进行展开，应用 SFA

算法得到 sub-SFA 模型，其中正交特征的四个部分彼此分开。在每个条件段下，对四种类型的特征进行高斯分布评估（如图 4-6 所示），由图可以观察到不同程度的偏差。需要注意的是，静态特征高斯分布的偏差大于对应的动态特征的偏差，这是因为它们一般捕获了运行轨迹的变化。因此，有必要通过 GMM 进行进一步的细粒度分析。对于不同的条件段，不同特征的高斯组分数量绘制在图 4-7 中。对于动态特征，高斯组分的数量通常小于静态特征的数量，这与实际情况吻合。也就是说，时变趋势往往会被静态特征所覆盖，而且与动态特征相比，静态特征的分布与高斯分布的差异更大。

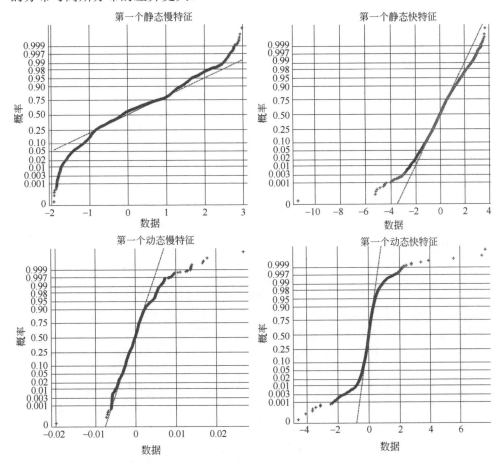

图 4-6　第四个条件段内数据不同特征的高斯概率图

基于条件段划分结果和在每个条件段内建立的 SFA-GMM 模型，设计监测系统并进行了在线应用。对于正常情况，监测结果如图 4-8 所示，其中几乎所有样本都很好地保持在四个 BID 监测指标的正常区域内，但有少量的误报。需要强调的是，在第 240 个采样点附近，动态监测统计量 BID_{sd} 显示过程存在扰动并且超出了正常范围，这与实际情况非常吻合。当时，给煤量从 48t/h 迅速变化到 70t/h，其变化速度与训练数据中的情况有很大的不同，这种变化导致了控制器工作，该控制器试图调节过程以快速跟随状态的切换。相比之下，尽管动态监测统计量表明运行状态快速改变，但静态过程状态仍保持在正常运行区域内。

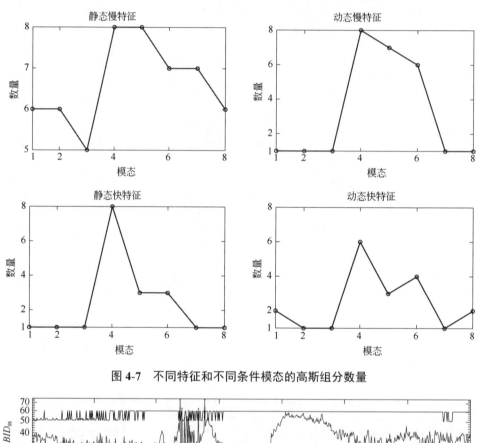

图 4-7 不同特征和不同条件模态的高斯组分数量

图 4-8

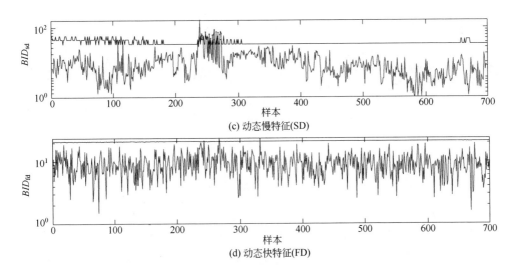

(c) 动态慢特征(SD)

(d) 动态快特征(FD)

图 4-8　正常情况下四种特征的监测结果
（黑线表示控制限；蓝线表示 *BID* 监测统计量；红点表示超限的值）

考虑两个故障案例以验证所提方法故障检测的性能。故障案例 1 是出口温度从第 150 个样本开始缓慢下降。图 4-9 表示故障案例 1 的在线监测性能，其中从第 195 个样本开始，第一次通过静态慢特征（SS）的 *BID* 指标检测出了较大的干扰，而后静态快特征（FS）的 *BID* 指标才出现干扰。这意味着与当前条件的偏差已经被发现，但是动态变化速度仍然与参考数据中的变化类似，这意味着控制器与参考数据中的调整过程相同。故障案例 2 是密封风压力从第 600 个样本开始显示缓慢的变化。图 4-10 给出了故障案例 2 的在线监测性能。从 689 个样本开始，首先通过静态快特征（FS）检测出了偏差，然后才通过静态慢特征（SS）检测出偏差，这表明该偏差不会引起不同的控制器调节。此外，还注意到在第 450 个样本周围，静态统计量超出了控制限。通过检查给煤量，发现这对应于参考数据中不存在的运行条件，表明当前过程与预先定义的正常条件存在偏差。

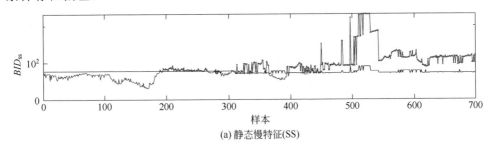

(a) 静态慢特征(SS)

第 4 章　条件驱动的大范围非平稳瞬变过程建模与状态监测

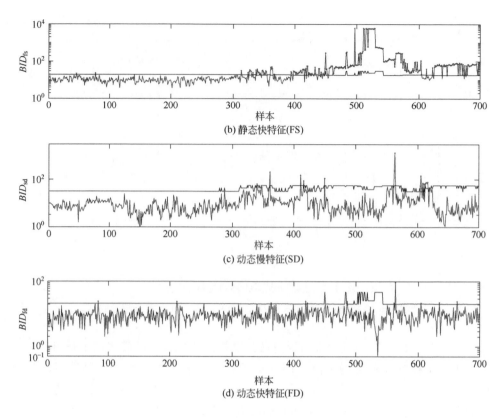

图 4-9 故障案例 1 的四种特征的监测结果

（黑线表示控制限；蓝线表示 BID 监测统计量；红点表示超限的值）

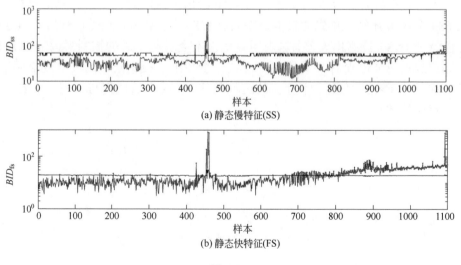

图 4-10

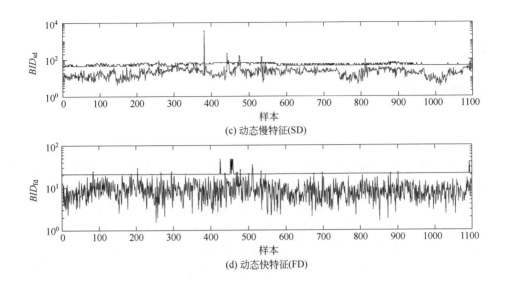

图 4-10 故障案例 2 四种特征的监测结果

（黑线表示控制限；蓝线表示 BID 监测统计量；红点表示超限的值）

为了进行比较，使用了两种对比方法来说明条件段划分和利用 GMM 进行精细分布评估的必要性。第一种全局 SFA 方法不进行模式划分，而是将所有条件片按变量展开[2]并执行 SFA[39]。第二种条件段 SFA 方法不会在条件段内使用 GMM。它们都使用四种监测统计量，包括慢速、快速，静态、动态特征，以进行监测。在正常情况下，这两种方法显示的误报较少，因为它们具有较宽松的控制限，然而它们无法指示出第 240 个样本附近的给煤量的快速变化。此外，表 4-3 中对比了不同方法在两个故障案例上的以检测时延（样本）衡量的监测效果。对于使用了所有条件片的全局 SFA 模型，不同的过程特性被混合在一起，没有详细地描述出不同的变化特性，因此对故障的敏感性最低。通过比较全局 SFA 方法和条件段 SFA 方法，揭示了条件模式划分的作用。通过将所提出的方法与条件段 SFA 方法进行比较，揭示了 GMM 在每种条件段内进行细粒度分布评估的作用。很明显，对于两种故障情况，以检测时延来衡量，所提出的方法比其他方法表现出更灵敏的检测性能。此外，该方法可以为监测结果提供清晰的物理解释，从而有助于弄清正在发生哪种类型的过程变化。

表 4-3 三种不同方法监测性能比较（以检测时延进行衡量）

故障案例	本章提出的算法	全局 SFA 算法	条件段 SFA 算法
案例 1	45	310	112
案例 2	89	138	119

4.4 本章小结

本章提出了一种条件驱动的数据解析与监测方法,用于大范围非平稳瞬变连续过程的监测。该方法基于这样的认识:在相同的条件片内存在相似的过程特性并且过程相关性的改变可能与它所处的条件模式有关。这是首次提出条件驱动的概念来处理非平稳特性,与传统的时间驱动的思路不同。该方法可以将时间上的非平稳瞬变过程简洁地划分到不同的条件片中,并根据过程特征的相似性自动聚成条件段,并在条件段内利用GMM进行细粒度的建模分析,从而在模型复杂度和准确性上取得较好的平衡。在实际工业过程中的应用证明了该方法的可行性和有效性。本章所提出的方法为具有典型非平稳瞬变特性的连续过程提供了一种新颖的分析角度,这种角度有望扩展到不同的应用领域。可能的未来工作是怎样实施条件驱动的变量隔离和根因追溯分析以进行故障诊断,尤其是在没有历史故障样本的场景下[51]。

参考文献

[1] SHENG N, LIU Q, QIN S J, et al. Comprehensive monitoring of nonlinear processes based on concurrent kernel projection to latent structures [J]. IEEE Transactions on Automation Science and Engineering, 2016, 13 (2): 1129-1137.

[2] ZHAO C H. A quality-relevant sequential phase partition approach for regression modeling and quality prediction analysis in manufacturing processes [J]. IEEE Transactions on Automation Science and Engineering, 2014, 11 (4): 983-991.

[3] CUENTAS S, PENABAENA-NIEBLES R, GARCIA E. Support vector machine in statistical process monitoring: a methodological and analytical review [J]. International Journal of Advanced Manufacturing Technology, 2017, 91 (1-4): 485-500.

[4] WIDODO A, YANG B S. Support vector machine in machine condition monitoring and fault diagnosis [J]. Mechanical Systems and Signal Processing, 2007, 21 (6): 2560-2574.

[5] YANG B S, WIDODO A. Support vector machine for machine fault diagnosis

and prognosis [J]. Journal of System Design and Dynamics, 2008, 2(1): 12-23.

[6] SAIMURUGAN M, RAMACHANDRAN K I, SUGUMARAN V, et al. Multi component fault diagnosis of rotational mechanical system based on decision tree and support vector machine[J]. Expert Systems with Applications, 2011, 38(4): 3819-3826.

[7] WANG Y S, MA Q H, ZHU Q, et al. An intelligent approach for engine fault diagnosis based on Hilbert-Huang transform and support vector machine [J]. Applied Acoustics, 2014, 75: 1-9.

[8] ABBASION S, RAFSANJANI A, FARSHIDIANFAR A, et al. Rolling element bearings multi-fault classification based on the wavelet denoising and support vector machine[J]. Mechanical Systems and Signal Processing, 2007, 21(7): 2933-2945.

[9] LIM G M, BAE D M, KIM J H. Fault diagnosis of rotating machine by thermography method on support vector machine [J]. Journal of Mechanical Science and Technology, 2014, 28(8): 2947-2952.

[10] HUANG J, HU X, YANG F. Support vector machine with genetic algorithm for machinery fault diagnosis of high voltage circuit breaker[J]. Measurement, 2011, 44(6): 1018-1027.

[11] RENGASWAMY R, VENKATASURBRAMANIAN V. A fast training neural network and its updation for incipient fault detection and diagnosis[J]. Computers & Chemical Engineering, 2000, 24: 431-437.

[12] WEN L, LI X, GAO L, et al. A new convolutional neural network-based data-driven fault diagnosis method[J]. IEEE Transactions on Industrial Electronics, 2017, 65(7): 5990-5998.

[13] WU J D, LIU C H. Investigation of engine fault diagnosis using discrete wavelet transform and neural network [J]. Expert Systems with Applications, 2008, 35(3): 1200-1213.

[14] WU H, ZHAO J. Deep convolutional neural network model based chemical process fault diagnosis[J]. Computers & Chemical Engineering, 2018, 115: 185-197.

[15] KHOMFOI S, TOLBERT L M. Fault diagnostic system for a multilevel inverter using a neural network[J]. IEEE Transactions on Power Electronics, 2007, 22(3): 1062-1069.

[16] GUO X, CHEN L, SHEN C. Hierarchical adaptive deep convolution neural network and its application to bearing

fault diag- nosis[J]. Measurement, 2016, 93: 490-502.

[17] PATAN K, WITCZAK M, KORBICZ J. Towards robustness in neural network based fault diagnosis[J]. International Journal of Applied Mathematics and Computer Science, 2008, 18(4): 443-454.

[18] YU W K, ZHAO C H. Robust monitoring and fault isolation of nonlinear industrial processes using denoising autoencoder and elastic net[J]. IEEE Transactions on Control Systems Technology, 2020, 28(3): 1083-1091.

[19] YU W K, ZHAO C H. Online fault diagnosis for industrial processes with bayesian network based probabilistic ensemble learning strategy[J]. IEEE Transactions on Automation Science and Engineering, 2019, 16(4): 1922-1932.

[20] RAVEENDRAN R, HUANG B. Two layered mixture Bayesian probabilistic PCA for dynamic process monitoring [J]. Journal of Process Control, 2017, 57: 148-163.

[21] BROCKWELL P J, DAVIS R A. Time series: theory and methods[M]. New York: Springer Science Business Media, LLC, 2006.

[22] ENGLE R F, GRANGER C W J. Cointegration and error-correction: representation, estimation and testing[J]. Econometrica, 1987, 55: 251-276.

[23] YU W K, ZHAO C H. Recursive exponential slow feature analysis for fine-scale adaptive processes monitoring with comprehensive operation status identification[J]. IEEE Transactions on Industrial Informatics, 2018, 15(6): 3311-3323.

[24] LEE S, KIM S B. Time-adaptive support vector data description for nonstationary process monitoring[J]. Engineering Applications of Artificial Intelligence, 2018, 68: 18-31.

[25] MITRA A, LEE K B, CHAKRABORTI S. An adaptive exponentially weighted moving average-type control chart to monitor the process mean[J]. European Journal of Operational Research, 2019, 279(3): 902-911.

[26] PAN B, JIN H P, WANG L. Just-in-time learning based soft sensor with variable selection and weighting optimized by evolutionary optimization for quality prediction of nonlinear processes[J]. Chemical Engineering Research and Design, 2019, 144: 285-299.

[27] ZHANG S M, ZHAO C H. Stationarity test and Bayesian monitoring strategy for fault detection in nonlinear multimode

[27] processes[J]. Chemometrics and Intelligent Laboratory Systems, 2017, 168: 45-61.

[28] ZHAO C H, YAO Y, GAO F R, et al. Statistical analysis and online monitoring for multimode processes with between-mode transitions [J]. Chemical Engineering Science, 2010, 65 (22): 5961-5975.

[29] QUINONES-GRUEIRO M, PRIETO-MORENO A, VERDE C. Data-driven monitoring of multimode continuous processes: a review [J]. Chemometrics and Intelligent Laboratory Systems, 2019, 189: 56-71.

[30] JAIN A K. Data clustering: 50 years beyond K-means [J]. Pattern Recognition Letters, 2010, 31(8): 651-666.

[31] ZHANG M L, ZHOU Z H. ML-KNN: a lazy learning approach to multi-label learning[J]. Pattern Recognition, 2007, 40 (7): 2038-2048.

[32] ZHANG S C, LI X L, ZONG M. Efficient KNN classification with different numbers of nearest neighbors [J]. IEEE Transactions on Neural Networks and Learning Systems, 2018, 29 (5): 1774-1785.

[33] BEZDEK J C, EHRLICH R, FULL W. FCM: the fuzzy c-means clustering algorithm [J]. Computer and Geoscience, 1984, 10 (2-3), 191-203.

[34] ZHAO C H, SUN H. Dynamic distributed monitoring strategy for large-scale nonstationary processes subject to frequently varying conditions under closed-loop control [J]. IEEE Transactions on Industrial Electronics, 2019, 66 (6): 4749-4758.

[35] ZHAO C H, HUANG B. A full-condition monitoring method for nonstationary dynamic chemical processes with cointegration and slow feature analysis [J]. AIChE Journal, 2018, 64 (5): 1662-1681.

[36] CHEN Q, KRUGER U, ANDREW A Y T. Cointegration testing method for monitoring nonstationary processes[J]. Industrial and Engineering Chemistry Research, 2009, 48 (7): 3533-3543.

[37] HU Y Y, ZHAO C H. Fault diagnosis with dual cointegration analysis of common and specific nonstationary fault variations [J]. IEEE Transactions on Automation Science and Engineering, 2019, 17(1): 237-247.

[38] CHAI Z, ZHAO C H. A fine-grained adversarial network method for cross-domain industrial fault diagnosis [J]. IEEE Transactions on Automation Science and Engineering, 2020, 17(3): 1432-1442.

[39] SHANG C, YANG F, GAO X, et al. Concurrent monitoring of operating condition deviations and process dynamics anomalies with slow feature analysis [J]. AIChE Journal, 2015, 61: 3666-3682.

[40] ZHANG S M, ZHAO C H. Slow feature analysis based batch process monitoring with comprehensive interpretation of operation condition deviation and dynamic anomaly [J]. IEEE Transactions on Industrial Electronics, 2019, 66(5): 3773-3783.

[41] WISKOTT L, SEJNOWSKI T J. Slow feature analysis: Unsupervised learning of invariances[J]. Neural Computation, 2002, 14: 715-770.

[42] BLASCHKE T, ZITO T, WISKOTT L. Independent slow feature analysis and nonlinear blind source separation [J]. Neural Computation, 2007, 19: 994-1021.

[43] SPREKELER H, ZITO T, WISKOTT L. An extension of slow feature analysis for nonlinear blind source separation [J]. Journal of Machine Learning Research, 2014, 15: 921-947.

[44] YAO Y, GAO F R. A survey on multistage/multiphase statistical modeling methods for batch processes[J]. Annual Reviews in Control, 2009, 33(2): 172-183.

[45] GIANTOMASSI A, FERRACUTI F, IARLORI S, et al. Electric motor fault detection and diagnosis by kernel density estimation and Kullback-Leibler divergence based on stator current measurements [J]. IEEE Transactions on Industrial Electronics, 2015, 62(3): 1770-1780.

[46] FIGUEIREDO M A F, JAIN A K. Unsupervised learning of finite mixture models[J]. IEEE Transactions on Pattern Analysis and Machine Intelligence, 2002, 24: 381-396.

[47] YU J, QIN S J. Multimode process monitoring with Bayesian inference-based finite Gaussian mixture models [J]. AIChE Journal, 2008, 54(7): 1811-1829.

[48] CAI L F, TIAN X M, CHEN S. Monitoring nonlinear and non-Gaussian processes using gaussian mixture model-based weighted kernel independent component analysis[J]. IEEE Transactions on Neural Networks and Learning Systems, 2017, 28(1): 122-135.

[49] ZHAO C H, SUN H, TIAN F. Total variable decomposition based on sparse cointegration analysis for distributed monitoring of nonstationary industrial processes [J]. IEEE Transactions on

Control Systems Technology, 2020, 28(4): 1542-1549.

[50] JOHNSON R A, WICHERN D W. Applied multivariate statistical analysis[M]. NJ: Prentice Hall, 2002.

[51] FENG L J, ZHAO C H. Fault description-based attribute transfer for zero-sample industrial fault diagnosis[J]. IEEE Transactions on Industrial Informatics, 2021, 17(3): 1852-1862.

第 5 章

基于动态双层解析的工业过程动静协同精细工况识别

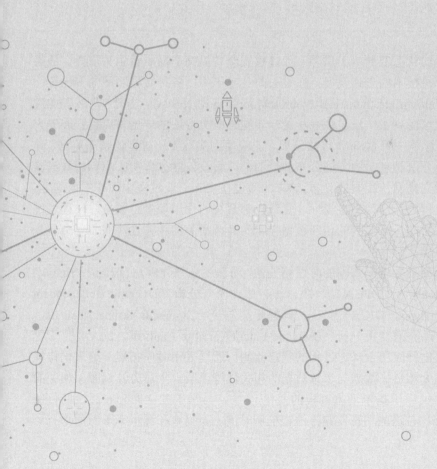

现代工业过程中部署了大量的闭环控制器，用以跟踪设定值或调节过程干扰。闭环控制器的调节作用对过程数据动态特性的影响，主要反映在两个方面：过程数据的时序相关性和过程的变化速度。现有的动态过程监测方法缺少对数据时序性与变化速度的协同考虑，因此无法准确地指示出闭环控制作用下的过程动态变化，更无法为过程工况的变化提供清晰的物理解释。针对上述问题，本章将介绍一种动态双层解析的工业过程状态监测及工况识别方法，并利用三相流过程数据验证了所介绍方法的有效性。该方法首先在上层利用典型变量分析（Canonical Variate Analysis，CVA）方法提取过程的时序相关性，将过程数据分解成时序相关的典型子空间和时序无关的残差子空间，进一步在下层利用慢特征分析（Slow Feature Analysis，SFA）方法深入分析各个子空间的变化速度，从而实现对过程信息的动态双层解析，并准确识别出控制作用影响下的过程动态变化。

5.1 概述

工业过程的状态监测对于保障工业过程安全和提高产品质量至关重要。随着传感器和计算机技术的飞速发展，在过去的几十年中，各种数据驱动的多元统计过程监测（Multivariate Statistical Process Monitoring，MSPM）方法[1-10]在工业过程状态监测领域受到了广泛关注，相关学者围绕此类方法的理论与应用开展了大量的研究。尽管传统的 MSPM 方法已被广泛应用到实际工程过程的状态监测，其中很大一部分方法是基于独立同分布假设的，即假设工业过程所收集到的数据样本之间相互独立且服从相同的分布。这样的假设在实际工业过程中往往难以满足。实际的工业过程中，因为设备惯性、复杂控制系统的作用等多种因素，过程表现出复杂的动态特性，采集到的相邻数据样本间具有显著的相关性，即表现出显著的时序相关性[11,12]。

为了有效分析数据样本间的时序相关性，动态主成分分析（Dynamic Principal Component Analysis，DPCA）[13-16]、动态独立成分分析（Dynamic Independent Component Analysis，DICA）[17-18]、典型变量分析（Canonical Variate Analysis，CVA）[19-23]、动态潜变量分析（Dynamic Latent Variable Analysis，DLV）[24-26]等方法相继被提出并应用于动态过程的状态监测。通过采用时序拓展、最大化特征自相关性、最大化过去数据与未来数据的相关性等手段，上述方法从时序相关的数据中提取特征用于指示动态过程的变化[27,28]。与基于独立同分布假设的传统 MSPM 方法相比，这些动态监测方法在检测时间、误报率和漏报率等方面都有了一定的提升。这些方法要求在线监测的数据与模型训练数据收集于相同的工况。因此，一旦在线数据偏离训练数据所在的工况，它们将产生报警，指示过程发生异常，但不能有效区分过程操作条件的正常切换和真实故障。为了解决这个问题，近些年有学者提出了基于 SFA 的故障检测方法[29-32]。作为一种无监督的降维方法，SFA 分别提供了对过程数据的"位置"与"速度"的分开描述。其中特征的"速度"即对应于过程数据的一阶时序相关性，为时序相关性中一种具有清晰物理意义的特例。特征的变化速度越慢，说明其一阶时序关系越强，反映过程的重要波动信息。反之，特征的变化速度越快，说明其一阶时序关系越弱，可能为噪声等不重要的过程信息。另外，当外部干扰不发生改变时，过程主要波动信息表现出恒定的变化速度，一旦过程受到异常干扰，产生波动，过程的变化速度也将发生变化。基于上述特性，基于 SFA 的故障检测方法根据特征"位置"变化确定过程是否发生操作工况的切换，并通过分析特征的"速度"的变化来检测过程是否发生动态异常[33]，从而将正常的操作工况切换与真实故障区分开。

  不论是 DPCA、CVA 等方法还是基于 SFA 的故障检测方法，它们更适合于不考虑闭环控制作用的开环过程，不能提取完整的动态信息，无法很好地指示闭环控制作用对过程的影响。现代复杂工业系统中部署了大量的闭环控制器以跟踪设定值或调节过程干扰。控制器的作用使得工业过程的运行状态和动态特性变得更加复杂多样，这给传统的过程监测方法带来了巨大的挑战[32-34]。如何实现闭环控制作用下准确的工业过程故障检测一直是学者们所探索的热点。Pranatyasto 等人[35]提出了一种基于 PCA 的传感器故障检测方法，以检查控制反馈的复杂性。McNabb 等人[36]开发了一种基于 PCA 的闭环过程故障诊断方法。Ohran 等人[37]试图通过控制器设计来增强数据驱动的故障检测。Wan 和 Ye[38]提出了一种数据驱动的诊断方法来分析控制回路内的传感器故障。上述方法重点关注的是过程数据的时序相关性。然而，过程动态特性是多种多样的，不仅仅局限于数据的时序相关性。Shang 等人[39]开发了基于 SFA 的控制性能监测方法，该方法对影响过程变化的故障更为敏感。受到以上工作的启发，我们应该详细分析闭环控制对过程行为的影响，并定义与控制效果相关的新的监测统计数据，以便在闭环控制下提供更可靠的故障检测。

  本章将介绍一种结合 CVA 和 SFA 的动态双层解析监测方法，详细探讨控制作用对过程数据的影响。通过对闭环控制下的过程动态特性的清晰分析，本章所介绍的方法实现了对不同过程状态的精细辨识。

  这项工作的主要贡献总结如下：

  ① 从数据驱动的角度对闭环控制下的过程动态特性，包括数据的时序相关性和变量的变化速度，进行了全面且具有清晰物理意义的解释。

  ② 对过程的静态和动态行为进行了分析和监测，实现了对闭环控制下的变工况过程

运行状态的精细化识别。

5.2
基于CVA和SFA的变工况过程动静协同监测

本节首先分析了变工况过程动静协同监测策略提出的必要性，然后详细介绍基于 CVA 与 SFA 的特征提取与监测步骤。所提出的特征提取策略共包含两方面内容，首先利用 CVA 进行动态特征的提取，目的是表征数据的时序相关性，然后使用慢特征分析进一步挖掘过程速度变化相关信息，用以评估过程控制性能。

5.2.1 问题阐述与动机分析

为了消除干扰、保障过程安全性及经济效益，工业过程中部署了大量的闭环控制器。当闭环控制器对过程进行调节时，可能造成异常的过程动态行为，过程的时序性和过程的运行速度均会受到干扰[40, 41]。现有的大部分方法并没有实现对过程动态性的全面分析，仅分析了部分的过程动态行为，例如仅考虑了过程的时序关系或仅考虑了过程的运行速度。为了提供可靠的监测结果，有必要详细地分析这两方面的动态特性，从而理解闭环控制器在过程工况切换和真实故障发生时的反应[42-44]。

图 5-1 展示了正常和故障情况下控制动作对过程的影响。如图 5-1（a）所示，过程在阶段Ⅰ中以正常状态运行，随后在 A 点处发生操作工况的更改。为使过程适应这样的变化，控制器开始对过程变量进行调节。于是过程进入阶段Ⅱ，此时过程波动，变量的时序相关性和变化速度都发生了显著的变化。经过闭环控制器的调整后，过程进入阶段Ⅲ，到达了一个新的稳定状态。该阶段具有与阶段Ⅰ相同或相似的时序相关性和过程变化速度。图 5-1（b）则展示了过程发生真正的故障时的运行状态。相似地，过程初始在阶段Ⅰ的正常工况下运行，然后在 B 点发生故障。闭环控制器从 B 点开始对过程进行调节，但是调节失败，过程异常无法被消除。此时，过程显示出与阶段Ⅰ完全不同的异常行为。

基于以上分析，我们得出两点结论：①为了全面分析过程动态特性，应该提取潜变量分别对过程数据的时序相关性和过程变化速度进行建模与分析。②为了区分操作条件切换与实际故障之间的差异，应该正确分析潜变量的静态和动态变化。为了实现上述目标，下面将具体介绍结合 CVA 和 SFA 的动态双层解析监测方案。

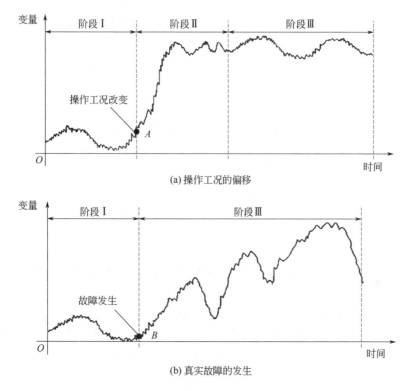

图 5-1 关于控制作用对过程影响的阐述

5.2.2 基于典型变量分析的动态特征提取

首先，为了捕捉过程数据的时序相关性，本章利用典型变量分析来提取状态变量。下面将具体介绍利用典型变量分析方法提取动态特征的步骤。

给定包含 g 个变量和 N 个样本的训练数据集 $X(g \times N)$，典型变量分析算法首先利用历史和未来数据对每个时刻的样本向量进行如下拓展：

$$\begin{aligned} \boldsymbol{x}_{p(t)} &= \left[\boldsymbol{x}_{(t-1)}^{\mathrm{T}}, \boldsymbol{x}_{(t-2)}^{\mathrm{T}}, \cdots, \boldsymbol{x}_{(t-l)}^{\mathrm{T}} \right]^{\mathrm{T}} \in \mathbb{R}^{gl} \\ \boldsymbol{x}_{f(t)} &= \left[\boldsymbol{x}_{(t)}^{\mathrm{T}}, \boldsymbol{x}_{(t+1)}^{\mathrm{T}}, \cdots, \boldsymbol{x}_{(t+h)}^{\mathrm{T}} \right]^{\mathrm{T}} \in \mathbb{R}^{gh} \end{aligned} \quad (5\text{-}1)$$

然后将获得的拓展矩阵输入 CVA 模型中，求解可以得到如下状态向量和残差向量：

$$\begin{aligned} \boldsymbol{z}_{(t)} &= \boldsymbol{J}\boldsymbol{x}_{p(t)} = \boldsymbol{U}_k^{\mathrm{T}} \boldsymbol{\Sigma}_{pp}^{-1/2} \boldsymbol{x}_{p(t)} \\ \boldsymbol{e}_{(t)} &= \boldsymbol{L}\boldsymbol{x}_{p(t)} = (\boldsymbol{I} - \boldsymbol{U}_k \boldsymbol{U}_k^{\mathrm{T}}) \boldsymbol{\Sigma}_{yy}^{-1/2} \boldsymbol{x}_{p(t)} \end{aligned} \quad (5\text{-}2)$$

式中，$\boldsymbol{L}$ 为残差空间对应的投影系数矩阵；$\boldsymbol{J}$ 为典型变量子空间对应的投影系数矩阵。

此时，过程数据空间被分解成典型变量子空间 $\boldsymbol{Z}$ 和残差子空间 $\boldsymbol{E}$。

典型变量分析中有三个重要参数的取值会影响所提取的状态向量对过程数据时序相关性的表征能力，分别是时延 l、h 和状态变量的个数 k。根据本章文献[45-47]，时延可以根据过程变量的自相关性来确定，即当时间跨度大于时延时，样本间的自相关性可以忽略不计。相应的判断规则可以显式地写成如下公式：

$$A_{l+1} = \frac{l\sqrt{\sum_{j=1}^{J}(autoconr(\boldsymbol{x}_j, l+1))^2}}{\sqrt{\sum_{p=1}^{l}\sum_{j=1}^{J}(autoconr(\boldsymbol{x}_j, p))^2}} \leq \alpha \quad (5\text{-}3)$$

式中，$autoconr(\boldsymbol{x}_j, l+1)$ 为第 j 个变量的第 $l+1$ 阶自相关性系数，α 为一个小于等于 0.5 的超参数，通常根据经验自行设定。

满足式（5-3）意味着变量的 $l+1$ 阶自相关系数小于前 l 个时延自相关系数的平均值。此时，将 l 确定为满足条件式（5-3）的最小值，可以确定为过程的时延[47]。过去和将来的时延满足：一般情况下未来时延 l 与过去时延 h 选择相同的值。

最后要确定的参数是典型子空间中所保留状态变量的个数 k。k 的取值对状态变量动态特性的表征能力有很大的影响。典型变量分析是为了最大化状态变量间的时序相关性，使状态变量之间的相关性最大化，因此状态变量的个数可由求解得到的典型变量的特征值的大小决定。设定阈值 β，将满足特征值大于 β 的典型变量作为最终保留的状态变量[46]。

5.2.3 基于慢特征分析的动静协同状态监测

通过上述典型变量分析算法的分析，过程数据已分解为典型和残差子空间。这两个子空间提供了不同的信息，其中典型子空间反映过程时序相关的波动，蕴含着控制作用相关的信息，而残差子空间与数学模型中的误差类似，反映时序无关的及过程噪声的变化。本小节将进一步利用慢特征分析方法对这两个子空间中的信息进行分析。利用 SFA 对典型变量子空间 z 和残差子空间 e 进行建模，可以得到如下相应的特征：

$$s_c = w_c z$$
$$s_e = w_e e \tag{5-4}$$

对于典型子空间的特征，根据特征变化速度的快慢，可将其分成慢特征和快特征两部分：

$$s_{c,d} = w_{c,d} z$$
$$s_{c,e} = w_{c,e} z \tag{5-5}$$

式中，$s_{c,d}(R_c \times N)$ 为变化速度较慢的特征，这些特征表征典型子空间的主要波动信息；$s_{c,e}((g-R_c) \times N)$ 为剩下的变化速度较快的特征，主要包含一些快速变化的噪声信息。

针对典型子空间获得的特征，首先建立如下两个静态指标用于指示时序相关的静态波动信息：

$$\begin{cases} T_{c,d}^2 = s_{c,d}^T s_{c,d} \\ T_{c,e}^2 = s_{c,e}^T s_{c,e} \end{cases} \tag{5-6}$$

接着计算特征的差分，进一步建立如下暂态指标：

$$\begin{cases} S_{c,d}^2 = \dot{s}_{c,d}^T \boldsymbol{\Omega}_{c,d}^{-1} \dot{s}_{c,d} \\ S_{c,e}^2 = \dot{s}_{c,e}^T \boldsymbol{\Omega}_{c,e}^{-1} \dot{s}_{c,e} \end{cases} \tag{5-7}$$

式中，$\boldsymbol{\Omega}_{c,d} = \langle \dot{s}_{c,d} \dot{s}_{c,d}^T \rangle_t$ 和 $\boldsymbol{\Omega}_{c,e} = \langle \dot{s}_{c,e} \dot{s}_{c,e}^T \rangle_t$ 分别为慢特征和快特征差分的经验协方差矩阵。

这两组监测统计量实现对典型子空间信息的动静态协同监测，其中暂态指标指示过程控制性能的好坏，静态指标可以指示过程的操作工况是否发生变化。上述四个指标的控制限由核密度估计（Kernel Density Estimation，KDE）确定[48]。与典型子空间不同，残差子空间中包含的残差信息基本不具有时序相关性，其经过 SFA 分析后获得的特征类似于白噪声。因此，不再进行快慢特征的筛选，而是将残差空间的所有特征联合分析，建立了如下静态和暂态统计量：

$$\begin{cases} T_e^2 = s_e^T s_e \\ S_e^2 = \dot{s}_e^T \boldsymbol{\Omega}_e^{-1} \dot{s}_e \end{cases} \tag{5-8}$$

式中，$\boldsymbol{\Omega}_e = \langle \dot{s}_e \dot{s}_e^T \rangle_t$ 为残差空间差分特征的经验协方差矩阵。

上面的两个统计指标表征了与控制无关的过程残差信息的状态。与典型子空间中的判断规则类似，一旦任意一个指标超过阈值，都指示着过程发生了异常的变动。表 5-1 总结了上述六个指标的具体物理意义。通过对这六个指标的监测，实现对过程动静态特性的协同监测。

表 5-1 统计指标所对应的物理意义

子空间		监测指标	物理描述
静态指标	时序相关	$T_{c,d}^2$	指示典型子空间中时序相关且变化速度缓慢的静态波动信息
		$T_{c,e}^2$	指示典型子空间中时序相关但变化速度快的静态波动信息
	时序无关	T_e^2	指示残差空间中时序无关的静态波动信息
暂态指标	时序相关	$S_{c,d}^2$	指示典型子空间中时序相关且变化缓慢的动态波动信息
		$S_{c,e}^2$	指示典型子空间中时序相关且变化速度快的动态波动信息
	时序无关	S_e^2	指示残差空间中时序无关的动态波动信息

5.2.4 在线监测策略

通过上述步骤，我们可以利用训练数据训练好模型并估计出各个指标的控制限。当在线样本来临时，将样本代入模型中并计算出在线的统计指标，通过比较在线统计指标与其对应控制限的大小，可以在线判断过程是否发生异常。对于一个新来的样本 $\hat{x}_{\text{new},t}$，具体的在线监测步骤总结如下：

步骤1：利用历史样本对当前时刻样本进行时序拓展。

$$x_{\text{new},t} = \left[\hat{x}_{\text{new},(t-1)}^{\text{T}}, \hat{x}_{\text{news},(t-2)}^{\text{T}}, \cdots, \hat{x}_{\text{new},(t-l)}^{\text{T}} \right]^{\text{T}} \in \mathbb{R}^{gl} \quad (5\text{-}9)$$

步骤2：将拓展后的样本代入式（5-2）获得在线的状态向量和残差向量。

$$\begin{aligned} z_{\text{new},t} &= J x_{\text{new},t} \\ e_{\text{new},t} &= L x_{\text{new},t} \end{aligned} \quad (5\text{-}10)$$

步骤3：将状态向量和残差向量分别代入各自的 SFA 模型中，获得在线的慢特征。

$$\begin{aligned} s_{\text{new},(c,d)} &= W_{c,d} z_{\text{new},t}^{\text{T}} \\ s_{\text{new},(c,e)} &= W_{c,e} z_{\text{new},t}^{\text{T}} \\ s_{\text{new},e} &= W_e e_{\text{new},t}^{\text{T}} \end{aligned} \quad (5\text{-}11)$$

步骤 4：计算在线的静态指标。

$$\begin{cases} T_{\text{new},(c,d)}^2 = \boldsymbol{s}_{\text{new},(c,d)}^\text{T} \boldsymbol{s}_{\text{new},(c,d)} \\ T_{\text{new},(c,e)}^2 = \boldsymbol{s}_{\text{new},(c,d)}^\text{T} \boldsymbol{s}_{\text{new},(c,e)} \\ T_{\text{new},e}^2 = \boldsymbol{s}_{\text{new},e}^\text{T} \boldsymbol{s}_{\text{new},e} \end{cases} \quad (5\text{-}12)$$

以上三个统计量用于监测不同子空间中表征过程所处工况的静态信息。任何一个指标超出控制限，则说明该子空间中将存在静态偏差。

步骤 5：建立在线的暂态监测指标。

$$\begin{cases} S_{\text{new},(c,d)}^2 = \dot{\boldsymbol{s}}_{\text{new},(c,d)}^\text{T} \boldsymbol{\Omega}_{c,d}^{-1} \dot{\boldsymbol{s}}_{\text{new},(c,d)} \\ S_{\text{new},(c,e)}^2 = \dot{\boldsymbol{s}}_{\text{new},(c,e)}^\text{T} \boldsymbol{\Omega}_{c,e}^{-1} \dot{\boldsymbol{s}}_{\text{new},(c,e)} \\ S_{\text{new},e}^2 = \dot{\boldsymbol{s}}_{\text{new},e}^\text{T} \boldsymbol{\Omega}_{e}^{-1} \dot{\boldsymbol{s}}_{\text{new},e} \end{cases} \quad (5\text{-}13)$$

如果以上任意一个动态统计指标超出控制范围，则表明过程动态性受到干扰。在线监测时，需要综合六个指标所给出的信息来监测整个过程的状态。表 5-2 中总结了四种不同情况下指标超限所指示的过程状态。

表 5-2　统计指标所指示的过程状态

情景	静态指标	暂态指标	物理描述
1	√	√	过程在控制作用下良好运行
2	√	×	过程发生潜在动态异常
3	×	√	过程发生操作工况的偏移，切换到新的稳态工况
4	×	×	过程发生故障

注："√"表示指标正常；"×"表示指标超出控制限。

① 情景 1：六个监测统计量均处于正常区域，表明该过程在良好的控制条件下正常运行。

② 情景 2：只要任意一个暂态统计量超出控制限，而静态统计量保持正常，则说明存在过程动态特性发生了异常。此时的异常既可能由控制器的调节作用所引起，也可能是过程处于故障初期并未发生显著的偏离。

③ 情景 3：如果暂态统计信息在静态统计信息超过控制限后都恢复正常，则表明过程发生操作工况的偏移，此时过程并没有真的发生故障，而是在控制器的作用下切换到了新的稳态工况。

④ 情景 4：如果在静态统计超出控制限后，暂态指标随即持续超出控制限，则说明过程发生了故障，此时已无法通过控制器的调节作用进行消除。

5.3
三相流过程中的应用

本节通过三相流过程数据对上述所提出的状态监测方法进行了测试，并将所提出的方法与四种传统的状态监测 PCA[49]、SFA[50]、DPCA[51]和 CVA[52]进行了比较，验证了所提出方法的有效性。

5.3.1 过程描述

由克兰菲尔德大学设计的三相流设备的目的是为加压系统提供水、油和空气。在设备的顶部，空气、水、油或者液体混合物通过大小不同的管道通入气液两相分离器中，最终通过设备底部的三相分离器实现分离。三相流设备可以通过改变输入的空气流速和水流速来模拟真实系统中的不同操作条件。其中空气流速在 $0.0208 \sim 0.0417 m^3/s$ 之间的 4 个典型设定值之间切换，水流速则在 $0.5 \sim 6 kg/s$ 之间的 5 个典型设定值之间切换。所获得仿真数据的采样频率为 1Hz，共包括 3 个正常运行状态下收集的数据集和 6 种故障条件下的 16 个故障数据集。关于该过程的详细介绍可参见本章文献[53，54]。

5.3.2 实验设计与建模数据

三相流过程共包含 24 个变量，本实验中，由于参考文献[53]中提到的原因，选择前 23 个过程变量作为建模变量。考虑到仿真数据集中包含不同工况下的运行数据，本实验从 3 个正常数据集中选择了 3800 个在水流速为 2kg/s、空气流速为 $0.0417m^3/s$ 的运行条件下收集的正常样本点用于模型训练。此外，选择了一个发生操作工况切换的正常数据集和两个对应工况下的故障数据集作为验证数据集来展示所提出方法的优越性和可解释性。表 5-3 总结了实验用到的数据的具体情况。

在实验中，CVA、DPCA 和所提出方法的时滞均设定为 $l=10$，参数 α 和 β 分别设置为 0.2 和 0.8。计算控制限的显著性水平选择为 0.05。为了保证模型验证的公平性，所有模型所保留的特征数均严格根据它们各自的准则进行选择，其中 PCA 和 DPCA 模型中保留的主成分数量均为 8，CVA 模型中所保留的状态向量为

25，SFA 中保留的慢特征个数为 10。

表 5-3 实验数据集介绍

数据集	水流速/(kg/s)	空气流速/(m³/s)	样本数	数据描述
训练	2	0.0417	3800	正常
案例 1	3.5	0.0208	1200	正常（操作工况偏离）
案例 2	2	0.0417	4467	故障 1：空气管道堵塞
案例 3	2	0.0417	3851	故障 2：旁通管道 4 上的开关阀门故障

5.3.3 算法验证及讨论

在案例 1 中，过程初始运行在与训练数据相同的工况，然后从第 136 个样本点开始发生操作工况的切换，最终切换到一个新的稳态工况。图 5-2（a）展示了 PCA 对案例 1 中数据的监测结果。如图 5-2（a）所示，PCA 的 T^2 指标一开始处于控制限以下，从第 258 个样本点开始超出控制限。这表明 PCA 的 T^2 指标在操作条件改变之后的第 121 个样本点才检测出过程的变化，具有一定的滞后性。相比之下，PCA 的 Q 指标及时地检测到过程的变化，从第 137 个样本点开始持续超限，但是其错误地指示过程发生了异常，无法识别出过程的变化是由操作工况的切换引起的。DPCA 的监测结果展示在图 5-2（b）中，DPCA 的 T^2 指标比 PCA 的 T^2 指标提早了 76 个样本点检测出过程的变化，对于过程的波动更加敏感。与 PCA 相同，DPCA 的两个指标持续超限，也错误地将过程操作工况的切换指示成故障。图 5-2（c）中展示了 CVA 的监测结果，可以清楚看出 CVA 的两个监测指标在过程发生变化后立即超限，指示过程发生故障。图 5-2（d）显示了 SFA 的监测结果。如图所示，T_e^2 和 T_d^2 在操作条件改变之前都是保持正常的，然后从第 137 个样本点开始超出正常区域。两个暂态统计指标 S_e^2 和 S_d^2 在操作条件变化后迅速超过控制限，然后在一段时间后，恢复正常。这说明过程在控制的调节下发生了操作条件的切换。所介绍方法的监测结果展示在图 5-3 中。如图 5-3（a）所示，典型子空间中的两个静态统计量从第 137 个样本点开始超过正常区域，指示过程发生了工况的偏移。当条件发生变化时，两个动态统计信息超过控制限，然后迅速恢复到正常值。这说明过程发生变化后，闭环控制器快速做出响应，使得过程迅速调整到一个新的稳态工况。相应地，图 5-3（b）中残差子空间的两个指标与典型子空间的指标呈现出相似的变化。

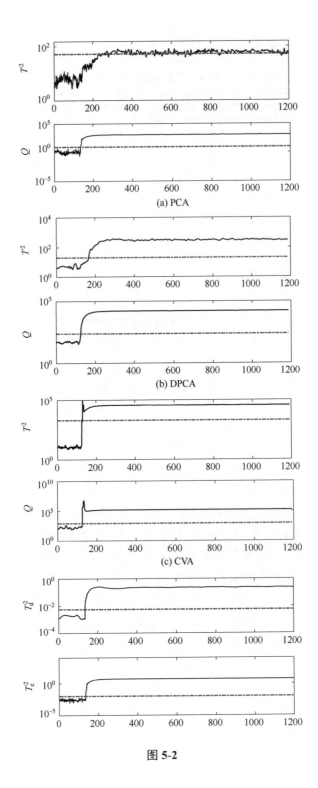

图 5-2

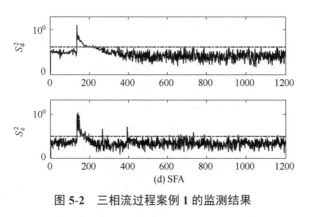

(d) SFA

图 5-2 三相流过程案例 1 的监测结果

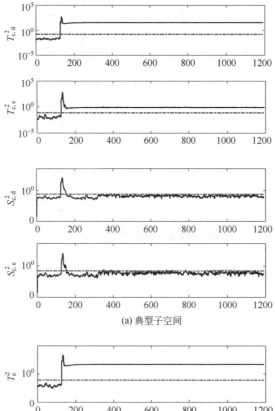

(a) 典型子空间

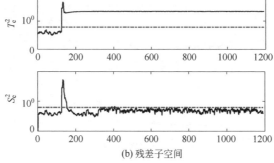

(b) 残差子空间

图 5-3 所介绍方法针对三相流过程案例 1 的监测结果

第 5 章 基于动态双层解析的工业过程动静协同精细工况识别

在案例 2 中，过程初始运行在正常状态。从第 657 个采样点开始，逐渐关闭空气通道的手动阀来模拟管道堵塞。故障持续了 3120 个样本点，手动阀最终在第 3777 个样本点被重新打开。如图 5-4（a）所示，PCA 方法的两个统计量均具有长时间的检测滞后，表明其处理动态过程的能力较差。从图 5-4（b）中可以发现，DPCA 具有与 PCA 相似的监测结果，对故障具有较长的检测延迟，表明 DPCA 仍然无法很好地捕捉过程动态性的变化。如图 5-4（c）所示，相比于其他两种方法，CVA 的 Q 统计量在第 1560 个样本点检测到过程的故障，具有更短的检测延迟，但 T^2 统计量具有长达 1504 个样本点的检测延迟。如图 5-4（d）所示，SFA 方法的两个静态指标在故障引入之前就超出了控制范围，触发了错误警报。两个动态统计数据在阀门逐步调整后急剧减小，说明了控制器逐渐发挥作用，此时过程仍处于良好受控状态。当故障从第 3060 个样本点开始变得严重时，两个暂态指标陆续超过控制限，表明过程受到故障影响。图 5-5 展示了所介绍方法的监测结果。在图 5-5（a）中，典型子空间中的两个静态统计量在引入故障之后的第 595 个样本点开始超过控制限以指示故障，相比于 CVA 的 T^2 指标更早地检测到故障。当阀门改变时，两个暂态统计值及时超过控制限，然后迅速减小到正常值，指示出闭环控制器对过程变化良好的调节作用。当故障从第 3060 个样本点开始变得严重时，部分暂态指标超出控制限，说明控制性能仍然可以接受。通过综合分析典型子空间中的 4 个统计量，可以发现故障引入后，过程控制器一直在对过程进行调节，不断影响过程的动态特性。与此同时，残差子空间中的静态统计信息也比 CVA 更早地检测出过程的变化。

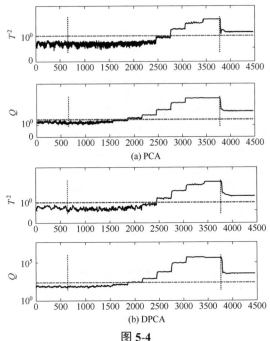

图 5-4

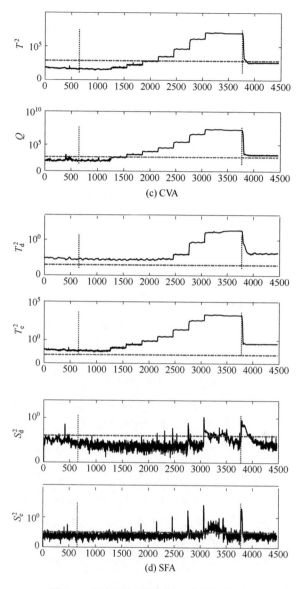

图 5-4 三相流过程案例 2 的监测结果

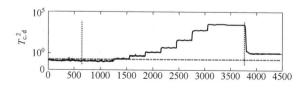

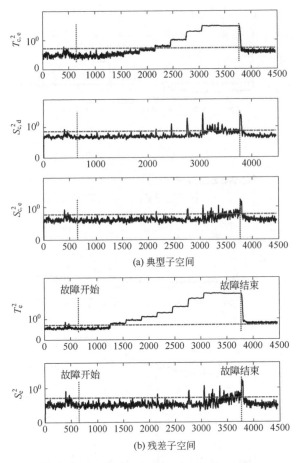

图 5-5 所介绍方法针对三相流过程案例 2 的监测结果

案例 3 中，旁通管道 4 上的阀门从第 851 个样本点开始被逐渐打开，以模拟泄漏故障。在第 3851 个样本点阀门关闭，将过程恢复正常。图 5-6（a）和图 5-6（b）展示了 PCA 和 DPCA 的监测结果，两种方法的监测指标一开始就超出了控制限，产生了错误的警报。图 5-6（c）中展示了 CVA 的监测结果，Q 统计量从一开始就超过了其控制限并从第 4177 个样本点后返回到正常区域，其对故障的发生和结束时间都产生了错误的判断。三种方法均未提供有关过程状态的更多信息。SFA 的监测结果如图 5-6（d）所示，在引入故障之前，SFA 方法的两个静态统计都超出了控制范围，但两个暂态统计量在故障初始保持在控制限以下，表明过程仍处于良好控制状态。当故障从第 1276 个样本点开始变得严重时，两个暂态指标逐渐超限，说明控制器的调节作用失效，过程发生异常。图 5-7（a）显示了所介绍方法典型子空间中的监测结果。在引入故障之前，两个静态指标的统计信息超出了设定的控制限，表明当前工况与参考工况不同。进一步观察暂态指标，两者在故障发生之前均处于控制范围内，说明由于某些原因，在过程开始时已发生了工况的偏离。当故障变得越来越严重时，两者开始超出控制限，这表明故障使得过程发生了严重的动态变化，控制器的调节作用并不能消除这些变化。图5-7（b）所示残差子空间中的监测结果与典型子空间中的监测结果相似。

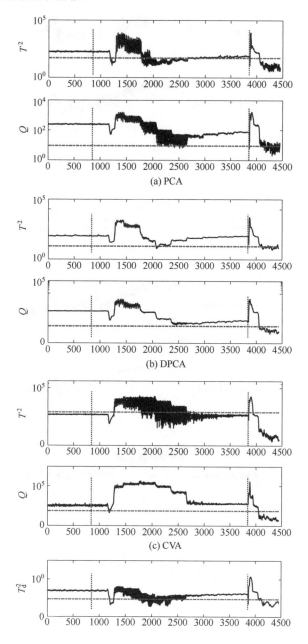

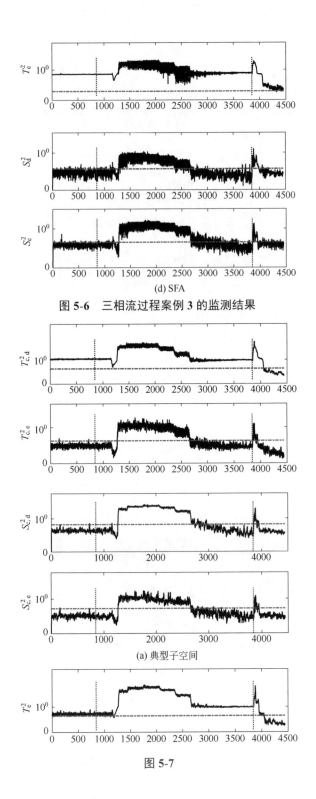

(d) SFA

图 5-6 三相流过程案例 3 的监测结果

(a) 典型子空间

图 5-7

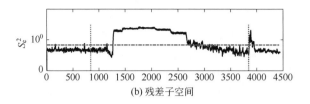

图 5-7　所介绍方法针对三相流过程案例 3 的监测结果

5.4 本章小结

现代工业过程中部署的复杂控制器对过程数据动态特性有着重要的影响,现有的动态过程监测方法缺少对闭环控制作用的分析,无法实现对过程数据动态特性的精细化解析。因此,本章介绍了一种结合典型变量分析与慢特征分析的动态双层解析特征提取与监测策略,清楚并全面地分析了闭环控制作用影响下的过程状态变化。首先,在上层利用典型变量分析提取数据时序相关性,将数据根据时序相关性的强弱,分解成不同的子空间。进一步,利用慢特征分析在下层分析各个子空间的变化速度,监测各个子空间中动态与静态信息的波动。通过对过程时序相关性和变化速度的全面分析,所介绍的监测方法不仅可以准确识别出过程的动态异常,并且可以精细化地指示出控制器对过程状态的影响,从而有效区分过程工况的切换和真实故障的发生。最后,所介绍方法在三相流设备中进行了可行性和有效性的验证。相比于其他四种动态监测方法,所介绍方法不仅提高了故障监测的准确度和灵敏度,而且清晰地指示出了控制器对过程的影响。

参考文献

[1] LIU Q, QIN S J, CHAI T Y. Unevenly sampled dynamic data modeling and monitoring with an industrial application [J]. IEEE Transactions on Industrial Informatics, 2017, 13（5）: 2203-2213.

[2] LI W Q, ZHAO C H, GAO F R. Linearity evaluation and variable subset partition based hierarchical process modeling and monitoring [J]. IEEE Transactions on Industrial Electronics, 2018, 65（3）: 2683-2692.

[3] WANG G, JIAO J F, YIN S. A kernel direct decomposition-based monitoring approach for nonlinear quality-related fault detection [J]. IEEE Transactions on Industrial Informatics, 2017, 13(4): 1565-1574.

[4] LIU Q, QIN S J, CHAI T Y. Multiblock

concurrent PLS for decentralized monitoring of continuous annealing processes [J]. IEEE Transactions on Industrial Electronics, 2014, 61(11): 6429-6437.

[5] JIANG B B, BRAATZ R D. Fault detection of process correlation structure using canonical variate analysis-based correlation features [J]. Journal of Process Control, 2017, 58: 131-138.

[6] ODIOWEI P P, CAO Y. Nonlinear dynamic process monitoring using canonical variate analysis and kernel density estimation [J]. IEEE Transactions on Industrial Informatics, 2010, 6(1): 36-45.

[7] LARIMORE W E. Statistical optimality and canonical variate analysis system identification [J]. Signal Processing, 1996, 52(2): 131-144.

[8] GUO F H, SHANG C, HUANG B, et al. Monitoring of operating point and process dynamics via probabilistic slow feature analysis [J]. Chemometrics and Intelligent Laboratory Systems, 2016, 151: 115-125.

[9] JIANG B B, ZHU X X, HUANG D X, et al. A combined canonical variate analysis and fisher discriminant analysis (CVA-FDA) approach for fault diagnosis [J]. Computers & Chemical Engineering, 2015, 77: 1-9.

[10] ZHAO C H, HUANG B. A full-condition monitoring method for nonstationary dynamic chemical processes with cointegration and slow feature analysis [J]. AIChE Journal, 2018, 64(5): 1662-1681.

[11] RAVEENDRAN R, HUANG B. Two layered mixture Bayesian probabilistic PCA for dynamic process monitoring [J]. Journal of Process Control, 2017, 57: 148-163.

[12] SHENG N, LIU Q, QIN S J, et al. Comprehensive monitoring of nonlinear processes based on concurrent kernel projection to latent structures[J]. IEEE Transactions on Automation Science and Engineering, 2016, 13(2): 1129-1137.

[13] GERTLER J, CAO J. PCA-based fault diagnosis in the presence of control and dynamics[J]. AIChE Journal, 2004, 50(2): 388-402.

[14] CHEN J H, LIU K C. On-line batch process monitoring using dynamic PCA and dynamic PLS models [J]. Chemical Engineering Science, 2002, 57(1): 63-75.

[15] CHOI S W, LEE I B. Nonlinear dynamic process monitoring based on dynamic kernel PCA[J]. Chemical Engineering Science, 2004, 59(24): 5897-5908.

[16] RUSSELL E L, CHIANG L H, BRAATZ R D. Fault detection in industrial processes using canonical variate analysis and dynamic principal component analysis [J]. Chemometrics and Intelligent Laboratory Systems, 2000, 51(1): 81-93.

[17] LEE J M, YOO C K, LEE I B. Stat-

istical monitoring of dynamic processes based on dynamic independent component analysis [J]. Chemical Engineering Science, 2004, 59(14): 2995-3006.

[18] XU Y, DENG X G. Fault detection of multimode non-Gaussian dynamic process using dynamic Bayesian independent component analysis [J]. Neuro Computing, 2016, 200: 70-79.

[19] ZHENG J L, ZHAO C H. Online monitoring of performance variations and process dynamic anomalies with performance-relevant full decomposition of slow feature analysis [J]. Journal of Process Control, 2019, 80: 89-102.

[20] ZHENG J L, ZHAO C H. Enhanced canonical variate analysis with slow feature for dynamic process status analytics[J]. Journal of Process Control, 2020, 95: 10-31.

[21] ZHANG S M, ZHAO C H, HUANG B. Simultaneous static and dynamic analysis for fine-scale identification of process operation statuses [J]. IEEE Transactions on Industrial Informatics, 2019, 15(9): 5320-5329.

[22] JIANG B B, ZHU X X, HUANG D X, et al. A combined canonical variate analysis and Fisher discriminant analysis (CVA-FDA) approach for fault diagnosis[J]. Computers & Chemical Engineering, 2015, 77: 1-9.

[23] ODIOWEI P P, CAO Y. State-space independent component analysis for nonlinear dynamic process monitoring [J]. Chemometrics and Intelligent Laboratory Systems, 2010, 103(1): 59-65.

[24] DONG Y N, Qin S J. New dynamic predictive monitoring schemes based on dynamic latent variable models[J]. Industrial & Engineering Chemistry Research. 2020, 59(6): 2353-2365.

[25] DONG Y N, Qin S J. Dynamic latent variable analytics for process operations and control [J]. Computers & Chemical Engineering, 2018, 114: 69-80.

[26] LI G, QIN S J, ZHOU D H. A new method of dynamic latent-variable modeling for process monitoring [J]. IEEE Transactions on Industrial Electronics(1982), 2014, 61(11): 6438-6445.

[27] BROCKWELL P J, DAVIS R A. Time series: theory and methods[M]. New York: Springer Science Business Media, LLC, 2006.

[28] ZHAO C H. A quality-relevant sequential phase partition approach for regression modeling and quality prediction analysis in manufacturing processes [J]. IEEE Transactions on Automation Science and Engineering, 2014, 11(4): 983-991.

[29] ZHANG S M, ZHAO C H. Slow feature analysis-based batch process monitoring with comprehensive interpretation of operation condition deviation and dynamic anomaly [J]. IEEE Transactions on

Industrial Electronics, 2019, 66(5): 3773-3783.

[30] SHANG C, HUANG B, YANG F, et al. Probabilistic slow feature analysis-based representation learning from massive process data for soft sensor modeling[J]. AIChE Journal, 2015, 61(12): 4126-4139.

[31] SHANG C, HUANG B, YANG F, et al. Slow feature analysis for monitoring and diagnosis of control performance[J]. Journal of Process Control, 2016, 39: 21-34.

[32] WISKOTT L, SEJNOWSKI T J. Slow feature analysis: unsupervised learning of invariances[J]. Neural Computation, 2002, 14(4): 715-770.

[33] ZHANG S M, ZHAO C H. Slow-feature-analysis-based batch process monitoring with comprehensive interpretation of operation condition deviation and dynamic anomaly[J]. IEEE Transactions on Industrial Electronics (1982), 2019, 66(5): 3773-3783.

[34] VANDAELE P, MOONEN M. A stochastic subspace algorithm for blind channel identification in noise fields with unknown spatial covariance[J]. Signal Processing, 2000, 80(2): 357-364.

[35] PRANATYASTO T N, QIN S J. Sensor validation and process fault diagnosis for FCC units under MPC feedback[J]. Control Engineering Practice, 2001, 9(8): 877-888.

[36] MCNABB C A, QIN S J. Fault diagnosis in the feedback-invariant subspace of closed-loop systems[J]. Industrial & Engineering Chemistry Research, 2005, 44(8): 2359-2368.

[37] OHRAN B J, LIU J, DE L A PEÑA, et al. Data-based fault detection and isolation using feedback control: output feedback and optimality[J]. Chemical Engineering Science, 2009, 64(10): 2370-2383.

[38] WAN Y, YE H. Data-driven diagnosis of sensor precision degradation in the presence of control[J]. Journal of Process Control, 2012, 22(1): 26-40.

[39] GUO F, SHANG C, HUANG B, et al. Monitoring of operating point and process dynamics via probabilistic slow feature analysis[J]. Chemometrics and Intelligent Laboratory Systems, 2016, 151: 115-125.

[40] SHANG L, LIU J, TURKSOY K, et al. Stable recursive canonical variate state space modeling for time-varying processes[J]. Control Engineering Practice, 2015, 36: 113-119.

[41] YU W K, ZHAO C H. Online fault diagnosis for industrial processes with bayesian network based probabilistic ensemble learning strategy[J]. IEEE Transactions on Automation Science and Engineering, 2019, 16(4): 1922-1932.

[42] ZHAO C H, GAO F R. Fault-relevant principal component analysis (FPCA)

method for multivariate statistical modeling and process monitoring[J]. Chemometrics and Intelligent Laboratory Systems, 2014, 133: 1-16.

[43] SHANG C, HUANG B, YANG F, et al. Slow feature analysis for monitoring and diagnosis of control performance [J]. Journal of Process Control, 2016, 39: 21-34.

[44] SHANG C, YANG F, GAO X, et al. Concurrent monitoring of operating condition deviations and process dynamics anomalies with slow feature analysis [J]. AIChE Journal, 2015, 61(11): 3666-3682.

[45] RUIZ-CÁRCEL C, LAO L, CAO Y, et al. Canonical variate analysis for performance degradation under faulty conditions [J]. Control Engineering Practice, 2016, 54: 70-80.

[46] SHANG L I, LIU J C, ZHANG Y W. Efficient recursive kernel canonical variate analysis for monitoring nonlinear time-varying processes [J]. Canadian Journal of Chemical Engineering, 2018, 96(1): 205-214.

[47] LU Q, JIANG B, GOPALUNI R B, et al. Sparse canonical variate analysis approach for process monitoring [J]. Journal of Process Control. 2018, 71: 90-102.

[48] BOTEV Z I, GROTOWSKI J F, KROESE D P. Kernel density estimation via diffusion[J]. The Annals of Statistics, 2010, 38(5): 2916-2957.

[49] ZHAO C H, GAO F R. Fault-relevant principal component analysis (FPCA) method for multivariate statistical modeling and process monitoring[J]. Chemometrics and Intelligent Laboratory Systems, 2014, 133: 1-16.

[50] GUO F, SHANG C, HUANG B, et al. Monitoring of operating point and process dynamics via probabilistic slow feature analysis[J]. Chemometrics and Intelligent Laboratory Systems, 2016, 151: 115-125.

[51] HUANG J, YAN X F. Dynamic process fault detection and diagnosis based on dynamic principal component analysis, dynamic independent component analysis and Bayesian inference [J]. Chemometrics and Intelligent Laboratory Systems, 2015, 148: 115-127.

[52] PILARIO K E S, CAO Y. Canonical variate dissimilarity analysis for process incipient fault detection [J]. IEEE Transactions on Industrial Informatics, 2018, 14(12): 5308-5315.

[53] RUIZ-CÁRCEL C, CAO Y, MBA D, et al. Statistical process monitoring of a multiphase flow facility [J]. Control Engineering Practice, 2015, 42: 74-88.

[54] LOU S W, WU P, GUO L L, et al. Dynamic process monitoring using dynamic latent-variable and canonical correlation analysis model [J]. Canadian Journal of Chemical Engineering, 2021, 99(4): 986-998.

第 6 章

基于递归指数慢特征分析的精细化自适应过程监测

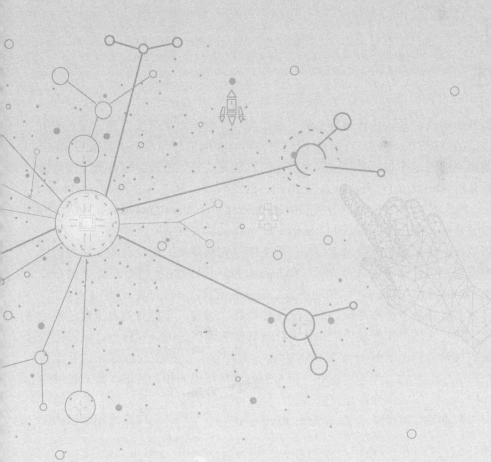

由于控制回路的补偿作用，在反馈控制下的工业过程在不同的运行状态下通常表现出典型的动态行为。传统的自适应方法不能有效地提取反馈的动态信息，因此难以准确地区分真实异常状态和正常过程变化，可能会对模型进行错误的更新而导致无效的监测结果。本研究提出一种递归指数慢特征分析（Recursive Exponential Slow Feature Analysis，RESFA）算法，用于精细化自适应监测以解决模型误更新的问题。首先，提出了一种指数慢特征分析（Exponential Slow Feature Analysis，ESFA）方法来非线性提取慢特征，从而更好地捕捉过程变化的总体趋势。在 ESFA 模型的基础上，提出了一种精确反映工业过程正常变化（包括正常的慢变化和正常的工况切换）的精细自适应监测方案。通过这种方法，既能有效地区分正常的慢变化与早期异常动态行为，避免错误地适应故障状态；又能在区分实际过程异常与正常运行状态切换的基础上，正确更新监测模型以适应新的运行状态。本章通过一个仿真过程和两个实际工业过程验证了所提出的自适应监测方法的性能。实验结果表明，该方法能有效识别不同的运行状态，以决定是更新监控模型还是发出警报。

6.1
概述

近几十年来，多元统计过程监测方法作为一种数据驱动方法得到了深入的研究和广泛的应用[1-8]。通常，它们是通过将实际过程的偏差与从历史数据[9-15]得出的监测模型的预定控制限进行比较来实现的。常见的多元统计过程监测方法包括主成分分析（Principal Component Analysis，PCA）[16]、偏最小二乘（Partial Least Squares，PLS）[17, 18]、独立成分分析（Independent Component Analysis，ICA）[19-22]、核主成分分析（Kernel Principal Component Analysis，KPCA）[23, 24]等。

但是，上述方法不能将动态信息与静态偏差完全隔离。即使对于由它们扩展的动态方法，包括动态主成分分析（Dynamic PCA，DPCA）[25]、动态偏最小二乘（Dynamic PLS，DPLS）[26]和动态独立成分分析（Dynamic ICA，DICA）[27]，动态信息和静态偏差也都是耦合地建立监控指标。因此，不能有效地提取过程动态变化，并且难以将操作条件的正常变化与真实故障区分开。实际上，可以使用工业过程的动态信息来区分正常变化和动态异常[28, 29]。由于控制回路的补偿作用，工作条件改变的过程通常具有与正常历史数据相似的控制性能。而一旦发生故障，控制器无法减弱或拒绝过程波动，因此动态行为变得异常。基于此思想，前人引入慢特征分析（Slow Feature Analysis，SFA）[30, 31]，通过从过程数据中提取动态信息来建立监控模型。与传统的基于协方差的方法相比,在基于 SFA 的监测方案中建立了动态统计信息,用于检测工业过程中的动态异常。但是,上述所有方法都忽略了工业过程[32]的慢时变行为,例如催化剂失活、设备老化以及预防性维护和清洁。因此,先前的监测模型可能不再适用于当前状态,并且会持续触发错误警报。更糟糕的是,由于静态信息将始终超过其相应的控制限制,无法有效地反映出工作点偏差。

在本章参考文献[33]和[34]中,前人提出了递归 PCA(Recursive PCA,RPCA)和递归 PLS(Recursive PLS,RPLS)来建立具有慢时变行为的工业过程的自适应监测方案。它们在前一个模型的基础上建立了新模型,以囊括新收集的样本。据此方式,可以有效地适应工业过程的正常缓慢变化,从而消除误报。然而,常规的 PCA 和 PLS 方法既不能有效地提取动态信息,也存在于它们相应的递归版本中。Shang 等人提出了一种基于 SFA 方法的自适应监测方案(Recursive SFA,RSFA)[32]试图解决这些问题。与递归 PCA 和 PLS 方法相比,该方法可以进一步降低监测模型的误报率。但是,SFA 模型是线性方法,其提取的特征可能无法有效地捕获过程变化的总体趋势。而且,本章参考文献[32]中没有清楚地说明和解决工业过程中自适应监测的一些重要问题。例如,如何区分正常的缓慢变化与微小的过程故障来避免错误的模型更新;如何在将真实过程异常与正常的工况切换区分开后,针对新的运行状态正确更新监测模型。

本章提出了一种自适应监测方案用以解决传统自适应监测方法的不足,并进一步讨论了在反馈控制下的工业过程中自适应异常监测问题。这项研究中的关键问题是如何提取特征以更好地捕获过程变化的趋势,以及如何准确地区分正常过程变化与真实动态异常来更新监测模型。在提出的自适应监测方案中,首先提出了一种指数慢特征分析(Exponential Slow Feature Analysis,ESFA)方法。然后,在之前模型的基础上更新 ESFA 模型来涵盖新收集的样本,并基于更新的 ESFA 模型建立动态指标和静态指标的控制限。对于新采集的样本,计算其静态指标以反映操作点偏差,并计算动态统计量以评估动态行为异常。通过将计算出的指标与其相应的控制限进行比较,总结了四种情况以确定监测方案和进一步的操作。

本章的主要贡献总结如下:

① 与 SFA 模型相比,该方法可以通过指数映射提取较慢的特征以更好地捕获过程的变化趋势。此外,它还可以使用新收集的样本对模型进行更新以适应正常的缓慢变化。

② 针对操作状态的变化提供了精细化的分析策略。该策略不仅可以准确地区分真实过程异常与正常操作工况切换来监测新的操作工况,而且可以通过区分正常慢变化和具有异常行为的微小故障来避免错误地更新监测模型。

本章的其余部分安排如下。6.2 节分析了现有方法存在的问题和所提监测模型的动机。6.3 节给出了所提出的自适应监测方案的具体描述及其在在线异常检测中的应用。6.4 节使用仿真过程和两个实际工业过程验证了所提出方法的性能。最后，6.5 节对本章的结论进行了总结。

6.2
问题陈述与动机分析

在工业过程中，由于正常的过程变化（包括正常的缓慢变化和正常的工作工况切换），现实情况可能并不总是与数据驱动方法的假设一致。对于处于反馈控制下的工业过程，由于控制回路的补偿作用，真实过程故障和正常过程变化的动态行为会有所不同。对于正常的工况变化，过程显示出与历史数据类似的控制效果，因为受控变量仍可以通过控制回路在设定值以下很好地进行运作。对于过程故障，控制器将以不同的方式调节操作变量。因为控制器本质上无法衰减或拒绝异常，这会导致异常的动态行为。基于这种想法，建立了一种基于静态和动态信息相结合的精细化自适应监测方法来解决这些问题。在这里，精细化意味着所提出的自适应监测方法可以通过对操作状态变化的精细化分析来确定是否以及如何更新模型。它不仅可以在将实际过程异常与正常工况切换区分开来之后针对新的运行工况正确地更新监控模型，而且还可以通过区分正常缓慢变化与具有异常动态行为的微小故障来避免错误更新。本节介绍了传统监测方法存在的问题，并分析了提出的精细化自适应监测方法的动机。

陈述 1　工业过程具有缓慢的时变行为，因此基于训练数据的预定义模型可能不适用于当前状态。

采用图 6-1 中的二维（2-D）案例来说明工业过程中的慢时变行为。蓝色实心椭圆表示协方差 $\langle xx^\top \rangle_t$，绿色虚线椭圆表示时间导数的协方差 $\langle \dot{x}\dot{x}^\top \rangle_t$。黑色实线是过程数据的平均值，它也随时间缓慢变化。图中，监测模型是基于第一部分中的数据建立的，并且其相应的静态指标控制范围用红线表示。如果监测模型是固定的，那么即使过程一直处于受控状态，第二部分中样本的静态指标也将最终超过其相应的控制限。为了解决这个问题，应该递归更新监测模型以囊括新采集的样本。通过这种方式，可以有效地检测出操作点偏差和过程动态异常。

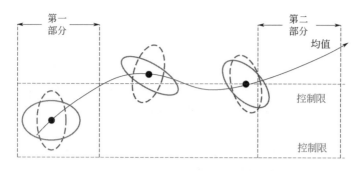

图 6-1 一个二维的工业过程慢时变案例

> **陈述 2**

仅具有静态信息的自适应方法不能有效地检测某些静态偏差在历史数据正常范围内的微小故障。因此，它们可能会错误地适应故障过程样本，从而导致无效的监测模型。

作为简单示例，图 6-2 描绘了工业过程的微小故障，以说明仅具有静态信息的自适应模型的缺陷。如图 6-2 所示，该故障的第一部分无法使用基于静态信息的自适应方法来准确检测，因为它们在历史数据的正常范围内。因此，故障样本被囊括在更新的监测模型中，并且导致将来的故障不能被有效地检测到。正确区分正常缓慢变化和真实动态异常的关键问题是依赖动态信息。在所提出的方法中，静态偏差和动态信息都用于建立监测模型。这样，可以准确地检测出具有异常动态行为的微小故障，从而及时地触发警报。

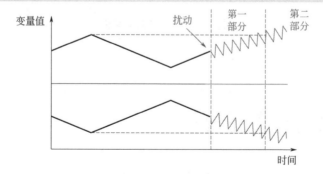

图 6-2 一个简单的工业过程微小故障案例

> **陈述 3**
>
> 仅使用静态信息建立的自适应监测方法无法有效地区分操作工况的正常切换与真实的过程故障。因此，会频繁触发不必要的过程警报，并且可能无法正确监测新的操作工况。

图6-3（a）、（b）所示的过程分别表示操作条件的正常变化和工业过程的实际故障。对于仅具有静态信息的自适应方法，这两种情况都将被识别为过程异常，因为它们超出了历史数据的正常范围。因此，两种情况都会频繁触发警报。但是，图6-3（a）中的警报是不必要的，并且可能会干扰行业从业者的决定。在本章研究中，当检测到静态偏差时，将终止对监测模型的递归更新。如果经过几个样本之后动态信息恢复正常，则将操作状态视为过程工况的正常切换，并应针对新的操作工况更新监测模型。否则，这是工业过程中的真正故障，应触发警报并及时地进行处理。

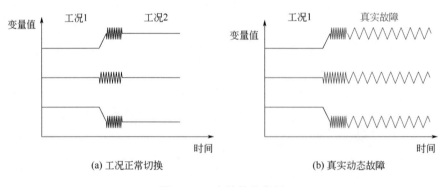

图 6-3 一个简单的案例

6.3
递归指数慢特征分析

本节首先描述 ESFA 算法的推导过程及其对应的递归版本，然后建立精细的自适应监测模型并设计其相应的在线监测策略。

6.3.1 指数慢特征分析

在本章中，SFA 的指数形式被提出来用以提取慢时变特征，从而更好地捕获工业过程的动态趋势。其中，SFA 方法的回顾在第 2 章已有阐述，本章不再赘述。对指数 SFA 算法而言，协方差矩阵 B 和一阶差分协方差矩阵 A 同时被非线性函数 $\aleph$ 映射到一个新的空间：

$$\begin{aligned}&\aleph: \mathbb{R}^n \to F\\&A \to \aleph(A) = \exp(A) = \Sigma_A\\&B \to \aleph(B) = \exp(B) = \Sigma_B\end{aligned} \tag{6-1}$$

具体来说，拿一阶差分协方差矩阵 A 为例，它的指数形式可以利用如下公式进行计算：

$$\Sigma_A = \aleph(A) = I + A + \frac{A^2}{2!} + \cdots = Q\mathrm{e}^A Q^\mathrm{T} \tag{6-2}$$

式中，$A = Q\Lambda Q^\mathrm{T}$，$Q$ 为一个正交矩阵，而 Λ 为一个对角矩阵。

需要指出的是，如果矩阵 A 和 B 包含有数值较大的数，那么它们指数的计算精度将会受到影响。因此，一个尺度参数 θ 需要被设置，用于将矩阵 A 和 B 中的元素映射到一个较小的区间范围。在本章中，所有的元素都被建议投影到区间 $[-1,1]$ 内，可通过设置参数 θ 为 $1/(\max\{\max|A|, \max|B|\})$ 来实现。其中，$\max|A|$ 代表矩阵 A 中绝对值最大的元素。

ESFA 等价于将原始的数据利用指数映射转换到一个新的空间中，之后，将 SFA 的准则应用到这个空间里面：

$$\begin{aligned}&\min \frac{w_i^\mathrm{T} \Sigma_A w_i}{w_i^\mathrm{T} \Sigma_B w_i}\\&\mathrm{s.t.}\ w_i^\mathrm{T} w_j = 0\ (\forall i \neq j)\end{aligned} \tag{6-3}$$

式（6-3）的优化问题同样是一个广义特征值分解问题，可以利用拉格朗日乘子法进行求解：

$$(\Sigma_B)^{-1} \Sigma_A w_i = \lambda_i w_i \tag{6-4}$$

所提取特征的顺序可以根据获取的慢特征对应的差异值 $\Delta(\cdot)$ 来进行排序。具体来说，对应于最小 $\Delta(\cdot)$ 的慢特征是最慢的特征，而对应于最大 $\Delta(\cdot)$ 的慢特征是最快的。

SFA 的效果可以利用其目标函数来进行衡量，它代表着差分值和所提取慢特征的快慢的比例：

$$\sum_{i=1}^{p}\langle \dot{s}_i^2\rangle_t \propto trace(\boldsymbol{A}) = \sum_{i=1}^{p}\lambda_i^A$$
$$\sum_{i=1}^{p}\langle \dot{s}_i^2\rangle_t \propto trace(\boldsymbol{B}) = \sum_{i=1}^{p}\lambda_i^B \quad (6\text{-}5)$$

式中，λ_i^A 和 λ_i^B 为矩阵 $\boldsymbol{A}$ 和 $\boldsymbol{B}$ 的第 i 个特征值。

根据式（6-2），指数矩阵的特征值可以利用下式进行计算：

$$\boldsymbol{\Sigma}_A\boldsymbol{\eta} = \boldsymbol{I}\boldsymbol{\eta} + \boldsymbol{A}\boldsymbol{\eta} + \frac{\boldsymbol{A}^2}{2!}\boldsymbol{\eta} + \cdots = \mathrm{e}^{\lambda}\boldsymbol{\eta} \quad (6\text{-}6)$$

式中，$\boldsymbol{\eta}$ 为矩阵 $\boldsymbol{A}$ 的特征向量；λ 为对应的特征值。

因此，ESFA 的迹可以利用下式进行计算：

$$trace(\boldsymbol{\Sigma}_A) = \sum_{i=1}^{p}\exp(\lambda_i^A),\quad trace(\boldsymbol{\Sigma}_B) = \sum_{i=1}^{p}\exp(\lambda_i^B) \quad (6\text{-}7)$$

一般来说，对应差异值 $\Delta(\cdot)$ 和慢特征尺度比例较小的投影向量 $\boldsymbol{w}$ 往往能够从原始的输入信号中提取更慢的特征。也就是说，从 SFA 和 ESFA 中提取的慢特征的缓慢程度分别正比于 λ^A/λ^B 和 $\exp(\lambda^A)/\exp(\lambda^B)$。指数变换一般会将较大的数变得更大，将较小的数变得更小。因此，慢特征的变化将会进一步减缓。也就是说，相比于 SFA，ESFA 方法能够提取更慢的特征。

6.3.2　递归指数慢特征分析

定义初始矩阵块为 $\boldsymbol{X}_1^0 \in \mathbb{R}^{n_1 \times p}$，其中 n_1 和 p 为样本数和变量数。那么，初始数据矩阵的均值可以利用下式进行计算：

$$n_1\boldsymbol{b}_1 = (\boldsymbol{X}_1^0)^{\mathrm{T}}\boldsymbol{1}_{n_1} \quad (6\text{-}8)$$

式中，$\boldsymbol{1}_{n_1} = [1,1,\cdots,1]^T \in \mathbb{R}^{n_1 \times 1}$；$\boldsymbol{X}_1^0$ 的上标代表该数据尚未进行标准化处理，下标代表它在训练数据中的排序。

初始数据可以利用下述公式进行标准化处理，使之均值为 0，标准差为 1。

$$\boldsymbol{X}_1 = (\boldsymbol{X}_1^0 - \boldsymbol{1}_{n_1}\boldsymbol{b}_1^{\mathrm{T}})\boldsymbol{\Sigma}_1^{-1} \quad (6\text{-}9)$$

式中，$\boldsymbol{\Sigma}_1 = diag(\sigma_1^1,\sigma_2^1,\cdots,\sigma_p^1)$，$\boldsymbol{\Sigma}_1$ 的第 i 个元素是第 i 个变量的标准差。

协方差矩阵 $\boldsymbol{A}_1$ 和一阶差分的协方差矩阵 $\boldsymbol{B}_1$ 可以利用下式进行计算：

$$\boldsymbol{A}_1 = \frac{1}{n_1-1}\dot{\boldsymbol{X}}_1^{\mathrm{T}}\dot{\boldsymbol{X}}_1,\quad \boldsymbol{B}_1 = \frac{1}{n_1}\boldsymbol{X}_1^{\mathrm{T}}\boldsymbol{X}_1 \quad (6\text{-}10)$$

式中，$\dot{\boldsymbol{X}}_1$ 是矩阵 $\boldsymbol{X}_1$ 的一阶差分。具体来说，$\dot{\boldsymbol{X}}(i,:) = \boldsymbol{X}(i,:) - \boldsymbol{X}(i-1,:)$，其中 $\dot{\boldsymbol{X}}(i,:)$ 是矩阵 $\dot{\boldsymbol{X}}$ 的第 i 行。

新来的数据块可以用来增广到原始的数据矩阵中，从而递归地更新 ESFA 的目标函数和约束条件。假设 b_k、X_k、A_k 和 B_k 在第 k 个数据块获得之前就已经得到了计算。那么，第 $k+1$ 个数据块的信息应该利用新收集的 $^{\text{new}}X_{k+1}^0 \in \mathbb{R}^{n_{k+1} \times p}$ 来进行更新。通过在原始数据矩阵上进行增广，第 $k+1$ 个数据块可以利用下式进行计算：

$$X_{k+1}^0 = \begin{pmatrix} X_k^0 \\ {}^{\text{new}}X_{k+1}^0 \end{pmatrix} \tag{6-11}$$

定义 $N_k = \sum_{i=1}^{k} n_i$，那么第 $k+1$ 个数据矩阵的均值如下：

$$b_{k+1} = \frac{N_k}{N_{k+1}} b_k + \frac{1}{N_{k+1}} ({}^{\text{new}}X_{k+1}^0)^{\mathrm{T}} \mathbf{1}_{n_{k+1}} \tag{6-12}$$

利用下述公式对数据矩阵 X_{k+1}^0 进行标准化处理，使之零均值单位标准差为：

$$X_{k+1} = \begin{pmatrix} X_k \Sigma_k \Sigma_{k+1}^{-1} - \mathbf{1}_k \Delta b_{k+1}^{\mathrm{T}} \Sigma_{k+1}^{-1} \\ {}^{\text{new}}X_{k+1} \end{pmatrix} \tag{6-13}$$

式中，

$$\begin{aligned} & \mathbf{1}_k = [1,1,\cdots,1]^{\mathrm{T}} \in \mathfrak{R}^{N_k} \\ & X_k = (X_k^0 - \mathbf{1}_k b_k^{\mathrm{T}}) \Sigma_k^{-1} \\ & {}^{\text{new}}X_{k+1} = ({}^{\text{new}}X_{k+1}^0 - \mathbf{1}_{n_{k+1}} b_{k+1}^{\mathrm{T}}) \Sigma_{k+1}^{-1} \\ & \Delta b_{k+1} = b_{k+1} - b_k \\ & \Sigma_j = \mathrm{diag}(\sigma_1^j, \sigma_2^j, \cdots, \sigma_p^j),\ j=k,k+1 \end{aligned} \tag{6-14}$$

式（6-14）中，σ_i^j 是第 i 个变量的标准差，可以利用下式进行计算：

$$(N_{k+1}-1)(\sigma_i^{k+1})^2 = \left\| {}^{\text{new}}X_{k+1}^0(:,i) - \mathbf{1}_{n_{k+1}} b_{k+1}(i) \right\|^2 + N_k \Delta b_{k+1}^2(i) + (N_k-1)(\sigma_i^k)^2 \tag{6-15}$$

基于预处理的数据 X_{k+1}，B_{k+1} 和 B_k 的迭代关系可以利用下式导出：

$$\begin{aligned} B_{k+1} = & \frac{N_k}{N_{k+1}} \Sigma_{k+1}^{-1} \Sigma_k B_k \Sigma_k \Sigma_{k+1}^{-1} + \frac{1}{N_{k+1}} {}^{\text{new}}X_{k+1}^{\mathrm{T}}\ {}^{\text{new}}X_{k+1} + \\ & \frac{N_k}{N_{k+1}} \Sigma_{k+1}^{-1} \Delta b_{k+1} \Delta b_{k+1}^{\mathrm{T}} \Sigma_{k+1}^{-1} \end{aligned} \tag{6-16}$$

目标函数中的矩阵也可以利用下面的公式类似地得出：

$$\begin{aligned} A_{k+1} &= \frac{1}{N_{k+1}-1} \dot{X}_{k+1}^{\mathrm{T}} \dot{X}_{k+1} \\ &= \frac{N_k-1}{N_{k+1}-1} \Sigma_{k+1}^{-1} \Sigma_k A_k \Sigma_k \Sigma_{k+1}^{-1} + \frac{1}{N_{k+1}-1} {}^{\text{new}}\dot{X}_{k+1}^{\mathrm{T}}\ {}^{\text{new}}\dot{X}_{k+1} \end{aligned} \tag{6-17}$$

式中，$^{\text{new}}\dot{X}_{k+1}$ 是矩阵 $^{\text{new}}X_{k+1}$ 的一阶差分，可以利用 $^{\text{new}}X_{k+1}|_{\text{Current}} - {^{\text{new}}}X_{k+1}|_{\text{Previous}}$ 进行计算。

将矩阵 A_{k+1} 和 B_{k+1} 中的元素放缩至[-1,1]区间，然后映射它们至指数形式。之后，ESFA 模型便可以利用新收集的样本根据式（6-3）建立。在本章中，式（6-3）的优化问题使用标准的奇异值分解进行求解。假设新的矩阵块中的样本数为 n_{k+1}，那么协方差矩阵 B_{k+1} 和 A_{k+1} 在式（6-15）和式（6-16）中的更新需要 $O(n_{k+1}p^2)$ 次的计算。利用 SVD 进行求解的话，RESFA 整体的时间复杂度为 $O(p^3)$。显然，这个更新是可以实时操作的。其他矩阵分解方法，譬如秩一修正[35]和 Lanczos tridiagonalization[36, 37]，可以被用来当作替代方案。

6.3.3 RESFA 中的监测统计量

在工业过程中，慢的特征通常倾向于捕获过程变化的趋势，而快的特征则可以看作是环境噪声[30, 31]。假设 q 个慢特征被选为主要成分，其他 $p-q$ 个慢特征被保留为剩余成分。与 PCA 方法[33]中的累计方差贡献率不同，慢特征 s_i 根据其差异值 $\langle \dot{s}_i^2 \rangle_t$ 从最小到最大排序。然后，可以使用 $CP = \sum_{i=1}^{q} \langle \dot{s}_i^2 \rangle_t \Big/ \sum_{i=1}^{p} \langle \dot{s}_i^2 \rangle_t$ 来确定所提出方法中主要慢特征的数量。当累计百分比达到预设值时，对应的慢特征被保留下来。通过这种方式，选择一小部分具有较小差异值的慢特征以反映系统趋势，而其他具有大差异值的慢特征将被视为残差信息。同样地，也可以使用本章参考文献[29]中提出的方法来确定所选慢特征的数量。

所提出的递归 ESFA 方法中监测统计量的定义参考了 SFA 算法的监测方案[29]。也就是说，从过程模型中建立了两对监测统计量，分别对静态偏差和动态波动进行描述。

建立静态统计量是为了评估工业过程中数据点的静态偏差。具体来说，系统变化和残差信息均使用 Hotelling 的 T^2 统计数据进行如下计算：

$$T_d^2 = s_d^T s_d, \quad T_e^2 = s_e^T s_e \tag{6-18}$$

式中，T_d^2 和 T_e^2 分别为工业过程的主要趋势和残差信息；$s_d = [s_1, s_2, \cdots, s_q]$ 和 $s_e = [s_{q+1}, s_{q+2}, \cdots, s_p]$ 分别为 ESFA 提取出来的快特征和慢特征。

为了进一步评估动态波动，还应考虑过程中的动态信息。可以类似地对动态信息建立监测统计量，以便可以描述正常运行中动态波动的分布。

$$S_d^2 = \dot{s}_d^T \Omega_d^{-1} \dot{s}_d, \quad S_e^2 = \dot{s}_e^T \Omega_e^{-1} \dot{s}_e \tag{6-19}$$

式中，$\dot{s}_d = [\dot{s}_1, \dot{s}_2, \cdots, \dot{s}_q]^T$ 和 $\dot{s}_e = [\dot{s}_{q+1}, \dot{s}_{q+2}, \cdots, \dot{s}_p]^T$；$\Omega_d$ 和 Ω_e 分别为 $\dot{s}_d$ 和 $\dot{s}_e$ 的经验协方差矩阵。

静态统计量和动态统计量的控制限可以使用核密度估计（Kernel Density Estimation，KDE）[38]来计算。假设核函数为 $K(x)$，则可以将单变量核密度估计函数定义为：

$$h(\theta) = \frac{1}{n\rho} \sum_{i=1}^{n} K \frac{\vartheta - \vartheta^i}{\rho} \quad (6\text{-}20)$$

式中，ϑ 为所关注的数据点；ϑ^i 为来自数据集的观察值；ρ 为窗口宽度；n 为训练数据中的样本数。在递归 ESFA 算法中，$K(x)$ 被选为标准正态密度函数。

一旦有新的数据块可用，应再次确定所选慢特征的数量 q，以适应工业过程中的正常慢变化。根据给定的显著性水平 α，还应该相应地更新静态统计量和动态统计量的控制限。

6.3.4　基于 RESFA 的自适应监测策略

在通过式（6-3）推导出慢特征之后，可以同时使用静态指标和动态统计量来建立监控模型，以便精细地反映工业过程的操作状态，实现反馈控制下的自适应过程监测。其流程图如图 6-4 所示，具体信息如下。

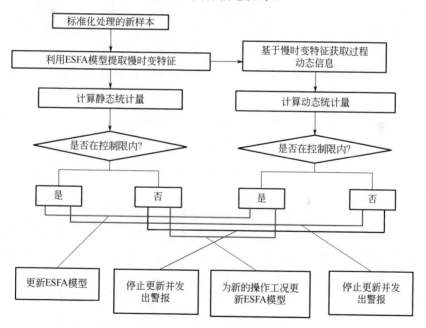

图 6-4　递归 ESFA 方法的在线精细化监测方案
（"是"表示两个统计信息均在控制范围内；
"否"表示两个指标均超出了其相应的置信范围）

输入：初始数据块 X_k^0 和它对应的标准化结果 X_k，由 ESFA 导出的变换矩阵 $W = \{w_1, w_2, \cdots, w_p\}$，选择的慢特征个数 q，静态统计量的控制限 $(T_d^2)_\alpha$ 和 $(T_e^2)_\alpha$，动态统计量的控制限 $(S_d^2)_\alpha$ 和 $(S_e^2)_\alpha$，其中 α 是显著性水平。

步骤 1：对于新来样本 x_{new}^0，利用初始的数据块 X_k^0 对其进行标准化处理，如下式所示。

$$x_{\text{new}} = (x_{\text{new}}^0 - b_k)\Sigma_k^{-1} \tag{6-21}$$

式中，b_k 为矩阵 X_k^0 的均值；$\Sigma_k = diag[\sigma_1, \sigma_2, \cdots, \sigma_p]$；$\sigma_i$ 为数据块 X_k^0 第 i 个变量的标准差。

步骤 2：对新样本利用 ESFA 算法导出的系数矩阵进行投影，从而得到它的慢特征，如下式所示。

$$s_{\text{new}}^d = W_d x_{\text{new}}^T, \quad s_{\text{new}}^e = W_e x_{\text{new}}^T \tag{6-22}$$

式中，$W_d^T = \{w_1, w_2, \cdots, w_q\}$，$W_e^T = \{w_{q+1}, w_{q+2}, \cdots, w_p\}$。

步骤 3：系统趋势和剩余信息静态变化的监测指标可以利用下式进行计算。

$$T_d^2 = (s_{\text{new}}^d)^T s_{\text{new}}^d, \quad T_e^2 = (s_{\text{new}}^e)^T s_{\text{new}}^e \tag{6-23}$$

这两个统计量用于测量样本的静态分布，该分布反映了过程中的静态偏差。如果它们处于控制之内，则该过程将正常运行。否则，该过程将受到静态偏差的影响，可能是运行条件的变化或者真实的过程故障。

步骤 4：基于步骤 2 得到的慢特征，新样本的动态慢变化可以利用下式进行计算。

$$\dot{s}_{\text{new}}^d = W_d(x_{\text{new}}^T - x_{\text{pre}}^T), \quad \dot{s}_{\text{new}}^e = W_e(x_{\text{new}}^T - x_{\text{pre}}^T) \tag{6-24}$$

式中，x_{pre}^T 代表样本 x_{new}^T 的前一个样本，它已被标准化处理（利用 b_k 和 Σ_k）。

步骤 5：可以利用如下公式计算动态信息中系统变化和残留信息的监测统计量。

$$S_d^2 = (\dot{s}_{\text{new}}^d)^T \Omega_d^{-1} \dot{s}_{\text{new}}^d, \quad S_e^2 = (\dot{s}_{\text{new}}^e)^T \Omega_e^{-1} \dot{s}_{\text{new}}^e \tag{6-25}$$

以上两个监测指标用于评估动态信息的分布，揭示了过程中的动态波动。如果 S_d^2 和 S_e^2 处于控制范围内，则过程保持良好的控制状态。否则，控制器实质上无法衰减或拒绝异常，因此会产生异常的动态行为。

步骤 6：要将以上统计信息用于在线监控，应使用正常的训练数据来估算具有置信度 $1-\alpha$（此处，$\alpha=0.01$）的控制限。所提出的自适应方法不仅可以正确地更新模型以将实际过程异常与正常工况转变区分开来监测新的运行状况，而且还可以通过区分正常缓慢变化与异常动态行为的微小故障来避免错误更新。精细化的自适应监测方案的具体监测策略总结如下。

情况 1：静态统计量和动态统计量都在其相应的控制范围内。在这种情况下，过程保持良好的控制，此时不应触发过程警报。应该更新 ESFA 模型以涵盖新收集的样本，并计算选定的慢特征的数量 q，静态统计量的控制限 $(T_d^2)_\alpha$ 和 $(T_e^2)_\alpha$，动态统计量的控制限 $(S_d^2)_\alpha$ 和 $(S_e^2)_\alpha$。设置 $k = k + 1$ 并转到步骤 1。

情况 2：动态统计量和静态统计量都超出了它们相应的置信度范围。在这种情况下，过程超出了正常的偏差范围，并且系统控制器无法衰减或拒绝这些异常。因此，在该过程运行中发生了真正的故障。此时，ESFA 模型的更新应被终止，并且必须触发过程警报以采取进一步的措施。

情况 3：当静态统计量超过阈值后，动态统计量恢复了正常状态。在这种情况下，该过程具有与参考条件类似的控制性能，这主要归因于控制回路的补偿。这可能是操作条件的正常变化引起的，因此不会触发过程警报。由于过程转移到新的操作工况，之前的监测方案的静态统计量不再适用。因此，应终止 ESFA 模型的更新，使用动态统计量来监测该过程，直到收集到足够的样本以建立新的监测方案为止。此后，将基于新建立的监测模型来自适应地监测样本。

情况 4：静态统计量在正常范围内，但动态统计量超出了正常的控制范围。在这种情况下，控制回路以不同的方式调节过程变量以减弱过程异常，从而导致异常的动态行为。这可以看作是微小故障的标志。因此，将终止模型更新，并且应及时检查过程以消除潜在的安全问题。

6.4

方法验证与结果分析

本节将通过一个数值仿真过程和两个实际工业过程（包括青霉素发酵过程、卷烟生产过程和注塑过程）来验证所提出的精细化自适应监测方案的性能。具体而言，青霉素发酵过程用于验证所提出的方法是否能有效适应工业过程中的正常缓慢变化；卷烟生产工艺被用来验证所提出的方法是否能够解决模型误更新问题；注塑过程被用来验证所提出的方法是否可以正确地更新模型以适应新的运行工况。采用基于 PCA 方法、递归 PCA 方法、递归 KPCA 方法、SFA 方法和递归 SFA 方法的监测方案，与所提出的方法进行比较，并根据实验结果，对这些方法进行定量和定性的分析。

6.4.1 青霉素发酵过程

Birol 等人在 2002 年为教育和研究目的设计了青霉素发酵过程的仿真包，发酵罐以分批培养的方式来促进微生物的生长。约 40h 后，微生物进入产生青霉素的稳定阶段。此时，持续地添加葡萄糖底物，将其切换至分批补料操作模式。青霉素发酵过程的 pH 和温度在闭环控制下运行。具体来说，分别通过调整酸/碱和冷/热水的流速，使用 PID 控制回路对它们进行调整。另外，在分批补料模式下，葡萄糖底物在开环操作下持续进料到发酵罐中，此过程的详细信息可参考本章参考文献[39-43]。本次实验，发酵过程的整个持续时间设置为 200h，采样间隔设置为 0.1h。实验采用 14 个过程变量，条件和参数设置参考本章参考文献[39]中正常过程的设置。在分批补料操作模式下，包括青霉素浓度和微生物数量在内的许多过程变量随时间推移而缓慢变化。因此，该仿真包适合于验证所提出的方法是否能够适应工业过程的正常缓慢变化。基于此想法，本小节采用正常青霉素发酵过程中 50~100h 时间段对应的样本进行实验验证。

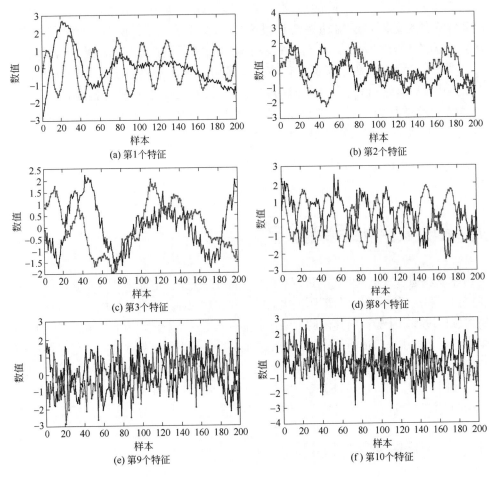

图 6-5　SFA（黑线）和 ESFA（红线）在青霉素发酵过程中提取的慢特征

初始的 SFA 和 ESFA 模型是使用前 200 个样本建立的,以模拟有限样本的情况。为了进行公平的比较,SFA 和 ESFA 都使用了白化变换进行了预处理,因此仅保留了 10 个特征以避免共线性问题。此外,两种方法提取的慢特征均设置为满足单位方差(即 $\langle s_j^2 \rangle_t = 1$)的条件。为了简洁起见,在图 6-5 中仅给出了最慢和最快的 3 个特征进行比较。表 6-1 总结了这两种方法的差异值和特征值。如表 6-1 所示,ESFA 方法提取的前 8 个特征值的差异值均小于 SFA 方法。因此,与 SFA 方法相比,所提出的 ESFA 方法可以从过程数据中获得更慢的特征。图 6-5 中的实验结果也说明了这一结论,即:用 ESFA 方法提取的前 8 个特征比 SFA 方法的变化慢。

表 6-1 SFA 和 ESFA 提取特征的差异值和特征值

模型	取值	1	2	3	8	9	10
SFA	差异值	6.762	25.940	30.903	92.970	198.078	290.174
	特征值	0.7891	0.9437	2.6089	11.213	154.667	486.619
ESFA	差异值	0.026	0.026	0.066	8.513	215.337	364.458
	特征值	0.3817	0.6124	0.4794	2.3271	191.4464	527.1285

首先比较基于 PCA、SFA 和 ESFA 方法的固定模型的监测结果,用来比较各个算法提取特征的性能。在这种情况下,PCA 方法中剩余的主成分数量被确定为 11。对于 SFA 方法,根据本章参考文献[39]中提出的分位数方法保留 7 个慢特征。根据 2.3.3 节中所述的选择标准,ESFA 方法保留 8 个慢特征用于建模监测。这三种方法的监测结果如图 6-6 所示。如该图所示,这三种算法的所有静态统计量都超过了其相应的控制限制。但是,SFA 和 ESFA 方法的动态统计量在其相应的置信范围内,因为该过程仍处于控制之中。与 SFA 方法相比,ESFA 方法在使用动态统计数据监测青霉素发酵过程时具有较少的误报。这主要是因为 ESFA 方法比 SFA 算法提取的特征更慢,因此可以更好地捕获青霉素发酵过程变化的趋势。

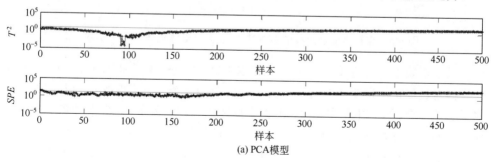

(a) PCA模型

图 6-6

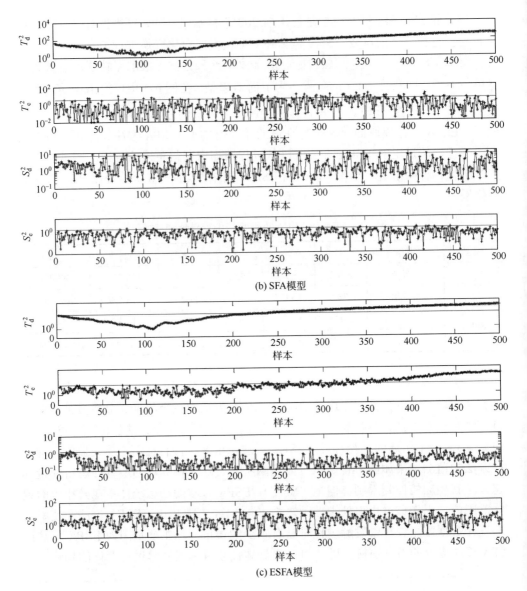

图 6-6 青霉素发酵过程的监测结果（1）（红线代表99%控制限）

以下实验中我们将建立 RPCA[33]、RKPCA[44]、RSFA[32]和 RESFA 模型，并比较它们对过程正常慢变化的适应能力。使用前 200 个样本为四种递归监测方法构建了初始模型。根据本章参考文献[33]中描述的累积方差贡献率，将 RKPCA 初始模型中的主成分数选择为 10，其他三种方法的初始模型中保留的主成分或选定的慢特征的数量与其对应的固定模型相同。这三种方法的实验结果如图 6-7 所示。注意，在递归 SFA 方法中仅定义了三种监测统计量[18]。与图 6-6 中的监测结果相比，由于递归方法可以适应青霉素发酵过程中正常的缓慢变化，因此有效地减少了误报。在递归 PCA 和递归 KPCA 方法中，残差统计量在第 380 个样本和第 420 个样本处超过了其相应的控制限。至于 RSFA 方法的监测结果，静态信息的系统统计量在第 398 个样本处超出了其对应的控制限。与前两种监测方法相比，递归 ESFA 的静态指标在第 438 个样本处超出了其相应的控制范围，但随后很快又恢复了正常。实验结果表明，所提出的 ESFA 方法可以自我更新以适应正常的缓慢变化，从而可以有效地减少静态指标的误报。此外，所提出的方法比对比方法具有更好的监控性能，这证明它可以更好地把握工业过程的总体运行趋势。

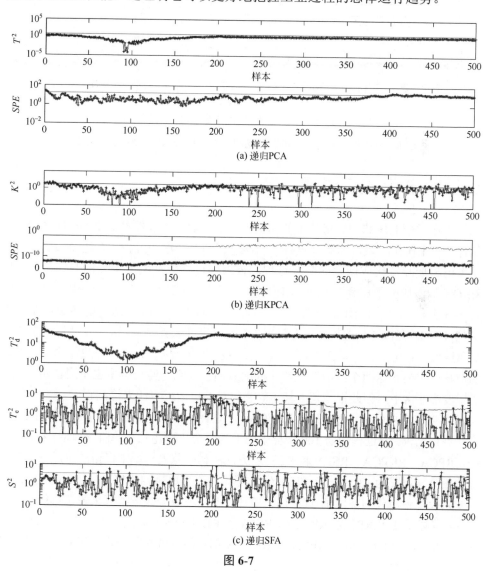

图 6-7

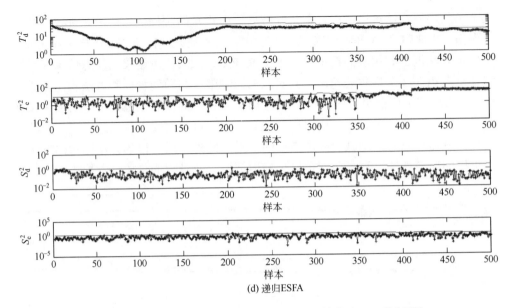

(d) 递归ESFA

图 6-7 青霉素发酵过程的监测结果（2）（红线代表99%控制限）

6.4.2 卷烟生产过程

决定香烟的风味和风格特征的切割工艺是香烟生产过程中重要的程序之一，它包含了三个操作阶段，即制叶过程、制丝过程和混合添香过程。在这个实验中，仅仅考虑将烟叶转化成烟丝的制丝过程。该操作过程包括两个主要的操作机器，即SIROX加温加湿器和滚筒干燥（KLD）器。烟丝加工过程中有23个变量，每个变量有595个样本，采样间隔为10s。有关此过程的更多详细信息，请参阅本章参考文献[41-45]。在该过程的第201个样本处会出现两个初始故障，这些故障会更改KLD热风速度的设定点。具体来说，故障1是由较小的干扰引起的，而故障2是由缓慢的漂移产生的。这两个故障发生在不同的时间，建立的监控模型也不同。两个故障的幅度都非常小，因此很难使用基于静态信息的自适应方法来检测它们。

本小节将采用基于RPCA、RKPCA和RSFA的监测方案来与所提出的RESFA方法进行比较。此过程的前100个样本用于为两个故障建立初始监测模型。在故障1中，RPCA、RKPCA、RSFA和RESFA方法的初始监测模型中保留的主成分或慢特征数量分别设置为13、15、11和9。对于故障2，在RPCA、RKPCA、RSFA和RESFA的初始模型中，分别保留了11、16、13和11个主成分或慢特征来表示系统信息。图 6-8描述了使用RPCA、RKPCA、RSFA和RESFA方法对故障1进行监测的结果。如图 6-8（a）、（b）所示，RPCA和RKPCA都不能有效地区分正常慢变化和具有异常动态行为的微小故障。因此，它们更新监测模型以涵盖故障样本，直到第450个样本才检测到过程异常。与基于静态信息的自适应监测方法相比，RSFA 和 RESFA 方法可以使用动态信息及时检测过程异常。因此，可以终止模型更新以避免涵盖故障样本。图 6-9 显示了使用不同的自适应监控策略的故障 2 的实验结果。总体而言，它与故障 1 的实验结果具有相似的结论。如图 6-9（a）、(b) 所示，基于 RPCA 的监测方案在第 244 个样本处检测到异常，而 RKPCA 方法在第 220 个样本处发现了异常，因为它可以从工业过程中提取非线性特征。RSFA 和 RESFA 都可以使用动态信息检测第 201 个样本处的故障。结合青霉素发酵过程，实验结果表明，该自适应方法可以有效地区分出具有异常动态行为的微小故障和正常过程变化。因此，它不会被错误地更新监测模型以适应故障操作状态。需要注意的是，尽管 RSFA 方法也可以避免模型误更新问题，但是在本章参考文献[32]中没有对相关内容进行讨论和解决。

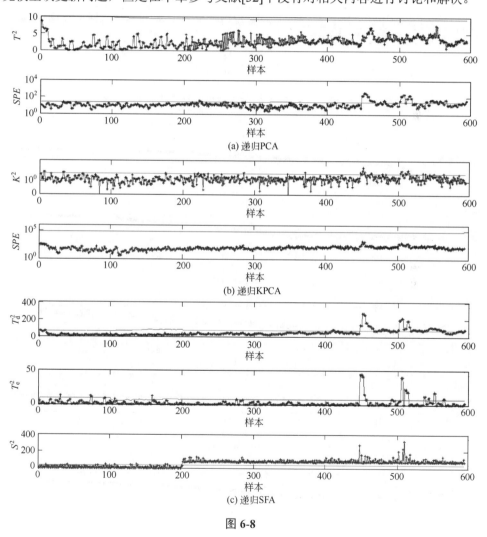

图 6-8

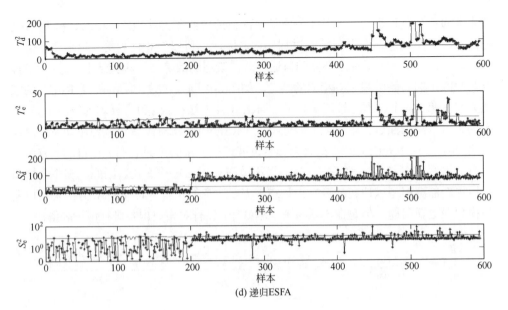

(d) 递归ESFA

图 6-8　卷烟生产过程故障 1 的监测结果（红线代表 99%控制限）

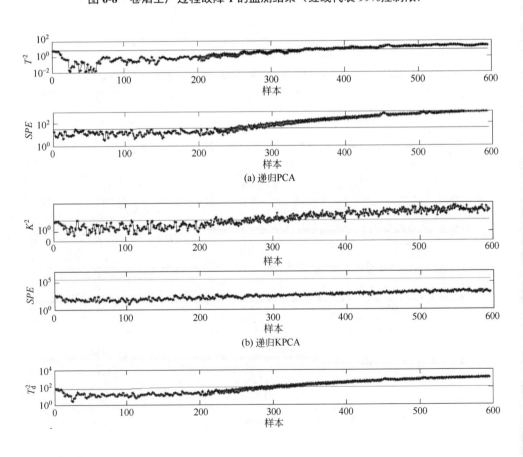

(a) 递归PCA

(b) 递归KPCA

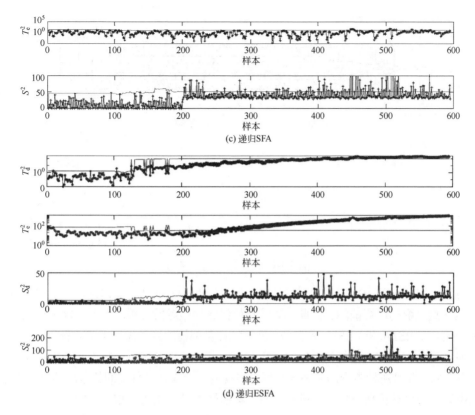

图 6-9 卷烟生产过程故障 2 的监测结果（红线代表 99%控制限）

6.4.3 注塑过程

注射成型工艺是聚合物加工中的关键工艺，可用于将聚合物材料转变为各种形状和类型的产品。这是一个典型的多阶段间歇过程，包括三个主要操作阶段：将熔融塑料注入模具中，在压力下填充物料，在模具中冷却塑料直至零件变得足够坚硬以便于弹出。此过程的流程图在图 6-10 中进行了描述，有关的更多详细信息可以参考本章参考文献[46-50]。在保压阶段的中间，喷嘴温度突然升高，因此其他变量也受到影响。因此，单纯从数据的角度来看，该阶段实际上包括两个操作工况。本小节选择了包含 140 个样本的保压阶段以验证所提方法的性能。

与前两种情况类似，使用前 30 个样本来建立初始监测模型以模拟有限样本的情况，选择三种自适应监测方法（即 RPCA、RKPCA 和 RSFA）作为对比方法。在 RPCA 和 RKPCA 的初始模型中，分别选择了 5 个和 7 个主要成分作为系统信息。RSFA 和 RESFA 的初始模型中保留的慢特征数量分别为 4 和 6。四种自适应方法的监测结果如图 6-11 所示。在图 6-11（a）、（b）中，RPCA 算法在第 68 个样本

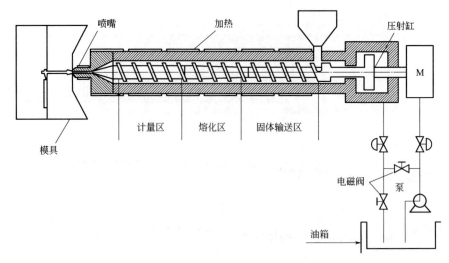

图 6-10　注塑过程的示意图

处触发虚警，这与 RKPCA 的监测结果类似。即两种方法都将操作条件的正常切换诊断为注塑过程的运行故障。因此，算法将始终错误地触发警报，并且干扰了从业人员的决策。在 RSFA 和 RESFA 模型中，静态统计量都检测到了操作工况的变化。但是一段时间后，它们的动态统计量恢复了正常。因此，这种情况可以被诊断为操作工况的正常切换，并且所检测到的动态异常可以被视为两个操作条件之间的过渡部分。然而，RSFA 方法继续更新监控模型以涵盖新收集的样本[18]。结果，这两个操作工况都被视为训练数据以建立监测模型。因此，RSFA 模型的静态指标将不够敏感，并且可能无法有效地检测到运行条件的偏差。与 RSFA 方法相比，RESFA 算法随后使用动态统计量对过程进行监测，直到收集到足够的样本以建立新的监测模型为止。此后，将在新建立模型的基础上针对新的操作条件更新递归 ESFA 模型。如图 6-11（d）所示，新的 RESFA 模型未检测到过程异常，这与注塑工艺的真实情况是一致的。总体而言，注塑成型工艺的实验结果表明，所提方法在将工况的正常切换与工业过程中的真实故障区分开来之后，可以有效地更新监测模型来适应新的操作工况。通过这种方式，可以避免由工况切换而引起的误报，并且可以正确地监控工况切换和新工况的过程静态异常。

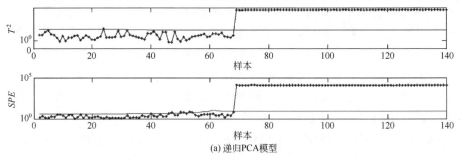

(a) 递归PCA模型

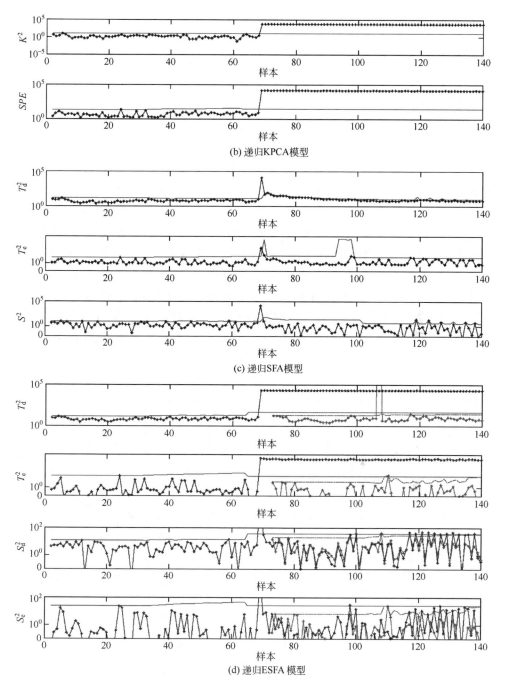

图 6-11 注塑成型过程中保压阶段的监控结果

(红色实线和红色虚线分别表示旧监测模型和新监测模型的 99%控制限；
蓝线和绿线分别代表旧的和新的递归 ESFA 模型的监测结果)

6.5 本章小结

本章通过建立递归指数慢特征分析模型，提出了一种用于反馈控制下的精细化工业过程自适应监测方案。与 SFA 模型相比，所提出的 ESFA 方法可以提取较慢的特征，以便更好地捕获过程变化的总体趋势。递归 ESFA 可以更新监测模型以涵盖新收集的样本，从而可以适应工业过程中正常的慢变化。此外，可以从历史数据中完全提取过程数据的动态信息，以反映工业过程的动态状态。因此，所提出的方法可以准确地检测出具有异常动态行为的微小故障，从而避免使用故障样本更新监测模型。同时，它可以有效地将操作工况的正常切换与过程动态异常区分开，从而可以针对实际过程异常及时触发警报，并可以针对新的操作工况有效地更新监测模型。本章使用一个仿真过程和两个实际工业过程验证了基于递归 ESFA 的自适应监测方案的性能。实验结果表明，该方法可以有效地适应正常的过程变化，并能准确地检测出真实的动态异常。

参考文献

[1] ODIOWEI P E P, CAO Y. Nonlinear dynamic process monitoring using canonical variate analysis and kernel density estimations [J]. IEEE Transactions on Industrial Informatics, 2010, 6(1): 36-45.

[2] LIU Q, QIN S J, CHAI T Y. Unevenly sampled dynamic data modeling and monitoring with an industrial application [J]. IEEE Transactions on Industrial Informatics, 2017, 13(5): 2203-2213.

[3] ZHAO C H, HUANG B. Incipient fault detection for complex industrial processes with stationary and nonstationary hybrid characteristics [J]. Industrial & Engineering Chemistry Research, 2018, 57: 5045-5057.

[4] WANG G, YIN S. Quality-related fault detection approach based on orthogonal signal correction and modified PLS [J]. IEEE Transactions on Industrial Informatics, 2015, 11(1): 310-321.

[5] ZHAO C H, GAO F R. Critical-to-fault-degradation variable analysis and direction extraction for online fault prognostic [J]. IEEE Transactions on Control Systems Technology, 2017, 25: 842-854.

[6] ZHAO C H, GAO F R. A sparse dissimilarity analysis algorithm for incipient fault isolation with no priori fault information[J]. Control Engineering Practice, 2017, 65: 70-82.

[7] ZHANG S M, ZHAO C H, WANG S, et al. Pseudo time-slice construction using a variable moving window k nearest neighbor rule for sequential uneven phase division and batch process monitoring

[J]. Industrial & Engineering Chemistry Research, 2017, 56(3): 728-740.

[8] ZHAO C H, SUN Y X. Multispace total projection to latent structures and its application to online process monitoring [J]. IEEE Transactions on Control Systems Technology, 2014, 22(3): 868-883.

[9] QIN Y, ZHAO C H, ZHANG S M, et al. Multimode and multiphase batch process understanding and monitoring based on between-mode similarity evaluation and multimode discriminative information analysis[J]. Industrial & Engineering Chemistry Research, 2017, 56(34): 9679-9690.

[10] QIN Y, ZHAO C H, GAO F R. An iterative two-step sequential phase partition(IT-SPP) method for batch process modeling and online monitoring[J]. AIChE Journal, 2016, 62(7): 2358-2373.

[11] YU J. Online quality prediction of nonlinear and non-Gaussian chemical processes with shifting dynamics using finite mixture model based Gaussian process regression approach [J]. Chemical Engineering Science, 2012, 82: 22-30.

[12] HSU C C, SU C T. An adaptive forecast-based chart for non-Gaussian processes monitoring: with application to equipment malfunctions detection in a thermal power plant [J]. IEEE Transactions on Control Systems Technology, 2011, 19: 1245-1250.

[13] YAN Z B, YAO Y. Variable selection method for fault isolation using least absolute shrinkage and selection operation (LASSO) [J]. Chemometrics and Intelligent Laboratory Systems, 2015, 146: 136-146.

[14] JIANG Q C, YAN X F, HUANG B. Performance-driven distributed PCA process monitoring based on fault-relevant variable selection and Bayesian inference [J]. IEEE Transactions on Industrial Electronics, 2016, 63(1): 377-386.

[15] ZHAO C H, HUANG B. A full-condition monitoring method for nonstationary dynamic chemical processes with cointegration and slow feature analysis [J]. AIChE Journal, 2018, 64(5): 1662-1681.

[16] LI W Q, ZHAO C H, GAO F R. Linearity evaluation and variable subset partition based hierarchical process modeling and monitoring [J]. IEEE Transactions on Industrial Electronics, 2018, 65(3): 2683-2692.

[17] LI G, QIN S J, ZHOU D H. Geometric properties of partial least squares for process monitoring [J]. Automatica, 2010, 46(1): 204-210.

[18] NOMIKOS P, MACGREGOR J F. Multiway partial least squares in monitoring batch processes [J]. Chemometrics and Intelligent Laboratory Systems, 1995, 30(1): 97-108.

[19] HYVARINEN A. Fast and robust fixed-point algorithms for independent component analysis [J]. IEEE Transactions on Neural Networks, 1999, 10: 626-634.

[20] HYVÄRINEN A, KARHUNEN J, OJA E. Independent component analysis: algorithms and applications [J]. Neural Networks, 2000, 13: 411-430.

[21] LEE J, YOO C, LEE I. Statistical process

monitoring with independent component analysis [J]. Journal Process Control, 2006, 14: 467-485.

[22] ZHANG Y W, ZHANG Y, Fault detection of non-Gaussian processes based on modified independent component analysis [J]. Chemical Engineering Science, 2010, 65: 4630-4639.

[23] SCHÖLKOPF B, SMOLA A, MÜLLER K R. Kernel principal component analysis [C] //International conference on artificial neural networks. Berlin: Springer, 1997: 583-588.

[24] LEE J, et al. Nonlinear process monitoring using kernel principal component analysis [J]. Chemical Engineering Science, 2004, 59: 223-234.

[25] KU W, STORER R H, GEORGAKIS C. Disturbance detection and isolation by dynamic principal component analysis [J]. Chemometrics and Intelligent Laboratory Systems, 1995, 30: 179-196.

[26] CHEN J H, LIU K. On-line batch process monitoring using dynamic PCA and dynamic PLS models [J]. Chemical Engineering Science, 2002, 57: 63-75.

[27] LEE J, YOO C, LEE I. Statistical monitoring of dynamic processes based on dynamic independent component analysis [J]. Chemical Engineering Science, 2004, 59: 2995-3006.

[28] SHANG C, YANG F, GAO X Q, et al. Concurrent monitoring of operating condition deviations and process dynamics anomalies with slow feature analysis [J]. AIChE Journal, 2015, 61 (11): 3666-3682.

[29] SHANG C, HUANG B, YANG F, et al. Slow feature analysis for monitoring and diagnosis of control performance [J]. Journal of Process Control, 2016, 39: 21-34.

[30] WISKOTT L, SEJNOWSKI T J. Slow feature analysis: unsupervised learning of invariances[J]. Neural Computation, 2002, 14: 715-770.

[31] ZHANG Z, TAO D. Slow feature analysis for human action recognition [J]. IEEE Transactions on Pattern Analysis and Machine Intelligence, 2012, 34: 436-450.

[32] SHANG C, YANG F, HUANG B, et al. Recursive slow feature analysis for adaptive monitoring of industrial processes [J]. IEEE Transactions on Industrial Electronics, 2018, 65 (11): 8895-8905.

[33] LI W H, YUE H H, VALLE-CERVANTES S, et al. Recursive PCA for adaptive process monitoring [J]. Journal of Process Control, 2000, 20: 471-486.

[34] QIN S J. Recursive PLS algorithm for adaptive data modeling[J]. Computers and Chemical Engineering, 1998, 22: 503-514.

[35] PARLETT B N. The symmetric eigenvalue problem [M]. Englewood Cliffs, NJ: Prentice Hall, 1980.

[36] CYLLUM J, WILLOUGHBY R A. Lanczos algorithm for large symmetric eigenvalue computations: Vol. I Theory[M]. Boston: Birkhauser, 1985.

[37] PAIGE C C. Accuracy and effectiveness of the Lancozos algorithm for the symmetric eigenproblem [J]. Linear Algebra and its Applications, 1980, 34: 235-258.

[38] PARZEN E. On estimation of a prob-

ability density function and mode [J]. The Annals of Mathematical Statistics, 1963, 33: 1065-1076.

[39] BIROL G, ÜNDEY C, ÇINAR A. A modular simulation package for fed-batch fermentation: penicillin production [J]. Computers and Chemical Engineering, 2002, 26: 1553-1565.

[40] KADLEC P, GRBIĆ R, GABRYS B. Review of adaptation mechanisms for data-driven soft sensors [J]. Computers & chemical engineering, 2011, 35(1): 1-24.

[41] ÜNDEY C, ERTUNÇ S, ÇINAR A. Online batch/fed-batch process performance monitoring, quality prediction, and variable-contribution analysis for diagnosis [J]. Industrial & Engineering Chemistry Research, 2003, 42(20): 4645-4658.

[42] ASHOORI A, MOSHIRI B, KHAKI-SEDIGH A, et al. Optimal control of a nonlinear fed-batch fermentation process using model predictive approach [J]. Journal of Process Control, 2009, 19(7): 1162-1173.

[43] LEE J M, YOO C K, LEE I B. Enhanced process monitoring of fed-batch penicillin cultivation using time-varying and multivariate statistical analysis [J]. Journal of Biotechnology, 2004, 110(2): 119-136.

[44] ZHANG Y W, LI S, TENG Y D. Dynamic process monitoring using recursive kernel principal component analysis [J]. Chemical Engineering Science, 2012, 72: 78-86.

[45] ZHAO C H, WANG W, GAO F R. Probabilistic fault diagnosis based on Monte Carlo and nested-loop Fisher discriminant analysis for industrial process [J]. Industrial and Engineering Chemistry Research, 2016, 55: 12896-12908.

[46] YU W K, ZHAO C H. Robust monitoring and fault isolation of nonlinear industrial processes using denoising autoencoder and elastic net [J]. IEEE Transactions on Control Systems Technology, 2019, 28(3): 1083-1091.

[47] YU W K, ZHAO C H. Low-rank characteristic and temporal correlation analytics for incipient industrial fault detection with missing data [J]. IEEE Transactions on Industrial Informatics, 2021, 17(9): 6337-6346.

[48] YU W K, ZHAO C H, HUANG B. MoniNet with concurrent analytics of temporal and spatial information for fault detection in industrial processes [J]. IEEE Transactions on Cybernetics, DOI: 10.1109/TCYB.2021.3050398.

[49] ZHAO C H, SUN Y X. Step-wise sequential phase partition (SSPP) algorithm based statistical modeling and online process monitoring [J]. Chemometrics and Intelligent Laboratory Systems, 2013, 125: 109-120.

[50] YU W K, ZHAO C H, HUANG B. Stationary subspace analysis-based hierarchical model for batch processes monitoring[J]. IEEE Transactions on Control Systems Technology, 2020, 29(1): 444-453.

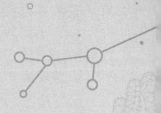

第 7 章
基于降噪自编码器和弹性网的非线性鲁棒监测与故障隔离

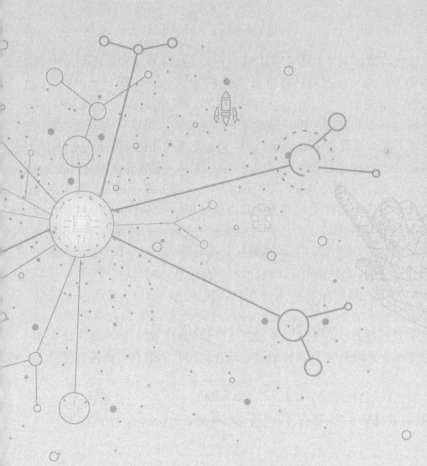

工业过程的鲁棒异常监测和可靠故障隔离通常面临过程非线性和噪声干扰等不同的挑战。本章提出了一种将降噪自编码器（Denoising Autoencoder, DAE）与弹性网（Elastic Net, EN）有效结合的新方法（DAE-EN）来解决上述问题。首先对降噪自编码器进行训练，以鲁棒地捕捉工业数据的非线性结构。然后，利用弹性网将编码器网络更新为稀疏模型，从而选择与每个神经元相关的关键变量。DAE-EN 根据提取的系统结构和保留的残差信息建立了两个监测统计量，并结合上述两个统计量构建了一个新的统计量，为过程样本提供了一个整体的测量。监测到故障后，利用稀疏指数判别分析（Sparse Exponential Discriminant Analysis, SEDA）对故障神经元进行识别，从而分离出每个故障神经元上的相关故障变量。所提方法的有效性通过两个实际工业过程进行了验证。实验结果表明，该方法能有效地监测出工业过程中的异常样本，并能准确地区分故障变量和正常变量。

7.1
概述

一般来说，过程监测由两个基本部分组成，分别是故障监测和隔离[1-8]。具体来说，故障监测用于监测工业过程的异常运行状态[9-12]，而故障隔离用于确定应对失控状态负责的关键变量[13-15]。作为一种常见的故障监测技术，单变量控制图可用于监测过程运行状态和提高生产产品质量。但是，其未考虑不同变量之间的关系，因此在处理多变量过程系统时效果较差。为了克服这个缺点，近几十年来，基于多元统计方法提出了许多过程监测方案[13, 14]。其中，主成分分析（Principal Component Analysis, PCA）是使用最广泛的技术[16-20]。通过将历史数据投影到低维空间中，原始数据集的主要方差和残差信息可以分别计算为 Hotelling 的 T^2 统计量和 Q 统计量。通过这种方式，可以有效地监测工业过程的异常状态。但是，利用 PCA 建立监测模型需要假设过程数据服从高斯分布，这限制了该方法的实用效果。独立成分分析（Independent Component Analysis, ICA）[21-24]可以提取相互独立的成分，并使用高阶统计量来识别非高斯关系。因此，基于独立成分分析算法[23]的过程监测方案可用于处理工业过程而不需要高斯分布假设。但是，它们本质上都是线性方法，在处理非线性工业过程时，它们的性能可能会不尽人意。此外，潜在变量涉及所有变量的线性组合，因此不能有效地为异常状态隔离故障变量。

在过去的几十年中，已经提出了许多用于非线性过程分析的方法来解决线性监测方法的不足，包括核主成分分析（Kernel Principal Component Analysis, KPCA）[25, 26]

和自编码器（Autoencoder，AE）[27,28]。通过使用核函数将数据从低维空间映射到高维空间，核主成分分析[25,26]可以从数据集中提取非线性信息。在这种思想的基础上，提出了一种基于核主成分分析算法[26]的过程监测方案，以处理具有非线性特征的工业过程。但是，核主成分分析算法需要选择适当的核函数，并且需要大量时间来训练监测模型[27]。此外，核主成分分析无法有效地隔离异常状态的故障变量，并且在处理带有噪声的工业过程时可能不够鲁棒。自编码器[28]是一种非线性降维方法，它可以通过训练中心层较小的多层神经网络将高维数据转换为低维神经元。可以利用这种方法来学习输入数据在低维流形中的非线性结构。在本章参考文献[27]中，自编码器被应用于工业过程中以监测异常。利用自编码器的优势，所建立的模型在处理非线性过程中取得了很好的效果。但是，所开发的模型是所有变量的非线性组合，这意味着监测结果难以解释，而且故障变量也很难被隔离。此外，自编码器对环境噪声敏感，因此建立的模型可能不够鲁棒。

本章提出了一种基于降噪自编码器（Denoising Autoencoder，DAE）[29,30]和弹性网（Elastic Net，EN）[31-33]的过程监测方案以解决上述问题。所提出方法的关键问题是如何从具有环境噪声的工业过程数据中可靠地提取非线性信息，以及如何准确地隔离异常状态对应的故障变量。在提出的基于 DAE-EN 的监测方法中，使用历史数据集训练降噪自编码器网络。然后，使用弹性网导出的结果将其编码器网络更新为稀疏模型，以便仅使用关键变量建立自编码器。此后，基于提取的隐藏神经元来建立 A^2 统计量，以捕获低维流形中数据集的系统变化，并根据剩余的重构误差计算 SPE 统计量，以测量重构结果的残差信息。将这两个统计量组合在一起构成 Combine 统计量，以提供对过程样本的总体度量。在监测到异常之后，采用稀疏指数判别分析（Sparse Exponential Discriminant Analysis，SEDA）算法[34]来区分正常状态和异常状态，并根据所得的稀疏判别方向来识别故障神经元。由于降噪自编码器中的非线性映射是单调函数，不会影响神经元中不同变量的重要性排序。因此，可以避开非线性激活函数的影响，有效地隔离导致异常状态的关键变量。

本章的主要贡献总结如下：

① 利用激活函数的连续性，可以使用稀疏模型逼近原始模型，进而通过关键变量构成的 DEA-EN 模型来可靠地捕获历史数据中的非线性结构。

② 根据激活函数的单调性，可以避开非线性激活函数的影响，进而确定故障相关的神经元，以进一步隔离引起过程异常的关键变量。

本章的其余部分安排如下。7.2 节介绍降噪自编码器并分析了所提方法的动机。在 7.3 节中，介绍基于 DAE-EN 的监测方案的具体内容及其在过程监测和故障隔离中的应用。7.4 节使用数值仿真过程和实际工业过程验证了所提出方法的性能。最后，7.5 节对本章的结论进行了总结。

7.2 方法回顾与动机分析

7.2.1 降噪自编码器

自编码器[28]可以看作是主成分分析算法的非线性推广,它可以将高维数据转换为低维流形,并使用"编码器"和"解码器"网络实现数据的重构。尽管可以训练自编码器来精确地重构输入数据,但对于含有环境噪声的数据,自编码器的重构效果可能不佳。DAE 由 Vincent 等人[29, 30]提出,是基础自编码器的改进版本,可以从嘈杂的输入数据中提取鲁棒的信息。DAE 的结构如图 7-1 所示。为了便于理解,我们使用不同的颜色来表示不同的变量,并使用白色来表示具有零值的变量。如图 7-1 所示,使用本章参考文献[29]中提出的方法,通过随机将所需比例的元素强制为零来破坏原始数据。之后,将损坏的数据输入神经网络作为输入层。神经网络的重构结果应近似于原始数据。通过这种方式,可以消除干扰,进而捕获输入样本的稳定结构[29]。

DAE 中的原始数据定义为 $\boldsymbol{x}=[x_1, x_2, \cdots, x_p]$,其中 $x_i \in [0,1]$。通过强制将所需比例的随机元素设为零进行破坏得到 $\tilde{\boldsymbol{x}}=[\tilde{x}_1, \tilde{x}_2, \cdots, \tilde{x}_p]$[29]。之后,将损坏的数据输入"编码器"网络以计算隐藏层 $\boldsymbol{a}=[a_1, a_2, \cdots, a_r]$。

$$\boldsymbol{a} = f(\boldsymbol{x}) = \sigma(\boldsymbol{W} \times \tilde{\boldsymbol{x}} + \boldsymbol{b}) \tag{7-1}$$

式中,$\boldsymbol{W}$ 为 $r \times p$ 维的权重矩阵;$\boldsymbol{b}$ 为偏置向量;$\sigma(\cdot)$ 为非线性的激活函数。

"解码器"从之前得到的隐藏层 $\boldsymbol{a}$ 中重构出输入向量得到 $\hat{\boldsymbol{x}}$。

$$\hat{\boldsymbol{x}} = g(\boldsymbol{a}) = \sigma(\boldsymbol{W}' \times \boldsymbol{a} + \boldsymbol{b}') \tag{7-2}$$

式中,与"编码器"相似,$\sigma(\cdot)$ 为 Sigmoid 函数;$\{\boldsymbol{W}', \boldsymbol{b}'\}$ 为网络的参数。

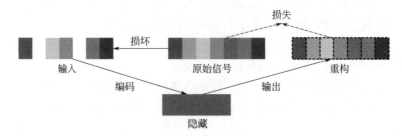

图 7-1 降噪自编码器示意图

一般来说，权重可以被设置为 $W^T = W'$。这种情况下，该编码器被称为捆绑权重[28]。这些参数可以通过求解下述优化问题得到：

$$\{W, b, b'\} = \underset{W, b, b'}{\arg\min}\, L(x, \hat{x}) \tag{7-3}$$

式中，$L(x, \hat{x})$ 为损失函数，它可以被选择为传统的均方误差或者重构交叉熵。优化问题可以通过随机梯度下降进行求解[28]。

损坏率用于决定有多少比例的元素被设置为零[29]。具体而言，该参数的较小值通常会生成准确的重构模型，而该参数的较大值可以建立能够有效缓解环境噪声的鲁棒模型。因此，如果在受到环境噪声干扰的情况下收集过程数据，则应将损坏率设置为较大的值以提取鲁棒的特征。否则，应将损坏率设置为较小的值，以获得准确的重构结果。

7.2.2　问题陈述与动机分析

本小节将引入一个简单的案例来说明 DAE 相对于 PCA、ICA 和 KPCA 算法的优越性。类似于本章参考文献[23]和[26]，我们考虑了两个源变量。X 轴上的源变量服从均匀分布，而 Y 轴上的源变量可以使用式（7-4）进行计算。样本总数为 1000，散点图如图 7-2 所示。

$$\begin{aligned}&x \sim U(0,1)\\&y = |0.4 \times \sin(2\pi x)| + 0.3 + N(0, 0.1)\end{aligned} \tag{7-4}$$

如图 7-2 所示，显然 X 轴和 Y 轴之间的关系是非线性的。因此，生成的数据集适用于验证 DAE 算法的性能。基于此数据集，对 PCA、ICA、KPCA 和 DAE 算法进行了训练，并在图 7-2 中分别描述了它们相应的投影结果。对于 KPCA 算法，测试了四个常见的核函数（即线性、Sigmoid、多项式和高斯）。高斯核函数的实验结果以图 7-3（c）为例进行说明。为了进行公平的比较，对于 KPCA 算法，仅考虑方差最大的前两个分量。DAE 算法的隐藏层中神经元的数量设置为 2（即源变量的数量）。此外，将其损坏率设置为 0.1，学习率设置为 0.01。

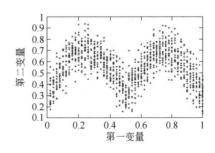

图 7-2　案例所用样本的散点图

图 7-3 中的实验结果表明，PCA 算法无法通过将数据集投影到特征空间中来提取数据集的主要变化。与 PCA 算法相似，ICA 算法本质上是线性方法，因此也无法从数据集中提取有用的信息。KPCA 算法是一种非线性方法，但是其性能受

到核函数的限制。常见的核函数为 Sigmoid 核函数、高斯核函数、多项式核函数和线性核函数。但是，它们都不能有效地捕获数据集的非线性结构。DAE 算法的实验结果表明，X 变量的变化远大于 Y 变量。此外，还可以保持原始数据集的数据结构。也就是说，DAE 算法可以在低维流形上捕获数据集的系统结构，这与本章参考文献[29]中得出的结论是一致的。

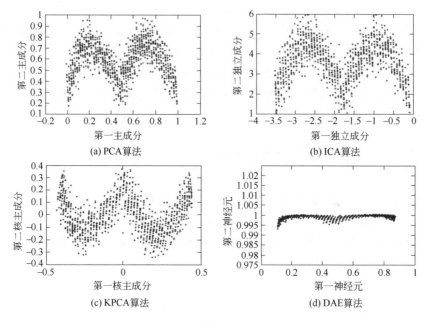

图 7-3　四种算法的投影结果

7.3 方法介绍

7.3.1　DAE-EN 算法

DAE 算法可以在没有线性假设的情况下，从嘈杂的数据集中鲁棒地捕获过程变化的主要因素。当其应用于工业过程数据时，从正常运行状态提取的神经元可以捕获数据的非线性结构。因此，将 DAE 与统计过程监测技术相结合对监测和识别异常状态非常有帮助。但是，DAE 算法的神经元包含所有变量的非线性组合，这意味着监测结果可能难以解释，而故障变量则很难从正常变量中分离出来。

DAE-EN 算法是通过将 DAE 和 EN 算法集成在一起而建立的，因此它可以用较少的变量可靠地提取非线性特征。

对正常操作数据进行预处理，以使数据集中的每个变量都大于 0 且小于 1。基于预处理的数据，可以使用随机梯度下降法训练 DAE 网络[28]。"编码器"网络被分解为两个部分，包括线性组合和非线性映射。具体来说，在隐藏层中为第 i 个神经元定义 $a_i = \sigma(\boldsymbol{w}_i \times \boldsymbol{x} + \boldsymbol{b})$。DAE-EN 算法使用稀疏解 β_i 替换权重 w_i。可以使用弹性网[33]按如下公式计算稀疏解。

$$\beta_i = \arg\min \|\boldsymbol{w}_i \boldsymbol{S} - \beta_i \boldsymbol{S}\|_2^2 + \lambda \|\beta_i\|_1 + \gamma \|\beta_i\|_2^2 \tag{7-5}$$

式中，$\boldsymbol{S}(p \times n)$ 代表正常运行的数据 $\boldsymbol{S} = [\boldsymbol{s}_1, \boldsymbol{s}_2, \cdots, \boldsymbol{s}_n]$；$\lambda$ 和 γ 为 1 范数和 2 范数各自对应的惩罚因子。

式（7-5）中的优化问题可以用弹性网算法求解[33]。由此，可以获得仅具有关键变量的近似于原始解的解决方案。通常，降噪自编码器中的激活函数可以选择为 "Sigmoid" 或 "tanh"[28, 29]，并且它们都是连续且单调的。由于激活函数的连续性，DAE-EN 模型中的隐藏神经元近似于 DAE 模型中的隐藏神经元。也就是说，DAE-EN 模型也可以可靠地捕获 DAE 模型提取的非线性结构。此外，由于激活函数是单调增加的，在将元素映射为非线性形式后，元素的顺序不会受到干扰。因此，隐藏神经元中的关键变量也是线性组合的关键变量。这样，当我们将故障变量与正常变量隔离时，可以忽略激活函数的影响。因此，可以简化神经网络的模型并提高其可解释性。"解码器"网络保持不变，这意味着网络的输出计算为 $\hat{\boldsymbol{x}} = \sigma(\boldsymbol{W}^T \times \boldsymbol{a} + \boldsymbol{b}')$。

7.3.2 基于 DAE-EN 的过程监测

基于正常运行期间收集的历史数据，可以通过使用系统方差和残差信息构建统计量来进行过程监测。这样，可以用过程状态与正常表现进行比较以便监测到过程干扰和故障。本章提出了一种基于 DAE-EN 算法的过程监测和故障隔离策略，以集成 DAE 和 EN 算法的优点。在此策略中，从过程模型中计算出三种类型的统计信息，包括过程样本的系统变化、残差信息和总体测量。DAE-EN 策略中的离线训练部分的流程图如图 7-4 所示，其详细信息如下。

用于测量过程的系统变化的统计量定义为统计量 A^2，与基于 PCA 的监测方案中的统计量 T^2 相似。可以使用下式计算：

$$A^2 = \sum_{i=1}^{r} (a_i - \bar{a}_i)^2 / \sigma_i^2 \tag{7-6}$$

式中，a_i 为在线样本的第 i 个神经元；$\bar{a}_i$ 和 σ_i^2 分别为 DAE-EN 网络中第 i 个神经

元的均值和方差；r 为保留的隐藏神经元的数量，其详细信息请参见 7.3.4 节。

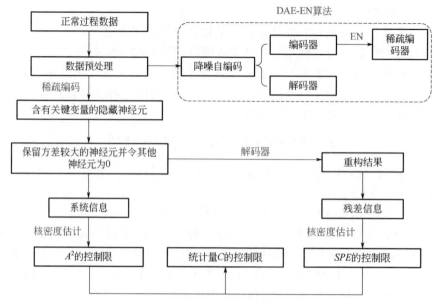

图 7-4　离线建模的流程图

使用 DAE-EN 算法提取隐藏的神经元可以减轻噪声的影响。因此，统计量 A^2 可以系统地准确测量到原点的距离。此外，它还可以用于在几乎不受环境噪声干扰的情况下进一步识别异常状态的故障变量。

在计算统计量 A^2 之后，应提取过程数据的残差信息。在基于 DAE-EN 的监测策略中，其他神经元的值被强制为零，以便仅使用主要信息来重构输入信号。重构误差被视为 DAE-EN 算法的残差部分，可以将其计算为 $\Delta = x - \hat{x}$。因此，统计量 SPE 表示如下：

$$SPE = (\Delta - \bar{\Delta})^{\mathrm{T}}(\Delta - \bar{\Delta}) \tag{7-7}$$

式中，$\bar{\Delta}$ 为正常情况下重构误差的均值，可以利用历史数据计算得到。

统计量 SPE 是基于 DAE-EN 模型的重构误差构造的，该误差代表过程数据的残差信息。与 PCA 算法类似，此统计信息可用于监测异常情况，这些异常情况的可变性破坏了正常过程的相关性。

如 7.2 节所述，两个统计量中包含的信息满足方程式 $x = \sigma(W' \times a + b') + \Delta$。在建立监测模型时，使用隐藏的神经元来计算统计量 A^2，因此它包含输入信号的主要信息。通过重构结果与输入信号之间的偏差构造统计量 SPE，该信号主要包含噪声信息并且通常变化很小。因此，基于 DAE-EN 的模型计算出的统计量 A^2 和 SPE 以互补的方式全面说明了异常情况。如果输入信号异常，则所提取的隐藏神经元或所获得的重构误差将与正常情况相违背。因此，统计量 A^2 或 SPE，或者两者都将超过其相应的控制限。这样，可以基于两个统计信息来监测异常状态。需要注意的是，尽管在 DAE-EN 算法中上述两个统计的定义参考了 PCA[20]和 ICA[23] 算法，但是提取的信息及其适用条件是不同的。PCA 算法提取具有最大方差的线性特征，以建立用于监测过程干扰的监测模型。ICA 算法从历史数据中提取非高斯信息以监测过程异常。与上述两种方法相比，DAE-EN 算法可以可靠地捕获历史数据的非线性特征以进行过程监测，并隔离故障变量以进一步分析故障原因。

由于统计量 A^2 和 SPE 以互补的方式运行，因此可以开发将它们组合在一起的统计数据，从而对过程样本进行总体测量。将该统计定义为组合指标 C：

$$C = \frac{A^2}{contr(A^2)} + \frac{SPE}{contr(SPE)} \tag{7-8}$$

式中，$contr(A^2)$ 为统计量 A^2 的控制限；$contr(SPE)$ 为统计量 SPE 的控制限。它们的值必须在计算统计量 C 之前得到。

一旦建立了统计模型，就应该定义正常操作区域，以确定过程是否处于受控状态。在基于常规 PCA 的监测方案中，可以分别使用 F 分布和卡方分布来计算统计量 T^2 和 SPE 的控制限。这是一种处理高斯分布过程数据有效的方式。但是，实际工业过程中的变量可能不受高斯分布的影响，即：不能直接从特定的近似分布中确定 DAE-EN 方案中统计量 A^2、SPE 和 C 的控制范围。本章采用核密度估计（Kernel Density Estimation，KDE）[35]来计算基于 DAE-EN 的监测策略的控制限。类似于本章参考文献[23]和[27]，将使用 KDE 基于正常历史数据来估算统计量 A^2、SPE 和 C 的概率密度函数。使用核密度估计来确定控制限的优势在于，它在给定数据集的建模中提供了更大的灵活性，并且与传统方法相比不受规格偏差的影响。但是，经验分布对异常值比较敏感，并且可能难以选择用于核密度估计的适当带宽[36]。

假设核函数为 K(x)，那么单变量核估计可以按下式进行计算。

$$h(\theta) = \frac{1}{n\rho} \sum_{i=1}^{n} K \frac{\theta - \theta_i}{\rho} \tag{7-9}$$

式中，θ 为要考虑的数据点；θ_i 为历史数据集中的观测值；ρ 为带宽；n 为训练数据中的样本数。本章选择标准正态分布作为密度函数 K(x)。

故障监测可以表述为二元假设检验问题，即：假设测试样本是正常的，则定义了零假设。基于该假设，建立了三个统计量 A^2、SPE 和 C，并使用核密度估计[35]来估计它们对应的概率密度函数。对于测试样本，计算其统计信息以进行重要性测试。通常，概率小于 0.05 或 0.01 的事件在一次测试中不太可能发生[37, 38]。可以将它们视为罕见事件，它们倾向于拒绝原假设。当涉及故障监测时，这些测试样本被认为是工业过程的异常。基于此思想，对于统计量 A^2、SPE 和 C，选择占据密度函数95%或99%面积的点作为正常运行数据的控制限。

对于在线样本，使用类似于正常训练数据的方法对其进行归一化。之后，使用稀疏编码器计算归一化样本的隐藏表示 a_{new}。保留具有较大方差的神经元以反映系统信息，并使用式（7-6）计算统计量 A^2。强制其他神经元的值为零，然后重构信号以提取残差信息。因此，可以使用式（7-7）基于残差信息来计算统计SPE。基于上述两个统计量，可以通过使用式（7-8）将它们组合在一起来获得统计量 C。如果样本的统计数据在已制定的控制范围内，则将新样本视为正常样本。否则，将其视为异常情况，应采用相应的故障隔离方法来隔离故障变量。DAE-EN策略中在线监测部分的流程图如图 7-5 所示。

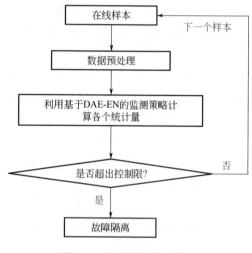

图 7-5 在线监测的流程图

7.3.3 基于 DAE-EN 的故障隔离

7.3.2 节介绍了一种监测工业过程中异常样本的策略。但是，它没有提供引起异常情况的变量信息。本小节提出了一种故障隔离方法来识别导致过程失控的变量。统计量 SPE 和 C 涉及工业过程的嘈杂信息，因此故障变量隔离方法主要关注统计量 A^2。统计量 A^2 是使用由 DAE 算法提取的隐藏神经元来监测异常状态的。因此，在基于 DAE-EN 的故障隔离算法中，应首先识别造成故障情况的神经元。这样，由 DAE 算法的属性[29]，也可以减轻噪声的影响。之后，可以将与故障神经元相对应的变量视为异常状态的故障变量。

对于在线故障监测，过程样本会因为异常情况而出现连续失控状态。将这些异常样本作为故障类别，然后使用判别分析方法计算正常样本与异常样本之间的主要差异。稀疏指数判别分析（SEDA）方法[34]解决了类内协方差矩阵的奇异性问题，并提高了判别模型的可解释性。该方法用于识别过程监测问题中的故障神经元。将类间和类内协方差矩阵分别定义为 S_b 和 S_w。然后，它们的指数形式可以分别计算为 $\Sigma_b = \exp(S_b)$ 和 $\Sigma_w = \exp(S_w)$。这样，SEDA 算法的目标函数可以表示如下：

$$\arg\max_{w} w^T \Sigma_b w - \tau \|w\|_1 \quad \text{s.t. } w^T \Sigma_w w = 1 \tag{7-10}$$

式中，τ 为 1 范数的惩罚因子；w 为判别模型的最优投影方向。

对于两类数据，仅提取一个判别方向以识别导致异常情况的神经元。通常，与判别方向的非零系数相对应的神经元被认为是造成异常情况的原因。有关 SEDA 算法的更多详细信息，请参见本章参考文献[34]。如 7.3.1 节所述，编码器的激活函数是单调递增的，因此当我们将故障变量与正常变量隔离时，可以忽略激活函数的影响。此外，使用弹性网将"编码器"网络更新为稀疏模型，以查找与每个神经元相关的关键变量。据此，可以识别出与故障神经元相关的关键变量。

7.3.4 方法相关的讨论

（1）关于统计量 A^2 中的保留神经元数量

在 DAE 算法中，保留在隐藏层中较多数量的神经元通常会使得重构结果具有更高的准确性。相反，隐藏层中较少数量的神经元通常意味着数据集的变化可以集中在具有较小尺寸的流形中。在本章中，神经元的数量设置为变量的数量，这样既不会太大也不会太小。在基于 DAE-EN 的监测策略中，使用类似于 PCA 方法的累积方差贡献率来确定保留神经元的数量。也就是说，首先使用训练数据来计算隐藏层中每个神经元的方差。然后，保留 r 个最大方差的神经元，以保持 90%的数据可变性。这样，可以捕获过程的系统信息，从而可以准确地计算出统计量 A^2。

（2）如何计算 DAE 中的学习率

学习率表示 DAE 模型中随机梯度下降算法的迭代步长。在这项研究中，其值是使用 K 折交叉验证法确定的。具体而言，将训练数据随机分为 K 个大小相等的子样本。其中，$K-1$ 个子样本用作训练数据，剩余一个作为测试所获模型性能的验证数据。然后，将交叉验证过程重复 K 次（倍数），使得 K 个子样本中的每一个恰好使用一次作为验证数据。然后可以将 K 个结果取平均值以产生一个指标。

在本研究中，以重构精度为指标，选择具有最佳重构性能的学习率来建立 DAE 模型。

（3）关于惩罚因子

在提出的方法中，应考虑三个惩罚因子。在 EN 算法[33]中，1 范数惩罚起主导作用，2 范数惩罚用于调节所选变量。因此，通常将带有 2 范数惩罚的参数设置为非常小的正值。EN 算法中的 1 范数惩罚损失实际上是所提出的 DAE-EN 模型的准确性和可解释性之间的折中。具体而言，1 范数惩罚的较大权重意味着可以获得具有更好泛化能力的简约模型。相反，较小的 1 范数惩罚权重通常会得出准确的模型。SEDA 算法和 EN 算法中的 1 范数惩罚起着类似的作用，可以使用 K 折交叉验证法来选择 EN 和 SEDA 算法的 1 范数惩罚因子。在这项研究中，分别选择回归和分类精度作为 EN 和 SEDA 算法的指标。

7.4 方法验证与结果分析

本节将使用两个实际的工业过程来验证所提出的基于 DAE-EN 的过程监测和故障隔离策略的性能。本研究采用多变量控制图和三种常用的故障监测方法进行比较，包括多变量 Shewhart 图[41]、PCA 算法[20]、KPCA 算法[26]和正交非线性主成分分析（O-NPCA）[39, 40]。其中，Shewhart 图可以对过程样本进行整体测量，PCA 是最常用的线性监测策略，KPCA 是非线性监测模型的典型方法，而 O-NPCA 是具有降噪能力的非线性监测方案。这样，可以清楚地说明所提出的方法相对于传统方法（例如线性方法、非线性方法和具有降噪能力的非线性方法）的优势。

7.4.1 热电厂生产过程

本小节将采用从浙江省某热电厂收集的过程数据来说明所提出方法的性能。电厂的热力系统主要包括两个子系统，即锅炉系统和蒸汽系统[42-47]。水被锅炉系统加热成高压高温的蒸汽，然后蒸汽被输送到驱动发电机的蒸汽轮机系统。磨煤机是锅炉系统生产煤粉的主要设备，也是发电厂噪声污染的主要来源。对于磨煤机的减速齿轮箱，共收集了包含 21 个测量变量的 351 个样本。在这个案例中，采用导致温度异常的故障作为案例。此故障影响了 4 个变量，包括变量 1、7、13 和 19，可以将它们视为故障变量。

监测方法对正常数据和异常数据的效果可以使用虚警率（f）和探测率（d）来分别衡量，它们可以利用下式进行计算：

$$f = N_n^f / N_n, \quad d = N_f^d / N_f \tag{7-11}$$

式中，N_n 和 N_f 分别为正常数据和异常数据的样本总数；N_n^f 为被误认为是过程异常的正常样本；N_f^d 为准确探测的异常样本。

在火力发电厂实验中，将 DAE 算法隐藏层中的神经元数量设置为样本中的变量数量。选择 Sigmoid 函数作为 DAE 模型的激活函数，并将学习率和损坏率分别设置为 0.1 和 1/8。调整了 Shewhart 图[41]、PCA[20]、KPCA[23]和 O-NPCA[26]的超参数，以提供最佳的实验结果。需要指出的是，在 Shewhart 图和基于 O-NPCA 的方法中仅建立了一种监测统计量。表 7-1 总结了这五种监测策略的监测准确性。在这个案例中，对所有五种方法的置信度均设置为 99%。如表 7-1 所示，这五种算法在处理正常数据时均表现良好。对于故障过程，Shewhart 图可以 95.82%的精度有效地进行监测。基于 PCA 的监测策略可以使用统计量 SPE 准确地监测故障。但是，其统计量 T^2 无法有效地监测到 230~351 之间的异常样本。KPCA 方法的监测结果与 PCA 方法的监测结果相似。也就是说，其统计量 SPE 可以有效地监测到干扰，而统计量 K^2 的性能较差。对于基于 O-NPCA 的监测策略，可以使用提取的残差信息有效地监测故障。与这四个对比算法相比，实验结果表明，提出的 DAE-EN 算法可以使用所有这三个统计数据有效地监测到干扰。具体而言，对于正常和异常过程，所提出的 DAE-EN 算法都具有比对比算法更好的监测性能。这主要是因为所提出的方法可以更好地捕获具有环境噪声的历史过程数据的非线性结构。

表 7-1 使用不同算法的火电厂误报率（N：正常过程）和监测精度（F：故障过程）

	算法	Shewhart	PCA	KPCA	O-NPCA	DAE-EN
N	Sys	—	1.14%	1.14%	—	0.85%
	Res	—	2.56%	1.14%	2.31%	0.85%
	Ove	1.06%	—	—	—	0.85%
F	Sys	—	83.76%	84.05%	—	93.16%
	Res	—	100.0%	99.43%	92.46%	99.72%
	Ove	95.82%	—	—	—	99.72%

注：Sys 表示系统的，Res 表示剩余的，Ove 表示总体的。

在监测到异常之后，应隔离故障变量以识别干扰的故障原因。统计量 SPE 的性能优于统计量 T^2，因此采用 PCA 算法中统计量 SPE 的贡献图进行比较。在

O-NPCA 算法中，采用统计量 *SPE* 的重构方法进行比较。对于 PCA 和 O-NPCA 算法，都选择第一个监测到的异常样本以识别干扰的故障变量。在基于 DAE-EN 的方法中，将 100 个正常样本用作参考。使用 50 个故障样本进行变量隔离，它们取自于故障发生之后的一小段时间，因此我们可以假设故障特征没有显著变化。本章采用 SEDA 算法建立正常样本与异常样本的判别模型，保留了 16 个神经元以代表过程的系统变化。SEDA 算法选择第 10 个神经元作为异常的故障神经元[34]。使用已建立的弹性网，可以识别过程异常的故障变量。这三种算法的故障隔离结果如图 7-6 所示。该图的 X 轴表示变量的数量，Y 轴表示不同变量的权重。如图 7-6 所示，这三种算法都选择变量 1、7、13 和 19 作为关键变量，这些变量应负责处理异常。但是，与对比算法相比，所提方法将正常变量的权重压缩为零。因此，可以更好地区分故障变量，并且更易于解释该模型。

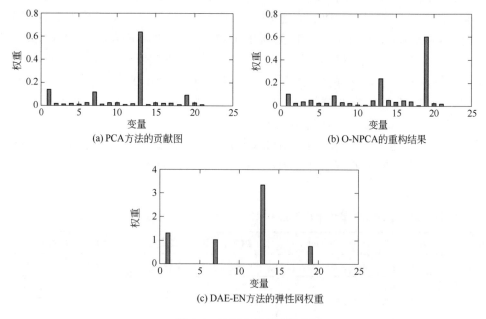

图 7-6　故障变量隔离结果

7.4.2　卷烟生产过程

本小节将所提出的基于 DAE-EN 的监测策略应用于卷烟生产过程，进行过程监测和故障隔离以验证其性能。切割工艺包括烟叶加工、烟丝加工以及混纺和加香，是卷烟生产过程中重要的过程之一。在这三个操作部分中，本次研究考虑了将叶片转化为叶片丝的烟丝加工操作。烟丝加工中的主要操作机器是 SIROX 加温加湿机和滚筒干燥（KLD）机[42]。首先对烟丝进行充气并将其润湿，然后将其水分含量从 20%干燥至 12%。在这种情况下，对 23 个变量进行采样以反映所选操作部分的状态，采用了两种典型的卷烟生产过程故障，包括蒸气压阀开度的增加（故障1）和 KLD 热风速度的阶跃变化（故障2）。由于变量之间的相关性，故障 1 中包含 7 个变量（包括变量 11、12、15、20、21、22 和 23），而故障 2 影响了 6 个变量（包括变量 18、19、20、21、22 和 23）。有关卷烟生产过程的更多详细信息，请参阅本章参考文献[48-50]。在这种情况下，正常和异常情况下都有 595 个样本。监测模型是利用正常数据建立的，并使用正常数据和异常数据测试其性能。由于不寻常的天气变化，卷烟生产过程中的工作温度和空气湿度经常变化。因此，收集的数据中存在环境噪声，它与本章参考文献[48]中使用的数据不一样。

与前面的情况类似，将 DAE 算法隐藏层中的神经元数量设置为样本中的变量数量。选择 Sigmoid 函数作为 DAE 算法的激活函数。对于选定的对比算法，包括 Shewhart 图、PCA 算法、KPCA 算法和 O-NPCA 算法，调整其参数以提供最佳监测结果以进行比较。对于这五种算法，在这种情况下的控制限均设置为 95%。与之前的情况类似，它们在正常数据和两个故障过程中的实验结果总结在表 7-2 中。正常数据的实验结果（N）表明，这五个监测模型的置信范围内都可以涵盖所有系统变化、残差信息和整体测量值。

表 7-2　使用不同算法的火电厂误报率（N：正常过程）和监测精度（F：故障过程）

算法		Shewhart	PCA	KPCA	O-NPCA	DAE-EN
N	Sys	—	8.74%	7.06%	—	5.04%
	Res	—	5.55%	6.05%	5.41%	5.04%
	Ove	6.32%	—	—	—	4.87%
F（故障1）	Sys	—	74.29%	98.00%	—	98.15%
	Res	—	99.33%	87.06%	97.92%	99.33%
	Ove	96.50%	—	—	—	99.66%
F（故障2）	Sys	—	40.34%	99.80%	—	100.0%
	Res	—	100.0%	90.92%	100.0%	100.0%
	Ove	98.10%	—	—	—	100.0%

注：Sys 为系统的，Res 为剩余的，Ove 为总体的。

对于所选的两种故障，Shewhart 图都可以有效地以 96.50%和 98.10%的精度监测过程异常。在基于 PCA 的监测策略中，可以使用剩余信息而非系统信息很好地捕获故障 1 和故障 2 的异常状态。与 PCA 算法相比，针对故障 1 和故障 2，基于 KPCA 的监测策略具有比 PCA 算法更好的监测性能。它同时使用系统信息和残差信息来监测故障样本，这主要是因为它可以从过程数据中提取非线性信息。与 KPCA 算法类似，O-NPCA 算法也可以从历史数据中捕获非线性信息。因此，它可以使用残差信息有效地监测卷烟生产过程中的这两个故障。与这四个对比算法相比，提出的 DAE-EN 算法可以使用设计的三个统计量来以最高的监测精度来监测两个故障中的过程异常。尽管所选的五种算法对于正常数据均表现良好，但只有所提出的方法可以有效地推广到异常情况。主要原因是所提出的方法可以使用降噪自编码器更好地捕获含噪过程数据的变化。

  监测到故障后，应隔离异常状态的故障变量。与前一种情况相似，采用了 PCA 的贡献图和 O-NPCA 的重构方法与所提出的方法进行比较。如表 7-2 所示，PCA 方法只能使用 SPE 统计信息有效地监测这两个故障。因此，在本研究中，其 SPE 贡献图用于隔离故障变量。分别在图 7-7（a）、（b）中显示了导致 PCA 和 O-NPCA 的第一个监测到的样本中 SPE 统计量偏差的变量。在基于 DAE-EN 的监测策略中，前 50 个样本用于为选定的两个故障隔离故障变量。图 7-7 中的实验结果表明，PCA 和 O-NPCA 算法不能有效地隔离两个故障的故障变量。与对比算法相比，提出的 DAE-EN 算法可以更准确地识别故障变量。具体而言，在基于 DAE-EN 的监测模型中，保留了 17 个隐藏的神经元以用于系统信息。在故障 1 中，使用 SEDA 算法选择了 3 个神经元，因此如图 7-7（c）的左侧所示，7 个故障变量被隔离。从图中可以看出，变量 9、11、12、15、20、21、22 被隔离为 DAE-EN 算法中的故障变量。在这些选择的变量中，只有变量 9 是正常变量，而不是故障变量 23。故障 2 的隔离结果在图 7-7（c）的右侧示出。在这种情况下，通过 SEDA 方法识别了两个故障神经元，据此使用弹性网隔离了 6 个故障变量。图中，变量 18、19、20、21、22、23 被隔离为故障变量。这与故障 2 的描述完全一致。与对比算法相比，该方法可以有效地将故障变量与正常变量区分开。此外，在该方法中，意义不大的变量的系数压缩为零。因此，DAE-EN 算法的故障隔离结果就很清晰而且更易于解释。

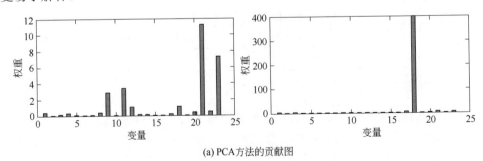

(a) PCA方法的贡献图

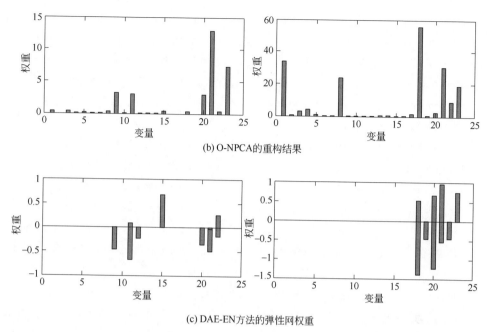

图 7-7 故障变量隔离结果（左边是故障 1，右边是故障 2）

7.5 本章小结

本章基于降噪自编码器和弹性网提出了一种名为 DAE-EN 的方法以监测工业过程并隔离故障变量。使用降噪自编码器算法，可以鲁棒地捕获带有噪声的过程数据的非线性结构。基于提取的信息，可以建立 A^2 和 SPE 统计量以分别描述系统变化和残差信息。通过组合上述两个统计量可以建立统计量 C，能够反映过程样本的整体情况。因此，可以据此建立监测模型，进而有效地监测工业过程中的异常状态。此外，通过弹性网更新降噪自编码器的编码网络，可以在监测到异常后有效地隔离故障变量。所提方法的性能通过两个实际的工业过程来验证。实验结果表明，该方法能够有效地检测出工业过程的异常状态，并能准确地将故障变量与正常变量区分开。

参考文献

[1] JIANG Y, FAN J L, CHAI T Y, et al. Dual-rate operational optimal control for flotation industrial process with unknown operational model [J]. IEEE

Transactions on Industrial Electronics, 2018, 66(6): 4587-4599.

[2] YU W K, ZHAO C H. Online fault diagnosis in industrial processes using multi-model exponential discriminant analysis algorithm [J]. IEEE Transactions on Control Systems Technology, 2018, 28(3): 1317-1325.

[3] ZHAO C H, GAO F R. Critical-to-fault-degradation variable analysis and direction extraction for online fault prognostic [J]. IEEE Transactions on Control Systems Technology, 2017, 25: 842-854.

[4] AHMED H, et al. A fault detection method for automatic detection of spawning in oysters [J]. IEEE Transactions on Control Systems Technology, 2016, 24(3): 1140-1147.

[5] YU W K, ZHAO C H. Cascaded regression network for meticulous quality prediction of industrial processes with spurious correlation. Journal of Process Control, 2021, 107: 47-57.

[6] ZHAO C H, GAO F R. Fault subspace selection approach combined with analysis of relative changes for reconstruction modeling and multifault diagnosis [J]. IEEE Transactions on Control Systems Technology, 2014, 24(3): 928-939.

[7] TAN S, WANG F L, PENG J, et al. Multimode process monitoring based on mode identification [J]. Industrial & Engineering Chemistry Research, 2012, 51: 374-388.

[8] YU W K, ZHAO C H, Recursive exponential slow feature analysis for fine-scale adaptive processes monitoring with comprehensive operation status identification [J]. IEEE Transactions on Industrial Informatics, 2018, 15(6): 3311-3323.

[9] ZHAO C H, SUN H. Dynamic distributed monitoring strategy for large-scale nonstationary processes subject to frequent varying conditions under closed-loop control [J]. IEEE Transactions on Industrial Electronics, 2019, 66(6): 4749-4758.

[10] JIANG Y, FAN J L, CHAI T Y, et al. Data-driven flotation industrial process operational optimal control based on reinforcement learning [J]. IEEE Transactions on Industrial Informatics, 2018, 14(5): 1974-1989.

[11] LIU Q, QIN S J, CHAI T Y. Decentralized fault diagnosis of continuous annealing processes based on multilevel PCA [J]. IEEE Transactions on Automation Science and Engineering, 2013, 10: 687-698.

[12] YU J. Online quality prediction of nonlinear and non-Gaussian chemical processes with shifting dynamics using finite mixture model based Gaussian process regression approach[J]. Chemical Engineering Science, 2012, 82: 22-30.

[13] ZHAO C H, SUN Y X. Multispace total projection to latent structures and its application to online process monitoring

[J]. IEEE Transactions on Control Systems Technology, 2014, 22(3): 868-883.

[14] HSU C C, SU C T. An adaptive forecast-based chart for non-Gaussian processes monitoring: with application to equipment malfunctions detection in a thermal power plant [J]. IEEE Transactions on Control Systems Technology, 2011, 19: 1245-1250.

[15] YAN Z B, YAO Y. Variable selection method for fault isolation using least absolute shrinkage and selection operation (LASSO) [J]. Chemometrics and Intelligent Laboratory Systems, 2015, 146: 136-146.

[16] JIANG Q C, YAN X F, HUANG B. Performance-driven distributed PCA process monitoring based on fault-relevant variable selection and Bayesian inference [J]. IEEE Transactions on Industrial Electronics, 2016, 63(1): 377-386.

[17] ZHAO C, HUANG B. A full-condition monitoring method for nonstationary dynamic chemical processes with cointegration and slow feature analysis [J]. AIChE Journal, 2018, 64(5): 1662-1681.

[18] LI W Q, ZHAO C H, GAO F R. Linearity evaluation and variable subset partition based hierarchical process modeling and monitoring [J]. IEEE Transactions on Industrial Electronics, 2018, 65(3): 2683-2692.

[19] CAO Z X, YANG Y, LU J Y, et al. Constrained two dimensional recursive least squares model identification for batch processes [J]. Journal of Process Control, 2014, 24(6): 871-879.

[20] LI W H, YUE H H, VALLE-CERVANTES S, et al. Recursive PCA for adaptive process monitoring [J]. Journal of Process Control, 2000, 10: 471-486.

[21] HYVARINEN A. Fast and robust fixed-point algorithms for independent component analysis [J]. IEEE Transactions on Neural Networks, 1999, 10: 626-634.

[22] HYVÄRINEN A, KARHUNEN J, OJA E. Independent component analysis: algorithms and applications [J]. Neural Networks, 2000, 13: 411-430.

[23] LEE J, YOO C, LEE I. Statistical process monitoring with independent component analysis [J]. Journal Process Control, 2006, 14: 467-485.

[24] ZHANG Y W, ZHANG Y. Fault detection of non-Gaussian processes based on modified independent component analysis [J]. Chemical Engineering Science, 2010, 65: 4630-4639.

[25] SCHÖLKOPF B, SMOLA A, MÜLLER K R. Kernel principal component analysis [C] //International conference on artificial neural networks. Berlin: Springer, 1997: 583-588.

[26] LEE J, et al. Nonlinear process monitoring using kernel principal component analysis [J]. Chemical Engineering Science, 2004, 59: 223-234.

[27] YAN W W, GUO P J, LI Z K. Nonlinear

and robust statistical process monitoring based on variant autoencoders [J]. Chemometrics and Intelligent Laboratory Systems, 2016, 158: 31-40.

[28] HINTON G, SALAKHUTDINOV R. Reducing the dimensionality of data with neural networks [J]. Science, 2006, 313 (5786): 505-707.

[29] VINCENT P, et al. Extracting and composing robust features with denoising autoencoders [C] //Proceedings of the 25th international conference on Machine learning. 2008: 1096-1103.

[30] VINCENT P, LAROCHELLE H, LAJOIE R I, et al. Stacked denoising autoencoders: learning useful representations in a deep network with a local denoising criterion [J]. Journal of Machine Learning Research, 2010, 11: 3371-3408.

[31] TIBSHIRANI R. Regression shrinkage and selection via Lasso [J]. Journal of the Royal Statistical Society: Series B (Methodological), 1996, 58: 267-288.

[32] EFRON B, HASTIE T, JOHNSTONE I, et al. Least angle Regression [J]. Annals of Statistics, 2004, 32: 407-499.

[33] ZOU H, HASTIE T. Regularization and variable selection via the elastic net [J]. Journal of the Royal Statistical Society: Series B(Methodological), 2005, 67 (2): 301-320.

[34] YU W K, ZHAO C H. Sparse exponential discriminant analysis and its application to fault diagnosis [J]. IEEE Transactions on Industrial Electronics, 2018, 65 (7): 5931-5940.

[35] PARZEN E. On estimation of a probability density function and mode [J]. The Annals of Mathematical Statistics, 1962, 33: 1065-1076.

[36] BOTEV Z I, GROTOWSKI J F, KROESE D P. Kernel density estimation via diffusion [J]. The Annals of Statistics, 2010, 38 (5): 2916-2957.

[37] HARROU F, NOUNOU M N, MADAKYARU M. Statistical fault detection using PCA-based GLR hypothesis testing [J]. Journal of Loss Prevention in The Process Industries, 2013, 26: 129-139.

[38] ANDERSON T W. An introduction to multivariate statistical analysis [M]. 3rd ed. New Jersey: Wiley, 2003.

[39] KRAMER M A. Nonlinear principal component analysis using autoassociative neural network [J]. AIChE Journal, 1991, 37 (2): 233-243.

[40] DOYMAZ F, CHEN J, ROMAGNOLI J A, et al. A robust strategy for real-time process monitoring [J]. Journal Process Control, 2001, 11: 343-359.

[41] MACGREGOR J F, KOURTL T. Statistical process control of multivariate processes [J]. Control Engineering Practice, 1995, 3 (3): 403-414.

[42] YU W K, ZHAO C H. Online fault diagnosis for industrial processes with Bayesian network-based probabilistic ensemble learning strategy [J]. IEEE Transactions on Automation Science and Engineering, 2019, 16 (4):

1922-1932.

[43] YU W K, ZHAO C H, HUANG B. Recursive cointegration analytics for adaptive monitoring of nonstationary industrial processes with both static and dynamic variations [J]. Journal of Process Control, 2020, 92: 319-332.

[44] ZHAO C H, SUN H. Dynamic distributed monitoring strategy for large-scale nonstationary processes subject to frequently varying conditions under closed-loop control [J]. IEEE Transactions on Industrial Electronics, 2018, 66 (6): 4749-4758.

[45] YU W K, ZHAO C H, HUANG B. Recursive cointegration analytics for adaptive monitoring of nonstationary Industrial processes with both static and dynamic variations [J]. Journal of Process Control, 2020, 92: 319-332.

[46] SUN H, ZHANG S M, ZHAO C H, et al. A sparse reconstruction strategy for online fault diagnosis in nonstationary processes with no a priori fault information [J]. Industrial & Engineering Chemistry Research, 2017, 56 (24): 6993-7008.

[47] CHEN J H, ZHAO C H. Exponential stationary subspace analysis for stationary feature analytics and adaptive nonstationary process monitoring [J]. IEEE Transactions on Industrial Informatics, 2021, 17 (12): 8345-8356.

[48] ZHAO C H, WANG W, GAO F R. Probabilistic fault diagnosis based on Monte Carlo and nested-loop Fisher discriminant analysis for industrial process [J]. Industrial & Engineering Chemistry Research, 2016, 55: 12896-12908.

[49] YU W K, ZHAO C H. Low-rank characteristic and temporal correlation analytics for incipient industrial fault detection with missing data [J]. IEEE Transactions on Industrial Informatics, 2021, 17 (9): 6337-6346.

[50] YU W K, ZHAO C H, HUANG B. Moninet with concurrent analytics of temporal and spatial information for fault detection in industrial processes [J]. IEEE Transactions on Cybernetics, DOI: 10.1109/TCYB.2021.3050398.

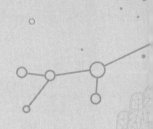

第 8 章
多模型指数判别分析方法及其在故障诊断中的应用

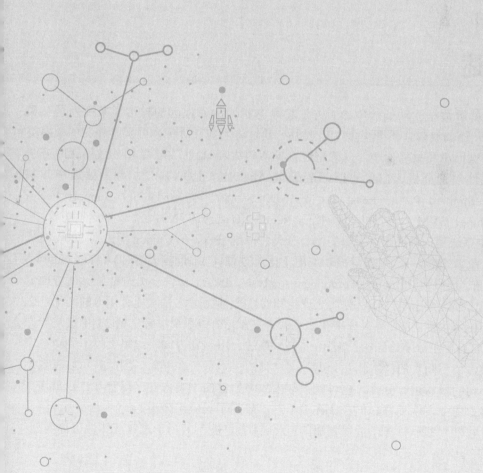

故障诊断用于识别在线异常的故障原因,对工业过程的高效优化运行至关重要。由于故障过程的时变特性,历史故障数据可能包含多种模式,不能用单一模型准确描述,这可能导致传统的多变量统计方法性能较差。本章提出了一种多模型指数判别分析(Multi-Model Exponential Discriminant Analysis,MEDA)算法来解决上述故障诊断问题。首先,利用密度峰值快速搜索算法(Fast Search and Find of Density Peaks,FSFDP)和聚类索引将每个故障类别的样本聚为不同的子类。在此基础上,计算子类间和子类内的指数协方差矩阵,建立多模型指数判别模型。最后,递归地更新聚类中心和多模型指数判别模型,直到所建立的子类能够很好地分离,得到更好的判别性能。此外,本章还介绍了一种概率 MEDA 算法及其对应的在线概率诊断方法,建立了模糊诊断模型,使子类具有模糊边界的故障类也能得到有效的诊断。利用田纳西-伊斯曼(Tennessee Eastman,TE)过程验证了所提 MEDA 算法的诊断性能。实验结果表明,所提算法能够有效地诊断不同类型的故障。

8.1
概述

基于数据驱动的故障诊断方法将具有相同故障根因的异常样本视为同一类别,从而离线建立诊断模型[1-8]。然后,通过将当前故障样本分配给相应的故障类别来执行在线故障诊断,以确定过程异常的故障原因[9-13]。常用的故障诊断方法有线性判别分析(Linear Discriminant Analysis,LDA)[14]、判别偏最小二乘(Discriminant Partial Least Squares,DPLS)[15]、支持向量机(Support Vector Machine,SVM)[16-22]和神经网络(Neural Network,NN)[23-29]。在这些方法中,LDA 算法是一种简单、鲁棒的监督分类和降维技术,自 Chiang 等人在 2000 年[15]引入故障诊断以来,已大量成功应用于化工过程。Chiang 等人将 LDA 算法与 DPLS 和主成分分析(Principal Component Analysis,PCA)算法在处理故障诊断方面进行了比较,得出了 LDA 算法在理论和实践上都比对比算法更有优势的结论。之后,He 等人和 Zhao 等人分别在本章参考文献[30]和本章参考文献[31]中进一步探索了 LDA 在故障诊断中的应用。LDA 算法利用判别方向将故障类投影到特征空间中,使不同类的样本相互分离,同一类的样本聚集在一起。因此,可以有效地对不同的样本进行分类,也可以识别出故障数据的主要方向。尽管 LDA 算法在故障诊断中表现良好,但存在许多不足,限制了其应用效果。

线性判别分析算法的主要缺陷包括:①它可能不能用于求解非线性可分问题;

②它易受异方差分布的影响；③它存在类内协方差矩阵的奇异性问题。核判别分析（Kernel Discriminant Analysis，KDA）[32]是 LDA 算法的改进版本，可以用核函数求解非线性分类问题。然而，一个合适的能有效分离不同类的核函数可能很难选择。此外，核判别分析的计算成本一般高于线性方法[32, 33]。二次判别分析（Quadratic Discriminant Analysis，QDA）[34]是解决异方差分布分类问题的一种可行方法。它在假设类别可以按高斯分布建模的情况下，利用后验概率估计给定样本的类标签。一般来说，在训练数据足够的情况下，QDA 算法优于 LDA 算法。但是，在样本量较小的情况下，由于协方差矩阵可能无法准确估计，它的性能可能比 LDA 算法差。此外，QDA 算法还存在协方差矩阵的奇异性问题。

近年来，针对 LDA 算法的奇异性问题提出了许多方法，包括惩罚判别分析（Penalized Discriminant Analysis，PDA）算法[35]、两阶段主成分分析（PCA+LDA）[36]算法和指数判别分析（Exponential Discriminant Analysis，EDA）[37]算法。PDA 算法通过添加惩罚矩阵[35]来正则化类内协方差矩阵。然而，PDA 算法难以选择合适的惩罚矩阵，导致其解可能不是最优判别方向。PCA+LDA 算法[36]利用 PCA 算法提取数据集的主成分，解决了类内协方差矩阵的奇异性问题。然而，在 PCA 步骤中，数据集的信息可能会丢失。EDA 算法通过扩散映射[37]来解决奇异性问题，即协方差矩阵映射为指数形式。这样就不需要选择惩罚矩阵，并且可以保留所有的判别信息。然而，在上述所有算法中，数据集的每一类都是使用单一模型来描述的，这可能会导致在处理复杂的故障诊断问题时分类性能较差。在实际的工业过程中，故障发生后异常事件可能会随时间发生变化，这意味着故障过程通常会随时间表现出不同的特征。历史故障数据的数据结构类似于多模态过程数据[38]，可能包含多种模态，不能用单一模型准确描述。

针对故障诊断中的上述问题，提出了一种多模型指数判别分析（Multi-model Exponential Discriminant Analysis，MEDA）算法。由于多模态的存在，单模型无法准确描述故障数据，并且故障诊断问题可能是非线性可分的。也就是说，传统的假设故障类来自单个工作区域的判别分析算法在处理这些问题时可能是无效的。故障诊断的关键问题是如何对故障特征进行精确建模。MEDA 算法利用密度峰值快速搜索算法（Fast Search and Find of Density Peaks，FSFDP）[39]和聚类索引对各故障类进行聚类，自动建立多模型进而对各故障类进行精确描述。在子类的基础上，可以计算子类间和子类内的指数协方差矩阵，并建立判别模型。此外，为了获得良好的故障诊断性能，需要调整聚类中心，以提高已建立的子类的线性可分性。基于此思想，MEDA 算法递归地更新聚类中心和指数判别模型直至收敛。这样，利用线性分类器可以很好地分离所建立的多模型，并获得较好的判别性能。此外，对于故障类划分的子类具有模糊边界的情况，不能将故障类严格地聚为不同的子类。针对这一问题，利用期望最大化（Expectation Maximization，EM）算法[40-44]建立了一种概率 MEDA 算法及其相应的在线故障诊断方法。这样既实现了过程故障的软聚类，又可以计算出新样本属于每一类故障的概率。

本章提出的 MEDA 算法的贡献可以总结如下。

① 利用 FSFDP 算法和提出的聚类索引，可以对每个故障类的子类进行精确聚类，从而自动建立多模型对每个故障类的数据结构进行精确建模。

② 通过建立概率多模型指数判别模型及其对应的在线故障诊断策略，可以对子类具有模糊边界的故障类进行准确描述和有效诊断。

本章的其余部分安排如下。8.2 节介绍了所提方法的问题陈述和动机分析。8.3 节详细介绍了提出的 MEDA 算法和概率 MEDA 算法及其在在线故障诊断中的应用。8.4 节通过工业过程的实验验证了所提 MEDA 算法的诊断性能。最后，8.5 节对本章的结论进行了总结。

8.2 问题陈述与动机分析

EDA 算法是 LDA 算法的改进版，通过将协方差矩阵映射成指数形式[37]来解决奇异性问题。假设数据集的类间协方差矩阵和类内协方差矩阵分别为 S_b 和 S_w。然后，它们对应的指数形式可以分别计算为 $\Sigma_b = \exp(S_b)$ 和 $\Sigma_w = \exp(S_w)$。指数判别式问题如下：

$$\arg\max_{w} \frac{w^T \Sigma_b w}{w^T \Sigma_w w} \tag{8-1}$$

式中，w 代表数据集的最优判别方向。

由于矩阵 Σ_w 是非奇异的，式（8-1）的问题可以用类似于 LDA 算法的拉格朗日乘子来解决。EDA 算法是一种功能强大的方法，可广泛应用于监督分类和维数约简。然而，它也存在一些问题，限制了其应用。与 LDA 类似，EDA 算法假设类协方差是相同的。这意味着它很容易受到异方差分布的影响。此外，EDA 算法本质上是一个线性分类器，可能无法解决非线性可分问题。

我们采用图 8-1 中的例子说明异常的时变特征与数据分布之间的关系。如图 8-1（a）所示，不同的模式清晰地分开。很明显，这些异常不能用单一的模型准确地描述。因此，应利用多模型方法对其进行建模。作为这种情况的一个更普遍的条件，图 8-1（b）中的模式有模糊的边界，不能严格地与其他模式分开。为了解决这一问题，需要建立模糊模型来准确描述这些故障的数据结构。

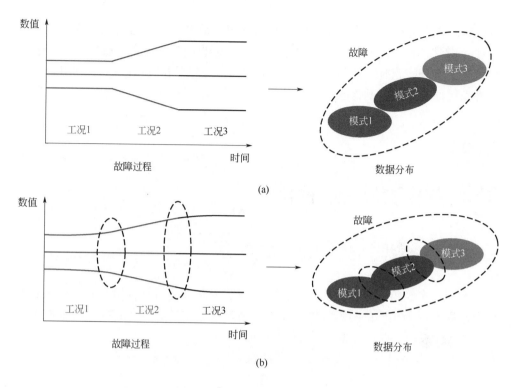

图 8-1 故障过程数据分布的示意图

MEDA 算法可以作为解决线性分类器无法分离的诊断问题的一种替代技术。它可以有效地解决许多但不是所有的非线性可分问题。其中，MEDA 算法特别适合于处理故障非线性可分但又可划分为线性可分的子类的诊断问题。为了简单地说明这一点，图 8-2 描述了一个表示两个故障的数据结构的简单示例。图中，A、C 区域属于故障 1，B、D 区域属于故障 2。很明显，图 8-2 中的故障数据是非线性可分的，使用包括 EDA 算法在内的线性分类器无法有效地分离故障数据。MEDA 算法的基本思想是将每个类划分为不同的子类，即将两个类替换为 A、C、B 和 D 四个子类。这样就将问题转化为四个类的分类问题，可以线性分离。根据划分的子类，可以建立指数判别模型。每个故障类别都是用多

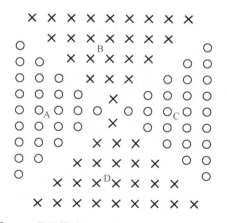

图 8-2 用于描述 MEDA 方法基本思想的例子

个模型来描述的，因此该方法被称为多模型指数判别分析。利用所建立的模型，

可以将新样本分配到相应的子类中，从而确定其故障原因。与 EDA 算法相比，MEDA 算法的诊断结果明显更合理。然而，这种想法在处理含有线性不可分子类的非线性可分问题时可能是无效的。例如，如果故障类相互重叠，那么 MEDA 算法就无法提高该问题的诊断性能。

8.3 多模型指数判别分析

8.3.1 多模型指数判别分析方法

基于专家经验和过程机理，数据驱动故障诊断方法将具有相同故障根源的历史异常样本视为相同的故障类别。在本章中，我们主要针对在实际工业过程中收集足够故障样本的常见故障进行建模诊断。正如引言中提到的，故障数据可能包含多个模态，不能使用单个模型准确地描述。因此，应将故障类划分为多个子类，建立多个模型，从而得到更准确的判别模型，有效地解决复杂的故障诊断问题。MEDA 算法包括两个子算法：基于 FSFDP 的聚类算法和基于 MEDA 的分类算法，详细信息如下。

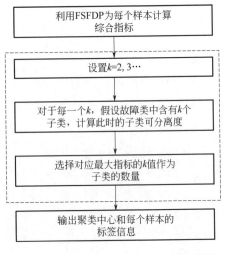

图 8-3　基于 FSFDP 的聚类方法流程图

（1）基于 FSFDP 的聚类算法

该子算法将每个故障类聚类成子类，使每个故障类的数据结构可以用多个模型准确描述。其流程图如图 8-3 所示，完整算法如下所示。

步骤 1：使用 FSFDP 算法计算每个样本的综合指标。

选择一个截止距离，使用 FSFDP 算法[19]计算类中每个样本的局部密度 ρ_i 和距离 δ_i。计算所有样本的综合指标 $\kappa = \rho \times \delta$，并按降序排序。

步骤 2：确定保留的聚类中心数量。

假设类 X_i 中保留有 k 个子类，则以综合指标最大的 k 个样本为聚类中心。根据保留的聚类中心，将类 X_i 中的样本分配到离它们最近的 k 个聚类中心，就可以

将该类样本聚为 k 个子类。类 X_i 中 k 个子类的聚类性能可以通过定义一个类的可分性 $Sep_i^k = V_b^k / V_w^k$ 来评估，其中 V_b^k 是类间方差，V_w^k 是类内方差。这样，聚类结果可以与判别模型一致。V_b^k 和 V_w^k 的估计可以利用下式进行计算：

$$V_w^k = \sum_{t=1}^{k} \sum_{x_i^p \in X_i^t} \frac{1}{n_i} (x_i^p - m_i^t)^T (x_i^p - m_i^t)$$

$$V_b^k = \sum_{t=1}^{k} \frac{n_i^t}{n_i} (m_i^t - m_i)^T (m_i^t - m_i)$$

(8-2)

式中，X_i^t 为类 X_i 中的第 t 个子类；x_i^p 为子类中的第 p 个样本；m_i^t 为子类 X_i^t 的均值；m_i 为类 X_i 的均值；n_i^t 为子类 X_i^t 中的样本数；n_i 为类 X_i 中的总样本数。

在上述计算中，尝试不同的 k 值（即，$k = 2, 3 \cdots$），从而计算出相应的指标 $\{Sep_i^k | k = 2, 3 \cdots\}$。选择相对于保留的子类数量的指标 Sep_i^k 的增长率作为聚类索引。一般情况下，最大聚类索引对应的数目 k^* 将序列 $\{Sep_i^k | k = 2, 3 \cdots\}$ 分成两类，因此选择它作为聚类中心的保留数目。此外，需要设置一个阈值 k_{Acc}，最终计算聚类中心的数量为 $k_i = \min\{k_T, k^*\}$。通过这种方式，故障类中子类的数量就不会太大。关于阈值 k_{Acc} 的讨论请参见 8.3.5 节。

步骤 3：输出聚类结果。

对每一个故障类实施步骤 1 和步骤 2，并输出各个类别的子类聚类中心。

和传统的聚类方法相比，基于 FSFDP 的聚类方法没有设置初始点的需求，这意味着人为因素的影响能够产生一定程度上的降低。

（2）基于 MEDA 的分类方法

在基于 FSFDP 的聚类算法中，对每个故障类的子类分别进行了分析。然而，为了获得良好的分类性能，需要综合考虑数据集的全局信息。在分类算法中，使用线性分类器对子类进行更新，直到它们能够很好地分离出来，从而建立出 MEDA 模型。流程图如图 8-4 所示，相应算法如下所示。

步骤 1：数据预处理。

预处理训练数据，从而使每个变量均具有 0 均值和单位标准差。

步骤 2：为每个故障类建立子类。

对于每一个故障类，利用之前的方法计算其所有子类的聚类中心，然后将故障类中的样本指派到离其最近的聚类中心。

步骤 3：计算子类的类间及类内指数协方差矩阵。

假设类 X_i 包含 k_i 个子类，且子类 X_i^t 中包含 n_i^t 个样本，即 $n_i = \sum_{t=1}^{k_i} n_i^t$。那么，子类间协方差矩阵 S_b^{sub} 和子类内协方差矩阵 S_w^{sub} 可以利用下式进行计算。

$$S_w^{sub} = \sum_{i=1}^{K}\sum_{t=1}^{k_i}\sum_{x_i^p \in X_i^t} \frac{1}{n}(x_i^p - m_i^t)(x_i^p - m_i^t)^T$$
$$S_b^{sub} = \sum_{i=1}^{K}\sum_{t=1}^{k_i} \frac{n_i^t}{n}(m_i^t - m)(m_i^t - m)^T$$
(8-3)

式中，m_i^t 是子类 X_i^t 的均值；m 是数据集 X 的均值。

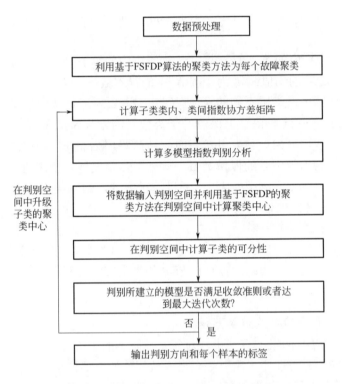

图 8-4 基于 MEDA 分类方法的流程图

这里，计算每个子类内的协方差矩阵，并将同一类内不同子类的协方差矩阵相加来表示每个类的协方差。通过这种方式，每个故障类的数据结构都使用多个子类建模。然后，计算出子类间指数协方差矩阵 $\Sigma_b^{sub} = \exp(S_b^{sub})$ 和子类内指数协方差矩阵 $\Sigma_w^{sub} = \exp(S_w^{sub})$。

步骤 4：建立基于多模型的指数判别模型。

和指数判别模型类似，多模型指数判别问题同样可以建立成一个如下所示的优化问题：

$$\arg\max_{w} \frac{w^T \Sigma_b^{sub} w}{w^T \Sigma_w^{sub} w}$$
(8-4)

式（8-4）可以用拉格朗日乘子法求解，最优判别方向为矩阵 $(\mathbf{\Sigma}_{\mathrm{w}}^{\mathrm{sub}})^{-1}\mathbf{\Sigma}_{\mathrm{b}}^{\mathrm{sub}}$ 的前几个特征向量。

步骤5：聚类中心的更新。

假设 $\mathbf{W}=[\mathbf{w}_1,\mathbf{w}_2,\cdots,\mathbf{w}_R]$ 是步骤4中获得的判别方向，其中 R 是保留的判别方向数量。投影数据 $\mathbf{X}$ 至低维判别空间，即 $\mathbf{Y}=\mathbf{X}\times\mathbf{W}$。对数据集 $\mathbf{Y}$ 实施 FSFDP 算法以计算每个类别的子类聚类中心。随后利用判别空间中的结果更新步骤2中的聚类中心。重复步骤3和步骤4，从而更新指数判别模型。

步骤6：定义收敛条件。

调整聚类中心以提高所建立的子类的线性可分性，以便更好地利用多模型指数判别模型进行分类。可将判别空间中所有子类的整体可分性 SEP_{iter}^{Y} 设为收敛条件。SEP_{iter}^{Y} 的下标 $iter$ 表示迭代次数。类似于式（8-2），可以由 $SEP_{iter}^{Y}=V_{\mathrm{b}}^{iter}/V_{\mathrm{w}}^{iter}$ 计算 SEP_{iter}^{Y}，V_{b}^{iter} 和 V_{w}^{iter} 的估计如下：

$$V_{\mathrm{w}}^{iter}=\sum_{i=1}^{K}\sum_{t=1}^{k_i}\sum_{\mathbf{y}_i^p\in\mathbf{X}_i^t}\frac{1}{n}(\mathbf{y}_i^p-\overline{\mathbf{Y}}_i^t)^{\mathrm{T}}(\mathbf{y}_i^p-\overline{\mathbf{Y}}_i^t)$$
$$V_{\mathrm{b}}^{iter}=\sum_{i=1}^{K}\sum_{t=1}^{k_i}\frac{n_i^t}{n}(\overline{\mathbf{Y}}_i^t-\overline{\mathbf{Y}})^{\mathrm{T}}(\overline{\mathbf{Y}}_i^t-\overline{\mathbf{Y}})$$

(8-5)

式中，$(\mathbf{y}_i^p)^{\mathrm{T}}=(\mathbf{x}_i^p)^{\mathrm{T}}\times\mathbf{W}$；$\overline{\mathbf{Y}}_i^t$ 为子类 $\mathbf{X}_i^t$ 在判别空间中的均值；$\overline{\mathbf{Y}}$ 为数据 $\mathbf{X}$ 在判别空间中投影的均值。

MEDA 算法的迭代实际上是对每个故障类的聚类中心的调整。在第一次迭代中，只使用每个类的信息来聚集子类。然后，在包含局部和全局信息的判别空间中对子类进行更新。由于所涉及的信息较多，所建立的判别模型可以发挥更大的作用。此外，判别模型越强，聚类结果越准确。此时，整体分离指数随着迭代次数的增加而提高。在每次迭代之后，应该计算得到的模型的整体可分离性，并与前一个模型进行比较。如果它变得更大，那么迭代应该继续以提供信息给下一个判别模型。否则，迭代将被终止。

步骤7：递归实施。

设置最大迭代次数避免死循环。然后，递归地实施该算法的步骤3~6，直到收敛或达到最大迭代次数。然后，选择与最大值 SEP_{iter}^{Y} 对应的多模型作为 MEDA 算法的判别模型。

在 MEDA 算法中，将同一类对应的子类视为不同的类来推导判别模型，而将其视为同一类来在线诊断异常。训练样本的判别方向及其对应的标签信息都是 MEDA 算法的输出。在 MEDA 算法中，模型的总数由收敛条件决定。迭代后，选择最大值 SEP_{iter}^{Y} 所对应得到的子类来建立多模型进行分类。通过这种方法，将非线性可分的部分转化为能够被 EDA 算法有效区分的子部分。

8.3.2 概率多模型指数判别分析方法

在 MEDA 算法中，每个故障类的不同子类被严格聚类。对故障类的数据结构进行建模是一种简单有效的方法。然而，它可能不能准确地描述子类边界模糊的故障类。针对这种情况，需要对子类进行软聚类来准确地建立混合模型。以概率形式对数据结构建模的高斯混合模型（GMM）[45-49]尤其适合处理这一问题。基于这一思想，将期望最大化（EM）算法[40-44]嵌入 MEDA 算法中，从而建立出概率的 MEDA 算法。

利用 EM 算法将严格聚类的子类转化为高斯混合模型，它需要一个初始概率的选择来实现它的程序。本研究利用基于 FSFDP 聚类算法获得的每个样本的子类标签来估计 EM 算法的初始概率。具体来说，对于每个故障类别，如果认为 $\boldsymbol{x}_i^p$ 属于子类 $\boldsymbol{X}_i^t$，则将其初始概率 $p(\boldsymbol{x}_i^p \in \boldsymbol{X}_i^t)$ 设为 1；否则将其设置为 0。根据初值，计算最大化步骤（M 步）的加权均值 $\boldsymbol{\mu}_i^t$、协方差矩阵 $\boldsymbol{\Sigma}_i^t$ 和概率 α_i^t，公式如下：

$$\alpha_i^t = \sum_{\boldsymbol{x}_i^p \in \boldsymbol{X}_i} \left(p(\boldsymbol{x}_i^p \in \boldsymbol{X}_i^t) \Big/ \sum_{t'=1}^{k_i} \sum_{\boldsymbol{x}_i^p \in \boldsymbol{X}_i} p(\boldsymbol{x}_i^p \in \boldsymbol{X}_i^{t'}) \right) \tag{8-6}$$

$$\boldsymbol{\mu}_i^t = \sum_{\boldsymbol{x}_i^p \in \boldsymbol{X}_i} \left(\boldsymbol{x}_i^p \times p(\boldsymbol{x}_i^p \in \boldsymbol{X}_i^t) \Big/ \sum_{\boldsymbol{x}_i^p \in \boldsymbol{X}_i} p(\boldsymbol{x}_i^p \in \boldsymbol{X}_i^t) \right) \tag{8-7}$$

$$\boldsymbol{\Sigma}_i^t = \sum_{\boldsymbol{x}_i^p \in \boldsymbol{X}_i} \left(p(\boldsymbol{x}_i^p \in \boldsymbol{X}_i^t)(\boldsymbol{x}_i^p - \boldsymbol{\mu}_i^t)(\boldsymbol{x}_i^p - \boldsymbol{\mu}_i^t)^{\mathrm{T}} \Big/ \sum_{\boldsymbol{x}_i^p \in \boldsymbol{X}_i} p(\boldsymbol{x}_i^p \in \boldsymbol{X}_i^t) \right) \tag{8-8}$$

基于式（8-6）～式（8-8）计算的结果，样本 $\boldsymbol{x}_i^p$ 属于子类 $\boldsymbol{X}_i^t(t=1,2\cdots,k_i)$ 的概率 $p(\boldsymbol{x}_i^p \in \boldsymbol{X}_i^t)$ 可以在 E 步骤中利用下式进行计算：

$$p(\boldsymbol{x}_i^p \in \boldsymbol{X}_i^t) = \frac{\alpha_i^t \exp(-(\boldsymbol{x}_j^p - \boldsymbol{\mu}_i^t)^{\mathrm{T}} (\boldsymbol{\Sigma}_i^t)^{-1} (\boldsymbol{x}_j^p - \boldsymbol{\mu}_i^t)/2)}{\sum_{t'=1}^{k_i} \alpha_i^{t'} \exp(-(\boldsymbol{x}_j^p - \boldsymbol{\mu}_i^{t'})^{\mathrm{T}} (\boldsymbol{\Sigma}_i^{t'})^{-1} (\boldsymbol{x}_j^p - \boldsymbol{\mu}_i^{t'})/2)} \tag{8-9}$$

迭代式（8-6）～式（8-9）直到收敛，从而计算样本属于每个子类的概率。通过这种方式，就可以用高斯混合模型对数据集的数据结构进行准确的描述。

将所建立的高斯混合模型输入上述基于 MEDA 的分类算法中建立概率判别模型。在 MEDA 算法中，协方差矩阵中每个样本和子类的先验概率分别被估计为 $1/n$ 和 n_i^t/n。然而，当用高斯混合模型描述数据结构时，样本属于某个特定子类的隶属度用概率形式表示。因此，样本和子类的权重也应该使用其先验概率重新计算。基于这一思想，将子类间协方差矩阵 $\boldsymbol{S}_b^{\mathrm{sub}}$ 和子类内协方差矩阵 $\boldsymbol{S}_w^{\mathrm{sub}}$ 重写为：

$$S_{\text{w}}^{\text{sub}} = \sum_{i=1}^{K} \sum_{t=1}^{k_i} \sum_{x_i^p \in X_i} \frac{p(x_i^p \in X_i^t)}{n} (x_j^p - m_i^t)(x_j^p - m_i^t)^{\text{T}}$$

$$S_{\text{b}}^{\text{sub}} = \sum_{i=1}^{K} \sum_{t=1}^{k_i} \frac{\sum_{x_i^p \in X_i} p(x_i^p \in X_i^t)}{n} (m_i^t - m)(m_i^t - m)^{\text{T}}$$

(8-10)

式中，m_i^t 为子类 X_i^t 的均值；m 为数据集 X 的均值。此外，当应用概率 MEDA 算法时，式（8-5）中收敛条件的系数同样需要用类似式（8-10）的先验概率来替换。

利用类似于 MEDA 算法的方法，可以建立概率 MEDA 算法的判别模型。需要注意的是，每个样本的判别方向及其对应的标签信息都可以看作是概率 MEDA 算法的输出。具体来说，第 i 类的标签信息可以写成一个矩阵 $L^i(n_i \times k_i)$，其中 n_i 和 k 分别为类 X_i 的样本个数和子类个数。元素 l_{pq} 是矩阵 L^i 的第 p 行和第 q 列，表示第 p 个样本属于第 q 个子类的概率。

8.3.3 在线故障诊断

（1）基于 MEDA 的在线故障诊断

假设保留了 R 个判别方向，定义判别方向为 $W = [w_1, w_2, \cdots, w_R]$。然后将数据集 X 投影到一个 R 维的判别空间 $Y(n \times R)$，即 $Y = X \times W$。

在判别空间中，计算类 C_i 中第 t 个子类的均值，记为 $\overline{Y}_i^t$。对于在线异常 x，首先利用训练数据的均值和标准差进行标准化处理。然后将其投影到判别空间 $y = x \times W$ 中，计算 y 到数据集 X 中每个子类中心的欧氏距离 d_i^t，据此可以将其分类为最小值 $\{d_i^t\}$ 对应的子类 X_i^t。也就是说，将异常状态 x 视为类 X_i 的子类，这意味着异常状态 x 将被分配给类 $X_{i'}$。

（2）基于概率 MEDA 的在线故障诊断

对于概率 MEDA，异常样本 x 属于类 X_i 第 t 个子类的概率 $p(x \in X_i^t)$ 可以利用下式进行计算：

$$p(x \in X_i^t) = \frac{1}{\sqrt{(2\pi)^p |\Sigma_i^t|^{1/2}}} \exp\left(-\frac{1}{2}(y - \overline{Y}_i^t)^{\text{T}} (\Sigma_i^t)^{-1} (y - \overline{Y}_i^t)\right)$$

(8-11)

式中，Σ_i^t 代表子类 X_i^t 在判别空间中的协方差矩阵，可以利用下式进行计算：

$$\Sigma_i^t = \sum_{x_i^t \in X_i} \frac{p(x_i^t \in X_i^t)}{\sum_{x_i^t \in X_i} p(x_i^t \in X_i^t)} (x_i^t \times W - \overline{Y}_i^t)(x_i^t \times W - \overline{Y}_i^t)^{\text{T}}$$

(8-12)

因此，异常样本 x 属于每一个子类的概率可以利用下式进行估计：

$$p(x \in X_i^t) = p(x \in X_i^t) \Big/ \sum_{i=1}^{K}\sum_{t=1}^{k_i} p(x \in X_i^t) \qquad (8\text{-}13)$$

通过这种方式，可以计算异常样本属于各个故障子类的概率。异常样本被分类到最大概率对应的子类中，这也意味着它将被指派到该子类对应的故障类。

（3）计算复杂度分析

对于提出的方法，聚类和分类算法都可能需要大量的计算能力或大量的时间。其中，FSFDP 算法是最复杂的部分，它包括两个步骤：计算任意两个训练样本之间的距离，并对其进行降序排序。每一步的代价为 $O(n_{\max}^2)$，所以算法的代价为 $O(n_{\max}^4)$，其中 $n_{\max} = \max\{n_i | i = 1, 2, \cdots, K\}$，$n_i$ 为第 i 个故障类的训练样本个数。虽然离线建模的计算复杂度很高，但在线故障诊断可以实时进行。无论是 MEDA 算法还是概率 MEDA 算法，其在线诊断异常的代价都是 $O(n)$。

8.3.4 MEDA 算法的进一步改进

在 MEDA 算法和概率 MEDA 算法中，故障类被聚类到不同的子类中，从而提高了判别问题的线性可分性。然而，总有一些子类是不能准确分离的。对于这些子类，应该进行进一步的处理，以更好地进行分类。

不可分割的子类可分为两类：同一故障类的子类和不同故障类的子类。一般来说，大部分不可分的子类都在同一个类中，因为同一个类中的样本更相似。在这种情况下，通过提出的基于 MEDA 的在线故障诊断方法，可以将新样本投影到任意一个故障样本中，并分配到它们对应的故障类别中。因此，关键问题是如何处理这些不可分割的属于不同故障类别的子类。要解决这一问题，首先要选择不可分割的子类，然后对其进行进一步的处理。

首先，选择不同故障类别不可分割的子类。为了评估子类是否可以被分类，需要设置一个代表分类精度的阈值 T_{Acc}。对于每一个故障类，利用判别空间中的训练数据计算其分类精度。如果其分类精度高于阈值，则认为其可分离。否则，应该选择它的子类进行进一步处理。

然后，对所选择的子类进行进一步处理，以获得更好的分类性能。将选定的属于同一故障类的子类合并在一起，形成了一个新的判别问题。对于更新后的问题，应该重新建立 MEDA 模型。在不受其他子类干扰的情况下，对选定的子类可以建立分类性能更好的判别模型。

对于一个新的异常样本，首先使用 MEDA 算法进行在线诊断。如果投影到同一个故障类中的可分或不可分的子类，则可以将其分配到该子类的对应故障类。否则，应进一步使用上述判别模型进行处理。此外，利用 MEDA 算法建立下一个判别模型，对仍然不可分割的子类进行分析。需要注意的是，判别模型的循环数不能太大，这样可以减轻过拟合，降低算法的复杂度。

8.3.5　讨论与分析

（1）EM 算法中的奇异性问题

在提出的概率 MEDA 算法中，当协方差矩阵 $\boldsymbol{\Sigma}_i^t$ 为奇异值时，EM 算法不能工作。在本研究中，我们提出了一种利用惩罚矩阵正则化协方差矩阵的策略来解决这个问题。因为协方差矩阵 $\boldsymbol{\Sigma}_i^t$ 是实对称的，所以它可以被分解成对角矩阵和正交矩阵的乘积：

$$\boldsymbol{\Sigma}_i^t = (\boldsymbol{Q}_i^t)^{\mathrm{T}} \begin{pmatrix} \boldsymbol{\Lambda}_i^t & 0 \\ 0 & 0 \end{pmatrix} \boldsymbol{Q}_i^t, \quad (\boldsymbol{Q}_i^t)^{\mathrm{T}} \boldsymbol{Q}_i^t = \boldsymbol{I} \tag{8-14}$$

式中，$\boldsymbol{\Lambda}_i^t$ 为由矩阵 $\boldsymbol{\Sigma}_i^t$ 的特征值组成的对角矩阵；$\boldsymbol{Q}_i^t$ 为由对应的特征向量组成的正交矩阵。

设置惩罚矩阵为 $\gamma \times \boldsymbol{I}$，那么正则化协方差矩阵 $\widetilde{\boldsymbol{\Sigma}}_i^t$ 可以利用下式给出：

$$\widetilde{\boldsymbol{\Sigma}}_i^t = \boldsymbol{\Sigma}_i^t + \gamma \boldsymbol{I} = (\boldsymbol{Q}_i^t)^{\mathrm{T}} \begin{pmatrix} \boldsymbol{\Lambda}_i^t + \gamma \boldsymbol{I} & 0 \\ 0 & \gamma \boldsymbol{I} \end{pmatrix} \boldsymbol{Q}_i^t \tag{8-15}$$

式中，γ 应该大于 0 并且小于 $\boldsymbol{\Lambda}_i^t$ 中最小的特征值，这样在解决奇异性问题的同时可以保留协方差矩阵的性质。

（2）参数设置

① FSFDP 算法中的截断距离。

由 FSFDP 算法仅对局部密度的相对大小敏感，在处理大数据集[19]时，需要通过选择截止距离来保证聚类结果的鲁棒性。在本研究中，我们建议将截止距离设为所有距离 $\{d_{ij} | \ i,j=1,2,\cdots,n\}$ 的中位数，它既不太大也不太小。其中，d_{ij} 表示样本 i 与样本 j 之间的欧氏距离。

② 每个故障类中的阈值。

一般来说，当子类太多时，分类器的分类性能就会开始下降。与此相反，如果子类数量不够，则无法准确描述故障类的数据结构。经验表明，数据集 $\boldsymbol{X}$ 中子类的数量不应超过变量的数量，以便有足够的判别方向来分类不同的子类。

③ 用于进一步改善 MEDA 算法的阈值 T_{Acc}。

阈值 T_{Acc} 用于判断一个类是否可分，从而选择不可分的类进行进一步处理。一般情况下，应设置较大的值 T_{Acc}（如 95%），以缓解可分离子类的干扰。

（3）对于未知故障的诊断和不均衡数据的处理

所提出的故障诊断方法主要针对实际工业过程中的常见故障。对于这些故障，采集到的训练样本足以描述其数据结构，可以很好地建立出相应的诊断模型。对于新的故障，也称为未知故障，由于不属于历史数据库，不能有效地进行诊断。有了新的故障，就可以收集故障样本，并用于更新之前建立的故障诊断模型，以包含新的故障类别信息。

在实际的工业过程中，某些故障发生的频率较高，可能导致数据不平衡问题，某些故障的数据样本较其他故障多。如上面所述，常见故障的样本一般足以对其数据结构进行建模，使其能够有效诊断，且不受不平衡训练数据的影响。不平衡数据的主要问题是样本容量小，不能准确地对其数据结构进行建模。这类故障在模型中可能无法进行准确的分类，并且会影响所提方法的泛化性能。本研究将该故障视为未知故障，待样本收集得足够多后，更新诊断模型，使其包含该故障。

8.4
方法验证与结果分析

田纳西-伊斯曼（Tennessee Eastman，TE）过程[50, 51]作为知名的基准过程，为验证所提方法的故障诊断性能提供了优越的仿真平台。TE工艺包括5个主要的单元操作，包括1个反应器、1个压缩器、1个汽提塔、1个分离器和1个冷凝器。在TE过程中，有22个连续过程测量值、12个操纵变量和19个组成特征。TE过程模拟器可以模拟正常运行状态，同时可以模拟21种故障状态。在这21个故障状态中，有7个故障（即故障1～故障7）是由过程变量阶跃变化产生的，包括A/C输入比例（故障1）、B成分（故障2）、D输入温度（故障3）、反应堆冷却水入口温度（故障4）、冷凝器冷却水入口温度（故障5）、一个输入损失（故障6）和C头部压力损失（故障7）。以故障6为例，利用前两个PCA成分，将其二维数据分布描述在图8-5中。如图8-5所示，故障数据中明显存在多种模式，仅用单一模型无法准确描述。与故障6类似，其他6个故障也有多种模式。因此，这7种故障可以用来验证提出的MEDA算法的诊断性能。对每个故障类别分别使用480个样本作为训练数据来建立诊断模型，并将800个样本作为测试数据来验证由训练数据导出的诊断模型的性能。

在实验中，将FSFDP算法应用于每个故障类别，使样本可以利用综合指标进行排序。然后可以使用建议的聚类索引Sep_i^k确定保留的集群中心的数量。将聚类结果作为EM算法的初始值输出，从而可以建立高斯混合模型（GMM）。将GMM

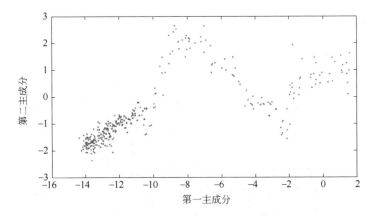

图 8-5 故障 6 在前两个主成分方向的二维数据分布

的结果输入基于 MEDA 的分类算法中，建立指数判别模型。然后，利用所建立的模型将样本投影到判别空间中。在判别空间中重构高斯混合模型，利用对应的样本信息在原始数据空间中更新指数判别模型。递归地实现上述过程直到收敛。这样，就可以建立概率多模型指数判别模型。

在基于分类的故障诊断方法中，新样本被分配到其在判别空间中最近的聚类中心，从而确定其故障隶属关系。如果将一个故障样本分配到正确的故障类别中，就意味着可以准确地确定其故障原因。因此，我们通过分类准确率来评估所选算法的诊断性能。分类准确率的计算方法如下：

$$Acc(i) = n_i^* / n_i, \quad AA = \sum_{i=1}^{K} Acc(i) / K \tag{8-16}$$

式中，n_i^* 和 n_i 分别为类别 X_i 中准确分类的样本数和总体样本数；$Acc(i)$ 为类别 X_i 的分类精度；AA 为平均分类精度。

对 LDA、EDA 和 PCA+LDA 算法进行了测试，并与提出的 MEDA 算法进行了比较。实验表明，PCA+LDA 算法在保持 95%的累计方差贡献率的情况下，对 TE 过程数据表现良好，这意味着 PCA+LDA 算法最多有 19 个判别方向。对训练数据和测试数据进行前 11~19 个判别方向的四种算法的平均分类准确率如图 8-6 所示。保留 11 个判别方向的概率 MEDA 算法对训练数据和测试数据的平均分类准确率分别为 62.74%和 63.68%。当使用 19 个判别方向进行分类时，训练数据和测试数据的平均分类性能分别达到 67.86%和 69.04%。从实验结果来看，无论是在训练数据还是测试数据上，概率 MEDA 算法的表现都明显优于其他算法。实验结果验证了该算法的诊断和泛化性能。

不同方法在图 8-6 中最好的分类结果的详细信息被总结在表 8-1 中进行实验对比。相比于其他算法，概率 MEDA 对除故障 1 和 3 之外的所有故障均有更好的表现效果，其平均分类精度相比于其他算法在训练数据和测试数据上分别有 4.9%

和 6.5% 的提高。实验结果表明，该方法能有效地利用训练数据建立诊断模型，并能准确地将在线异常状态分类到相应的故障类别中。也就是说，利用该方法可以有效地识别出异常的故障原因。

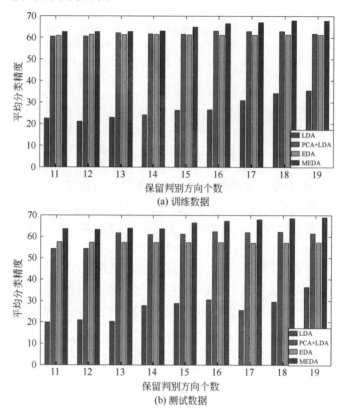

图 8-6 不同分类方法在使用 11～19 个判别方向时的分类效果

表 8-1 不同算法在 TE 过程中的实验结果

类别	训练数据				测试数据			
	LDA	PCA+LDA	EDA	MEDA	LDA	PCA+LDA	EDA	MEDA
故障 1	23.54%	96.04%	80.21%	91.67%	29.25%	97.25%	89.88%	95.87%
故障 2	58.75%	92.08%	94.17%	96.88%	68.37%	94.75%	97.75%	98.00%
故障 3	7.08%	42.71%	33.12%	21.46%	8.75%	36.88%	28.88%	22.50%
故障 4	6.46%	26.25%	32.92%	39.79%	5.87%	22.38%	22.13%	40.13%
故障 5	13.13%	44.37%	34.38%	57.29%	10.88%	37.62%	36.88%	53.13%
故障 6	90.42%	86.25%	95.00%	99.17%	76.12%	91.50%	55.25%	98.88%
故障 7	49.38%	53.75%	60.42%	69.37%	55.75%	56.63%	72.62%	74.75%
均值	35.54%	63.07%	61.46%	67.95%	36.43%	62.43%	57.63%	69.04%

8.5 本章小结

由于过程故障的时变性质,其数据分布可能难以用单个模型进行准确的衡量。本章提出了一种多模型指数判别分析方法以解决上述问题,并用来处理工业过程的故障诊断任务。MEDA 算法自动为每个故障类别建立子类,以更好地描述它们。然后递归更新子类和指数判别模型,进一步实现类内紧缩和类间分离,从而有效地解决故障诊断问题。此外,还提出了一种概率 MEDA 算法及其相应的在线概率诊断模型,从而建立了一个模糊模型来诊断划分子类具有模糊边界的故障类。通过 TE 过程验证了该方法的故障诊断性能。实验结果表明,该方法可以准确地建模并有效地解决故障诊断问题。

参考文献

[1] ZHAO C H, GAO F R. Critical-to-fault-degradation variable analysis and direction extraction for online fault prognostic [J]. IEEE Transactions on Control Systems Technology, 2017, 25: 842-854.

[2] ZHAO C H, HUANG B. A full-condition monitoring method for nonstationary dynamic chemical processes with cointegration and slow feature analysis [J]. AIChE Journal, 2018, 64 (5): 1662-1681.

[3] LI W Q, ZHAO C H, GAO F R. Linearity evaluation and variable subset partition based hierarchical process modeling and monitoring [J]. IEEE Transactions on Industrial Electronics, 2018, 65 (3): 2683-2692.

[4] ZHAO C H, SUN Y X. Multi-space total projection to latent structures and its application to online process monitoring [J]. IEEE Transactions on Control Systems Technology, 2014, 22: 868-883.

[5] YU W K, ZHAO C H. Sparse Exponential Discriminant Analysis and Its Application to Fault Diagnosis [J]. IEEE Transactions on Industrial Electronics, 2017, 65 (7): 5931-5940.

[6] YU W K, ZHAO C H. Broad convolutional neural network based industrial process fault diagnosis with incremental learning capability [J]. IEEE Transactions on Industrial Electronics, 2019, 67 (6): 5081-5091.

[7] YU W K, ZHAO C H. Online fault diagnosis for industrial processes with Bayesian network-based probabilistic ensemble learning strategy [J]. IEEE

Transactions on Automation Science and Engineering, 2019, 16(4): 1922-1932.

[8] CHAI Z, ZHAO C H. Enhanced random forest with concurrent analysis of static and dynamic nodes for industrial fault classification [J]. IEEE Transactions on Industrial Informatics, 2019, 16(1): 54-66.

[9] CHAI Z, ZHAO C H. A fine-grained adversarial network method for cross-domain industrial fault diagnosis [J]. IEEE Transactions on Automation Science and Engineering, 2020, 17(3): 1432-1442.

[10] DENG X G, TIAN X M, CHEN S, et al. Nonlinear process fault diagnosis based on serial principal component analysis [J]. IEEE Transactions on Neural Networks and Learning Systems, 2016, 29(3): 560-572.

[11] CHU Y H, QIN S J, HAN C H. Fault detection and operation mode identification based on pattern classification with variable selection [J]. Industrial & Engineering Chemistry Research, 2004, 43: 1701-1710.

[12] TIDRIRI K, CHATTI N, VERRON S, et al. Bridging data-driven and model-based approaches for process fault diagnosis and health monitoring: a review of researches and future challenges [J]. Annual Reviews in Control, 2016, 42: 63-81.

[13] MISRA M, YUE H H, QIN S J, et al. Multivariate process monitoring and fault diagnosis by multi-scale PCA [J]. Computers & Chemical Engineering, 2002, 26(9): 1281-1293.

[14] CHIANG L H, RUSSELL E L, BRAATZ R D. Fault diagnosis in chemical processes using Fisher discriminant analysis and support vector machines [J]. Computers & Chemical Engineering, 2004, 28: 1389-1401.

[15] CHIANG L H, RUSSELL E L, BRAATZ R D. Fault diagnosis in chemical processes using Fisher discriminant analysis, discriminant partial least squares, and principle component analysis [J]. Chemometrics and Intelligent Laboratory Systems, 2000, 50: 243-252.

[16] WIDODO A, YANG B S. Support vector machine in machine condition monitoring and fault diagnosis [J]. Mechanical Systems and Signal Processing, 2007, 21(6): 2560-2574.

[17] YANG B S, WIDODO A. Support vector machine for machine fault diagnosis and prognosis [J]. Journal of System Design and Dynamics, 2008, 2(1): 12-23.

[18] SAIMURUGAN M, RAMACHANDRAN K I, SUGUMARAN V, et al. Multi component fault diagnosis of rotational mechanical system based on decision tree and support vector machine [J]. Expert Systems with Applications, 2011, 38(4): 3819-3826.

[19] WANG Y S, MA Q H, ZHU Q, et al. An intelligent approach for engine fault

diagnosis based on Hilbert-Huang transform and support vector machine [J]. Applied Acoustics, 2014, 75: 1-9.

[20] ABBASION S, RAFSANJANI A, FARSHIDIANFAR A, et al. Rolling element bearings multi-fault classification based on the wavelet denoising and support vector machine [J]. Mechanical Systems and Signal Processing, 2007, 21 (7): 2933-2945.

[21] LIM G M, BAE D M, KIM J H. Fault diagnosis of rotating machine by thermography method on support vector machine [J]. Journal of Mechanical Science and Technology, 2014, 28(8): 2947-2952.

[22] HUANG J, HU X G, YANG F. Support vector machine with genetic algorithm for machinery fault diagnosis of high voltage circuit breaker [J]. Measurement, 2011, 44 (6): 1018-1027.

[23] RENGASWAMY R, VENKATASURBRAMANIAN V. A fast training neural network and its updation for incipient fault detection and diagnosis [J]. Computers & Chemical Engineering, 2000, 24: 431-437.

[24] WEN L, LI X Y, GAO L, et al. A new convolutional neural network-based data-driven fault diagnosis method [J]. IEEE Transactions on Industrial Electronics, 2017, 65 (7): 5990-5998.

[25] WU J D, LIU C H. Investigation of engine fault diagnosis using discrete wavelet transform and neural network [J]. Expert Systems with Applications, 2008, 35 (3): 1200-1213.

[26] WU H, ZHAO J S. Deep convolutional neural network model based chemical process fault diagnosis [J]. Computers & Chemical Engineering, 2018, 115: 185-197.

[27] KHOMFOI S, TOLBERT L M. Fault diagnostic system for a multilevel inverter using a neural network [J]. IEEE Transactions on Power Electronics, 2007, 22 (3): 1062-1069.

[28] GUO X J, CHEN L, SHEN C Q. Hierarchical adaptive deep convolution neural network and its application to bearing fault diagnosis [J]. Measurement, 2016, 93: 490-502.

[29] PATAN K, WITCZAK M, KORBICZ J. Towards robustness in neural network based fault diagnosis [J]. International Journal of Applied Mathematics and Computer Science, 2008, 18 (4): 443-454.

[30] HE Q P, QIN S J, WANG J. A new fault diagnosis method using fault direction in Fisher discriminant analysis [J]. AIChE Journal, 2005, 51 (2): 555-571.

[31] ZHAO C H, GAO F R. A Nested-loop Fisher discriminant analysis algorithm [J]. Chemometrics and Intelligent Laboratory Systems, 2015, 146: 396-406.

[32] MIKA S, RATSCH G, WESTON J, et al. Fisher discriminant analysis with kernels [C] //Neural networks for signal processing IX: proceedings of the 1999

IEEE signal processing society workshop(cat. no. 98th8468). IEEE, 1999: 41-48.

[33] KIM T K, KITTLER J. Locally linear discriminant analysis for multimodally distributed classes for face recognition with a single model image[J]. IEEE Transactions on Pattern Analysis and Machine Intelligence, 2005, 27(3): 318-327.

[34] SRIVASTAVA S, GUPTA M R, FRIGYIK B A. Bayesian quadratic discriminant analysis[J]. Journal of Machine Learning Research, 2007, 8: 1277-1305.

[35] HASTIE T, BUJA A, TIBSHIRANI R. Penalized discriminant analysis[J]. The Annals of Statistics, 1995, 23: 73-102.

[36] YE J P, LI Q. A two-stage linear discriminant analysis via QR decomposition[J]. IEEE Transactions on Pattern Analysis and Machine Intelligence, 2005, 27(6): 929-941.

[37] ZHANG T P, FANG B, TANG Y Y, et al. Generalized discriminant analysis: a matrix exponential approach[J]. IEEE Transactions on Systems, Man, and Cybernetics, Part B(Cybernetics), 2010, 40(1): 186-197.

[38] QUIÑONES-GRUEIRO M, PRIETO-MORENO A, LLANES-SANTIAGO O. Modeling and monitoring for transitions based on local kernel density estimation and process pattern construction[J]. Industrial & Engineering Chemistry Research, 2016, 55: 692-702.

[39] ROGDRIGUEZ A, LAIO A. Clustering by fast search and find of density peaks[J]. Science, 2014, 344: 1492-1496.

[40] BILMES J A. A gentle tutorial of the EM algorithm and its application to parameter estimation for Gaussian mixture and hidden Markov models[J]. International Computer Science Institute, 1998, 4(510): 126.

[41] DO C B, BATZOGLOU S. What is the expectation maximization algorithm[J]. Nature Biotechnology, 2008, 26(8): 897-899.

[42] CAPPÉ O, MOULINES E. On-line expectation–maximization algorithm for latent data models[J]. Journal of the Royal Statistical Society: Series B (Statistical Methodology), 2009, 71(3): 593-613.

[43] MANDEL M I, WEISS R J, ELLIS D P W. Model-based expectation–maximization source separation and localization[J]. IEEE Transactions on Audio, Speech, and Language Processing, 2009, 18(2): 382-394.

[44] CAFFO B S, JANK W, JONES G L. Ascent-based Monte Carlo expectation-maximization[J]. Journal of the Royal Statistical Society: Series B(Statistical Methodology), 2005, 67(2): 235-251.

[45] SINGH R, PAL B C, JABR R A. Statistical representation of distribution system loads using Gaussian mixture model[J]. IEEE Transactions on Power

Systems, 2009, 25 (1): 29-37.

[46] CONSTANTINOPOULOS C, TITSIAS M K, LIKAS A. Bayesian feature and model selection for Gaussian mixture models [J]. IEEE Transactions on Pattern Analysis and Machine Intelligence, 2006, 28 (6): 1013-1018.

[47] YANG J B, LIAO X J, YUAN X, et al. Compressive sensing by learning a Gaussian mixture model from measurements [J]. IEEE Transactions on Image Processing, 2014, 24 (1): 106-119.

[48] RASMUSSEN C E. The infinite Gaussian mixture model [C] // in Advances in Neural Information Processing Systems. 1999, 12: 554-560.

[49] DEMPSTER A P, LAIRD N M, RUBIN D B. Maximum likelihood from incomplete data via the EM algorithm [J]. Journal of the Royal Statistical Society: Series B (Methodological), 1977, 39 (1): 1-22.

[50] DOWNS J J, VOGEL E F. A plant-wide industrial process control problem [J]. Computers & Chemical Engineering, 1993, 17 (3): 245-255.

[51] RICKER N L. Optimal steady-state operation of the Tennessee Eastman challenge process [J]. Computers & Chemical Engineering, 1995, 19: 949-959.

第 9 章
基于动静协同解析的增强随机森林故障诊断

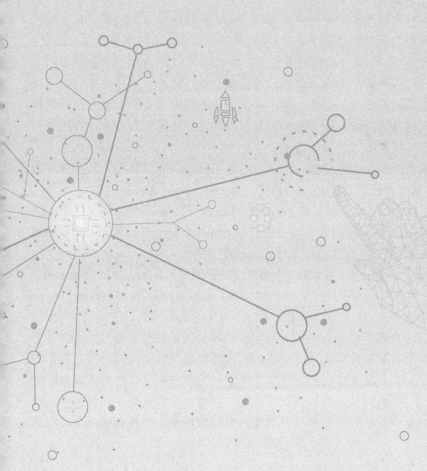

对于工业过程故障分类问题，现有工作很少同时实现对过程静态和动态特征的解析以充分提取数据特征。本章提出了一种同时对静态和动态节点进行分析的增强随机森林算法以进行故障分类。首先，设计一个新的慢指数指标来对经典慢特征分析算法进行改进，该指标更适合于有监督的故障分类问题。其次，通过特征排序以确定重要特征，基于此建立了增强的随机森林模型，其通过选择重要的静态和动态节点以增强判别能力和解释能力。此外，与初始相关变量相比，互不相关的慢特征更适合于训练森林模型。最后，通过田纳西-伊斯曼基准数据集和实际的三相流过程评估了该方法在故障分类中的有效性。

9.1
概述

在过去的几十年中，随着工业流程变得越来越复杂，确保安全可靠的操作比以往任何时候都更具挑战性。针对此问题，实现早期检测异常功能和识别实际故障状况在学术界和工业界都引起了极大的关注[1-8]。这些技术可以分为基于模型、知识和数据的方法[9]。在基于模型的方法中，本章参考文献[10]、[11]介绍了用于故障诊断的各种技术和解决方案，包括鲁棒性和可靠性问题。这些技术假定可以很好地建立真实系统的模型。但是，由于许多工业过程非常复杂，实际很难获得精确的模型。在这种情况下，使用从传感器获得的过程数据的数据驱动方法为过程故障诊断问题提供了有效的解决方案。

对于数据驱动的故障诊断方法，通常将具有相同根因的故障视为同一故障类别[12, 13]。常见的故障诊断方法包括支持向量机（Support Vector Machine，SVM）[13-15]、费舍尔判别分析（Fisher Discriminant Analysis，FDA）[13,16]、偏最小二乘回归（Partial Least Squares，PLS）[17, 18]、递归总主成分回归（Recursive Total Principal Component Regression，RTPCR）[19]、指数判别分析（Exponential Discriminant Analysis，EDA）[20]、K-近邻（K-nearest neighbors，KNN）[21]和深度神经网络（Deep Neural Network，DNN）[22]。在一些研究中还应用了集成学习算法，例如随机森林（Random Forest，RF）等，以获得更准确的故障诊断结果[23, 24]。作为性能最强大的分类算法之一[25]，随机森林算法[26]在处理多种不同问题时显示出很高的准确性和鲁棒性[27-30]。该方法训练若干棵树作为基本分类器，并通过加权或投票组合这些树的决策，以预测未知样本的标签。随机森林算法被证明可以减少分类的方差[31]，并产生较低的泛化误差[26]。另外，随机森林以并行方式生成基分类器，从而提高了训练和测试速度[31]。尽管随机森林算法在许多领域都表现出良好的性能，但其在应用于过程故障诊断时却受到两个限制：①它直接将测量变量用作其节点，这仅利用到了过程数据的静态信息；②树模型在每个节点上使用单个变量，因此忽略了变量的相关性，而工业过程中的变量往往是强相关的。

许多工业过程存在广泛的动态特性。为了捕获工业过程的典型动态特征，已有工作提出了一些方案[32-39]。在一些动态图模型中[32-35]，例如动态贝叶斯网络[32, 33]，过程的动态特性可以反映在复制贝叶斯网络的节点状态随时间的变化中[32, 33]。这种方法的诊断性能高度依赖于图结构，对于某些复杂的系统，构建这种模型具有挑战性[33]。另外，动态模型使用来自许多时间片的数据，因此推理计算成本可能非常巨大[33]。与这些方法不同，多元统计分析方法[36-39]不需要复杂的图结构，可以在实际应用中有效地进行训练和测试。通过引入具有时滞的变量，已有一些多元统计分析方法被提出来解决工业过程中的动态问题，例如动态主成分分析[37]、动态偏最小二乘回归[38]和典型变量分析[39]。但是，正如在本章参考文献[40]中提到的，这些算法学习了具有不同时滞的变量之间的相关性，但时间信息和静态信息都是耦合的，因此无法提供过程对数据的动态行为和静态变化的充分表示。具体地，静态信息表征过程的静态分布，而动态信息表征时间变化和动态性的分布。直观地讲，从过程中提取的静态和动态信息与位置和速度的概念相似，它们在物理意义上不同，但对于区分不同的故障都很重要。因此，必须同时考虑静态和动态信息。为了解决这个问题，一些算法被提出用于解决工业过程监控问题[41-45]。这些方法通过慢特征分析（SFA）引入动态信息，在过程监控领域获得了卓越的性能。作为一种新颖的特征提取技术，SFA[46]旨在从初始过程变量中学习缓慢变化的特征，因此可以同时提取分离的工业过程静动态信息。本章提出了一种基于 SFA 模型的增强随机森林算法。首先，设计有监督的 SFA 算法来提取在工业过程中互不相关的静态及其相应的动态慢特征。其次，关键特征由增强的随机森林算法自动选择，这在减少不同类别之间的重叠以提供更全面的物理解释方面起着重要作用。最后，本章以田纳西-伊斯曼（TE）基准过程[47]和实际系统（由克兰菲尔德大学设计的三相流过程[48]）为例，验证了所提方法的有效性。

本章的主要贡献总结如下：

① 本章提出了一种增强随机森林模型，该模型可以在故障标签信息的监督下，同时实现对工业过程的静态与动态信息的抽取。这种综合的信息挖掘方式可以有效减弱工业过程中不同类别数据的混淆程度，提升故障诊断精度。

② 所提增强随机森林模型设计了一种自动关键特征选择技术，用于确定静动态信息的关键部分并揭示不同信息在工业故障分类中的作用。所提方法精简了特征数量与模型复杂度，提升了故障诊断模型的可解释性。

本章的其余部分安排如下。9.2 节简单回顾了随机森林算法。9.3 节介绍基于动静态信息协同分析的增强随机森林算法及其在故障诊断中的应用步骤。9.4 节使用两个工业过程验证了所提出方法的性能。最后，9.5 节对本章的结论进行了总结。

9.2 基于 CART 树的随机森林算法回顾

随机森林算法是一种构建随机树集合的分类方法。第 2 章已经介绍了 ID3 决策树算法及基于 ID3 决策树的随机森林，这里重点介绍一种更具代表性的决策树算法：分类和回归树算法（Classification and Regression Tree，CART）[49]。相比于 ID3 算法，CART 可以更好地处理连续变量，也可以同时处理分类与回归任务，因此在随机森林的构建中往往获得更多关注。

CART 树由根节点、内部节点、叶节点组成。在构造 CART 树时，关键点是选择最佳变量作为节点，并确定这些节点的最佳拆分点，以使子节点比父节点更纯净。在 CART 算法中，基尼系数（Gini）用于测量节点不纯度。给定节点 t 和估计的类概率 $p(c|t)(c=1,\cdots,C)$，节点 t 的 Gini 值定义如下：

$$G(t) = \sum_{c_1 \neq c_2} p(c_1|t)p(c_2|t) = 1 - \sum_{c=1}^{C} p^2(c|t) \tag{9-1}$$

设 s 为节点 t 的分裂点，它将节点按 p_R 和 p_L 的比例分为 t_R 和 t_L 两部分。因此，基尼不纯度指数的降低值定义如下：

$$\Delta G(s,t) = G(t) - p_R G(t_R) - p_L G(t_L) \tag{9-2}$$

产生最大基尼不纯度减少量的最佳变量和最佳分裂点可按下式进行计算：

$$s^*, j^* = \arg\max_{s,j} \Delta G(s,t) \tag{9-3}$$

CART 算法通过递归调用上述函数以生成一棵树。基于 CART 算法的随机决策森林是一个结合了 Bagging 理论[50]和随机子空间理论[51]的集成模型。森林中的所有树都可以完全生长到无限深度，直到所有叶节点都是纯净的为止。

9.3 动静态协同的增强随机森林

9.3.1 问题陈述与动机分析

标准随机森林使用多个决策树以构建分类模型。在森林中的每个节点上，仅考虑单个变量的值来对来自不同故障情况的样本进行分类,却很少综合考虑工业过程的静态和动态特征表示。

(1) 有监督的慢特征

静态信息表征了工业过程的静态分布。由于过程的缓慢变化行为以及过程中不同故障类别的运行机制,需要在每个类别中准确提取静态信息。如图9-1(a)所示,经典的慢特征分析可以从原始输入变量中提取慢变化特征。但是,通过这种无监督方法获得的静态慢特征往往是无法区分的,因为它们考虑了整个工业过程的变化。相反,如图9-1(b)所示,考虑类内慢变化行为的有监督慢特征可以明确表征不同故障类别的静态信息,因此过程中不同故障类别的有监督慢特征的静态特征往往比过程中的原始变量更容易分类。

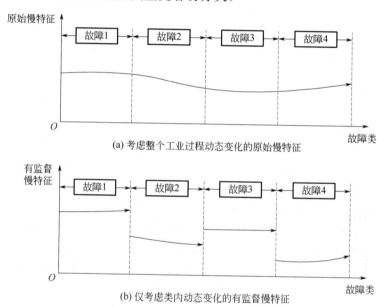

图 9-1 原始慢特征和有监督慢特征

(2) 静态和动态信息的协同分析

在许多情况下,仅考虑静态信息的故障分类器无法有效诊断静态值较相似的某些故障。如图9-2(a)所示,由于大多数样本都位于同一范围内并且沿 Y 轴重叠,因此诊断模型很难仅根据慢特征的静态值来区分故障1和故障2的模式。然而,基于不同故障情况的动态特征分布,即静态特征一阶变化的所谓动态信息,可以很容易地对其进行分类,如图9-2(b)所示。

基于以上考虑,本章提出了一种改进的随机森林算法,该算法对静态和动态信息进行协同分析以充分表征数据。所提出的方法计算适当的特征来代替森林中的原始变量节点。因此，增强随机森林算法通过充分挖掘静态和动态过程信息的节点以提高诊断性能。此外，该方法自动选择关键特征以利用重要信息，从而减少了不同类别之间的重叠并简化了学习模型。

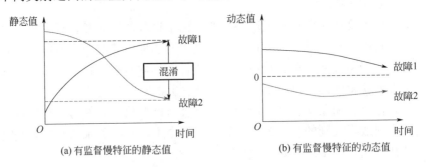

图 9-2 静态值和动态值

9.3.2 动静态节点提取

为了描述用于故障诊断的静态和动态信息，首先提出一种监督型 SFA 算法。设 $x = [x_1, x_2, \cdots, x_n]^T$ 为在 m 个样本上测得 n 个变量的数据矩阵。数据集由来自 C 个类别的故障数据组成，这些数据按变量维度拼接在一起，其中每个类别表示为 $X^{(k)} \in \mathbb{R}^{m_k \times n}$（$k \in [1, 2, \cdots, C]$），第 k 个类别中的样本数由 m_k 表示。首先，对数据进行归一化以确保零均值和单位方差。

通过线性组合 $S = G(X) = XW$，可以从初始 X 中提取静态特征 S，其中 W 表示线性权重系数，$S \in \mathbb{R}^{m \times n}$。通过应用此线性函数，可以通过 S 的一阶导数获得动态特征。对于通过 Xw_j 计算的特征 $s_j \in \mathbb{R}^m$，有来自 C 个类别的 m 个样本，第 k 个类别的样本数量记为 m_k。那么 $s_j^{(k)}$ 的动态变化值可以利用下式进行计算：

$$\Delta(s_j^{(k)}) = \frac{1}{m_k - 1} \sum_{i=2}^{m_k} \left[\dot{s}_{i,j}^{(k)} \right]^2 \tag{9-4}$$

式中，$\dot{s}_{i,j}^{(k)} = s_{i,j}^{(k)} - s_{i-1,j}^{(k)}$，$i$ 代表第 i 个样本。$\Delta(s_j^{(k)})$ 揭示了第 k 类样本对特征变化做出的贡献。

因此，为了测量 s_j 的变化，定义：

$$\Delta(s_j) = \frac{1}{m - C} \sum_{k=1}^{C} \sum_{i=2}^{m_k} \left[\dot{s}_{i,j}^{(k)} \right]^2 \tag{9-5}$$

直观地，$\Delta(s_j)$ 评估所有类别的样本的时间变化。我们的目的是计算通过线性组合从 X 得出适当特征所需的权重系数，因此，我们修改 SFA 的原始定义如下：

$$\min \frac{1}{m-C} \sum_{k=1}^{C} \sum_{i=2}^{m_k} \left[\dot{\boldsymbol{s}}_{i,j}^{(k)} \right]^2$$

$$\text{s.t.} \quad \frac{1}{m} \sum_{k=1}^{C} \sum_{i=1}^{m_k} \boldsymbol{s}_{i,j}^{(k)} = 0$$

$$\frac{1}{m} \sum_{k=1}^{C} \sum_{i=1}^{m_k} \left[\boldsymbol{s}_{i,j}^{(k)} \right]^2 = 1 \tag{9-6}$$

$$\forall j \neq j', \frac{1}{m} \sum_{k=1}^{C} \sum_{i=1}^{m_k} \left[\boldsymbol{s}_{i,j}^{(k)} \boldsymbol{s}_{i,j'}^{(k)} \right] = 0$$

式中，$j, j' \in [1, 2, \cdots, n]$。

根据式（9-6），在每个类别内计算一阶导数，分别测量每个类别内的动态变化。此过程不同于标准 SFA 的过程，因为在标准 SFA 中，不同类别的所有样本被混淆到一起计算动态变化值，未考虑到故障类别的差异。目标函数式（9-6）反映了修改后的 SFA 的目的，即找到从 $\boldsymbol{X}$ 到 $\boldsymbol{S}$ 的变换，以便在每个类内提取出具有最小动态变化的慢特征。

可以通过剔除系数并添加单位方差分母来重写目标函数式（9-6），如下所示：

$$\min \frac{\sum_{k=1}^{C} \sum_{i=2}^{m_k} \left[\dot{\boldsymbol{s}}_{i,j}^{(k)} \right]^2}{\sum_{k=1}^{C} \sum_{i=1}^{m_k} \left[\boldsymbol{s}_{i,j}^{(k)} \right]^2} \tag{9-7}$$

从式（9-7）中可以看出，每个特征在不同类之间也应尽可能多地携带变化信息。以这种方式，训练样本提取的慢特征将在相同的故障类别内缓慢变化，但在不同的故障类别间存在显著差异。考虑对输入矩阵 $\boldsymbol{X}$ 的线性映射：

$$\boldsymbol{s}_j = \boldsymbol{X} \boldsymbol{w}_j \tag{9-8}$$

式（9-7）的分子计算如下：

$$\sum_{k=1}^{C} \sum_{i=2}^{m_k} \left[\dot{\boldsymbol{s}}_{i,j}^{(k)} \right]^2 = \sum_{k=1}^{C} \sum_{i=2}^{m_k} \boldsymbol{w}_j^{\mathrm{T}} \left[\dot{\boldsymbol{x}}_i^{(k)} \dot{\boldsymbol{x}}_i^{(k)\mathrm{T}} \right] \boldsymbol{w}_j$$

$$= \boldsymbol{w}_j^{\mathrm{T}} \left[\sum_{k=1}^{C} \sum_{i=2}^{m_k} \dot{\boldsymbol{x}}_i^{(k)} \dot{\boldsymbol{x}}_i^{(k)\mathrm{T}} \right] \boldsymbol{w}_j$$

$$= \boldsymbol{w}_j^{\mathrm{T}} \left[\dot{\boldsymbol{X}}^{(1)\mathrm{T}} \dot{\boldsymbol{X}}^{(2)\mathrm{T}} \cdots \dot{\boldsymbol{X}}^{(C)\mathrm{T}} \right] \begin{bmatrix} \dot{\boldsymbol{X}}^{(1)} \\ \dot{\boldsymbol{X}}^{(2)} \\ \vdots \\ \dot{\boldsymbol{X}}^{(C)} \end{bmatrix} \boldsymbol{w}_j \tag{9-9}$$

$$= \boldsymbol{w}_j^{\mathrm{T}} \boldsymbol{A} \boldsymbol{w}_j$$

式中，$A = \begin{bmatrix} \dot{X}^{(1)\mathrm{T}} & \dot{X}^{(2)\mathrm{T}} & \cdots & \dot{X}^{(C)\mathrm{T}} \end{bmatrix} \begin{bmatrix} \dot{X}^{(1)} \\ \dot{X}^{(2)} \\ \vdots \\ \dot{X}^{(C)} \end{bmatrix}$。

式（9-7）的分母计算如下：

$$\sum_{k=1}^{C}\sum_{i=1}^{m_k}\left[s_{i,j}^{(k)}\right]^2 = w_j^{\mathrm{T}}\left[X^{\mathrm{T}}X\right]w_j = w_j^{\mathrm{T}}Bw_j \tag{9-10}$$

式中，$B = X^{\mathrm{T}}X$。

进而，监督 SFA 的目标函数可以重写为如下形式：

$$\min_{w_j} \frac{w_j^{\mathrm{T}}Aw_j}{w_j^{\mathrm{T}}Bw_j} \tag{9-11}$$

为了最小化式（9-11），它收敛到求解广义特征值问题，可以使用拉格朗日乘数[46]来解决：

$$AW = BW\Omega \tag{9-12}$$

式中，$W = [w_1, w_2, \cdots, w_n]$。$W$ 包含矩阵对 $\{A, B\}$ 的 n 个广义特征向量，并且是一个对角矩阵，其对角线元素是广义特征值，也是式（9-6）的目标值。

此外，也可以通过两步 SVD 方法解决式（9-12）所示问题。首先，将原始数据 X 白化为 $Z = XU\Lambda^{-1/2}$，其中，$X^{\mathrm{T}}X = U\Lambda U^{\mathrm{T}}$。然后，与传统的 SFA 不同，特征向量矩阵 P 是通过在 $\begin{bmatrix} \dot{Z}^{(1)}, \dot{Z}^{(2)}, \cdots, \dot{Z}^{(C)} \end{bmatrix}^{\mathrm{T}} \begin{bmatrix} \dot{Z}^{(1)}, \dot{Z}^{(2)}, \cdots, \dot{Z}^{(C)} \end{bmatrix}$ 上进行二次 SVD 分解获得的，可以通过以下方式获得投影方向 W：

$$W = U\Lambda^{-\frac{1}{2}}P \tag{9-13}$$

可以按以下方式提取多个静态特征：

$$S = XW \tag{9-14}$$

相应地，对于第 i 个样本，提取表示第 j 个静态特征的一阶导数作为第 j 个动态特征：

$$\dot{s}_{i,j} = s_{i,j} - s_{i-1,j} \tag{9-15}$$

式中，$j \in [1, 2, \cdots, n]$。

9.3.3 基于特征重要性排序的增强随机森林算法

理想情况下，对于最慢的静态特征，样本值应在相同的故障类别内保持极慢的变化，并且与其他故障类别中的取值不同。但实际中可能无法很好地满足此情况。除了最慢的静特征，诊断任务还应考虑其他较慢的静特征。另外，与静态特征相比，静态特征的一阶导数描述了动态信息，具有提升类间区分性的能力。一般来说，确定应该在模型中保留的慢特征的数量非常重要。通常，最慢的特征（包括静态和动态特征）被认为对分类有用，而最快的特征可以看作是某种形式的噪声[40]，这可能会降低诊断性能。此外，与用于过程监控的无监督 SFA 不同，某些包含短期波动的快速特征也可能对分类有用，因为波动可能仅出现在一个类别中，而在其他类别中保持相对稳定。

本章使用特征重要性排序和交叉验证来自动选择重要的静态和动态的慢特征。使用平均减少基尼指数（Mean Decreased Gini，MDG）衡量特征重要性[26, 31]。通过使用最佳分割点直接计算每个节点上的不纯度减少量，$\boldsymbol{x}_j$ 的 MDG 指标定义如下：

$$MDG(\boldsymbol{x}_j) = \frac{1}{\varphi(F)} \sum_{f \in F} \sum_{t \in f} 1(t=j)[p(t)\Delta G(s,t)] \quad (9\text{-}16)$$

式中，F 为随机森林模型；$\varphi(F)$ 为森林中的树数量；f 为森林中的单棵树；t 为树 f 中的分裂节点；$1(t=j)$ 为指示函数；$p(t)$ 为节点 t 上的样本比例。

在本章中，我们使用相对重要性（Relative Mean Decreased Gini，RMDG）对特征重要性进行排序，其定义如下：

$$RMDG(\boldsymbol{x}_j) = \frac{MDG(\boldsymbol{x}_j)}{\max_j MDG(\boldsymbol{x}_j)} \times 100\% \quad (9\text{-}17)$$

只需要保留对故障分类最重要的特征，这可以降低模型的复杂性并排除不合理的噪声。因此，根据排序结果选择前 k 个特征是合理的。对于按重要性等级排序的要素，可以通过 K 折交叉验证来确定保留特征的数量，同时考虑计算时间与数据充分使用之间的权衡。基于动静节点提取（Static and Dynamic Node Extraction，SDNE）技术和特征选择技术，可以有效地确定包含动态和静态信息的重要特征，并将其用作决策树的节点。这可以提高随机森林算法的性能，并提供更全面的物理解释。另外，作为一种将随机性注入基模型的集成方法，随机森林算法对于变量和标签中的嘈杂数据往往具有更好鲁棒性，并且更可靠[26, 31]。

本章利用分类精度（Accuracy）和 F1 得分（F1 Score）来衡量故障诊断的准确性，其中：

$$Accuracy = \frac{预测准确的数量}{总预测数量} \quad (9\text{-}18)$$

$$F1\ score = \frac{2 \times precision \times recall}{precision + recall} \quad (9\text{-}19)$$

式中，$precision$ 为预测精确度；$recall$ 为召回率。

9.3.4 增强随机森林算法的步骤

增强随机森林算法的概述如下。

① 对于具有 C 类故障的训练数据集 $\boldsymbol{X} \in \mathbb{R}^{m \times n}$，首先对数据进行标准化处理，以确保零均值、单位方差。

② 随后通过 SDNE 算法分别获得静态和动态节点。

③ 利用静态和动态节点构建一个随机森林模型。利用 RMDG 指标对特征重要性进行排序。

④ 应用 K 折交叉验证来确定重要的特征子集。

⑤ 利用重要特征子集重建具有静态和动态节点的随机森林，从而获得故障诊断模型。

对于每个新的故障样本，在线诊断过程如下。

① 使用训练数据的平均值和标准差值对每个新的故障样本 $\boldsymbol{x}_i$ 进行归一化。

② 通过应用 $\boldsymbol{s}_i = \boldsymbol{W}\boldsymbol{x}_i$ 将输入变量转换为静态特征，并利用前一点 $\boldsymbol{s}_{i-1}$ 计算动态特征 $\dot{\boldsymbol{s}}_{i,j} = \boldsymbol{s}_{i,j} - \boldsymbol{s}_{i-1,j}$。

③ 提取出在建模阶段已确定的重要特征。

④ 将选定的重要特征输入经过训练的分类器中，并获得新样本的标签。最后，确定故障类别。

图 9-3 总结了增强随机森林算法的总体过程。通过使用静态和动态节点，我

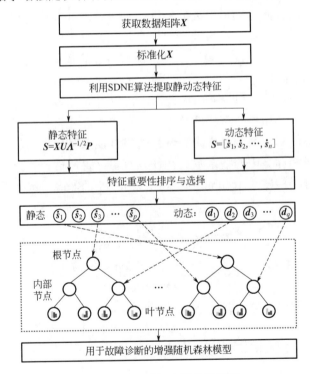

图 9-3　增强随机森林的流程图

们要尽可能地挖掘工业故障数据所携带的信息,特别是对于某些具有明显动态变化特征的工业过程。此外,确定特征的重要子集可以消除无关紧要的信息影响并降低模型的复杂性,从而有效地提高诊断准确性。

9.4
方法验证与结果分析

本节将在两个数据集上评估所提故障诊断方法的性能,即田纳西-伊斯曼(TE)过程[47]和多相流过程[48]。本部分选择了 7 种方法进行比较,即增强随机森林、静态特征+随机森林、标准随机森林、PCA+随机森林、SVM、KNN 和深度卷积神经网络(DCNN)[22]。表 9-1 总结了这两个数据集的特性。

表 9-1 所用数据集基本特性

数据集	样本数量	变量数量	类别数量
TE 过程	20480	52	16
多相流过程	20548	24	4

9.4.1 田纳西-伊斯曼过程

本章参考文献[47]中开发的 TE 过程是广泛用于过程监控、故障诊断和其他控制问题的通用仿真平台。该工艺包含 5 个主要单元操作器:反应器、产物冷凝器、蒸汽液体分离器、保鲜压缩器和产品汽提塔。此过程的示意图如图 9-4 所示,读者可以参考本章参考文献[47]了解更多详细信息。

TE 数据集包含 21 个故障类别(故障 1~21)。在这 21 个类别中,已知 16 种故障(故障 1~15,故障 21),其他 5 个故障(故障 16~20)是未知的[52]。在我们的实验中,使用 16 个已知的故障来评估所提出方法的性能。对于每个故障类别,有 480 个训练样本和 800 个测试样本,每个样本测量 52 个变量。因此,训练数据矩阵 X 的尺寸为 7680×52,测试矩阵的尺寸为 12800×52。TE 过程的采样间隔为 3min。

首先,选择重要特征。使用提出的 SDNE 算法提取了 52 个静态特征和 52 个动态特征。使用特征排序和选择方法,从 104 个特征中选择了前 34 个重要特征。特征重要性排名如图 9-5 所示。其中,"静态 52"是最慢的静态特征,"静态 1"是最快的静态特征。在所选的 34 个重要特征中,大多数是静态慢特征及其对应的动态特征,并且 4 个最快的特征(静态 1、2 和动态 1、2)也被选为重要特征。34 个特征用于构建增强的随机森林。

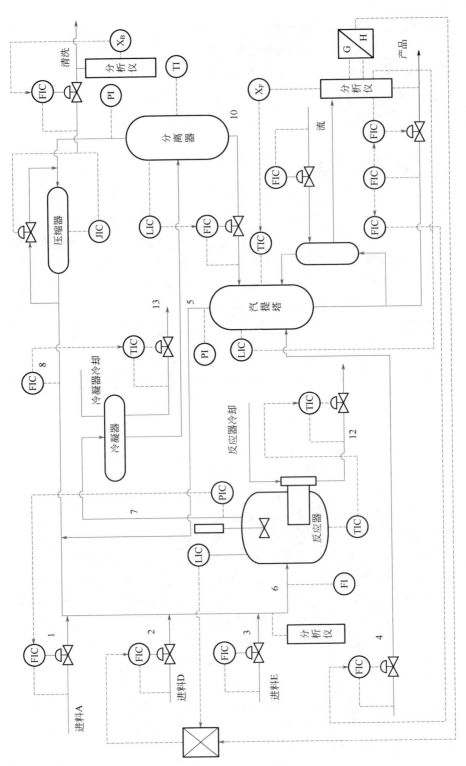

图 9-4 TE 过程示意流程图

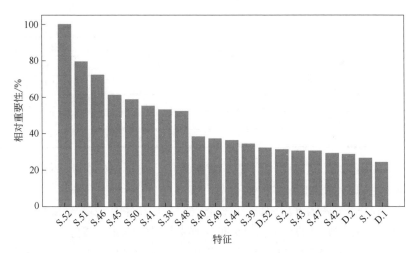

图 9-5　TE 过程数据中 52 个静态特征和 52 个动态特征的重要性排序
（为了使视图更清晰，仅显示了前 20 个重要特征。
"S." 和 "D." 分别是"静态"和"动态"的缩写）

表 9-2 所示为根据精度和 F1 评分进行评估的 7 种方法的比较结果。对于 4 种集成方法，包括增强随机森林、仅具有静态特征的随机森林、标准随机森林（具有原始输入变量的随机森林）和结合 PCA 的随机森林，公共参数使用相同的参数值。集成大小设置为 200。树完全生长，直到每棵树的所有节点都是纯净的为止。带有 PCA 的随机森林算法保留了 99%的训练数据集方差。SVM 的核函数设定为多项式，并将次数设置为 3。KNN 的参数 K 设置为 100。此外，选择基于深层卷积神经网络（DCNN）的过程故障诊断方法进行比较[22]。在 DCNN 中，我们遵循本章参考文献[22]的参数设置。转换后矩阵的维数设置为 20×52，即使用 20 个原始样本（在原始数据集中每个样本上测得的 52 个变量）作为训练样本。神经网络的体系结构固定为 Conv(128)-Conv(128)-Conv(128)-Pool-FC(300)-FC(16)。表 9-2 清晰地表明，所提出的增强随机森林算法产生了更令人满意的性能，其精度为 71.46%，F1 得分为 70.11%。有趣的是，与包括 SVM、KNN 和 DCNN 在内的机器学习方法相比，标准随机森林算法在精度和 F1 分数上均更为有效。此外，很明显，所提出的增强随机森林算法可以显著提高用于故障诊断的标准随机森林算法的性能，这是同时使用静态和动态特征而导致的。实际上，我们仅使用静态特征建立了随机森林模型，该模型的精度达到 70.12%，F1 得分为 68.83%，与同时使用静态和动态特征的增强随机森林相比，其性能稍差。

表 9-2　在 TE 数据集中的性能对比

方法	精度/%	F1 得分/%
增强随机森林	**71.46**	**70.11**
随机森林+静态特征	70.12	68.83

续表

方法	精度/%	F1 得分/%
标准随机森林	65.90	65.74
随机森林+PCA	53.62	52.42
SVM	39.04	39.85
KNN	41.96	43.27
DCNN	58.44	57.90

对于所提出的方法，使用混淆矩阵对结果进行更详细的分析，如图 9-6 所示。混淆矩阵（也称为误差矩阵[53]）具有两个维度（"预测标签"和"实际标签"）。二维坐标（a，b）的每个组合对应于一个比率，该比率代表属于 a 类但被预测属于 b 类的样本的比例。通常，对角线块颜色越深，分类性能越好。如图 9-6 所示，故障类别 3、9、13、15 和 21 难以正确分类，而其他类别则相对易于处理。

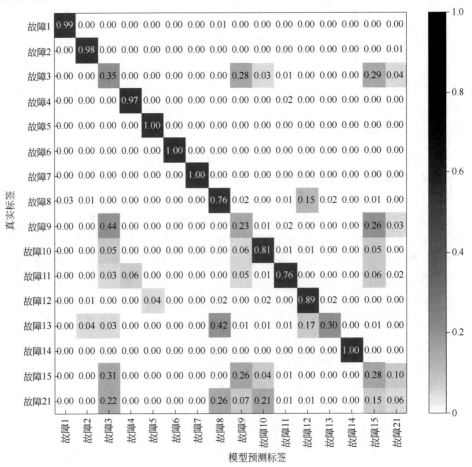

图 9-6 增强随机森林在 TE 过程测试数据上的混淆矩阵

此外，本节进行了实验，以验证所提的增强随机森林的鲁棒性和可靠性。按照本章参考文献[26]、[54]中的实验设置，通过将不同级别的噪声注入训练数据中的标签中进行实验，以研究故障分类性能。具体而言，将噪声级别从 0%变为 100%，步长为 4%。例如，噪声为 20%意味着将五分之一的类别标签随机更改为从其他标签任意选择的类别标签。重复该实验 10 次，图 9-7 中显示了包括精度和 F1 得分在内的平均性能。从结果来看，当噪声百分比小于 60%时，分类性能有很小的变化。具体来说，当将 40%的噪声注入训练数据中（训练数据中 40%的故障标签被随机更改）时，所提出的增强随机森林算法的性能近似于没有噪声注入的标准随机森林的性能（65.90%精度和 65.74% F1 得分），表明了该方法的高鲁棒性和可靠性。

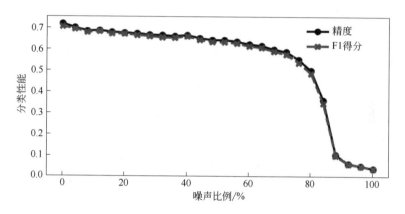

图 9-7　不同噪声水平下所提增强随机森林算法的分类性能

9.4.2　三相流过程

三相流过程是由克兰菲尔德大学设计的，用于向压力系统提供可控制和测量的水、油和空气的流量的工业过程[48, 55]。它是在各种运行条件下工作的复杂工业规模的实验装置，并提供真实实验数据。具有不同孔径和几何形状的管道以及气液两相分离器构成了测试设备。该过程存在两个过程输入，包括空气和水的流速设定点，在实验过程中可以有意识地改变它们以获取可变操作条件下的数据。可以选择 4 种类型的空气流速和 5 种类型的水流速作为过程输入，以创建 20 种不同的输入值组合，从而产生适用于所提出方法评估的典型动态系统。此过程的示意图如图 9-8 所示。

本章考虑到每个类别中的样本数量，如表 9-3 所示，使用了 4 种故障（故障 1~4）来评估所提出方法的性能。对于这 4 个故障类别，水流量和空气流量设定值是连续变化的，这对故障诊断提出了很大的挑战。对于表 9-3 中的每个故障类

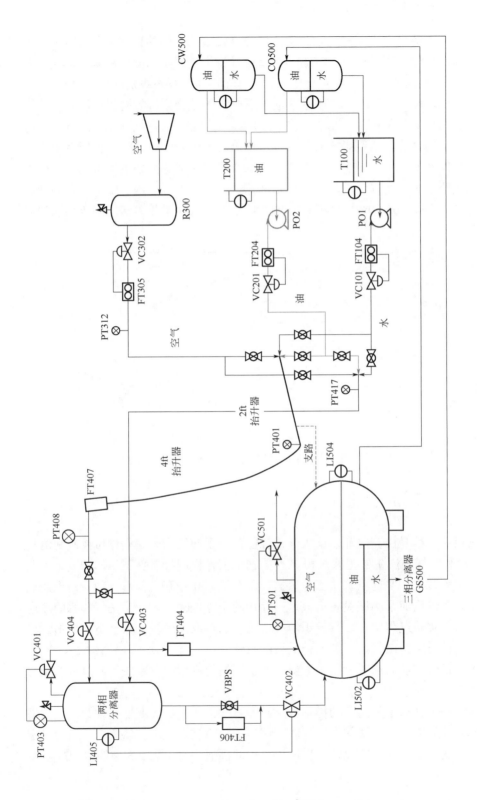

图 9-8 三相流系统的示意图（1ft=0.3048m）

别，样本的前 50%用作训练数据，其他样本用作测试数据。具体地，来自 4 个故障类别的 1808、2186、3608 和 2671 个样本用于训练，其余样本用于测试。每个样本有 24 个测量变量。因此，训练数据矩阵 X 的尺寸为 10273×24，而测试数据矩阵的尺寸为 10275×24。所有数据均以 1Hz 的采样率获得。

表 9-3　三相流过程的数据描述

故障类别	故障描述	样本数量	变量数量	操作条件
故障 1	空气管路堵塞	3616	24	变化
故障 2	供水管路堵塞	4373	24	变化
故障 3	顶部分离器堵塞	7217	24	变化
故障 4	旁路打开	5342	24	变化

首先，利用 SDNE 算法提取 24 个静态特征和 24 个动态特征。通过计算 RMDG 指数并使用特征选择方法，选择了前 8 个特征（静态 23、24、22、19、20，动态 24、22、1）来构建增强随机森林模型。特征的重要性如图 9-9 所示，"静态 24" 是最慢的特征，"静态 1" 是最快的特征。通常，静态和动态慢特征比快特征要重要得多。但是，某些最快的特征不能忽略。例如，特征 "动态 1" 在 48 个特征中排名第 8。因此，所提出的方法可以有效地减小维数，同时保留重要信息，从而揭示静态和动态变化如何影响故障分类。

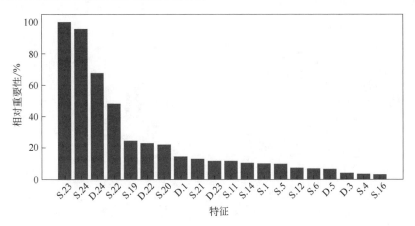

图 9-9　三相流数据中 24 个静态特征和 24 个动态特征的特征重要性排序
（为了使视图更清晰，仅显示了前 20 个重要特征。
"S." 和 "D." 分别是 "静态" 和 "动态" 的缩写）

另外，为了更清楚地了解动态特征的重要性，图 9-10 显示了故障 1 和故障 2 的一个重要静态特征（"静态 22"）及其对应动态特征（"动态 22"）的轨迹。

从"静态 22"的角度来看,这两种故障类别沿 Y 轴方向几乎是重叠的,如黑色虚线所示,因此很难使用"静态 22"的值将它们分开。但是,从动态对应项"动态 22"的角度来看,这些类别很容易彼此区分开,因为动态类别对故障 1 具有负值,对于故障 2 具有正值。在"静态 22"所示的情况下,故障 1 的静态值呈下降趋势,显示出负的速度变化,而故障 2 的静态值呈上升趋势,显示出正的速度变化。此外,在图 9-11 中显示了排名在特征重要性前三位的"静态 23""静态 24"和"动态 24"特征,这些特征对相关故障具有明显的判别能力。

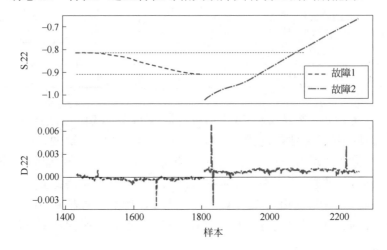

图 9-10 在故障 1 和故障 2 的部分样本中,"静态 22"和"动态 22"特征的轨迹

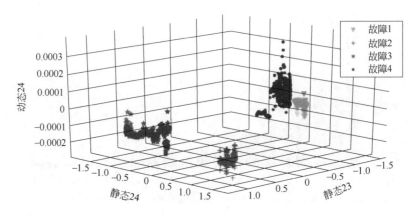

图 9-11 三相流过程训练数据的前三个重要特征可视化

(本图彩色版,请扫前言后的二维码)

表 9-4 列出了 7 种方法的比较结果。随机森林的基础树模型数量设置为 200。树完全生长,直到每棵树的所有节点都是纯净的为止。在 DCNN 中,将多相流过程中转换后的矩阵大小设置为 10×24,即从原始数据集中获取的 10 个样

本、每个样本 24 个变量组合为一条训练样本来训练网络。从实验结果来看，所提出的增强随机森林的性能显著优于其余 6 种方法，其精度和 F1 得分都超过了 99%。所提出的方法通过同时考虑静态和动态信息来提取特征，从而全面挖掘过程数据信息。相比之下，具有静态特征的随机森林算法仅考虑过程的静态信息，而标准随机森林算法直接将原始变量用作其节点，它们的性能水平稍差。DCNN 方法比包括 SVM 和 KNN 在内的经典机器学习方法要好得多，但是与集成方法相比，其效果要差一些。尽管 DCNN 考虑了过程的时间和空间信息，但是获得类似二维图像的训练样本需要大量的数据来训练分类器，这在实际中很难实现。

表 9-4 三相流过程数据集上的性能对比

方法	精度/%	F1 得分/%
所提增强随机森林	**99.54**	**99.54**
随机森林+静态特征	95.39	95.48
标准随机森林	90.76	89.99
随机森林+PCA	55.99	56.57
SVM	68.18	69.67
KNN	60.32	61.90
DCNN	81.66	80.10

为了更详细地分析结果，图 9-12 中显示了通过这 7 种方法获得的混淆矩阵。很明显，所提出的增强随机森林方法在故障 1~4 上均达到了最佳性能。故障 2 中只有 2%的样本被错误地分类为故障 4，并且所有其他样本的隶属关系均得以正确判定。具有静态特征的随机森林算法对故障 1、2 和 4 的效果很好，但对故障 3 的误分类错误率却很高。标准的随机森林算法在故障 1 上的性能较差。

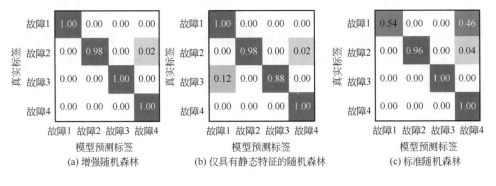

图 9-12

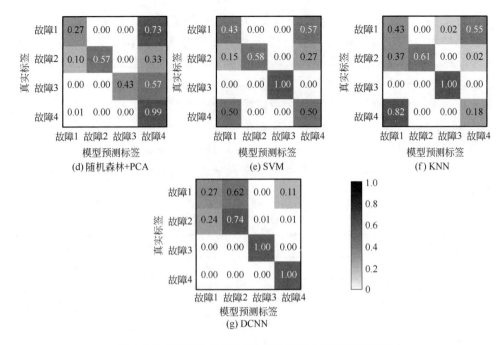

图 9-12 三相流过程测试数据的不同方法的混淆矩阵

9.5 本章小结

本章提出了一种静动态节点协同分析的增强随机森林方法，用于解决工业过程的故障诊断问题。所提方法将静态和动态信息同时提取并引入随机森林算法中，可以有效地减少动态工业过程中不同故障类别之间的重叠。此外，所设计的特征排序和选择策略可以确定重要特征，降低模型复杂度，提升模型的可解释性。所提方法在两个工业数据集中进行了验证。根据实验结果可以发现，该方法在仿真基准数据和实际过程中具有优越的故障诊断性能。此外，根据特征选择的结果，变化较缓慢的静动态特征往往对故障分类更具重要性，而少部分变化较快特征的作用也不可忽视。未来的研究方向包括如何利用少量标注样本构建有效的故障诊断模型。此外，当训练与测试数据分布发生变化时如何保证故障诊断模型的诊断性能也是一个值得探索的课题。

参考文献

[1] SONG B, SHI H B. Fault detection and classification using quality-supervised

double-layer method [J]. IEEE Transactions on Industrial Electronics, 2018, 65(10): 8163-8172.

[2] ZHAO C H, GAO F R. Fault subspace selection approach combined with analysis of relative changes for reconstruction modeling and multifault diagnosis [J]. IEEE Transactions on Control Systems Technology, 2015, 24(3): 928-939.

[3] ZHAO S Y, HUANG B, LIU F. Fault detection and diagnosis of multiple-model systems with mismodeled transition probabilities [J]. IEEE Transactions on Industrial Electronics, 2015, 62(8): 5063-5071.

[4] JIANG Y, YIN S. Recent advances in key-performance-indicator oriented prognosis and diagnosis with a MATLAB toolbox: DB-KIT [J]. IEEE Transactions on Industrial Informatics, 2018, 15(5): 2849-2858.

[5] JIANG Y, YIN S, KAYNAK O. Data-driven monitoring and safety control of industrial cyber-physical systems: basics and beyond [J]. IEEE Access, 2018, 6: 47374-47384.

[6] LI W Q, ZHAO C H, GAO F R. Linearity evaluation and variable subset partition based hierarchical process modeling and monitoring [J]. IEEE Transactions on Industrial Electronics, 2017, 65(3): 2683-2692.

[7] PILARIO K E S, CAO Y. Canonical variate dissimilarity analysis for process incipient fault detection [J]. IEEE Transactions on Industrial Informatics, 2018, 14(12): 5308-5315.

[8] ZHAO C H, SUN H. Dynamic distributed monitoring strategy for large-scale nonstationary processes subject to frequently varying conditions under closed-loop control [J]. IEEE Transactions on Industrial Electronics, 2018, 66(6): 4749-4758.

[9] DENG X G, TIAN X M, CHEN S, et al. Nonlinear process fault diagnosis based on serial principal component analysis [J]. IEEE Transactions on Neural Networks and Learning Systems, 2016, 29(3): 560-572.

[10] DING S X. Model-based fault diagnosis techniques: design schemes, algorithms and tools [M]. Berlin: Springer Science & Business Media, 2008.

[11] SMITH A. Sequential Monte Carlo methods in practice [M]. New York: Springer Science & Business Media, 2013.

[12] CHU Y H, QIN S J, HAN C H. Fault detection and operation mode identification based on pattern classification with variable selection [J]. Industrial & Engineering Chemistry Research, 2004, 43(7): 1701-1710.

[13] CHIANG L H, KOTANCHEK M E, KORDON A K. Fault diagnosis based on Fisher discriminant analysis and support vector machines [J]. Computers & Chemical Engineering, 2004, 28(8): 1389-1401.

[14] DENG F, GUO S, ZHOU R, et al. Sensor multifault diagnosis with improved support vector machines [J]. IEEE Transactions on Automation Science and Engineering, 2015, 14(2): 1053-1063.

[15] GAO X, HOU J. An improved SVM integrated GS-PCA fault diagnosis approach of Tennessee Eastman process [J]. Neurocomputing, 2016, 174: 906-911.

[16] ZHAO C H, GAO F R. A nested-loop Fisher discriminant analysis algorithm [J]. Chemometrics and Intelligent Laboratory Systems, 2015, 146: 396-406.

[17] ZHANG Y W, ZHOU H, QIN S J, et al. Decentralized fault diagnosis of large-scale processes using multiblock kernel partial least squares [J]. IEEE Transactions on Industrial Informatics, 2009, 6(1): 3-10.

[18] WANG G, YIN S. Quality-related fault detection approach based on orthogonal signal correction and modified PLS [J]. IEEE Transactions on Industrial Informatics, 2015, 11(2): 398-405.

[19] JIANG Y, YIN S. Recursive total principle component regression based fault detection and its application to vehicular cyber-physical systems [J]. IEEE Transactions on Industrial Informatics, 2017, 14(4): 1415-1423.

[20] YU W K, ZHAO C H. Sparse exponential discriminant analysis and its application to fault diagnosis [J]. IEEE Transactions on Industrial Electronics, 2017, 65(7): 5931-5940.

[21] XIONG J B, ZHANG Q H, SUN G X, et al. An information fusion fault diagnosis method based on dimensionless indicators with static discounting factor and KNN [J]. IEEE Sensors Journal, 2015, 16(7): 2060-2069.

[22] WU H, ZHAO J S. Deep convolutional neural network model based chemical process fault diagnosis [J]. Computers & Chemical Engineering, 2018, 115: 185-197.

[23] CERRADA M, ZURITA G, CABRERA D, et al. Fault diagnosis in spur gears based on genetic algorithm and random forest [J]. Mechanical Systems and Signal Processing, 2016, 70: 87-103.

[24] YANG B S, DI X, HAN T. Random forests classifier for machine fault diagnosis [J]. Journal of Mechanical Science and Technology, 2008, 22(9): 1716-1725.

[25] FERNANDEZ-DELGADO M, CERNADAS E, BARRO S, et al. Do we need hundreds of classifiers to solve real world classification problems [J]. The Journal of Machine Learning Research, 2014, 15(1): 3133-3181.

[26] BREIMAN L. Random forests [J]. Machine Learning, 2001, 45(1): 5-32.

[27] SHEVCHIK S A, SAEIDI F, MEYLAN B, et al. Prediction of failure in lubricated

surfaces using acoustic time-frequency features and random forest algorithm [J]. IEEE Transactions on Industrial Informatics, 2016, 13(4): 1541-1553.

[28] GISLASON P O, BENEDIKTSSON J A, SVEINSSON J R. Random forests for land cover classification [J]. Pattern Recognition Letters, 2006, 27(4): 294-300.

[29] CHENG Y H, QIAO X, WANG X S, et al. Random forest classifier for zero-shot learning based on relative attribute [J]. IEEE Transactions on Neural Networks and Learning Systems, 2017, 29(5): 1662-1674.

[30] PARK Y, KWEON I S. Ambiguous surface defect image classification of AM-OLED displays in smartphones [J]. IEEE Transactions on Industrial Informatics, 2016, 12(2): 597-607.

[31] Louppe G. Understanding random forests: from theory to practice [J]. arXiv preprint arXiv: 1407.7502, 2014.

[32] YU J, RASHID M M. A novel dynamic bayesian network-based networked process monitoring approach for fault detection, propagation identification, and root cause diagnosis [J]. AIChE Journal, 2013, 59(7): 2348-2365.

[33] CAI B P, HUANG L, XIE M. Bayesian networks in fault diagnosis [J]. IEEE Transactions on Industrial Informatics, 2017, 13(5): 2227-2240.

[34] STRASSER S, SHEPPARD J. Diagnostic alarm sequence maturation in timed failure propagation graphs [C] //2011 IEEE AUTOTESTCON. IEEE, 2011: 158-165.

[35] MOSTERMAN P J, BISWAS G. Monitoring, prediction, and fault isolation in dynamic physical systems [C] //AAAI/IAAI. 1997: 100-105.

[36] YU W K, ZHAO C H. Online fault diagnosis in industrial processes using multimodel exponential discriminant analysis algorithm [J]. IEEE Transactions on Control Systems Technology, 2018, 27(3): 1317-1325.

[37] KU W F, STORER R H, GEORGAKIS C. Disturbance detection and isolation by dynamic principal component analysis [J]. Chemometrics and Intelligent Laboratory Systems, 1995, 30(1): 179-196.

[38] CHEN J H, LIU K C. On-line batch process monitoring using dynamic PCA and dynamic PLS models [J]. Chemical Engineering Science, 2002, 57(1): 63-75.

[39] ODIOWEI P E P, CAO Y. Nonlinear dynamic process monitoring using canonical variate analysis and kernel density estimations [J]. IEEE Transactions on Industrial Informatics, 2009, 6(1): 36-45.

[40] SHANG C, YANG F, GAO X Q, et al. Concurrent monitoring of operating condition deviations and process dynamics anomalies with slow feature ana-

lysis[J]. AIChE Journal, 2015, 61(11): 3666-3682.

[41] ZHANG S M, ZHAO C H. Slow-feature-analysis-based batch process monitoring with comprehensive interpretation of operation condition deviation and dynamic anomaly [J]. IEEE Transactions on Industrial Electronics, 2018, 66(5): 3773-3783.

[42] ZHANG S M, ZHAO C H, HUANG B. Simultaneous static and dynamic analysis for fine-scale identification of process operation statuses [J]. IEEE Transactions on Industrial Informatics, 2019, 15(9): 5320-5329.

[43] ZHAO C H, HUANG B. A full-condition monitoring method for nonstationary dynamic chemical processes with cointegration and slow feature analysis [J]. AIChE Journal, 2018, 64(5): 1662-1681.

[44] SHANG C, HUANG B, YANG F, et al. Slow feature analysis for monitoring and diagnosis of control performance [J]. Journal of Process Control, 2016, 39: 21-34.

[45] YU W K, ZHAO C H. Recursive exponential slow feature analysis for fine-scale adaptive processes monitoring with comprehensive operation status identification [J]. IEEE Transactions on Industrial Informatics, 2018, 15(6): 3311-3323.

[46] WISKOTT L, SEJNOWSKI T J. Slow feature analysis: unsupervised learning of invariances[J]. Neural Computation, 2002, 14(4): 715-770.

[47] DOWNS J J, VOGEL E F. A plant-wide industrial process control problem [J]. Computers & Chemical Engineering, 1993, 17(3): 245-255.

[48] RUIZ-CARCEL C, CAO Y, MBA D, et al. Statistical process monitoring of a multiphase flow facility [J]. Control Engineering Practice, 2015, 42: 74-88.

[49] BREIMAN L, FRIEDMAN J, STONE C J, et al. Classification and regression trees [M]. Boca Raton: CRC press, 1984.

[50] BREIMAN L. Bagging predictors [J]. Machine Learning, 1996, 24(2): 123-140.

[51] HO T K. The random subspace method for constructing decision forests [J]. IEEE Transactions on Pattern Analysis and Machine Intelligence, 1998, 20(8): 832-844.

[52] CHIANG L H, RUSSELL E L, BRAATZ R D. Fault detection and diagnosis in industrial systems[M]. London: Springer Science & Business Media, 2000.

[53] STEHMAN S V. Selecting and interpreting measures of thematic classification accuracy [J]. Remote sensing of Environment, 1997, 62(1): 77-89.

[54] DIETTERICH T G. An experimental comparison of three methods for constructing ensembles of decision trees:

Bagging, boosting, and randomization [J]. Machine Learning, 2000, 40(2): 139-157.

[55] CAO Y. A benchmark case for statistical process monitoring-Cranfield multiphase flow facility. (2015)[DS/OL]. [2015-06-17]. http://uk.mathworks.com/matlabcentral/fileexchange/50938-a-benchmark-case-for-statistical-process-monitoring-cranfieldmultiphase-flow-facility

第 10 章

具有增量学习能力的宽度卷积神经网络及其故障诊断

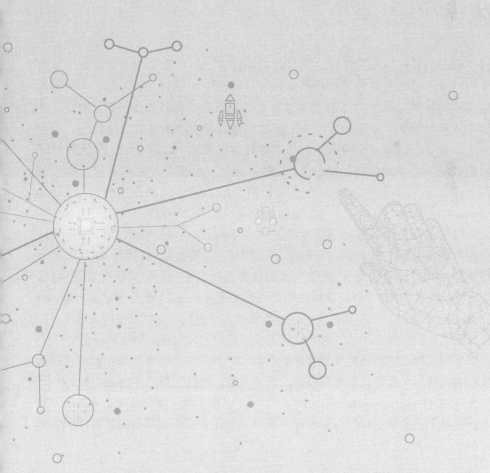

故障诊断能够识别出所观察到的失控状态的根本原因，对于消除工业过程中故障影响至关重要。许多传统的数据驱动故障诊断方法忽略了异常样本的故障趋势，并且需要一个完整的再训练过程来包含新采集到的异常样本或故障类别。为了解决上述问题，本研究设计了具有增量学习能力的宽度卷积神经网络（Broad Convolutional Neural Network，BCNN）。该方法将多个连续样本组合成一个数据矩阵，并通过卷积运算从得到的数据矩阵中提取故障趋势和非线性结构。然后，根据得到的特征及其对应的故障标签训练全连通层的权值。宽度卷积神经网络可以通过添加新生成的额外特征来提高自身的诊断性能。最后，为该方法设计了增量学习能力，使 BCNN 模型能够实现自我更新，从而包含新的异常样本和故障类别。该方法已应用于一个模拟过程和一个实际工业过程。实验结果表明，该方法能更好地捕捉故障过程的特征，有效地更新诊断模型，使其包含新的异常样本和故障类别。

10.1
概述

通过将历史数据转换为过程信息，数据驱动方法可以依靠在工业过程中测得的大量数据而不是专家经验来检测和诊断过程异常[1-3]。通过这种方法，一些不能有效建立物理和数学模型的复杂工业过程也可以安全、高效和经济地运行[4]。多元统计方法和机器学习方法均可用于工业过程运行和生产结果的故障诊断。对于这些方法，具有相同故障原因的异常样本被视为属于同一故障类别，从而将故障诊断问题转换为多类别分类问题[5, 6]。这样，通过将相应的异常样本分配到与其最密切相关的故障类别中，可以有效地识别故障原因。线性判别分析（Linear Discriminant Analysis，LDA）[7, 8]自从 Chiang 等人[9]在 2000 年首次使用以来，一直是工业过程中最常用的故障诊断方法之一。在最近几年中，Yu 等人[10]提出了一种稀疏指数判别分析方法，该方法解决了 LDA 方法的奇异性问题，并可以同时识别造成异常状态的故障变量。尽管判别算法在工业过程的故障诊断中表现良好，但它是一种线性方法，对于解决非线性分类问题可能并不有效。支持向量机（Support Vector Machine，SVM）[11, 12]可以使用核函数将输入映射到高维特征空间，进而有效地执行非线性分类，因此，可以用来解决工业过程中的非线性故障诊断问题[13, 14]。但是，基于核函数方法的性能受到核函数的限制。此外，为特定的诊断问题选择适当的核函数也是一个难题。基于图模型的诊断方法，包括因果图（Causal Map）[15]和贝叶斯网络（Bayesian Network，BN）[16, 17]，也是工业过程中故障诊断的研究热点。它们是基于历史数据和过程知识建立的，可用于识别过程异常的根本原因。需要指出的是，由于不容易获得过程知识，因此可能难以建立某些复杂过程的图模型。

在过去的十年中，深度神经网络被提出来并引起了不同领域研究学者的广泛关注。基于已建立的网络架构，深度神经网络（Deep Neural Network，DNN）能够有效地从输入数据中捕获代表信息，并以很小的误差逼近复杂的非线性函数[18]。凭借这些优势，诸如堆栈自编码器（Stacked Auto-encoders，AE）[19-21]、深度置信网络（Deep Belief Networks，DBN）[22, 23]和卷积神经网络（Convolutional Neural Network，CNN）[24]之类的深度学习方法已经被用来解决故障诊断问题并取得了巨大成功。Lu 等人[25]提出了一种基于堆栈降噪 AE 的方法，并将其应用于解决旋转机械部件的故障诊断问题。Chen 等人[26]集成了稀疏 AE 和 DBN，以结合不同传感器的特征进行故障诊断。Qin 等人[27]使用改进后的 *Sigmoid* 函数优化 DBN 并据此诊断了风力涡轮机齿轮箱的故障。Zhang 等人[28]提出了一种一般性的 DBN 方法来解决复杂化学过程中的故障诊断问题。Sun 等人[29]提出了一种卷积判别特征学习方法，用于感应电动机的故障诊断。Wen 等人[30]建立了一种基于 LeNet-5 的新型 CNN，以解决制造系统中的图像分类问题。Wu 等人[31]建立了深层 CNN 的体系结构来解决化学过程的故障诊断问题。所有上述基于 DNN 的分类方法都可以有效地区分不同类别的故障。然而，DNN 方法的应用受到以下不足之处的限制[32]：①需要使用大量的历史数据对深层结构的参数进行微调，而这些数据在工业过程应用中可能很难获得；②如果需要在模型里面涵盖新来的故障样本或故障类别，则神经网络需要完整的再训练过程进行模型更新。

2018 年，Chen 等人[32]提出了一种基于随机向量函数链接神经网络（Random Vector Functional-Link Neural Network，RVFLNN）[33]的宽度学习系统（Broad Learning System，BLS），以解决 DNN 方法中的这些问题。BLS 方法以浅层网络的形式建立，原始输入可以被转换成特征节点来提取信息，并且可以在增强节点的基础上扩展网络结构。此外，BLS 模型可以更新自身以涵盖新出现的样本，而无须从头开始进行整个训练过程。作为 BLS 的改进版本，还提出了模糊 BLS[34]、半监督 BLS[35]和递归 BLS[36]。具体来说，Feng 等人[34]将 Takagi-Sugeno 模糊系统合并到 BLS 中，并提出了模糊 BLS 来解决回归和分类问题。Kong 等人[35]提出了半监督 BLS，以利用无标签样本对高光谱图像进行分类。Xu 等人[36]循环连接 BLS 来增强单元中的节点，并建立了循环 BLS 以解决时间序列中的预测问题。尽管上述基于 BLS 的方法可以有效地从输入数据中提取非线性结构，但是它无法捕获沿时间方向的趋势信息。对于故障诊断问题，不同样本之间的趋势信息也非常重要。具体而言，它反映了工业故障的演变过程，同样应被考虑用来建立诊断模型。

本章提出了一种具有增量学习能力的宽度卷积神经网络（Broad Convolutional Neural Network，BCNN）用于故障诊断。这项研究中的关键问题是如何从过程异常中提取非线性结构和故障演化趋势，以及如何更新诊断模型以涵盖新采集的异常样本和新出现的故障类别。在提出的 BCNN 方法中，几个连续的异常样本被组合在一起构成数据矩阵。此后，对获得的数据矩阵进行卷积运算，从而可以捕获非线性结构和故障演化趋势。基于提取的卷积特征，可以计算 BCNN 模型的网络权重，从而可以建立 BCNN 的网络架构。该方法可以通过添加新生成的额外节点来改善所建立模型的诊断性能，这就是将其称为宽度卷积神经网络的原因。最后，为 BCNN 方法设计了增量学习能力，以便它可以轻松地更新自身以涵盖新出现的异常样本和故障类别，而无须重新实施完整的模型训练过程。

本章的主要贡献总结如下：提出的 BCNN 方法融合了 CNN 和 BLS 的优点。这样，它可以通过提取故障趋势和非线性结构来提高诊断性能，并在不进行完整模型重新训练的情况下对其自身进行更新以涵盖新收集的样本和故障。此外，所提出的方法已经成功地应用于解决工业过程中的故障诊断问题。

本章的其余部分安排如下。10.2 节简要分析了所提方法的必要性。10.3 节，给出了所提出的宽度卷积神经网络的算法细节及其在工业过程故障诊断中的应用策略。10.4 节使用数值仿真过程和实际工业过程验证了所提出方法的性能。最后 10.5 节对本章的结论进行了总结。

10.2
问题陈述与动机分析

对于许多传统的故障诊断方法而言，不同异常样本之间的故障演化趋势并没有被考虑用来建立模型。此外，在实际的工业过程中，随着时间的推移，新的故障样本和故障类别会不断地被收集和存档。对于许多传统的故障诊断方法，需要采用完整的模型训练过程，以涵盖新的故障样本和故障类别。本小节将说明这些问题，并据此分析所提出 BCNN 方法的必要性。

陈述 1

对于许多传统的故障诊断方法，仅提取每个故障样本中的特征以建立诊断模型，而没有考虑不同样本之间的动态信息。

图 10-1 中描绘了一个简单的故障过程，以说明故障过程的拖尾效应。如该图所示，一行表示一个故障样本，而一个网格表示一个变量。具体来说，红色和白色网格分别代表故障变量和正常变量。当故障发生时，可能只有一个故障变量，随着时间的流逝，其他一些变量会受到影响。显然，不同异常样本之间存在故障演化趋势，

并且这种趋势对于不同的故障过程将有所不同。因此,可以提取它以建立故障诊断模型。对于许多分类方法,包括 SVM、SAE、DBN 和 BLS,仅提取每个样本中的特征,而忽略不同样本之间的信息。在这项研究中,采用 CNN 方法中的卷积运算来提取每个样本内的非线性结构和不同异常样本之间的故障趋势。这样,将捕获更多的故障信息以建立诊断模型,从而可以更好地诊断各种类型的过程故障。

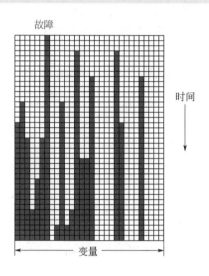

图 10-1　故障过程拖尾效应的示例

陈述 2

在实际工业过程中,新收集的异常样本也应涵盖在故障诊断模型中以提高其诊断性能。

众所周知,一旦发现故障,现场将对其及时处理以避免严重的经济损失。因此,通常难以收集足够的故障样本,导致存档的历史数据可能不充分。另外,随着时间的推移,在实际的工业过程中不断产生新的故障样本。因此,有必要使用新收集的样本来改善诊断模型。在这项研究中,BCNN 模型被设计为具有增量学习能力的网络结构。这样,可以基于有限的样本建立诊断模型,然后对其进行模型更新以囊括新收集的样本来提高其性能。

> **陈述 3**
>
> 随着时间的流逝，在实际的工业过程中可能会出现新的故障类别。因此，诊断模型应设计为具有增量学习能力来囊括新出现的故障，而无须重新实施完整的模型训练过程。
>
> 如图 10-2 所示，假设原始训练数据包括三个故障类别。随着时间的流逝，会出现新的故障类别，其对应的故障样本也被收集和存档。对于许多传统的方法，应从零开始重新训练诊断模型，以包括所有的四个故障类别。也就是说，已经在原始训练数据上学到的东西将被丢弃。与它们相反，所提出的 BCNN 方法可以在原始模型的基础上进行自我更新，以涵盖新出现的故障类别，从而降低计算复杂度。

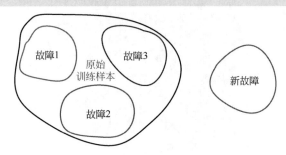

图 10-2　对新的故障类别的增量学习

10.3
宽度卷积神经网络

10.3.1　所提网络框架

所提出的宽度卷积神经网络的框架如图 10-3 所示，它的详细信息如下。

步骤 1：用当前样本之后的 $q-1$ 个样本进行矩阵增广，以便可以将样本 x_i 表示为数据矩阵 $\bar{x}_i$，如下所示。

$$\bar{x}_i = \begin{bmatrix} x_i^1, & x_i^2, & \cdots & x_i^p \\ x_{i-1}^1, & x_{i-1}^2, & \cdots & x_{i-1}^p \\ \vdots & \vdots & & \vdots \\ x_{i-q+1}^1, & x_{i-q+1}^2, & \cdots & x_{i-q+1}^p \end{bmatrix} \quad (10\text{-}1)$$

式中，p 为样本数；x_i^j 为样本 x_i 的第 j 个变量。

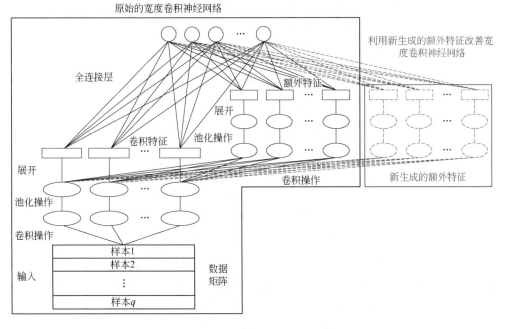

图 10-3 宽度卷积神经网络的框架图

步骤 2：随机生成一组滤波器 $\boldsymbol{F}=\{\boldsymbol{f}_1,\boldsymbol{f}_2,\cdots\}$。对于每个滤波器，计算滤波器和数据矩阵之间的点积，然后使用非线性激活函数 $\hbar(x)$ 将卷积结果映射到特征空间，如下所示。

$$c^c = \hbar(Conv(\overline{\boldsymbol{x}},\boldsymbol{f})) \tag{10-2}$$

步骤 3：使用最大池化运算将邻近的特征合并为一个元素，如下所示。

$$c^p(i,j) = \max\{c^c(i',j')|\ i \leqslant i' \leqslant i+u, j \leqslant j' \leqslant j+v\} \tag{10-3}$$

步骤 4：对式（10-3）的结果实施卷积和池化运算。使用随机生成的滤波器 $\boldsymbol{F}^A=\{\boldsymbol{f}_1^a,\boldsymbol{f}_2^a,\cdots\}$，以便可以获得额外节点，如下所示。

$$\begin{aligned}\boldsymbol{a}^c &= \hbar(Conv(\boldsymbol{c}^p,\boldsymbol{f}^a)) \\ \boldsymbol{a}^p(i,j) &= \max\{\boldsymbol{a}^c(i',j')|\ i \leqslant i' \leqslant i+u, j \leqslant j' \leqslant j+v\}\end{aligned} \tag{10-4}$$

步骤 5：对式（10-3）中的 $\boldsymbol{c}^p$ 重新排序，使之变成行向量来获得卷积特征 $\boldsymbol{C}_f$，并对式（10-4）中的 $\boldsymbol{a}^p$ 进行相同的处理以获得额外节点 $\boldsymbol{A}_f$。与卷积神经网络方法类似，BCNN 模型也可以建立多层结构。但是，如果在 BCNN 的第一层中随机生成的特征不适合进行故障诊断，那么其他层也会受到影响。为简单起见，在本研究中，建议将 BCNN 中的卷积层数设置为 1。

步骤 6：将卷积特征与额外特征相结合得到 $H = [C_f, A_f]$，并根据以下优化问题计算全连接层中的网络权重 W。

$$\arg\min_{W} \| HW - Y \|_2^2 + \lambda \| W \|_2^2 \quad (10\text{-}5)$$

式中，Y 为输入特征 H 对应的标签；λ 表示对平方和的进一步约束。可以通过增大 λ 的值来改善 BCNN 中的过拟合问题。

具体来说，式（10-5）中的优化问题的解可以利用下式给出：

$$W = (\lambda I + H^T H)^{-1} H^T Y \quad (10\text{-}6)$$

具体地，我们有：

$$H^+ = \lim_{\lambda \to 0} (\lambda I + H^T H)^{-1} H^T \quad (10\text{-}7)$$

步骤 7：在某些情况下，上述网络模型的性能可能无法达到所需的准确性。为了提高诊断性能，一种解决方案是如图 10-3 右侧所示的在原始 BCNN 模型中插入更多额外特征。将额外特征定义为 A_f^{k+1}，然后将第 $k+1$ 个输入节点计算为 $H^{k+1} = [H^k | A_f^{k+1}]$。$H^{k+1}$ 的伪逆可以利用下式进行计算。

$$(H^{k+1})^+ = \begin{bmatrix} (H^k)^+ - DB^T \\ B^T \end{bmatrix} \quad (10\text{-}8)$$

式中：

$$D = (H^k)^+ A_f^{k+1}, \quad \Theta = A_f^{k+1} - H^k D$$
$$B^T = \begin{cases} (\Theta)^+, & \Theta \neq 0 \\ (1 + D^T D)^{-1} D^T (H^k)^+, & \Theta = 0 \end{cases} \quad (10\text{-}9)$$

基于得到的结果 $(H^{k+1})^+$，宽度卷积神经网络的权重可以进行如下更新：

$$W^{k+1} = \begin{bmatrix} W^k - DB^T Y \\ B^T Y \end{bmatrix} \quad (10\text{-}10)$$

10.3.2 对新样本和新类别的增量学习能力

（1）对新故障样本的增量学习能力

假设有 N_r 个训练样本用于建立当前 BCNN 模型，并且有 n_{r+1} 个新样本可供使用。定义 $H_{r+1} = [H_r^T | h^T]^T$，其中 h 是新样本的输入特征。那么矩阵 H_{r+1} 的伪逆可以利用下式计算：

$$(H_{r+1})^+ = [(H_r)^+ - BD^T | B] \tag{10-11}$$

式中：

$$D^T = hH_r^+, \quad \Theta^T = h - D^T H_r$$

$$B = \begin{cases} (\Theta^T)^+, & \Theta \neq 0 \\ H_r^+ D(1 + D^T D)^{-1}, & \Theta = 0 \end{cases} \tag{10-12}$$

输出向量 Y_{r+1} 可以进行如下划分：

$$Y_{r+1} = \begin{bmatrix} Y_r \\ y \end{bmatrix} \tag{10-13}$$

式中，Y_r 为对应于 H_r 的标签，y 为对应于新输入 h^T 的输出。

随机向量函数链接网络的权重可以利用下式进行计算：

$$W_{r+1} = H_{r+1}^+ Y_{r+1}, \quad W_r = H_r^+ Y_r \tag{10-14}$$

那么，新的权重 W_{r+1} 可以利用下式进行更新：

$$W_{r+1} = W_r + (y - hW_r)B \tag{10-15}$$

（2）对新故障类别的增量学习能力

假设历史数据中存在 c 个故障类别，并且新收集的故障类别的数量为 c_{new}。历史训练数据中的样本数定义为 N_t。在这种情况下，标签的尺寸应从 $N_t \times c$ 放大到 $N_t \times (c + c_{new})$。也就是说，应先将 Y_t 放大为 $Y_t^{en} = [Y_t | \Phi]$，其中 Φ 为零矩阵，其维数为 $N_t \times c_{new}$。根据获得的 Y_t^{en}，权重可以由 W_t 按照下式扩大到 W_t^{en}：

$$W_t^{en} = H_t^+ Y_t^{en} = [W_t | \Phi] \tag{10-16}$$

式中，H_t^+ 为输入特征的伪逆。

将新出现的故障类别的输入特征定义为 h，其中包括卷积特征和额外特征。然后，可以用 $H_{t+1} = [H_t^T | h^T]^T$ 表示 BCNN 模型的输入特征。类似于式（10-11），$(H_{t+1})^+$ 的计算如下：

$$(H_{t+1})^+ = [(H_t)^+ - BD^T | B] \tag{10-17}$$

式中：

$$D^T = hH_t^+, \quad \Theta^T = h - D^T H_t$$

$$B = \begin{cases} (\Theta^T)^+, & \Theta \neq 0 \\ H_t^+ D(1 + D^T D)^{-1}, & \Theta = 0 \end{cases} \tag{10-18}$$

基于获得的 $(\boldsymbol{H}_{t+1})^+$，全连接层的权重可以利用下式进行更新：

$$\boldsymbol{W}_{t+1}^{\mathrm{en}} = (\boldsymbol{H}_{t+1})^+ \begin{bmatrix} \boldsymbol{Y}_t^{\mathrm{en}} \\ \boldsymbol{y}^{\mathrm{en}} \end{bmatrix} = \boldsymbol{W}_t^{\mathrm{en}} + (\boldsymbol{y}^{\mathrm{en}} - \boldsymbol{h}\boldsymbol{W}_t^{\mathrm{en}})\boldsymbol{B} \tag{10-19}$$

式中，$\boldsymbol{y}^{\mathrm{en}}$ 为新来异常样本而增大的标签，其维数为 $N_{\mathrm{new}} \times (c + c_{\mathrm{new}})$；$N_{\mathrm{new}}$ 为新故障中的样本数。

10.3.3 关于 BCNN 的一些讨论

（1）BCNN 中的超参数

在建立基于 BCNN 的诊断模型之前应预先定义一些参数，包括数据矩阵的大小以及卷积和池化操作的窗口大小。数据矩阵中的参数 p 和 q 分别表示变量和样本的数量。通常，应选择所有变量作为 BCNN 的输入，以便可以准确反映过程异常的故障特征，即将 p 设置为过程样本中的变量数。

至于参数 q 以及卷积和池化操作的窗口大小，它们使用 K 折交叉验证来确定。具体而言，将每个类别划分为 K 个大小相等的子样本。其中，将 $K-1$ 个子样本用作训练数据，以建立 BCNN 模型，其余的样本被视为验证数据，以测试所建立模型的分类准确性。然后，将交叉验证过程重复 K 次，将 K 个子样本中的每一个恰好使用一次作为验证数据。然后可以将 K 次实验结果取平均值以产生指标（即平均分类精度）。用不同的值测试卷积和池化操作的参数 q 和窗口大小，并选择与最大指标对应的值作为 BCNN 模型的参数。如果有多个对应于最大指标的值，则应将参数设置为具有最小 q 的参数，以减少计算复杂性。

（2）类别不均衡问题

在实际工业应用中，当出现新故障时，新故障类别中的样本数量通常比现有故障类别样本中的样本数量少得多。这导致为新的故障类别更新诊断模型可能出现类别不均衡问题。在这项研究中，在为新的故障类别收集了足够的样本后再更新诊断模型，以避免类别不平衡问题。但是，如果必须用不足的样本更新诊断模型，则建议通过采样技术解决类别不平衡问题。具体而言，将复制新类别中的样本以生成足够的样本。通过式（10-17）中的描述，利用收集的样本和生成的样本对新故障类别进行更新。随着新收集样本的增加，应减少重复样本的数量。也就是说，将诊断模型返回到原始版本，然后使用新样本和重复样本的混合物为新的故障类别更新诊断模型。

（3）模型计算复杂度

假设 BCNN 模型的卷积和额外特征总数为 M，训练数据总数为 N，数据矩阵

的维数为 $q \times p$。对于每个数据矩阵 $\bar{x}_i$，其特征的计算都需要 $O(Mpq)$ 次乘法运算。因此，特征提取的时间消耗大约等于 $O(NMpq)$。在全连接层中计算权重的计算量为 $O(NM^2p^2q^2 + M^3p^3q^3)$。因此，BCNN 模型的总时间消耗约为 $O(NM^2p^2q^2 + M^3p^3q^3)$。

如果已建立的诊断模型对现有的故障数据无法达到所需要的诊断精度，则需要进行 $O(NMM_ap^2q^2 + M_a^3p^3q^3)$ 次乘法运算，以使用 M 个额外节点来改善模型性能。由于 M_a 通常小于 M，使用式（10-11）来改进原有的诊断模型通常比重新建立诊断模型更有效。

对于增量学习新的可用异常样本和故障类别而言，两者的计算复杂度相似，均取决于新增样本的数量。假设在工业过程中有 N_{new} 个新收集的样本，那么更新诊断模型以包括新收集的样本的计算量大约等于 $O(N_{new}M^2p^2q^2 + NN_{new}^2)$。显然，更新模型比重新建立模型更有效，因为 N_{new} 通常小于 N。

10.4
方法验证与结果分析

10.4.1 田纳西-伊斯曼过程

由伊斯曼化学公司设计的田纳西-伊斯曼（TE）过程仿真系统已被广泛用作评估不同诊断方法性能的基准[37-42]。在这个案例下，采用了 TE 过程的前 15 个故障，其详细信息已在表 10-1 中提供。对于每个故障，将 480 个样本用作训练数据以建立诊断模型，并采用 800 个样本来测试所建立模型的性能。所有选定故障的注入时间和清除时间分别是第 161 个样本和第 960 个样本。本研究主要针对工业过程中的故障诊断问题，所选择的方法仅用于识别异常样本的故障类别。因此，假设所有选定的故障均在第 161 个样本处检测到，以进行合理的比较。

本章使用真实阳性率（TPR）指标来评估所提出方法的诊断性能，可以利用下式进行计算：

$$TPR(i) = 100 \times n_i^T / n_i, \quad ATPR = \sum_{k=1}^{K} n_k \times TPR(i) / n \quad （10-20）$$

其中，n_i^T 和 n_i 分别为第 i 类正确诊断的样本数和总样本数；n 为数据集中的总样本数。

表 10-1　TE 过程前 15 个故障的描述

编号	故障描述	故障类型
1	A/C 进料比值变化，B 含量不变（管道 4）	阶跃
2	B 含量变化，A/C 进料比值不变（管道 4）	阶跃
3	D 进料温度变化（管道 2）	阶跃
4	反应器冷却水入口温度变化	阶跃
5	冷凝器冷却水入口温度变化	阶跃
6	A 供给量损失（管道 1）	阶跃
7	C 供给管压力头损失（管道 4）	阶跃
8	A、B、C 供给量变化（管道 4）	随机
9	D 进料温度变化（管道 4）	随机
10	C 进料温度变化（管道 2）	随机
11	反应器冷却水入口温度变化	随机
12	冷凝器冷却水入口温度	随机
13	反应动力学参数	缓慢漂移
14	反应器冷却水阀	阀黏滞
15	冷凝器冷却水阀	阀黏滞

首先分析了具有不同数量的卷积特征和额外特征的 BCNN 方法的诊断性能。作为比较，还提供了具有不同数量的隐藏层的 CNN 的实验结果。对于 BCNN 方法，将 7 个具有所有过程变量的相邻样本合并为一个数据矩阵。此外，卷积运算和池运算的窗口大小分别设置为 3×3 和 2×2。Matlab 2017b 中的神经网络工具箱用于提供 CNN 方法的诊断结果，本研究中 CNN 算法的参数参考本章参考文献[31]。本研究采用了 6 种不同的 CNN 方法模型，其网络架构分别为"Conv (128) - Pool - FC (300) - FC (10)""Conv (128) - Conv (128) - Pool - FC (300) - FC (10)""Conv (128) - Conv (128) -Conv (128) - Pool - FC (300) - FC (10)""Conv (64) - Conv (64) - Pool - Conv (128) - Pool (2×1) - FC (300) - FC (10)""Conv (64) - Conv (64) - Pool - Conv (128) - Conv (128) - Pool - FC (300) - FC (10)"和"Conv (64) - Conv (64) - Conv (64) - Pool - Conv (128) - Conv (128) - Pool (2×1) - FC (300) - FC (10)"。注意，本研究采用的数据集与本章参考文献[31]中的数据集不同。具体而言，本章参考文献[31]中的数据是作者使用 Matlab 模拟器收集的；而本研究中使用的 TE 数据集是最常用的，可以从本章参考文献[43]的网站中直接下载。

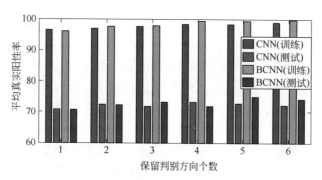

图 10-4 CNN 和 BCNN 模型在不同参数的情况下对训练和测试数据的诊断性能
[对于 CNN 算法，1～6 表示诊断模型中有 4～9 层，这些模型的网络结构可参考本章参考文献[31]；对于 BCNN 算法，1～6 表示（卷积特征数，额外特征数）分别是（10，100），（10，150），（10，200），（15，150），（15，255），（15，300）]

（本图彩色版，请扫前言后的二维码）

使用不同参数的 CNN 和 BCNN 模型对前 10 个故障的实验结果如图 10-4 所示，随着特征的增加，BCNN 方法的诊断准确性得到提高，即通过增加节点数量可以更好地训练诊断模型。然而，当特征的总数大于 300 时，测试数据的诊断性能开始变差。这主要是因为诊断模型过度拟合，因而损害了模型的泛化能力。CNN 的实验结果与 BCNN 相似。具体来说，当层数为 7 时，CNN 可以达到最佳诊断性能。实验结果表明，CNN 和 BCNN 都可以很好地用于诊断训练数据。然而，就测试数据而言，BCNN 的最佳平均真实阳性率比 CNN 方法高 2.00%。通常，增加 BCNN 的宽度可以为诊断不同的故障提供更多信息，而增加 CNN 的深度可以从输入数据集中捕获更多抽象特征。实际上，这两种策略都可以用于改善建立模型的诊断性能。很难断定哪种策略更好，因为模型的诊断性能还受特定问题和应用的影响。

在本研究中，使用公共工具箱提供了对比算法的实验结果，以进行公平的比较。具体来说，可以从本章参考文献[11]和[44]中获得 libSVM 和 BLS 工具箱，用于实现 SVM 和 BLS 算法。ANN、SAE 和 DBN 算法采用本章参考文献[45]提供的 DeepLearn 工具箱来实现。CNN 算法的实验结果可以使用 Matlab 2017b 中的神经网络工具箱来提供。在 SVM 算法中，将核函数设置为多项式核，并将其他超参数设置为 LibSVM 工具箱的默认值。ANN 中的层数为 5，第 1～5 层的神经元数分别设置为 52、42、32、22 和 10。在本实验中，人工神经网络的学习率设置为 0.5，从而可以获得良好的诊断结果。对于 SAE 和 DBN 方法，首先由 SAE 和 DBN 提取特征，然后训练全局两层反向传播网络并将其用于故障分类。在 SAE 和 DBN 中总共构造了 5 层，并且在第 1～5 层中的神经元计数分别设置为 52、48、44、40 和 10。BLS 方法中特征节点和增强节点的数量分别设置为 100 和 2000，可以为比较提供良好的诊断结果。选择图 10-5 中具有最佳诊断性能的 CNN 架构进行比较。具体而言，其网络架构为"Conv (64) -Conv (64) -Pool-Conv (128) -Pool (2×1) -FC (300) -FC (10)"，并根据本章参考文献[31]设置其他相关参数。

表 10-2 总结了 SVM、ANN、SAE、DBN、BLS、CNN 和 BCNN 方法对 TE 过程中前 10 个故障的诊断结果。如表所示，这 7 种算法的平均真实阳性率都大于 70%。与选定的 6 个对比算法相比，提出的 BCNN 方法可以实现最佳的诊断效果。具体而言，其平均真实阳性率分别比其他 6 种对比算法中最好的一个高出 2.00% 和 2.18%。实验结果还表明，CNN 和 BCNN 方法的性能优于其他 5 种算法。这主要是因为它们可以进一步提取不同异常样本之间的故障趋势，以便更好地捕获故障过程的特征。

表 10-2　TE 过程的前 10 个故障的真实阳性率（TPR）：SVM、ANN、SAE、DBN、BLS、CNN 和 BCNN 算法

类别	SVM	ANN	SAE	DBN	BLS	CNN	BCNN
故障 1	97.00	98.33	98.75	98.50	98.50	97.61	98.75
故障 2	96.00	97.50	98.00	97.38	98.50	99.24	98.00
故障 3	47.25	0.010	41.00	41.75	36.38	42.13	42.25
故障 4	97.12	91.46	99.12	99.75	99.00	90.83	99.75
故障 5	96.63	97.50	99.25	99.25	98.12	97.26	100.0
故障 6	44.75	99.79	51.00	49.75	72.75	87.39	76.00
故障 7	100.0	100.0	100.0	100.0	99.88	99.73	100.0
故障 8	60.88	92.08	49.50	55.13	53.75	54.16	57.87
故障 9	33.62	33.96	46.50	43.38	32.25	35.92	47.50
故障 10	39.87	14.38	37.75	41.50	29.88	27.13	34.00
均值	71.31	72.50	72.09	72.64	71.88	73.14	75.41

在以下实验中，说明了该方法对新收集的异常样本和故障类别的增量学习能力。前 10 个故障的实验结果在图 10-5（a）中进行了描述，以说明新出现的故障样本的增量学习能力。在该图中，X 轴表示每个故障类别中训练样本的数量，Y 轴表示使用不同诊断模型的测试样本的平均真实阳性率。具体而言，使用每个故障类别的 160 个样本进行初步诊断。之后，对于每一步，每个故障类别的 40 个样本被添加到诊断模型来测试所提出方法的增量学习能力。对于 SVM、ANN、SAE、DBN 和 CNN 方法，将根据相应的数据集完全重新训练它们的诊断模型以提供实验比较。如图 10-5（a）所示，无论采用多少训练样本，所提出方法的诊断性能均优于对比算法。当每个故障类别中的训练样本数量少于 240 个时，BLS 和 BCNN

方法的性能要比其他 5 种算法好得多。这主要是因为 SVM、ANN、SAE、DBN 和 CNN 算法中的优化问题是非线性的，比基于 BLS 和 BCNN 的线性模型更为复杂，因此可能需要更多的样本来训练诊断模型。此外，当训练样本数大于 240 个时，可以更好地训练具有非线性优化问题的诊断模型。因此，BLS、BCNN 和其他 5 种算法的诊断性能之间的差距在逐渐缩小。新出现的故障类别的增量学习能力如图 10-5（b）所示，图中，X 轴表示故障类别的数量，Y 轴表示不同方法的平均真实阳性率。在本实验中，初始的诊断模型是利用田纳西-伊斯曼过程的前 10 个故障建立的。此后，对于每一步都将添加一个新的故障类别，直到将所有 15 个故障类别都包含在诊断模型中。如图 10-5（b）所示，所提出方法的诊断性能均优于所有对比算法。与表 10-2 中列出的实验结果相似，CNN 和 BCNN 的性能均优于其他 5 种方法。这得益于卷积运算，它可以提取故障趋势和非线性结构，以更好地捕获故障过程的动态特征。

此外，还分析了 BCNN 和所有选定的 6 种对比算法的时间消耗。根据 10.3.3 节的分析，新异常样本和故障类别的增量学习基本相同。因此，在异常样本增加的情况下，我们仅将 BCNN 方法与选定的 6 种对比算法进行比较。这 7 种方法均在配备 Intel-i7 2.70GHz CPU 和 8GB 内存的笔记本电脑上的 Matlab（2017b）软件平台上进行了测试。这 7 种算法的时间消耗如图 10-6 所示。需要注意的是，BLS 和 BCNN 是基于前一种模型进行诊断更新的，而其他 5 种算法都是通过重新训练诊断模型来涵盖新收集的异常样本。如图 10-6 所示，建立 BCNN 模型的时间消耗比 SVM 和 BLS 的时间消耗高。这主要是由于卷积运算和池化运算是使用大量循环结构实现的。但是，与其他 4 种对比算法相比，尤其是 CNN 方法，可以用更少的时间建立 BCNN 方法的诊断模型。考虑到 BCNN 的诊断性能，它仍然是诊断 TE 过程中不同故障的有用方法。此外，实验结果还表明，从前一个模型中更新模型可以有效地减少 BCNN 方法的时间消耗，这与 10.3.3 节中的讨论一致。

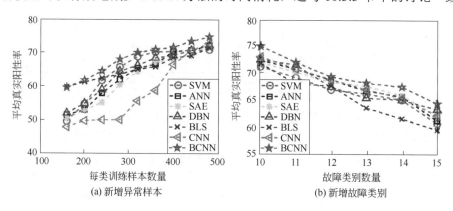

图 10-5　BCNN 和其他 6 个算法在 TE 过程实验中的对比

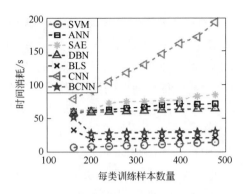

图 10-6　不同诊断模型下的时间消耗

10.4.2　三相流过程

由克兰菲尔德大学（Cranfield University）设计的三相流设备可以为加压系统提供可控和测量的水、油和空气的流量[43, 46-50]。在这种情况下，采用该设备的5个典型故障来说明该方法的诊断性能和增量学习能力。表 10-3 总结了有关所选故障的详细信息。对于每个故障，选择前半部分样本作为训练数据以建立诊断模型，另一半用于测试所建立模型的性能。需要注意的是，由于故障过程的操作条件随时间而变化，因此在该实验中，训练数据可能与测试数据有所不同。

表 10-3　三相流过程中所选故障的描述（本章参考文献[43]）

序号	故障描述	故障样本数量
1	空气管路堵塞	3600
2	水管堵塞	3600
3	顶部分离器输入堵塞	7200
4	开放直接绕过	4800
5	"2" 管线增压	3600

在该实验中，ANN 模型中的层数也设置为 5，第 1 层和第 5 层中的神经元数分别设置为 24、19、14、9 和 5。在本实验中，SVM 算法的核函数设置为多项式核，其他超参数设置为 LibSVM 工具箱的默认值。与之前的情况类似，在 SAE 和 DBN 算法中总共构造了 5 层网络，并且在第 1~5 层中的神经元数分别设置为 24、21、18、15 和 5。BLS 方法中的特征节点和增强节点的数量分别设置为 100 和 2000。这样，可以提供比较好的诊断结果用于实验对比。本实验中 CNN 的网络结构为 "Conv (64) - Conv (64) - Pool - Conv (128) - Pool (2×1) - FC (300) - FC (5)"，并且

类似于上一个案例样本滞后数设置为 20 个。CNN 方法的其他超参数也可以根据本章参考文献[31]中的描述进行设置。对于 BCNN 方法，其超参数的设置与前面的情况类似。表 10-4 总结了 SVM、ANN、SAE、DBN、BLS、CNN 和 BCNN 方法对 TPF 过程中的 5 个故障的诊断结果。实验结果表明，所提出的 BCNN 方法可以在所有 7 种算法中实现最佳的诊断性能。具体而言，其平均真实阳性率分别比其他 6 种对比算法中最好的 1 种高 3.52%和 2.73%。

表 10-4　SVM、ANN、SAE、DBN、BLS、CNN 和 BCNN
算法用于三相流过程故障诊断的真实阳性率（TPR）

类别	SVM	ANN	SAE	DBN	BLS	CNN	BCNN
故障 1	53.28	26.67	26.67	36.89	82.72	86.64	100.0
故障 2	92.94	94.33	94.33	91.28	63.50	68.73	65.96
故障 3	100.0	100.0	100.0	100.0	100.0	98.62	92.29
故障 4	26.75	39.96	40.08	25.92	40.29	38.71	56.95
故障 5	100.0	100.0	100.0	100.0	100.0	100.0	100.0
均值	76.09	74.89	74.91	73.06	78.94	79.61	83.13

下面我们对所提出的 BCNN 方法的增量学习能力进行说明。图 10-7（a）中描述的实验结果用于说明新出现的异常样本的增量学习能力。在该图中，X 轴标签指示所选样本数与总样本数之比。实验结果表明，即使训练样本较少，该方法仍具有优于对比算法的性能。此外，随着训练数据的增加，所有建立模型的诊断性能都变得更好。这与事实一致，因为可以使用更多的训练数据来更好地训练诊断模型。图 10-7（b）描绘了用于验证新出现的故障类别的增量学习能力的实验结果。在该实验中，仅针对两个故障类别建立了初始模型，并且每次都将一个故障类别添加到先前的模型中。实验结果表明，无论多少个故障类别用于建模，与对比算法相比所提出的方法均具有更好的诊断性能。

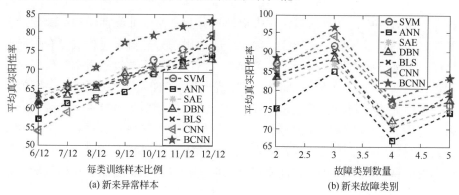

图 10-7　所提出的 BCNN 算法和其他 6 种算法在三相流过程中的诊断性能

在这个案例中，图 10-8 描绘了具有不同数量训练样本的所有 7 种算法的时间消耗。类似于图 10-7（a），使用总训练样本的一半建立初始模型，然后每次将每个故障类别中的 1/12 的训练样本量添加到诊断模型。如图 10-8 所示，三相流的实验结果与田纳西-伊斯曼过程相似。具体而言，与 SVM 和 BLS 相比，提出的 BCNN 算法需要更多的时间来建立诊断模型。但是，BCNN 的时间消耗低于其他 4 种对比算法，尤其是 CNN 方法。因此，考虑到诊断性能，BCNN 可以作为解决三相流过程中故障诊断问题的有效方法。实验结果还表明，更新 BCNN 的诊断模型比重新训练诊断模型需要更少的计算时间，这验证了 10.3.3 节的结论。

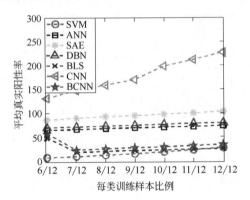

图 10-8　不同诊断模型的时间消耗

10.5
本章小结

本章提出了一种具有增量学习能力的宽度卷积神经网络用于诊断工业过程中的故障。该方法中，卷积运算被用来提取过程数据中的非线性结构和故障趋势，以便更好地捕获过程异常的特征。因此，所提出的方法对于过程故障有更高的诊断精度。此外，该方法具有增量学习能力，可以使用新收集的样本轻松地对原始模型进行更新以提高自身的诊断性能。所提出的 BCNN 方法还可以涵盖新收集的故障类别而无须重新训练模型。通过这种方式，属于新故障类别的异常样本也可以得到有效的诊断。宽度卷积神经网络的性能通过数值仿真过程和实际工业过程中的故障案例得到了验证。实验结果表明，该方法可以较好地捕获故障过程的特征来实现高精度故障诊断，并且能够有效地进行自我更新以涵盖新出现的异常样本和故障类别。

参考文献

[1] GAO Z W, CECATI C, DING S X. A survey of fault diagnosis and fault-tolerant techniques: Part I Fault diagnosis with model-based and signal-based approaches [J]. IEEE Transactions on Industrial Electronics, 2015, 62 (6): 3757-3767.

[2] YIN S, ZHU X P, KAYNAK O. Improved PLS focused on key-performance-indicator-related fault diagnosis [J]. IEEE Transactions on Industrial Electronics, 2015, 62 (3): 1651-1658.

[3] LI W Q, ZHAO C H, GAO F R. Linearity evaluation and variable subset partition based hierarchical process modeling and monitoring [J]. IEEE Transactions on Industrial Electronics, 2018, 65 (3): 2683-2692.

[4] QIN S J. Survey on data-driven industrial process monitoring and diagnosis [J]. Annual Reviews in Control, 2012, 36: 220-234.

[5] YU W K, ZHAO C H. Online fault diagnosis in industrial processes using multi-model exponential discriminant analysis algorithm [J]. IEEE Transactions on Control Systems Technology, 2019, 27: 1317-1325.

[6] PENG K X, ZHANG K, YOU B, et al. A quality-based nonlinear fault diagnosis framework focusing on industrial multi-mode batch processes [J]. IEEE Transactions on Industrial Electronics, 2016, 63 (4): 2615-2624.

[7] HE Q P, QIN S J, WANG J. A new fault diagnosis method using fault direction in Fisher discriminant analysis [J]. AIChE Journal, 2005, 51 (2): 555-571.

[8] JIANG B B, ZHU X X, HUANG D X, et al. A combined canonical variate analysis and Fisher discriminant analysis (CVA-FDA) approach for fault diagnosis [J]. Computers & Chemical Engineering, 2015, 77: 1-9.

[9] CHIANG L H, RUSSELL E L, BRAATZ R D. Fault diagnosis in chemical processes using Fisher discriminant analysis, discriminant partial least squares, and principal component analysis [J]. Chemometrics and Intelligent Laboratory Systems, 2000, 50 (2): 243-252.

[10] YU W K, ZHAO C H. Sparse exponential discriminant analysis and its application to fault diagnosis [J]. IEEE Transactions on Industrial Electronics, 2018, 65 (7): 5931-5940.

[11] SUYKENS J A, VANDEWALLE J. Least squares support vector machine classifiers [J]. Neural Processing Letters, 1999, 9: 293-300.

[12] KEERTHI S S, SHEVADE S K, BHATTACHARYYA C, et al. Improvements to Platt's SMO algorithm for SVM classifier

design[J]. Neural Computation, 2001, 13: 637-649.

[13] CHIANG L H, KOTANCHEK M E, KORDON A K. Fault diagnosis based on Fisher discriminant analysis and support vector machines [J]. Computers & Chemical Engineering, 2004, 28(8): 1389-1401.

[14] GAO X, HOU J. An improved SVM integrated GS-PCA fault diagnosis approach of Tennessee Eastman process [J]. Neurocomputing, 2016, 174: 906-911.

[15] CHIANG L H, JIANG B, ZHU X, et al. Diagnosis of multiple and unknown faults using the causal map and multivariate statistics[J]. Journal of Process Control, 2015, 28: 27-39.

[16] YU W K, ZHAO C H. Online fault diagnosis for industrial processes with Bayesian network based probabilistic ensemble learning strategy [J]. IEEE Transactions on Automation Science and Engineering, 2019, 16(4): 1922-1932.

[17] GHARAHBAGHERI H, INTIAZ S A, KHAN F. Root cause diagnosis of process fault using KPCA and Bayesian network [J]. Industrial & Engineering Chemistry Research, 2017, 56: 2054-2070.

[18] LECUN Y, BENGIO Y, HINTON G. Deep learning[J]. Nature, 2015, 521(7553): 436-444.

[19] HINTON G, SALAKHUTDINOV R. Reducing the dimensionality of data with neural networks [J]. Science, 2006, 313(5786): 505-707.

[20] VINCENT P, et al. Extracting and composing robust features with denoising autoencoders [J]. Proceedings of the 25th international conference on Machine learning. ACM, 2008: 1096-1103.

[21] VINCENT P, LAROCHELLE H, LAJOIER I, et al. Stacked denoising autoencoders: learning useful representations in a deep network with a local denoising criterion [J]. Journal of Machine Learning Research, 2010, 11: 3371-3408.

[22] MOHAMED A, DAHL G E, HINTON G. Acoustic modeling using deep belief networks [J]. IEEE Transactions on Audio, Speech, and Language Processing, 2012, 20(1): 14-22.

[23] HINTON G E, OSINDERO S, TEH Y W. A fast learning algorithm for deep belief nets [J]. Neural Computation, 2006, 18: 1527-1554.

[24] KRIZHEVSKY A, SUTSKEVER I, HINTON G E. Imagenet classification with deep convolutional neural networks [J]. Advances in Neural Information Processing Systems, 2012: 1097-1105.

[25] LU C, WANG Z Y, QIN W L, et al. Fault

diagnosis of rotary machinery components using a stacked denoising autoencoder-based health state identification [J]. Signal Processing, 2017, 130: 377-388.

[26] CHEN Z Y, LI W H. Multisensor feature fusion for bearing fault diagnosis using sparse autoencoder and deep belief network [J]. IEEE Transactions on Instrumentation and Measurement, 2017, 66 (7): 1693-1702.

[27] QIN Y, WANG X, ZOU J Q. The optimized deep belief networks with improved logistic sigmoid units and their application in fault diagnosis for planetary gearboxes of wind turbines [J]. IEEE Transactions on Industrial Electronics, 2019, 66 (5): 3814-3824.

[28] ZHANG Z P, ZHAO J S. A deep belief network based fault diagnosis model for complex chemical processes [J]. Computers & Chemical Engineering, 2017, 107: 395-407.

[29] SUN W J, ZHAO R, YAN R Q, et al. Convolutional discriminative feature learning for induction motor fault diagnosis [J]. IEEE Transactions on Industrial Informatics, 2017, 13 (3): 1350-1359.

[30] WEN L, LI X Y, GAO L, et al. A new convolutional neural network-based data-driven fault diagnosis method [J]. IEEE Transactions on Industrial Electronics, 2018, 65 (7): 5990-5998.

[31] WU H, ZHAO J S. Deep convolutional neural network model based chemical process fault diagnosis [J]. Computers & Chemical Engineering, 2018, 115: 185-197.

[32] CHEN C L P, LIU Z L. Broad learning system: an effective and efficient incremental learning system without the need for deep architecture [J]. IEEE Transactions on Neural Networks and Learning Systems, 2018, 29: 10-24.

[33] CHEN C L P, WAN J Z. A rapid learning and dynamic stepwise updating algorithm for flat neural networks and the application to time series prediction [J]. IEEE Transactions on Systems, Man, and Cybernetics, Part B (Cybernetics), 1999, 29: 62-72.

[34] FENG S, CHEN C L P. Fuzzy broad learning system: a novel neuro-fuzzy model for regression and classification [J]. IEEE Transactions on Cybernetics, 2018, 50 (2): 414-424.

[35] KONG Y, WANG X S, CHENG Y H, et al. Hyperspectral imagery classification based on semi-supervised broad learning system [J]. Remote Sensing, 2018, 10 (5): 685.

[36] XU M L, HAN M, CHEN C L P, et al. Recurrent broad learning systems for

time series prediction [J]. IEEE Transactions on Cybernetics, 2018, 50 (4): 1405-1417.

[37] YIN S, DING S X, HAGHANI A, et al. A comparison study of basic data-driven fault diagnosis and process monitoring methods on the benchmark Tennessee Eastman process [J]. Journal of Process Control. 2012, 22(9): 1567-1581.

[38] DOWNS J J, VOGEL E F. A plant-wide industrial process control problem [J]. Computers & Chemical Engineering, 1993, 17: 245-255.

[39] MCAVOY T J, YE N. Base control for the Tennessee Eastman problem [J]. Computers & Chemical Engineering, 1994, 18 (5): 383-413.

[40] RICKER N L. Optimal steady-state operation of the Tennessee Eastman challenge process [J]. Computers & Chemical Engineering, 1995, 19: 949-959.

[41] RICKER N L. Decentralized control of the Tennessee Eastman challenge process [J]. Journal of Process Control, 1996, 6 (4): 205-221.

[42] LAU C K, GHOSH K, HUSSAIN M A, et al. Fault diagnosis of Tennessee Eastman process with multi-scale PCA and ANFIS [J]. Chemometrics and Intelligent Laboratory Systems, 2013, 120: 1-14.

[43] RUIZ-CÁRCEL C, CAO Y, MBA D, et al. Statistical process monitoring of a multiphase flow facility[J]. Control Engineering Practice, 2015, 42: 74-88.

[44] CHANG C C, LIN C J. LIBSVM: a library for support vector machines [J]. ACM Transactions on Intelligent Systems and Technology, 2011, 2: 1-27. Software available at http://www.csie.ntu.edu.tw/~cjlin/libsvm.

[45] DeepLearn toolbox available at https://github.com/rasmusbergpalm/DeepLearnToolbox.

[46] ZHAO C H, HUANG B. A full-condition monitoring method for nonstationary dynamic chemical processes with cointegration and slow feature analysis [J]. AIChE Journal, 2018, 64 (5): 1662-1681.

[47] PILARIO K E S, CAO Y. Canonical variate dissimilarity analysis for process incipient fault detection [J]. IEEE Transactions on Industrial Informatics, 2018, 14 (12): 5308-5315.

[48] TONG C D, LAN T, SHI X H. Ensemble modified independent component analysis for enhanced non-Gaussian process monitoring[J]. Control Engineering Practice, 2017, 58: 34-41.

[49] RAVEENDRAN R, HUANG B. Two layered mixture Bayesian probabilistic PCA for dynamic process monitoring [J].

Journal of Process Control, 2017, 57: 148-163.

[50] PILARIO K E S, CAO Y, SHAFIEE M. Mixed kernel canonical variate dissimilarity analysis for incipient fault monitoring in nonlinear dynamic processes [J]. Computers & Chemical Engineering, 2019, 123: 143-154.

第 11 章
基于细粒度对抗网络的域自适应方法及跨域故障诊断

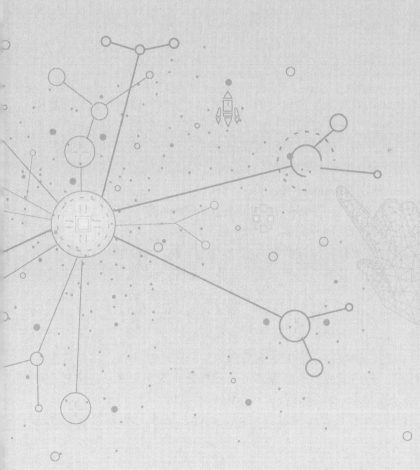

虽然机器学习技术已广泛应用于智能工业故障诊断中，但其有一个主要理论假设，即源域数据（训练数据）和目标域数据（测试数据）必须具有相同的分布。然而，由于工作条件的变化或显著的机械磨损，这种假设在实际工业应用中可能不成立。近年来，有学者将对抗学习机制嵌入深度神经网络中，以减少不同领域之间的分布差异，从而学习域不变特征，进而进行故障诊断。然而，它们只调整了整体域的分布，忽略了目标域中的故障判别结构，导致了诊断性能的下降。本章提出了一种基于细粒度对抗网络的域自适应方法（Finegrained Adversarial Network based Domain Adaptation，FANDA）来解决跨域工业故障诊断问题。与现有只考虑域差异的域对抗性自适应方法不同，FANDA 的特征是通过对抗网络训练多个域鉴别器来得到的，这同时实现了两个域的全局对齐和每个故障类层次的细粒度对齐。基于此，在自适应过程中，两个域内的故障判别结构得以保留，因而在源域上学习的故障分类能力对目标数据仍然有效。在机械轴承箱和工业三相流设备上的实验证明了所提方法的有效性。

11.1
概述

近年来，随着现代工业复杂度和规模的不断增大，精确高效的数据驱动故障诊断方法引起了学者的极大研究兴趣[1-9]。由于工业过程或机器的不同故障本质上可以被视为不同的模式类别，机器学习和模式识别技术已经广泛应用于数据驱动的故障诊断[10-16]。常用的方法有支持向量机（Support Vector Machine，SVM）[17-19]、Fisher 判别分析（Fisher Discriminant Analysis，FDA）[20]、深度神经网络（Deep Neural Network，DNN）[21, 22]、随机森林（Random Forest，RF）[23-25]等。这些方法通过学习基于历史数据的判别分类器，在诊断任务中展现了突出的性能。然而，数据驱动的方法要求训练数据和测试数据具有相同的分布。这种假设在现实世界中，尤其是在工业应用中，是难以完全成立的。以工业生产过程为例，训练数据集在特定的工作条件下采集，而工作条件可能随生产过程的变化而变化。因此，源域故障分类器的性能会因目标数据分布的不同而显著下降。在本章中，原始工作条件定义为源域，更改后的工作条件定义为目标域。

为了解决这一问题，领域自适应方法利用源域的故障诊断知识，将其应用到不同但相关的目标域，为跨域故障诊断提供了一种有效的解决方案。一些基于最大平均差异（Maximum Mean Discrepancy，MMD）指标和 DNN 模型如自编码器（Autoencoders，AE）、堆叠式自编码器（Stacked AE，SAE）或卷积神经网络

(Convolutional Neural Network，CNN）的域自适应方法在近年来已被提出[26-29]。这些方法通过将差异度量指标嵌入 DNN 中，使两个域的特征分布趋于一致，即可得到域不变的特征，从而可以将源域训练的诊断模型直接应用到目标域。最近，源于生成对抗网络（Generative Adversarial Networks，GAN）[30]的对抗式学习机制被成功地引入域自适应问题中，并获得较好的性能[31]。在 GAN 中，有两个模型需要同时训练。一方面，利用生成模型将输入的噪声变量映射到数据空间，生成伪样本。另一方面，判别模型负责区分样本是来自真实数据集还是生成的假数据集。这一博弈与竞争的过程促使两个模型不断提高自身性能，直到真假样本变得不可区分为止。GAN 最小化训练数据和生成数据之间分布差异的目标与域自适应的需求达成了一致，即基于原始输入找到一个映射来学习跨域的不可识别特征。受此启发，一些域对抗性适应方法被提出[31, 32]。在这些方法中，源域和目标域的数据分布通过对抗学习进行对齐，直到判别模型无法区分样本是来自源域还是目标域。最后，将基于源数据集训练的分类器应用于目标数据集的样本。

然而，跨域故障诊断问题的解决仅仅靠调整源域和目标域的全局分布是不够的。与 GAN 中的假样本生成任务不同，诊断模型不仅要减少域间的差异，使特征不可区分，而且要对目标域的样本提供精确的诊断结果。然而，在传统的基于域对抗的故障诊断方法中，只考虑了源域和目标域的分布差异，而目标域下的故障判别结构没有被深入探索。具体地说，故障判别结构强调在特征空间中可以清楚地判别或分类不同的故障模式。这导致了尽管来自两个域的样本分布可以被有效减弱，但由于在对齐过程中忽略了分类信息，目标域下的判别结构同样也会丢失。当用在源域学习的分类器直接进行目标域样本故障诊断时，这种现象会导致错误的诊断结果。因此，有必要建立一种有效的算法来进行全局和细粒度域自适应，以减少两个域之间的分布差异，同时保留两个域中的故障判别结构，从而保证诊断结果的准确性。

针对这一问题，本章提出了一种新的域对抗自适应方法，称为基于细粒度对抗网络的域自适应方法（FANDA）。FANDA 由四个模块组成：特征生成器、故障分类器、细粒度域鉴别器和全局域鉴别器。特征生成器从两个领域的故障样本中自动提取特征表示。故障分类器的目的是准确识别工业过程发生的故障类别。两类鉴别器，包括细粒度域鉴别器和全局域鉴别器，从不同尺度上对齐两个域的分布来完成分布自适应任务。全局域鉴别器减小两个域之间的分布差异，使特征保持域不变；细粒度域鉴别器减小每个故障类别在两个域之间的分布差异，进而保持目标域下的故障识别结构。在对抗机制下，用源域的有标注故障数据训练的 FANDA 可以准确地对目标域中未标记的故障数据进行分类。另外，FANDA 是一个通用的自适应框架，因此可以将不同的深度网络结构嵌入跨域故障诊断架构中。为此，本章中以机械滚动轴承实例和工业过程实例为例，分别采用不同的神经网络模型来验证该方法的有效性。

本章的主要贡献总结如下：

① 本章提出了一种新的域对抗网络用于解决跨域的工业故障诊断问题。在所提方法中，源域与目标域的对抗过程驱使着特征在域间不可被区分，从而使得模型具备学习可迁移特征表示的能力。

② 所提方法同时在粗细两个粒度对源域与目标域的分布差异进行优化，从而在学习到可迁移特征的基础上，保留目标域故障类可区分的结构。因此，在源域中学习到的故障判别能力得以在目标域中保留，进而保证目标域的诊断能力。

本章的其余部分安排如下。11.2 节介绍了问题描述与深度神经网络。11.3 节将介绍研究动机与所提细粒度对抗网络。11.4 节使用机械滚动轴承与三相流过程验证了所提出方法的性能。最后，11.5 节对本章的结论进行了总结。

11.2
问题描述与深度神经网络简介

11.2.1 问题描述

为了对问题和方法有一个清晰的描述，首先介绍必要的符号和定义。输入特征空间用 X 表示，标签空间用 $Y = \{1, 2, \cdots, C\}$ 表示，表示 C 类故障。给定一个有标记的源域 $\mathcal{D}_S = \{(x_i, y_i)\}_{i=1}^{n_S}$，其中 $x_i \in X_S \in \mathbb{R}^m$ 是一个 m 维测量样本，$y_i \in Y_S$ 是相应的标签，以及一个未标记的目标域 $\mathcal{D}_T = \{(x_j)\}_{j=1}^{n_T}$，其中 $x_j \in X_T \in \mathbb{R}^m$。$n_S$ 与 n_T 分别表示源和目标域中的样本数量。$\mathcal{D}_S$ 和 $\mathcal{D}_T$ 分别从联合分布 $P(X_S, Y_S)$ 和 $Q(X_T, Y_T)$ 中取样，且 $P \neq Q$。对于跨域故障诊断问题，标签空间 Y 在源域和目标域都是相同的。本章的目的是利用从 $\mathcal{D}_S$ 中学习到的知识建立一个故障分类器，对 $\mathcal{D}_T$ 中的样本进行准确诊断。

11.2.2 深层神经网络

由多个处理层组成的 DNN 可以自动发现准确分类所需的特征表示，而无须手动设计特征[33]。近年来，一维 CNN（1D-CNN）[21, 34]和 SAE[35]等深度学习方法在许多工业场景中得到了成功应用。本书第 2 章已经对 CNN 与 SAE 两个模型进行了综合介绍，由于本章重点关注对滚动轴承和工业过程的故障诊断任务，本小节将对 1D-CNN 与基于 SAE 的特征提取器进行进一步阐述。

(1) 卷积神经网络

受视觉系统结构的启发，1D-CNN 由三种类型的层组成，即卷积层、池化层和全连接层[36]。在卷积层中，一维的振动信号输入与一维的卷积核进行卷积，结果通过非线性激活函数（通常为校正线性单元 ReLU[37]）激活，以计算新的特征映射。第 l 层的输出特征映射可以通过以下公式计算：

$$\boldsymbol{x}_j^l = \text{ReLU}\left(\sum_{i=1}^{p} \boldsymbol{x}_i^{l-1} * \boldsymbol{k}_{ij}^l + b_j^l\right), j=1,2,\cdots,q \tag{11-1}$$

式中，$\boldsymbol{x}_j^l$ 和 $\boldsymbol{x}_i^{l-1}$ 为第 j 个输出和第 i 个输入的特征映射；b_j^l 为相应的偏差；p 和 q 分别为输入和输出特征映射的数目；*表示卷积运算。

在卷积层之后，池化层通过计算特征图中单元的局部最大值来将相似的局部单元合并为一个单元，从而实现对特征图的降采样，可以表示为：

$$\boldsymbol{x}_{r,j}^l = \max\{\boldsymbol{x}_{r',j}^{l-1}\}, \forall r' \in \mathcal{R}_r \tag{11-2}$$

式中，$\boldsymbol{x}_{r,j}^l$ 为第 l 层的第 j 个滤波器中的第 r 个点，$\mathcal{R}_r$ 为第 r 个点周围的局部邻域。

卷积层和池化层构成了 CNN 的特征提取器。在这些层之后的全连接层解释这些特征并执行推断[36]，即本章中的分类任务。通常，softmax 函数用作最后一层中的分类器[38]。输出向量可通过以下公式计算：

$$\boldsymbol{x}_j^l = softmax\left(\sum_{i=1}^{M} \boldsymbol{x}_i^{l-1} \boldsymbol{w}_{ij}^l + b_j^l\right), j=1,2,\cdots,C \tag{11-3}$$

式中，$\boldsymbol{x}_j^l$ 为第 j 个输出值；$\boldsymbol{x}_i^{l-1}$ 为第 i 个输入值；M 和 C 分别为输入向量和输出向量的维数；$\boldsymbol{w}_{ij}^l$ 为连接到第 i 个输入值的第 j 个输出值的权重；b_j^l 为相应的偏差。

(2) 堆叠自编码器

SAE 使用 AE[39]作为基本的单层模块来堆叠深层架构。AE 的目的是将输入 $\boldsymbol{x}$ 编码为特征表示 $e(\boldsymbol{x})$，使得输入可以从 $e(\boldsymbol{x})$ 解码。形式上，$e(\boldsymbol{x})$ 可通过以下公式计算：

$$e(\boldsymbol{x}) = f_e(\boldsymbol{w}_e^\mathrm{T}\boldsymbol{x} + \boldsymbol{b}_e) \tag{11-4}$$

式中，$\boldsymbol{w}_e$ 和 $\boldsymbol{b}_e$ 分别为编码器的权重和偏差；f_e 为激活函数。相应地，解码器的输出可以通过以下公式计算：

$$d(e(\boldsymbol{x})) = f_d(\boldsymbol{w}_d^\mathrm{T} e(\boldsymbol{x}) + \boldsymbol{b}_d) \tag{11-5}$$

式中，w_d 和 b_d 分别为解码器的权重和偏差；f_d 是激活函数。

训练以最小化二范数重建误差为目标：

$$\mathcal{L}_{AE} = \| x - d(e(x)) \|^2 \tag{11-6}$$

通过移除每个 AE 的解码器，并将当前编码器的输出作为下一个 AE 的输入，多个 AE 可以被堆叠起来以构建一个深度网络。在对所有 AE 进行预训练后，加入一个带 softmax 函数的全连接层进行分类。然后在故障标签的监督下对整个网络进行微调。

11.3 基于迁移学习的对抗网络

11.3.1 动机分析

对于跨域故障诊断问题，源域数据往往在特定工况下采集。随着生产的进展，操作条件可能会发生变化，或者会发生显著的机械磨损。在这种情况下，不仅数据的分布不同，并且数据内的故障判别结构也会发生变化。该问题的示意图如图 11-1（a）所示。考虑由不同颜色指示的两个域，并且在每个域中，存在由不同形状表示的两个故障。在这两个域中，由于它们的联合分布 P 和 Q 是不同的，两个域（圆形实线）和跨域的每个故障类别（阴影区）都显示出分布差异。

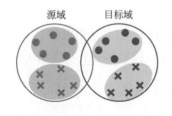
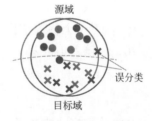
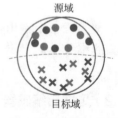

(a) 存在分布差异的源域和目标域　　(b) 通过测量全局域差异来减少域偏移的传统对抗性自适应方法　　(c) 同时考虑和减少全局域差异和细粒度域差异的FANDA方法

图 11-1　跨域故障诊断问题示意图

对于传统的基于域对抗自适应的故障诊断方法，从原始工况采集的数据分布可以与新工况的数据分布进行对齐。然后利用学习到的域不变特征和相应的故障标签训练故障分类器，并将其应用于目标样本的诊断。然而，这些方法只对两个域的整体分布进行了对齐，而目标域的故障判别结构没有得到深入挖掘，导致目标域的故障类别混淆。如图 11-1（b）所示，在自适应之后，两个域的全局分布可以尽可能地对齐，而由红色虚线表示的故障分类器只能区分源域样本，但在目标域上的分类结果较差。因此，有必要提取更有效的特征表示，使其不仅域间不可区分，而且对目标域中的故障类具有故障判别能力，以保持从源域到目标域的有效分类能力，如图11-1（c）所示。

11.3.2 细粒度对抗网络的总体结构

如图11-2所示，所提的FANDA由四个模块组成：特征生成器（橙色表示）、故障分类器（深蓝色表示）、细粒度域鉴别器（红色表示）和全局域鉴别器（绿色表示）。

首先，使用参数化的特征生成器从源域输入和目标域输入中提取特征表示 f。具体可以使用CNN或SAE来实现特征生成器。域对抗性自适应是通过将两个组件合并到体系结构中来实现的：参数化的全局域鉴别器和参数化的细粒度域鉴别器。一方面，全局域鉴别器的目标是通过学习二值分类器来区分样本来自源域还是目标域，二值分类器将特征表示映射到全局域标签空间[0，1]，以表示源域样本和目标域样本。另一方面，建立多个细粒度域鉴别器，使两个域内特征在细粒度尺度上对齐，对抗地学习每个故障类的域不变特征。虽然目标域数据不具有标签，但在神经网络训练过程中，每一轮迭代时源域的故障标签作为监督信息，为目标域的故障提供了一定识别能力。因此，故障分类器可以为每个目标样本提供一个预测标签。根据两个域中样本的故障标签，将提取的特征 f 划分为 C 类特征，每类特征对应一个细粒度域鉴别器，从而实现多个细粒度域鉴别器的构建。

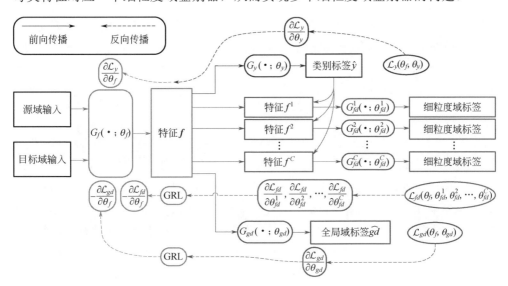

图 11-2 所提 FANDA 算法的主要结构

综上所述，在 FANDA 中，原始样本的特征表示在全局尺度和细粒度尺度上与域鉴别器进行对抗，使得两个全局分布进行对齐，同时使得两个域下的故障识别结构得以保持。

11.3.3 细粒度对抗网络的优化目标

本小节设计了所提算法的优化目标。FANDA 的优化目标由故障分类损失、全局域鉴别损失和细粒度域鉴别损失三部分组成。

（1）故障分类损失

故障分类器的优化目标是在源数据监督下使分类误差最小化。这样就可以提取出故障的判别特征。给定 m 维向量输入 $x_i \in \mathbb{R}^m$，特征生成器可以学习一个函数 $G_f(\cdot;\theta_f): x_i \rightarrow \mathbb{R}^D$ 将输入映射到新的 D 维表示 f_i。然后，故障分类器 G_y 学习一个映射 $\mathbb{R}^D \rightarrow [1,2,\cdots,C]^T$。以基于单层神经网络的 softmax 函数为例，其输出可计算为：

$$G_y(f_i,\theta_y) = \left[\frac{\exp(v_c^T f_i)}{\sum_{j=1}^{C}\exp(v_j^T f_i)}\right]_{c=1}^{C} \tag{11-7}$$

式中：$v_1,v_2,\cdots,v_C$ 为故障分类器中全连接层的权重。

基于 G_y 的输出，采用交叉熵函数[33]作为故障分类损失函数，其计算公式如下：

$$\begin{aligned}\mathcal{L}_y(\theta_f,\theta_y) &= \frac{1}{n_S}\sum_{x_i \in D_s}\mathcal{L}_y(G_y(G_f(x_i)),y_i) \\ &= -\frac{1}{n_S}\sum_{i=1}^{n_S}\sum_{c=1}^{C}\left[1\{y_i=c\}\log\frac{\exp(v_c^T G_f(x_i))}{\sum_{j=1}^{C}\exp(v_j^T G_f(x_i))}\right]\end{aligned} \tag{11-8}$$

式中，$1\{y_i=c\}$ 为指示函数。

（2）全局域鉴别损失

全局域鉴别器的功能是区分样本是来自源域还是目标域。虽然目标域样本的故障标签未知，但是样本来自源域还是目标域的标签是已知的，可以分别用 0 和 1 表示。因此，全局域鉴别器在二分类的设定下运行。形式上，通过 G_{gd} 将输入变量映射到 $f: \mathbb{R}^D \rightarrow [0,1]^T$ 得到的特征表示来学习 logistic 回归。全局域鉴别器通过全连接层来实现，单层全局域鉴别器的输出可以通过以下公式来计算：

$$G_{gd}(f_i,\theta_{gd}) = Sigmoid(u^T f_i + z) \tag{11-9}$$

式中，u 和 z 分别为全连接层的权重和偏差。

全局域鉴别器的逻辑损失可由以下公式定义：

$$\mathcal{L}_{gd}(\theta_f, \theta_{gd}) = \frac{1}{n_S + n_T} \sum_{x_i \in (\mathcal{D}_S \cup \mathcal{D}_T)} \mathcal{L}_{gd}(G_{gd}(G_f(x_i)), gd_i)$$

$$= -\frac{1}{n_S + n_T} \sum_{x_i \in (\mathcal{D}_S \cup \mathcal{D}_T)} \Big[gd_i \log G_{gd}(G_f(x_i)) + \\ (1 - gd_i) \log(1 - G_{gd}(G_f(x_i))) \Big]$$

（11-10）

式中，gd_i 为 x_i 的全局域标签，如果样本来自源域，则其值为 1；如果来自目标域，则其值为 0。

（3）细粒度域鉴别损失

如前一小节中所述，提取的特征 f 可分为 C 类细粒度特征表示，即 $f^c\big|_{c=1}^{C}$。与全局域损失的思想类似，式（11-10）中描述的二元逻辑斯蒂损失可应用于 C 个细粒度域鉴别器 $G_{fd}^c(\cdot; \theta_{fd}^c)\big|_{c=1}^{C}$ 上：

$$\mathcal{L}_{fd}(\theta_f, \theta_{fd}^1, \theta_{fd}^2, \cdots, \theta_{fd}^C) = \frac{1}{C} \frac{1}{n_S + n_T} \sum_{c=1}^{C} \sum_{x_i \in (\mathcal{D}_S^c \cup \mathcal{D}_T^c)} \mathcal{L}_{fd}(G_{fd}^c(G_f(x_i)), fd_i^c)$$

$$= -\frac{1}{C} \frac{1}{n_S + n_T} \sum_{c=1}^{C} \sum_{x_i^c \in (\mathcal{D}_S^c \cup \mathcal{D}_T^c)} \Big[fd_i^c \log G_{fd}^c(G_f(x_i^c)) + \\ (1 - fd_i^c) \log(1 - G_{fd}^c(G_f(x_i^c))) \Big]$$

（11-11）

式中，x_i^c 为故障类别 c 中的第 i 个样本；fd_i^c 为 x_i^c 的细粒度域标签，如果来自源域，则其值为 1，否则为 0。

11.3.4 对抗训练策略

将这三个优化目标结合起来，FANDA 的最终优化目标可以写成：

$$\mathcal{L}\left(\theta_f, \theta_y, \theta_{gd}, \theta_{fd}^c\big|_{C=1}^{C}\right) \\ = \mathcal{L}_y(\theta_f, \theta_y) - \lambda(\mathcal{L}_{gd}(\theta_f, \theta_{gd}) + \mathcal{L}_{fd}(\theta_f, \theta_{fd}^1, \theta_{fd}^2, \cdots, \theta_{fd}^C))$$

（11-12）

式中，λ 为超参数，用于控制对抗域自适应的程度。

优化问题旨在找到如下参数 $\theta_f, \theta_y, \theta_{gd}, \theta_{fd}^c\big|_{c=1}^{C}$ 使得：

$$(\theta_f, \theta_y) = \arg\min_{\theta_f, \theta_y} \mathcal{L}\left(\theta_f, \theta_y, \theta_{gd}, \theta_{fd}^c\big|_{c=1}^{C}\right)$$

$$\left(\theta_{fd}^c\big|_{c=1}^{C}, \theta_{gd}\right) = \arg\max_{\theta_{fd}^c\big|_{c=1}^{C}, \theta_{gd}} \mathcal{L}\left(\theta_f, \theta_y, \theta_{gd}, \theta_{fd}^c\big|_{c=1}^{C}\right)$$

（11-13）

一方面，通过对参数 θ_{fd} 和 θ_{gd} 的优化，使域损失最小化，提高了域分辨性能。另一方面，优化 θ_f 使域损失最大化、分类损失最小，从而削弱域识别性能，提高故障分类性能。这四个模块以对抗的方式进行训练。优化问题式（11-13）可以用随机梯度下降法（SGD）来解决。明确地，参数 $\theta_f, \theta_y, \theta_{gd}, \theta_{fd}^c\big|_{c=1}^C$ 更新如下：

$$\theta_f \leftarrow \theta_f - \varepsilon\left(\frac{\partial \mathcal{L}_y}{\partial \theta_f} - \lambda\left(\frac{\partial \mathcal{L}_{gd}}{\partial \theta_f} + \frac{\partial \mathcal{L}_{fd}}{\partial \theta_f}\right)\right)$$

$$\theta_y \leftarrow \theta_y - \varepsilon\frac{\partial \mathcal{L}_y}{\partial \theta_y}$$

$$\theta_{gd} \leftarrow \theta_{gd} - \varepsilon\frac{\partial \mathcal{L}_{gd}}{\partial \theta_{gd}}$$

$$\theta_{fd}^c\big|_{c=1}^C \leftarrow \theta_{fd}^c\big|_{c=1}^C - \varepsilon\frac{\partial \mathcal{L}_{fd}}{\partial \theta_{fd}^c}\bigg|_{c=1}^C$$

（11-14）

式中，ε 为学习率。

需要注意的是，θ_f 的更新与其他参数更新不同，因为来自故障分类器和域鉴别器的梯度方向相反。因此，如图11-2所示，添加梯度反转层（Gradient Reversal Layer，GRL）[31]以满足梯度反转的要求。GRL 对正向传播过程没有影响，在反向传播中，梯度通过与-1相乘来进行反转。因此，可以将 SGD 算法应用到 FANDA 的训练过程中来实现式（11-14）中的更新。

11.3.5 在线诊断步骤

图 11-3 总结了所提出的基于 FANDA 的故障诊断程序的流程图。

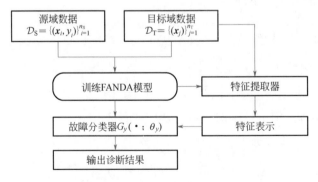

图 11-3 使用所提 FANDA 算法的故障诊断流程图
（红色箭头线表示建模过程，蓝色箭头线表示在线应用过程）

在建模阶段，利用源标记数据和目标未标记数据对 FANDA 模型进行训练。通过优化式（11-12）中的目标函数，学习四个模块的参数，包括特征生成器、故障分类器、全局域鉴别器和细粒度域鉴别器。在此基础上，建立基于 FANDA 的故障诊断模型。

在应用阶段，首先将目标样本输入参数固定的特征生成器中，以获得与源特征在全局和细粒度上的分布相一致的特征表示。然后将特征输入故障分类器中，得到目标域样本的故障类别，从而得到目标域样本的诊断结果。

本章主要研究单故障诊断问题。对于多故障诊断问题，已经有一些研究工作被提出[40-43]。为了将该方法推广到多故障情况，可以采用多标签学习技术。具体地说，多个故障可以用一个样本的多标签向量来表示。然后对向量中的每个元素建立一个二值分类器来预测相应的故障是否发生。最后将多个决策集合起来，进行多故障预测。

11.4
方法验证与结果分析

本节将在两种情况下，即机械滚动轴承数据集[44]和工业三相流过程数据集[45]上评估所提 FANDA 在瞬变故障[46]与缓变故障[45]诊断方面的性能。本节评估了 9 种方法，包括无自适应方法和有自适应方法。无自适应方法包括 SVM[11]、KNN[47]、FDA[13]和 DNN[14]。对于自适应方法，采用了近年来提出的具有代表性的方法，包括迁移成分分析（TCA）[48]、CORAL[49]、基于深度域自适应神经网络的故障诊断（DAFD）[26]、域对抗训练网络（DANN）[31]和本章提出的 FANDA。

11.4.1 机械滚动轴承

机械滚动轴承数据集收集自凯斯西储大学轴承数据中心[44]。在 4 种不同的健康状况下：正常状况（NC）、内圈故障（IF）、外圈故障（OF）和滚珠故障（BF），使用加速度计从电机驱动端采集信号。数据集中引入了电火花导致的 3 种故障类型，故障直径分别为 7mil、14mil、21mil、28mil 和 40mil❶，产生了不同的故障程度。数据采集的采样频率为 12kHz。

在这一数据集中，根据故障程度的差异构造两个域。域 A 由 4 种故障状况的

---

❶ 1mil=0.001in，1in=25.4×10^{-6}m。

数据组成，故障直径为 0.007in。域 B 由四种健康状况所需的数据组成，故障直径为 0.021in。两个域的详细信息总结在表 11-1 中。域适应任务包含两个部分，即 A→B 和 B→A。在每个部分中，箭头前面的域是源域，箭头后面的域是目标域。具体地说，在 A→B 任务中，训练集由标记域 A 和未标记域 B 组成，测试集是未标记的域 B，训练样本数和测试样本数分别为 9728 和 4864。同样，在 B→A 任务中，训练样本数为 9728，测试样本数为 4864。

表 11-1 机械滚动轴承的域信息

故障状况	域 A		域 B	
	故障直径/in	样本数量	故障直径/in	样本数量
NC	0.007	1214	0.021	1212
IF	0.007	1219	0.021	1216
OF	0.007	1215	0.021	1218
BF	0.007	1216	0.021	1218
总样本数	4864		4864	

无自适应的方法基于源域的标记样本进行训练，并直接应用于未标记的目标域。对于自适应方法，TCA 使用两个域的所有数据进行降维和特征对齐，然后用 KNN 分类器对未标记的目标数据进行特征分类。对于 CORAL，首先对齐两个域的二阶统计量，然后使用 KNN 作为分类器。对于模型的参数选择，具体来说，支持向量机的核函数从线性、高斯和多项式中选择，多项式的次数从 {2, 3, 4} 中选择。KNN 的参数 k 从 {1, 5, 20, 50, 100} 中选择。FDA 中的成分数量从 {1, 2, 3} 中选择。对于 TCA，迁移成分的数量是从 {2, 5, 20, 50, 100, 300} 中选择的。为了训练深度模型，使用动量为 0.9 的 SGD。具体来说，对于所提出的 FANDA，为了在早期阶段抑制噪声，参数 λ 从 0 变为 1，根据 $\lambda = 2/(1+\exp(-10 \times p))-1$，其中 p 是从 0 到 1 线性变化的训练进度[50]。此外，为了抑制自标记的错误，在自适应过程中，只对最大得分超过 0.7 的目标样本进行伪标记。学习率从 {0.1, 0.01, 0.001} 中选择。诊断性能由两个指标来评价，即精度和 F1 得分。

9 种方法的比较结果见表 11-2。首先，可以很容易地观察到，在两个任务中，FANDA 的平均准确率为 91.47%，F1 平均得分为 91.25%，优于其他方法。对于非自适应方法，值得注意的是，深度模型（DNN）比其他三种浅层方法（SVM、KNN 和 FDA）更有效，FDA 在这两种任务上表现最差。在自适应方法上，TCA 的性能优于 CORAL，而在深度自适应方法上则不如 DAFD、DANN 和 FANDA。CORAL 的性能甚至比无自适应的 DNN 更弱一些。总体来说，除了 CORAL 之外的自适应方法可以显著地提高模型在不同领域测试数据时的诊断性能。DANN 只对两个域的全局数据分布进行了对齐,而 FANDA 同时考虑了全局和细粒度对齐,因此 FANDA 方法的准确率平均提高了 4.20%,F1 得分平均提高了 4.62%。

表 11-2 机械滚动轴承数据集下的性能对比

方法	域 A 迁移至域 B		域 B 迁移至域 A	
	精度	F1 得分	精度	F1 得分
SVM[11]	50.35	40.72	63.43	57.17
KNN[47]	39.91	37.97	67.64	60.67
FDA[13]	30.12	25.42	28.84	25.47
DNN[14]	75.30	74.92	76.33	70.52
TCA[48]	77.65	77.41	73.64	74.15
CORAL[49]	40.38	38.59	68.56	61.42
DAFD[26]	87.07	86.88	87.23	86.30
DANN[31]	87.65	87.31	86.88	85.94
FANDA	91.66	91.49	91.27	91.01

对于表 11-2 中列出的 9 种方法,SVM、KNN 和 FDA 直接使用原始特征,其他 6 种方法可以学习不同的表示,从而得到 7 种特征表示。t-分布随机邻域嵌入(t-SNE)方法[51]用于将高维特征映射到二维特征空间。以 A→B 任务为例说明了该方法的有效性,可视化结果如图 11-4 所示。

根据图 11-4,可以得到一些观测结论。首先,从图 11-4(a)中的原始特征中可以看出,源域和目标域中的 4 种故障的原始特征是混淆的。具体地,从域的角度来看,只有 OF 类在源域和目标域之间的分布差异很小,而其他 3 种故障状况在域之间的分布差异很大。然后,对于浅层自适应方法,CORAL 也不能为这 4 个类提供清晰可辨的分布,而 TCA 在 NC 类和 IF 类上显示出可接受的性能。然而,这两个域中的其他两个类都是混淆不可区分的,这对故障分类器提出了很大的挑战。对于 4 种深层方法,首先,作为一种无自适应方法,DNN 可以学习抽象的特征表示,减少了一定的跨域差异,但是 IF 和 BF 类的目标特征与源特征不一致,导致分类性能较差。对于 DAFD 和 DANN,它们在一定程度上提高了 IF 类和 BF 类的对齐性能,而源特征和目标特征仍有明显的差异。最后,FANDA 不仅显著地减少了域差异,而且在源域和目标域的特征都显示出清晰的可区分结构。特别是,与 DAFD 和 DANN 相比,由于同时考虑了两个域的全局和细粒度对齐,IF 类在这两个域中对齐得很好。

本章提供了进一步的实证分析。首先,图 11-5(a)展示了随着训练过程,精度不断增加。具体来说,在第一步中,目标样本的精度小于 30%,最后增长到 91%

左右。在源域分类精度方面，由于使用了足够多的标记样本来训练深度模型，源域精度迅速提高到接近 100%。我们还比较了 9 种方法的训练时间，结果如图 11-5（b）所示。所有实验都是在一台服务器（2 3.5GHz Intel E5-2637 v4 CPU/2 Tesla P100 GPU/128GB DDR4 内存）上进行的，并用 Python 实现。从图 11-5（b）中可以看到，大多数浅层方法，包括 SVM、KNN、FDA 和 TCA，花费的时间远远少于深层模型，包括 DNN、DAFD、DANN 和 FANDA。具体地说，由于 FANDA 深入域对齐的细粒度级别，它在这两个任务上都比其他深度适应方法（即 DAFD 和 DANN）花费更多的时间。最后，在目标域训练样本量较小的情况下，通过实验验证了该方法的性能。具体来说，我们考虑 4 种情况，即每个故障类别中的样本数从全部减少到 500、100 和 10，性能如图 11-5（c）所示。当每个类中的样本量等于或大于 100 时，该方法可以在一定程度上保持其优越性。然而，当目标训练样本数很小时（每类 10 个样本），目标样本的诊断性能会下降到 80% 以下。

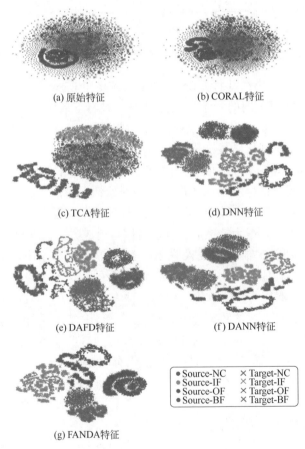

图 11-4　可视化结果

（本图彩色版，请扫前言后的二维码）

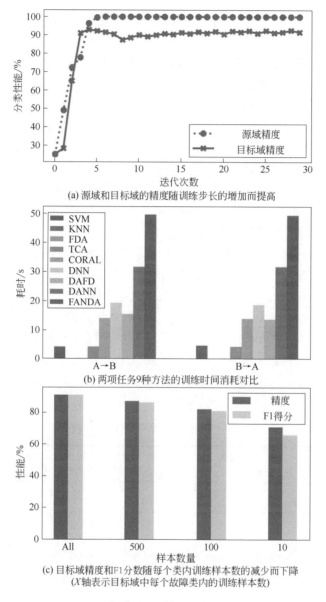

图 11-5 进一步的实证分析

（本图彩色版，请扫前言后的二维码）

11.4.2 三相流过程

克兰菲尔德大学的三相流设备旨在为加压系统提供可控制和可测量的水、油和空气流量[52]。它可以提供单相的空气、水和油，或以一定速率提供这些流体的混合物。它是一个真实而复杂的实验室装置，提供多种工况下工作的实验数据。在三相流过程中，包括两个过程输入，即空气和水流量设定点和 24 个变量。所有数据均以 1Hz 的采样率获得。通常情况下，两个过程输入的设定点，即空气和水流量设定点，在过程中会发生变化，以获得可变操作条件下的不同分布的数据。具体来说，可以选择 4 种空气流量和 5 种水流量作为过程输入，以创建 20 种不同的组合。在三相流数据集中，对于故障类别 1~4 中的每个类别，存在两个设定值不同的稳态条件。因此，根据不同的设定点，可以很自然地将数据集分为两个域，即域 A 和域 B。基于以上考虑，本工作设计的领域的细节总结在表 11-3 中。域适应任务包括两个部分，即 A→B 和 B→A。具体来说，在 A→B 任务中，训练样本数为 22280 个，测试样本数为 11140 个。在 B→A 任务中，训练样本数为 22280，测试样本数为 11140。

对于深度模型，多维过程数据更适合使用 SAE[35]进行处理，因此首先使用所有源域和目标域样本对 3 个 AE 进行预训练。然后添加 1 个全连接层和 1 个 softmax 分类器。对于目标数据集，9 种方法的比较结果如表 11-4 所示。从表 11-4 的结果可以看出，FANDA 方法在两个任务上都优于其他 8 种方法，平均准确率为 83.35%，F1 平均得分为 83.48%。对于支持向量机、KNN 和 FDA 等浅层非自适应方法，由于域的差异，其性能是较差的。浅层自适应方法 TCA 和 CORAL 在第一个任务上表现出较差的性能，而 TCA 在第二个任务上表现出减小域差异和提高诊断性能的能力。深度模型，即 DNN、DAFD、DANN 和所提出的 FANDA 方法，在这两个任务的总体指标上都显示出一定优势。

表 11-3 三相流过程的两个域信息概览

故障类别	域 A			域 B		
	水流速/(kg/s)	空气流速/(m³/s)	样本数量	水流速/(kg/s)	空气流速/(m³/s)	样本数量
故障 1	2	0.0417	3121	3.5	0.0208	3001
故障 2	2	0.0278	2181	3.5	0.0417	2137
故障 3	2	0.0278	3001	3.5	0.0208	3001
故障 4	2	0.0417	2837	3.5	0.0208	3001
总样本数量		11140			11140	

表 11-4 三相流数据上的性能对比

方法	域 A 迁移至域 B		域 B 迁移至域 A	
	精度/%	F1 得分/%	精度/%	F1 得分/%
SVM[11]	23.09	22.87	66.44	58.00
KNN[47]	63.17	60.40	47.55	39.15
FDA[13]	5.03	8.47	52.17	40.56

续表

方法	域 A 迁移至域 B		域 B 迁移至域 A	
	精度/%	F1 得分/%	精度/%	F1 得分/%
DNN[14]	67.56	63.42	66.63	64.86
TCA[48]	41.55	36.39	69.78	67.30
CORAL[49]	47.10	37.44	26.10	17.61
DAFD[26]	69.27	64.18	67.60	65.89
DANN[31]	79.79	79.03	77.57	75.25
FANDA	83.99	84.03	82.71	82.93

为了对结果进行更详细的分析,图 11-6 显示了 A→B 任务的 9 种方法获得的混淆矩阵。混淆矩阵是具有两个维度的特定表,即真实标签和预测标签。这两个坐标(a, b)的每个组合对应一个百分比,表示实际属于故障 a 但预测属于故障 b 的样本的比例。如图 11-6 所示,在无自适应方法中,KNN 和 DNN 在故障 2~4 上的性能优于 SVM 和 FDA,而在故障 1 上的性能较差。对于自适应方法,TCA 和 CORAL 只能很好地处理一个或两个故障,而其他三种深度自适应方法总体性能较好。由于 DAFD、DANN 和所提出的 FANDA 使用不同的自适应机制,它们在 4 个故障上表现出不同的性能:DAFD 和所提出的 FANDA 在故障 2~4 上表现更好,而 DANN 在故障 1~4 上表现更好。

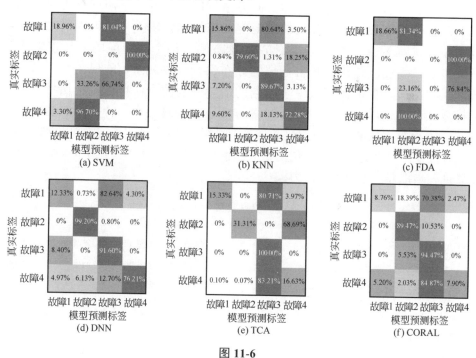

图 11-6

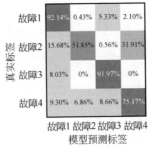
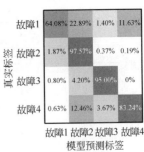

图 11-6　在三相流过程目标域数据（A→B）上的混淆矩阵

11.5 本章小结

针对工业故障诊断任务中的源域与目标域数据分布不一致问题，本章提出了一种基于细粒度对抗网络的域自适应故障诊断（FANDA）方法。与传统的只考虑域差异的对抗自适应故障诊断方法不同，本章在全局域分布对齐的基础上，进一步深入探索了域内的细粒度故障分布。所提方法可以同时在粗细两个粒度上提升两个域的全局对齐以及跨域的每个故障类的细粒度对齐水平。该方法不仅能使源域和目标域的分布保持一致，而且能保留两个域内的故障判别结构，保证在源域中学习到的故障判别能力在目标域中保持有效。所提方法分别使用一维卷积神经网络与堆叠自编码器作为特征提取器，在机械滚动轴承数据集和工业三相流数据集上进行了验证，证明了方法对故障诊断任务的有效性。未来的研究方向包括如何探索与融合存在于多源域中的故障诊断知识以进一步提升模型的诊断能力。

参考文献

[1] PILARIO K E S, CAO Y. Canonical variate dissimilarity analysis for process incipient fault detection [J]. IEEE Transactions on Industrial Informatics, 2018, 14 (12): 5308-5315.

[2] HU Y Y, ZHAO C H. Fault diagnosis with dual cointegration analysis of common and specific nonstationary fault variations [J]. IEEE Transactions on Automation Science and Engineering, 2019, 17 (1): 237-247.

[3] JIANG Q C, YAN X F. Multimode process

monitoring using variational Bayesian inference and canonical correlation analysis [J]. IEEE Transactions on Automation Science and Engineering, 2019, 16 (4): 1814-1824.

[4] YU W K, ZHAO C H. Online fault diagnosis for industrial processes with Bayesian network-based probabilistic ensemble learning strategy [J]. IEEE Transactions on Automation Science and Engineering, 2019, 16 (4): 1922-1932.

[5] SONG B, SHI H B. Fault detection and classification using quality-supervised double-layer method [J]. IEEE Transactions on Industrial Electronics, 2018, 65 (10): 8163-8172.

[6] CAI B P, LIU Y, XIE M. A dynamic-Bayesian-network-based fault diagnosis methodology considering transient and intermittent faults [J]. IEEE Transactions on Automation Science and Engineering, 2016, 14 (1): 276-285.

[7] ZHAO C H, SUN H. Dynamic distributed monitoring strategy for large-scale nonstationary processes subject to frequently varying conditions under closed-loop control [J]. IEEE Transactions on Industrial Electronics, 2018, 66 (6): 4749-4758.

[8] ODIOWEI P E P, CAO Y. Nonlinear dynamic process monitoring using canonical variate analysis and kernel density estimations [J]. IEEE Transactions on Industrial Informatics, 2009, 6 (1): 36-45.

[9] HAGHANI A, JEINSCH T, DING S X. Quality-related fault detection in industrial multimode dynamic processes [J]. IEEE Transactions on Industrial Electronics, 2014, 61 (11): 6446-6453.

[10] CHU Y H, QIN S J, HAN C H. Fault detection and operation mode identification based on pattern classification with variable selection [J]. Industrial & Engineering Chemistry Research, 2004, 43 (7): 1701-1710.

[11] ZHANG Y W, ZHOU H, QIN S J, et al. Decentralized fault diagnosis of large-scale processes using multiblock kernel partial least squares [J]. IEEE Transactions on Industrial Informatics, 2009, 6 (1): 3-10.

[12] WANG G, YIN S. Quality-related fault detection approach based on orthogonal signal correction and modified PLS [J]. IEEE Transactions on Industrial Informatics, 2015, 11 (2): 398-405.

[13] JIANG Y, YIN S. Recursive total principle component regression based fault detection and its application to vehicular cyber-physical systems [J]. IEEE Transactions on Industrial Informatics, 2017, 14 (4): 1415-1423.

[14] XIONG J B, ZHANG Q H, SUN G X, et al. An information fusion fault diag-

nosis method based on dimensionless indicators with static discounting factor and KNN [J]. IEEE Sensors Journal, 2015, 16(7): 2060-2069.

[15] YU W K, ZHAO C H. Online fault diagnosis in industrial processes using multimodel exponential discriminant analysis algorithm [J]. IEEE Transactions on Control Systems Technology, 2019, 27(3), 1317-1325.

[16] YU W K, ZHAO C H. Sparse exponential discriminant analysis and its application to fault diagnosis [J]. IEEE Transactions on Industrial Electronics, 2017, 65(7): 5931-5940.

[17] DENG F, GUO S, ZHOU R, et al. Sensor multifault diagnosis with improved support vector machines [J]. IEEE Transactions on Automation Science and Engineering, 2015, 14(2): 1053-1063.

[18] GAO X, HOU J. An improved SVM integrated GS-PCA fault diagnosis approach of Tennessee Eastman process [J]. Neurocomputing, 2016, 174: 906-911.

[19] CHIANG L H, KOTANCHEK M E, KORDON A K. Fault diagnosis based on Fisher discriminant analysis and support vector machines [J]. Computers & Chemical Engineering, 2004, 28(8): 1389-1401.

[20] ZHAO C H, GAO F R. A nested-loop Fisher discriminant analysis algorithm [J]. Chemometrics and Intelligent Laboratory Systems, 2015, 146: 396-406.

[21] WU H, ZHAO J S. Deep convolutional neural network model based chemical process fault diagnosis [J]. Computers & Chemical Engineering, 2018, 115: 185-197.

[22] YU W K, ZHAO C H. Broad convolutional neural network based industrial process fault diagnosis with incremental learning capability [J]. IEEE Transactions on Industrial Electronics, 2020, 67(6): 5081-5091.

[23] CHAI Z, ZHAO C H. Enhanced random forest with concurrent analysis of static and dynamic nodes for industrial fault classification [J]. IEEE Transactions on Industrial Informatics, 2019, 16(1): 54-66.

[24] CERRADA M, ZURITA G, CABRERA D, et al. Fault diagnosis in spur gears based on genetic algorithm and random forest [J]. Mechanical Systems and Signal Processing, 2016, 70: 87-103.

[25] YANG B S, DI X, HAN T. Random forests classifier for machine fault diagnosis [J]. Journal of Mechanical Science and Technology, 2008, 22(9): 1716-1725.

[26] LU W N, LIANG B, CHENG Y, et al. Deep model based domain adaptation

for fault diagnosis [J]. IEEE Transactions on Industrial Electronics, 2016, 64(3): 2296-2305.

[27] WEN L, GAO L, LI X Y. A new deep transfer learning based on sparse autoencoder for fault diagnosis [J]. IEEE Transactions on Systems, Man, and Cybernetics: Systems, 2017, 49(1): 136-144.

[28] GUO L, LEI Y G, XING S B, et al. Deep convolutional transfer learning network: a new method for intelligent fault diagnosis of machines with unlabeled data [J]. IEEE Transactions on Industrial Electronics, 2018, 66(9): 7316-7325.

[29] YANG B, LEI Y G, JIA F, et al. An intelligent fault diagnosis approach based on transfer learning from laboratory bearings to locomotive bearings [J]. Mechanical Systems and Signal Processing, 2019, 122: 692-706.

[30] GOODFELLOW I J, POUGET-ABADIE J, MIRZA M, et al. Generative adversarial networks [J]. arXiv preprint arXiv: 1406.2661, 2014.

[31] GANIN Y, USTINOVA E, AJAKAN H, et al. Domain-adversarial training of neural networks [J]. The Journal of Machine Learning Research, 2016, 17(1): 2096-2030.

[32] TZENG E, HOFFMAN J, SAENKO K, et al. Adversarial discriminative domain adaptation [C] //2017 IEEE conference on Computer Vision and Pattern Recognition. 2017: 7167-7176.

[33] LECUN Y, BENGIO Y, HINTON G. Deep learning[J]. Nature, 2015, 521(7553): 436-444.

[34] INCE T, KIRANYAZ S, EREN L, et al. Real-time motor fault detection by 1-D convolutional neural networks[J]. IEEE Transactions on Industrial Electronics, 2016, 63(11): 7067-7075.

[35] YUAN X F, HUANG B, WANG Y L, et al. Deep learning-based feature representation and its application for soft sensor modeling with variable-wise weighted SAE [J]. IEEE Transactions on Industrial Informatics, 2018, 14(7): 3235-3243.

[36] RAWAT W, WANG Z. Deep convolutional neural networks for image classification: a comprehensive review [J]. Neural computation, 2017, 29(9): 2352-2449.

[37] NAIR V, HINTON G E. Rectified linear units improve restricted boltzmann machines [C] //2010 International Conference on Machine Learning. 2010.

[38] GOODFELLOW I, BENGIO Y, COURVILLE A, et al. Deep learning[M]. Cambridge: MIT press, 2016.

[39] BENGIO Y, COURVILLE A, VINCENT P. Representation learning: a review

and new perspectives [J]. IEEE Transactions on Pattern Analysis and Machine Intelligence, 2013, 35 (8): 1798-1828.

[40] YU M, XIAO C Y, JIANG W H, et al. Fault diagnosis for electromechanical system via extended analytical redundancy relations [J]. IEEE Transactions on Industrial Informatics, 2018, 14 (12): 5233-5244.

[41] YU M, WANG D W. Model-based health monitoring for a vehicle steering system with multiple faults of unknown types [J]. IEEE Transactions on Industrial Electronics, 2013, 61 (7): 3574-3586.

[42] REPPA V, POLYCARPOU M M, PANAYIOTOU C G. Decentralized isolation of multiple sensor faults in large-scale interconnected nonlinear systems [J]. IEEE Transactions on Automatic Control, 2014, 60 (6): 1582-1596.

[43] ZHAO C H, GAO F R. Fault subspace selection approach combined with analysis of relative changes for reconstruction modeling and multifault diagnosis[J]. IEEE Transactions on Control Systems Technology, 2015, 24 (3): 928-939.

[44] LOPARO K, Case western reserve university bearing data center. [DS/OL]. [2018-12-01] http://csegroups.case.edu/bearingdatacenter/pages/12k-drive-end-bearing-fault-data.

[45] RUIZ-CARCEL C, CAO Y, MBA D, et al. Statistical process monitoring of a multiphase flow facility [J]. Control Engineering Practice, 2015, 42: 74-88.

[46] LI Y, BU S H, LIU Z B, et al. Mechanical fault diagnosis of rolling bearing based on locality-constrained sparse coding [C] //2015 IEEE Conference on Prognostics and Health Management (PHM). IEEE, 2015: 1-7.

[47] Altman N S. An introduction to kernel and nearest-neighbor nonparametric regression [J]. The American Statistician, 1992, 46 (3): 175-185.

[48] PAN S J, TSANG I W, KWOK J T, et al. Domain adaptation via transfer component analysis [J]. IEEE Transactions on Neural Networks, 2010, 22 (2): 199-210.

[49] SUN B C, FENG J S, SAENKO K. Return of frustratingly easy domain adaptation [C] //2016 Proceedings of the AAAI Conference on Artificial Intelligence. 2016, 30 (1).

[50] GANIN Y, LEMPITSKY V. Unsupervised domain adaptation by backpropagation [C] //International Conference on Machine Learning. PMLR, 2015: 1180-1189.

[51] VAN DER MAATEN L, HINTON

G. Visualizing data using t-SNE [J]. Journal of Machine Learning Research, 2008, 9 (11): 2579-2605.

[52] CAO Y. A benchmark case for statistical process monitoring-Cranfield multiphase flow facility. [DS/OL]. [2015-06-17] http://uk.mathworks.com/matlabcentral/fileexchange/50938-a-benchmark-case-for-statistical-process-monitoring-cranfieldmultiphase-flow-facility.

第 12 章

基于零样本学习的数据与知识融合方法及故障诊断

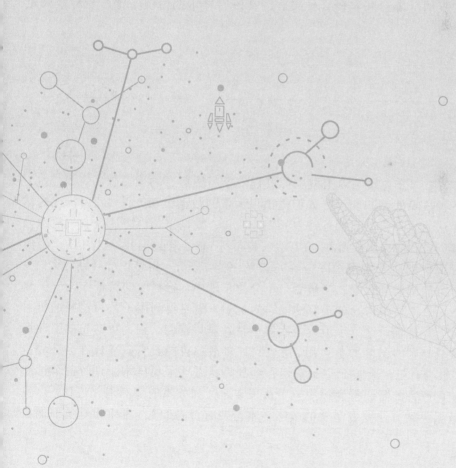

故障诊断系统是工业过程安全可靠运行的重要保障。数据驱动的故障诊断建模往往依赖于收集的历史故障数据。然而，在实际工业过程中，由于工业过程故障的破坏性与缓变特性，某些类别的故障数据往往难以收集。对此，本章研究了一种极具挑战性的故障诊断任务，即考虑在没有历史故障样本可用于模型训练的情况下进行诊断建模。我们将零样本学习的理念引入工业过程，通过提出基于故障描述的属性迁移方法来解决这一零样本故障诊断任务。具体来说，该方法使用人工定义的故障描述而不是收集的故障样本来确定故障类别。定义的故障描述由故障的一些属性组成，包括故障位置、故障影响，甚至故障的原因等。对于目标故障而言，其相关属性可以从同一工业过程的其余故障的描述中预先学习和迁移得到。接着，便可以在不需要其他任何数据训练的情形下，基于定义的故障描述诊断目标故障。另外，该方法采用有监督的主成分分析方法提取与属性相关的特征以提供更有效的属性学习。文章从理论上分析和解释了基于故障描述的诊断方法的有效性和可行性。首次基于经典的田纳西-伊斯曼过程和真实的百万千瓦火力发电厂过程设计了零样本情形下的故障诊断实验，结果表明在没有样本的情况下诊断目标故障是切实可行的。

12.1
概述

故障诊断和分类是保障大型工业过程安全高效运行的重要任务[1, 2]。为了提高对各种故障的诊断能力，人们提出了大量的数据驱动方法[3, 4]。传统的基于分类算法的故障诊断建模往往包括三个阶段：数据采集、特征提取和故障分类[5]。在第一个数据采集步骤中，工厂会安装许多传感器来收集日常运行中的故障信号；特征提取则通常采用矩阵分解方法[6]、时频分析[7]和卷积神经网络[8, 9]等来实现数据的降维和去噪；在最后一个分类步骤中，将提取的特征作为分类算法的输入，故障类型作为分类算法的学习标签，最终得到用于故障诊断的机器学习模型[10]。然而，这三步流程在实践中往往难以满足，因为更常见的工业场景没有或只有很少故障数据可用。考虑到许多故障可能具有破坏性并会造成巨大损失，很少有工厂会被允许刻意运行到故障状态并采集样本来训练故障诊断系统[11]。同时，机器通常会经历一个从正常运行到故障的逐渐退化过程，这也表明为数据驱动方法获取足够的故障样本是费时费力的[12]。本章将基于前面章节故障诊断研究的基础上,讨论如何在故障数据缺失的情况下建立有效的诊断模型。

为了克服训练样本数量稀缺的问题,一种可接受的方法是将从一些容易获得的故障或历史故障(训练故障)中学到的知识应用于那些难以采集样本的故障(目标故障)[13, 14]。因此,Lu 等人[15]将深度神经网络与最大平均差异指标相结合,提出了一种不需要目标故障样本的高精度故障诊断深度迁移学习方法。Long 等人[16]也使用了稀疏自编码器来训练深度域自适应模型。然而,对于深度迁移学习[17]而言,在训练域中已经准备好了与目标故障相同类型的故障。虽然目标域的故障不需要训练样本,但深度迁移学习实际上解决的是训练域和目标域之间的域偏移问题,而不是这里所考虑的零样本问题。此外,故障树分析[18, 19]也是一种典型的工业场景分析方法。它根据一些基本故障来诊断系统故障,也被成功地应用于了解系统故障的原因,并寻找降低风险的最佳方法,或确认故障的发生率[20, 21]。然而,当将故障树分析应用于定量分析时,专家系统通常需要利用到故障发生的频率。这意味着某些目标故障的记录(样本)已经准备好,同样也不符合零样本的要求。由此可以看出,零样本诊断任务的难点在于,我们没有目标故障的样本数据来进行通常意义上的数据驱动建模。

最近,Lampert 等人[22]针对零样本动物识别任务,提出了一种基于属性的建模方法。在零样本动物识别任务中,想要识别的目标动物类别是缺乏训练图片的。为此,Lampert 没有直接以动物类别作为学习标签训练分类模型,而是以动物的属性,即"颜色"和"形状"等,作为学习标签训练分类模型,并利用训练好的属性分类器来预测目标动物的属性。通过这种属性的迁移方式检测出新的动物。这种方法被称为直接属性预测(Direct Attribute Prediction,DAP)。Lampert 等人[22]还从动物类别标签中来学习动物属性,称为间接属性预测(Indirect Attribute Prediction,IAP)方法。此外,在零样本学习[23]中,还有利用匹配函数和平方损失来学习图像与属性之间映射的方法。Akata 等人[24]通过找到产生最高相容性得分的标签,对图像进行零样本分类;Romera-Paredes 等人[25]将特征、属性和类之间的关系建模为基于平方损失的两层线性网络,构造了一种非常简单的零样本分类模型。这种从目标属性中学习目标的范式[26]为零样本故障诊断问题提供了一种可行的解决方案。但是,当它应用到故障诊断任务时,是没有图片这一信息丰富的表征用于获取各种故障的"颜色"或"形状"等属性的,这些视觉属性并不适用于工业传感器信号,零样本故障诊断任务需要新的辅助信息。

需要注意的是,当我们在实践中学习一种新的故障时,往往首先注意到的是故障的特征和语义描述,而不是样本的数值多少。例如,从描述"一种由管道、联轴器和阀门相连，用于输送固体颗粒、气体或液体的装置"中，我们可以在根本看不到物体的情况下认识到"管道"这一对象。此外，当人们被告知"管道中的流体流动停止或异常缓慢"时，他们知道存在"管道堵塞"这一故障。因此，用总结良好的描述代替样本来诊断和识别各种故障在直观上是可行的，人为定义的故障描述是识别故障类别的有力信息。工业故障的每一种描述通常包含若干属性，包括故障的影响、故障的位置、故障的原因等。显然，有许多可能的故障属性，但是人们定义的属性往往是超越故障类别界限的[22, 23]。例如，"磨煤机轴承异常振动"故障和"磨煤机盘管温升"故障都发生在"磨煤机"上。我们可以利用现有的训练数据，将"磨煤机"上也出现的其他几种故障类别的样本合并，对"磨煤机"这一属性进行学习和识别，并将这些知识应用于目标故障的诊断任务。人们定义的属性可以被不同的故障共享，这为从不同故障类别的描述中获取属性知识提供了可能。

此外，高维度低密度信息是工业传感器数据的另一个重要特征[27, 28]。统计特征提取算法[29, 30]通常被用于有效的数据挖掘和特性揭示。最流行和经典的方法是主成分分析[31, 32]，它以无监督的方式进行特征提取。大量的案例研究和前人的工作都证明了它的有效性。然而，对于通常在有监督学习范式中定义的故障诊断任务[33]，有监督主成分分析[34]更有助于目标相关特征的提取。

基于上述分析，本章提出基于故障描述的属性迁移方法，用以解决目标故障类别没有训练样本的零样本诊断任务。该方法不采用传统的诊断范式，而是为每个故障提供由属性组成的故障描述作为辅助信息。这一故障描述层嵌入故障样本层和故障类别层之间。基于故障描述层的细粒度类共享属性，本章构建了一个级联诊断系统，用于将训练故障的属性知识迁移到目标故障进行零样本的故障诊断。在基于故障描述的方法中，我们还采用有监督的主成分分析作为特征提取器，为更有效的学习过程提供与属性相关的特征。

本章的研究工作总结如下：

① 提出了零样本诊断任务，即尝试在没有故障样本作为训练数据的情况下建立诊断模型并实施故障诊断。

② 提出了一种基于故障描述的属性迁移方法，将故障属性作为模型训练的辅助信息，完成属性知识从训练故障到目标故障的迁移，以实现零样本的故障诊断。

本章的研究工作剩余部分总结如下。12.2节公式化描述了零样本诊断任务。12.3节展示了基于故障描述的属性迁移方法以及可行性分析。12.4节介绍了零样本诊断在田纳西-伊斯曼基准过程与1000MW超超临界热电厂过程上的应用结果。最后，12.5节给出结论并揭示了未来可行的研究工作。

12.2 问题建模

12.2.1 故障描述的向量表示

为实现零样本的诊断,我们总结了每种故障的故障描述,以提供细粒度的类别信息。描述由多种属性组成,包括故障的影响、故障的位置和故障的原因等。每个属性是向量空间中的一个维度,故障的描述表示为 $\boldsymbol{a}^C \in \mathbb{R}^{C'}$,$C'$ 是属性数。对 L 类故障,描述矩阵可以表示为 $\boldsymbol{A}' \in \mathbb{R}^{L \times C'}$。

这里采用了独热编码的方法,使 $\boldsymbol{A}'$ 变为 $\boldsymbol{A}$,稀疏矩阵 $\boldsymbol{A} \in \mathbb{R}^{L \times C} = onehot(\boldsymbol{A}')$,其中 C 是独热编码的维度。$\boldsymbol{A}$ 中的所有元素都是 1 或 0,这表示该属性在某个故障类别的描述中是否存在。

12.2.2 零样本故障诊断的定义

我们的目标是诊断和识别 p 类故障。目标故障集表示为 $T = \{T_1, \cdots, T_p\}$。但是,我们没有 T 的训练样本。这里有一些其他可用的故障类别,这些类别表示为 $S = \{S_1, \cdots, S_q\}$,其中 q 是可用的故障类别数量。T 和 S 彼此不相交,即 $T \cap S = \varnothing$。S 的样本表示为 $\mathfrak{A} = \{\boldsymbol{X}_S \in \mathbb{R}^{N_S \times D}, \boldsymbol{Y}_S \in \mathbb{R}^{N_S}\}$,其中 N_S 是样本数,D 是特征维度。零样本故障诊断任务需要学习从 S 到 T 的映射 f,其公式如下:

$$\min \quad \text{CLoss}(\boldsymbol{Y}_T, \hat{\boldsymbol{Y}}_T), \hat{\boldsymbol{Y}}_T = f(\boldsymbol{X}_S, \boldsymbol{Y}_S | \boldsymbol{X}_T) \qquad (12\text{-}1)$$

式中,$\boldsymbol{X}_T$ 和 $\boldsymbol{Y}_T$ 分别为测试 $\boldsymbol{A} = [\boldsymbol{A}_S, \boldsymbol{A}_T] \in \mathbb{R}^{L \times C}$ 阶段目标故障的样本和标签;CLoss 表示任意分类损失。

在介绍了 T 和 S 的故障描述 $\boldsymbol{A}$ 之后,可以将式(12-1)中的目标函数重写为:

$$\min \quad \text{CLoss}(\boldsymbol{Y}_T, \hat{\boldsymbol{Y}}_T), \hat{\boldsymbol{Y}}_T = f(\boldsymbol{X}_S, \boldsymbol{Y}_S, \boldsymbol{A} | \boldsymbol{X}_T) \qquad (12\text{-}2)$$

式中,$\boldsymbol{A} = [\boldsymbol{A}_S, \boldsymbol{A}_T] \in \mathbb{R}^{L \times C}$ 为属性描述矩阵,$L = p + q$。值得一提的是,S 的属性描述矩阵 $\boldsymbol{A}_S$ 和 T 的属性描述矩阵 $\boldsymbol{A}_T$ 都可用于模型训练,因为属性描述是类级别而不是样本级别,是容易获得的通用知识而不是专家知识。

与传统的数据驱动故障诊断问题相比,零样本诊断是一个更有意义和挑战性的任务,其目的是克服无法为目标故障类别收集大量样本这一困难。

12.3 基于零样本学习的故障诊断

12.3.1 属性迁移的故障语义描述

对于一般的机器学习模型，如支持向量机或决策树，它们通常根据故障样本或提取的特征，为每种故障类别学习一个参数向量（或其他表示）α_i 来实现分类。显然，由于目标类 $T = \{t_1, \cdots, t_p\}$ 在训练阶段没有样本，无法为 T 获取参数向量，因此很难直接实现零样本故障诊断任务从 S 到 T 的学习。图 12-1 描述了这种困境。

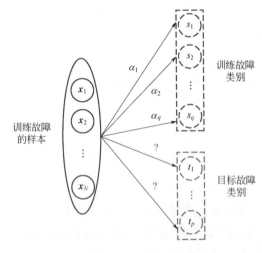

图 12-1 零样本诊断的困境：无法为目标故障获得参数向量

也就是说，为了识别没有训练样本的目标故障，学习系统需要从训练故障中提取与目标故障相关的信息。由于没有目标故障的训练数据，这种耦合关系不能直接从样本中提取。因此，故障描述被用来提供额外的辅助信息，并实现从训练故障到目标故障的属性迁移。图 12-2 给出了基于故障描述的零样本故障诊断方法的基本思想。

① 该级联模型的第一步是特征提取。我们拼接训练标签 Y_S 和训练故障的属性描述 A_S 以获取训练故障属性标签 $Z_S = [z_1^S, \cdots, z_C^S]^T \in \mathbb{R}^{N \times C}$，这表示每一个故障样本被一个 C 维的属性向量描述。有监督的主成分分析应用于数据对

$\{X_S, z_i^S\}(i=1,\cdots,C)$，以提取与属性相关的特征。训练样本 x 的特征表示为 b，该特征转换表示为 φ。

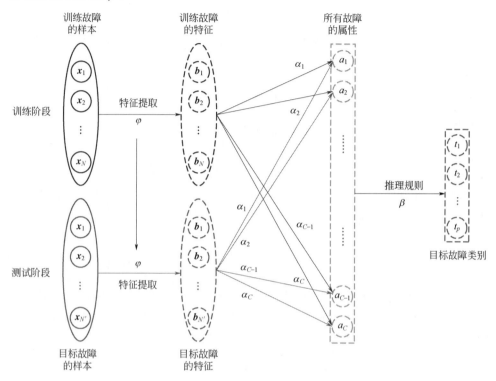

图 12-2 基于故障描述方法的基本框架

② 第二步是基于特征提取的属性学习和迁移阶段。它不直接学习特征和标签之间的映射，而是在训练阶段以监督的方式为每种属性 a_i 训练属性学习器 $\alpha_i(i=1,\cdots,C)$。在测试时，这些属性学习器允许对目标故障的每个测试样本预测属性值（1 或 0）。注意，只要在训练和目标故障的描述属性维度相同，就不需要针对目标故障提供的额外数据训练。

③ 基于得到的测试样本的属性向量，进行第三步，推断出测试样本的最终故障类别。因为目标故障 $A_T \in \mathbb{R}^{p \times C}$ 的故障描述是已知的，所以从故障描述到故障类别的推理规则 β 有很多，例如最近邻搜索等。

这里，图 12-2 中的级联模型也以概率的方式来描述以获得准确的表示。特征 b 通过转换映射 φ 从样本 x 中提取。从特征到故障描述进行推理的第二步可以表示为 $p(a|b) = \prod_{t=1}^{p} \frac{p(a^t|t)p(t)}{p(a^t)}[a = a^t]$，其中 $a \in \mathbb{R}^C$ 是 A 中一种故障的属性描述。这里，第 t 类的属性向量 a 表示为 $a^t = [a_1^t, \cdots, a_C^t]$。基于 Bayes 规则，我们将推理

表示为：

$$p(t|\boldsymbol{a}) = \sum_{t=1}^{p} \frac{p(\boldsymbol{a}^t|t)p(t)}{p(\boldsymbol{a}^t)}[\boldsymbol{a}=\boldsymbol{a}^t] \qquad (12\text{-}3)$$

如果 $\boldsymbol{a}=\boldsymbol{a}^t$，$[\boldsymbol{a}=\boldsymbol{a}^t]=1$，否则它为 0。由于属性描述矩阵 $\boldsymbol{A}_T$ 是已知的，我们有 $p(\boldsymbol{a}^t|t)=1$。在缺少明确信息的情况下，类别先验概率 $p(t)$ 认为是等同的。对于 $p(\boldsymbol{a}^t)=\prod_{i=1}^{C}p(\boldsymbol{a}_i^t)$，训练集的经验均值 $p(\boldsymbol{a}_i^t)=\frac{1}{q}\sum_{j=1}^{q}\boldsymbol{a}_i^{S_j}$ 被使用。将上述三步组合，一个样本的故障类别后验概率可以以如下方式得到：

$$p(t|\boldsymbol{x}) = p(t|\boldsymbol{a})p(\boldsymbol{a}|\boldsymbol{b}) = \frac{p(t)}{p(\boldsymbol{a}^t)}\prod_{i=1}^{C}p(\boldsymbol{a}_i^t|\boldsymbol{b}) \qquad (12\text{-}4)$$

式中，$\boldsymbol{b}=\varphi(\boldsymbol{x})$。为了从所有的故障类别 $t_1,\cdots,t_p$ 中为一个测试样本 $\boldsymbol{x}$ 挑选出最可能的故障类别，可以使用最大概率估计的方法：

$$f(\boldsymbol{x}) = \arg\max_{j=1,\cdots,p}\prod_{i=1}^{C}\frac{p(\boldsymbol{a}_i^{t_j}|\varphi(\boldsymbol{x}))}{p(\boldsymbol{a}_i^{t_j})} = \arg\max_{j=1,\cdots,p}\frac{p(\boldsymbol{a}^{t_j}|\boldsymbol{b})}{p(\boldsymbol{a}^{t_j})} \qquad (12\text{-}5)$$

式中，$\boldsymbol{a}^{t_j}$ 为第 j 种目标故障的属性描述向量；$\boldsymbol{a}_i^{t_j}$ 为 $\boldsymbol{a}^{t_j}$ 的第 i 个元素。式（12-5）揭示了基于描述的方法实际上是在特征 $\boldsymbol{b}$ 和故障描述 $\boldsymbol{a}$ 之间进行故障诊断。因此，故障特征和描述对于零样本任务至关重要。

12.3.2 可行性分析

令 $\boldsymbol{X}_S=[\boldsymbol{x}_1^S,\cdots,\boldsymbol{x}_N^S]$ 和 $\boldsymbol{X}_T=[\boldsymbol{x}_1^T,\cdots,\boldsymbol{x}_{N'}^T]$ 表示训练故障和目标故障的样本。$\boldsymbol{B}_S=[\boldsymbol{b}_1^S,\cdots,\boldsymbol{b}_N^S]$ 和 $\boldsymbol{B}_T=[\boldsymbol{b}_1^T,\cdots,\boldsymbol{b}_N^T]$ 是相应的特征，$\boldsymbol{Y}_S\in\mathbb{R}^N$ 和 $\boldsymbol{Y}_T\in\mathbb{R}^{N'}$ 是它们的标签。$\boldsymbol{A}=[\boldsymbol{A}_S,\boldsymbol{A}_T]\in\mathbb{R}^{L\times C}$ 表示每一种故障由一个 C 维的属性向量描述，因此我们可以通过拼接 $\boldsymbol{A}$ 与 $\boldsymbol{Y}_S$ 和 $\boldsymbol{Y}_T$ 得到属性标签 $\boldsymbol{Z}_S=[\boldsymbol{z}_1^S,\cdots,\boldsymbol{z}_N^S]\in\mathbb{R}^{N\times C}$ 和 $\boldsymbol{Z}_T=[\boldsymbol{z}_1^T,\cdots,\boldsymbol{z}_N^T]\in\mathbb{R}^{N\times C}$。不失一般性，训练和目标故障类别的属性学习器 $g_S=\{\alpha_1^S,\cdots,\alpha_C^S\}$ 和 $g_T=\{\alpha_1^T,\cdots,\alpha_C^T\}$ 分别表示从特征 $\boldsymbol{B}_S$ 和 $\boldsymbol{B}_T$ 到属性标签 $\boldsymbol{Z}_S$ 和 $\boldsymbol{Z}_T$ 的线性映射。

所提出的基于故障描述方法的迁移技巧在图 12-2 中的第二步。这里训练故障的属性学习器 g_S 被用作目标故障的属性学习器 g_T。这里，我们分析这种迁移使用属性学习器的可行性，即 $g=g_S=g_T$。

定义：对于 $\forall \boldsymbol{b}_i^T$，假设 $\exists \boldsymbol{u}_i\in\mathbb{R}^N$，$\boldsymbol{b}_i^T=\boldsymbol{u}_i\boldsymbol{B}_S$。相似地，对于 $\forall \boldsymbol{z}_i^T$，$\exists \boldsymbol{v}_i\in\mathbb{R}^N$，$\boldsymbol{z}_i^T=\boldsymbol{v}_i\boldsymbol{Z}_S$。集合 $\boldsymbol{U}=\{\boldsymbol{u}_i\}$ 和 $\boldsymbol{V}=\{\boldsymbol{v}_i\}$ 是 $\boldsymbol{B}_T$ 和 $\boldsymbol{Z}_T$ 对于 $\boldsymbol{B}_S$ 和 $\boldsymbol{Z}_S$ 的相关知识。

特征 $\boldsymbol{B}$ 和属性标签 $\boldsymbol{Z}$ 都是对故障的描述。相关知识 $\boldsymbol{U}$ 实际上是 $\boldsymbol{B}_T$ 对于 $\boldsymbol{B}_S$ 在

特征空间内依赖的编码。V 是 Z_T 对于 Z_S 在属性标签空间内依赖的编码。基于相关知识的定义，我们可以得到关于属性学习器共享的引理。

引理：如果 $\forall j$，$u_j = v_j$，从训练故障样本 $\{(b_i^S, z_i^S)\}$ 中学习得到的映射 $g_S : b^S \to z^S$ 可以被直接用作 $g_T : b^T \to z^T$ 为测试目标故障类别样本 $\{(b_i^T, z_i^T)\}$ 进行预测。

证明：令 $b_j^T = \sum_{i=1}^{N} u_j b_i^S$，有 $g_S(b_j^T) = g_S\left(\sum_{i=1}^{N} u_j b_i^S\right) = u_j \sum_{i=1}^{N} g_S(b_i^S) = v_j \sum_{i=1}^{N} z_i^S = z_j^T = g_T(b_j^T)$。

因此，根据引理，当关系知识 U 和 V 相等时，在线性情况下，属性学习器的共享是完全可行的。直观地讲，特征空间中的关系知识 U 是由训练样本和目标故障类别共同决定的，并且是不可改变的。然而，属性标签空间中的关系知识 U 是由定义的 A 决定的，它可以从故障描述中学习并通过反复试验加以提升。

12.4 方法验证与结果分析

本节使用两个案例进行方法验证。为了更好地理解所提出的零样本故障诊断任务和方法，本章首先使用田纳西-伊斯曼基准工业过程数据集详细介绍了实验设置和模型实现。然后在实际的火力发电厂过程中，展示了基于故障描述的属性迁移方法的应用。

12.4.1 田纳西-伊斯曼过程

由 Downs 和 Vogel 贡献的田纳西-伊斯曼过程（Tennessee Eastman Process，TEP）[35-41] 是一个在工业领域上得到充分研究的故障诊断数据集，它有助于公正地呈现新提出的零样本诊断任务和基于故障描述的属性转移方法的有效性。此外，我们还提供了用于实验的 TEP 的细粒度属性描述，以显示零样本故障诊断任务的辅助信息。

TEP 由 5 个主要子系统组成，包括反应器、冷凝器、气液分离器、循环压缩器和产品汽提器。数据集提供了 21 种故障，每种故障由 41 个测量变量和 11 个操作变量描述。采集 480 个样本，对每个故障进行训练。由于最后 6 种故障在数据集中的描述较少，本章利用前 15 种故障进行零样本故障诊断实验。表 12-1 介绍了 15 种故障类型，所研究的 15 种故障类型各不相同。当其中一些模型训练样本为零时，传统的故障诊断方法很难进行故障诊断。因此，提出的零样本故障诊断方法具有实际意义和实用价值。

表 12-1　田纳西-伊斯曼过程中的故障

编号	故障描述	故障类型
1	A/C 进料比值变化，B 含量不变（管道 4）	阶跃
2	B 含量变化，A/C 进料比值不变（管道 4）	阶跃
3	D 进料温度变化（管道 2）	阶跃
4	反应器冷却水入口温度变化	阶跃
5	冷凝器冷却水入口温度变化	阶跃
6	A 供给量损失（管道 1）	阶跃
7	C 供给管压力头损失（管道 4）	阶跃
8	A、B、C 供给量变化（管道 4）	随机
9	D 进料温度变化（管道 4）	随机
10	C 进料温度变化（管道 2）	随机
11	反应器冷却水入口温度变化	随机
12	冷凝器冷却水入口温度	随机
13	反应动力学参数	缓慢漂移
14	反应器冷却水阀	阀黏滞
15	冷凝器冷却水阀	阀黏滞

故障描述是提出零样本故障诊断方法的基础。图 12-3 显示了 TEP 在向量空间中的属性描述的配置，即属性矩阵 A，具体的属性名如表 12-2 所示。每种故障

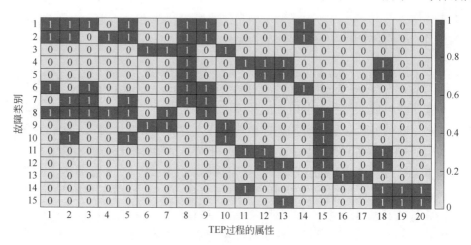

图 12-3　TEP 过程的故障描述矩阵

都由 20 个细粒度属性描述。对比表 12-2 和表 12-1，应该注意的是，属性描述可以很容易地从表 12-1 的语句中得出。根据故障描述，我们可以在诊断目标故障时不需要使用其样本进行模型训练。

表 12-2　田纳西-伊斯曼过程中故障的属性

编号	属性
1	A 投料改变
2	C 投料改变
3	A/C 比率改变
4	B 投料改变
5	与管道 4 相关
6	投料 D 温度改变
7	与管道 2 相关
8	扰动是阶跃变化
9	输入改变
10	输入温度改变
11	发生在反应器
12	冷却水温度变化
13	发生在冷凝器
14	与管道 1 相关
15	扰动是随机变化
16	模型参数变化
17	扰动是缓慢漂移
18	与冷却水相关
19	与阀门相关
20	扰动是卡住

图 12-2 中基于描述的方法的第一步是特征提取。采用监督主成分分析法提取属性相关特征。具体地说，每个属性都由监督主成分分析进行拟合[34]。然后将提取器应用于测试数据。对于每个属性，从原始的 52 个变量中提取 20 个特征。由于有 20 个不同的属性，在特征提取之后，将为以下步骤准备一个包含 400 个特征的数据集。第二步是属性学习器的训练。本章采用了 3 种不同的机器学习算法，包括线性支持向量机（Linear Support Vector Machine，LSVM）、非线性随机森林（Random Forest，RF）和概率朴素贝叶斯（Naïve Bayes，NB）。具体采用的是 scikit learn[37]的实现对 3 个模型进行了公平的比较。LSVM 的松弛项参数设为 1，RF 的决策树数设为 50。最后，使用最近邻搜索作为推理规则来确定最终的故障类别，并使用普通欧氏距离。

TEP 采用 15 种故障，训练/测试故障数量采用 80%-20%的划分，即 12 种故障作为训练故障，3 种故障作为目标故障。为了测试整个数据集的性能，将 TEP 数据集分为 5 组，每组有 3 个测试故障和 12 个训练故障。训练/测试划分见表 12-3，训练样本数为 5760（12480），测试样本数为 1440（3480）。我们报告了 5 组实验的准确率。

表 12-3 田纳西-伊斯曼过程数据的 5 种训练测试划分

编号	训练故障类型	测试故障类型
A	2~5，7~13，15	1，6，14
B	1~3，5，6，8，9，11~15	4，7，10
C	1~7，9，10，13，14，15	8，11，12
D	1，4，6~15	2，3，5
E	1~8，10，11，12，14	9，13，15

零样本故障诊断结果见表 12-4，最高诊断精度随训练/测试划分的变化而变化，从 62.63%到 88.40%。

表 12-4 田纳西-伊斯曼过程零样本诊断结果

编号	LSVM	RF	NB	最高	均值
A	58.68	88.40	80.27	88.40	75.78
B	58.12	51.87	62.63	62.63	57.54
C	44.51	48.33	67.56	67.56	53.46
D	53.34	61.73	72.43	72.43	62.50
E	42.56	43.12	67.43	67.43	51.03

显然，基于故障描述的属性转移方法的性能明显高于 33.33%的随机水平，这证明了基于故障描述的故障诊断方法的初衷：在没有训练样本的情况下，基于人工定义的故障描述可以对不同类型的故障进行诊断和分类。下一小节中的少样本实验将表明我们的结果实际上是相当有竞争力的。此外，值得一提的是，虽然对属性学习器共享的可行性证明仅限于线性情况，但非线性分类器和概率分类器（即 RF 和 NB）的较高性能表明该方法是普遍适用的。

到目前为止，没有一种基于数据驱动的方法能够在没有样本进行模型训练的情况下实现故障诊断和分类。如前所述，典型的方法（包括深度迁移学习和故障树分析）不适用于零样本故障诊断设定。因此，为了提供相同设置下的比较，Lampert 等人提出的零样本学习方法，即 DAP 和 IAP[22, 23]，被用于进行对比。注意，DAP 和 IAP 是为图像分类任务而设计的，Lampert 设计的"形状"或"颜色"属性不能在这里使用，而是使用本章总结的故障描述。图像特征，即 HoG 和 SIFT，在这里也不适用。我们让 DAP 和 IAP 从原始数据中学习。将 DAP 和 IAP 的非线性支持向量机（高斯核）的松弛项设为 1。因此，比较实际上是基于我们的贡献，即故障描述。结果如表 12-5 所示。当线性 LSVM 被设置为属性学习器时，本书的方法通过 5 组 DAP 和 IAP 呈现出具有竞争力的精度。当利用非线性属性学习器 RF 和概率属性学习器 NB 时，该方法获得了更高的精度。同时，我们尝试将本书的方法与 Akata 等人的 SJE[24]和 Romera-Paredes 等人的 ESZSL[25]进行比较。然而，由于卷积网络的深层特征以及 SJE 和 ESZSL 所要求的基于图像的属性在故障诊断场景下都是不可用的，它们的性能在 B、C、E 组上都存在严重的退化。这表明它们在工业场景下的泛化能力弱，难以实现有效的零样本故障诊断。

表 12-5　田纳西-伊斯曼过程零样本实验的比较　　　　　　　　%

算法	A	B	C	D	E	均值
DAP	54.16	62.63	40.13	55.48	36.94	49.86
IAP	55.48	60.69	45.00	36.25	48.88	49.26
SJE	74.58	33.12	33.95	63.88	33.81	47.86
ESZSL	57.22	33.33	39.51	39.65	33.33	40.60
Ours（LSVM）	58.68	58.12	44.51	53.34	42.56	51.44
Ours（RF）	88.40	51.87	48.33	61.73	43.12	58.69
Ours（NB）	80.27	62.63	67.56	72.43	67.43	69.86

另一个需要评估的性能是属性学习器的准确性，这是零样本故障诊断的基础。在我们的方法中，模型先学习故障属性，然后才知道故障。以 RF 为属性学习器的 A 组 20 个属性学习器的准确率如图 12-4 所示。大多数属性学习器的学习效果比随机猜测（50%的准确率）要好得多，其中一些属性学习器对 A 组的准确率甚至达到 90%以上，这直接说明了所提出的基于故障描述的方法的有效性。

为了比较，我们还进行了基于 A 组和 C 组的少量样本学习实验，其中 1、10、50、200、500 个样本用于模型训练。训练样本是从 TEP 的另一组数据中随机抽取的，测试数据与零样本故障诊断数据相同。比较的算法包括 LSVM、RF、NB、XGBoost（XGB）[42]、AdaBoost（ADA）、K-邻域（KNN）、梯度增强机（GBDT）[43]和轻量梯度增强机（LGBM）[44]。对于所有被比较的模型，它们的作者或 scikit

学习包[45]的实现被用于公平的比较。实验中使用的 scikit-learn 包的 LSVM 模型对于多类分类问题默认采用"1-v-1"策略。在参数方面，我们统一采用了作者的默认设置，不做任何调整，这通常表现出良好的性能。少数样本学习实验的结果如表 12-6 和表 12-7 所示。

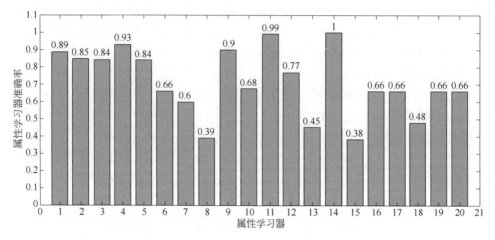

图 12-4　以 RF 为属性学习器的 A 组 20 个属性学习器的准确率

表 12-6　A 组数据上少样本实验的比较结果　　　　　　　　　　　　　%

算法	每一种故障的训练样本				
	1	10	50	200	500
LSVM	23.54	17.98	39.23	49.79	87.15
RF	25.00	55.55	50.90	57.01	99.37
NB	23.54	25.41	34.72	84.86	96.80
XGB	33.33	49.16	53.33	69.86	99.65
ADA	25.90	53.68	38.81	74.58	89.58
KNN	23.54	26.94	52.50	48.95	86.11
GBDT	25.48	55.20	27.15	47.63	99.72
LGBM	33.33	33.33	48.95	61.59	100.0
Ours	88.40				

如表 12-6 和表 12-7 所示，传统的机器学习算法在只提供少量故障样本的情况下性能较差，其中一些算法使用一个样本时的性能甚至比随机选择（33.33%）还要差。尽管 TEP 是一个经过充分研究的经典故障诊断数据集，但与我们的方法相比，比较方法至少还需要 200 个样本来呈现有竞争力的结果，这说明了零样本故障诊断任务的难度。实际上，零样本设置和一个样本设置是完全不同的，而且

难度更大,因此本书的方法与少数样本学习相比是不公平的。这说明故障描述确实为诊断提供了额外的故障信息。

表 12-7 C 组数据上少样本实验的比较结果   %

算法	每一种故障的训练样本				
	1	10	50	200	500
LSVM	32.15	23.05	27.43	49.51	62.01
RF	27.84	27.56	35.55	60.34	79.44
NB	32.15	29.44	41.31	77.29	79.37
XGB	33.33	25.00	29.37	56.25	82.15
ADA	25.83	26.59	28.75	58.05	70.90
KNN	32.15	31.66	31.80	53.12	67.70
GBDT	32.50	29.79	31.80	57.84	82.29
LGBM	33.33	33.33	30.20	59.79	81.66
Ours	67.56				

噪声是工业生产过程中普遍存在的典型干扰。为此,对该方法进行了噪声实验,验证了该方法的鲁棒性。具体地,从均值为零、变化方差的高斯分布采集噪声并叠加到原始数据中,属性学习采用 NB。结果见表 12-8。

整体来看,当噪声方差小于 0.5 时,该方法表现良好。当噪声方差大于 0.5 时,性能下降。有时,当噪声方差为 0.3 时,系统的性能会更好,例如在 A 组上的性能。如表 12-8 所示,在噪声环境下,A 组和 C 组 20 个属性学习器的平均准确率都是稳定的,这有助于获得零样本任务的鲁棒结果。

表 12-8 A 组与 C 组的噪声实验结果

噪声	A		C	
	准确率/%	属性/%	准确率/%	属性/%
—	80.27	70.51	67.56	60.69
G(0.1)	80.06	70.51	64.93	58.59
G(0.3)	82.56	70.50	65.00	58.55
G(0.5)	83.68	70.52	66.04	58.42
G(0.7)	73.33	69.72	63.26	57.93
G(1.0)	73.26	69.99	60.09	57.76
G(5.0)	65.55	67.21	57.63	56.83

12.4.2 百万千瓦超超临界机组

火力发电厂（Thermal Power Plant，TPP）故障数据集[46-50]是从1000MW超超临界火电机组的实际工业过程中获取的。热力过程由锅炉系统和汽轮机系统两个主要子系统组成。对该对象的介绍见第3章，在此不再赘述。火力发电厂数据集的故障描述矩阵 A 如图12-5所示，具体的属性信息如表12-9所示。为了测试所提出的基于故障描述的属性转换方法的稳健性，采用4组不同的训练/测试划分，如表12-10所示，每组包括5种模型训练故障和3种测试故障。模型实现与TEP相同。

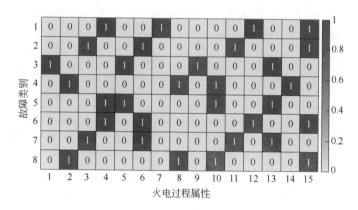

图 12-5 TPP 过程的故障描述矩阵

火力发电厂过程零样本故障诊断结果见表12-11。一般情况下，TPP的零样本故障诊断结果远高于TEP。4组平均准确率为85.07%～94.93%，TEP为51.03%～75.78%。这可以用故障描述矩阵 A 来解释。与TEP相比，火力发电厂过程的 A 定义揭示了更详细的信息。例如，表12-9提供了具体的过程变量，即"温度""压力"和"振动"，以及过程变量的具体特性，即"低"和"高"。该方法可以方便地从传感器信号中提取细节信息，并应用于属性的准确识别。因此，LSVM、RF和NB这三种机器学习算法都能在目标故障上获得良好的性能。

表 12-9 火力发电厂过程中故障的属性

编号	属性
1	发生在 5 号低压加热器
2	发生在磨煤机
3	发生在小汽轮机
4	发生在冷凝器泵上
5	与阀门相关

续表

编号	属性
6	与轴承相关
7	与线圈相关
8	与磨碾相关
9	偏移问题
10	压力问题
11	振动问题
12	压力问题
13	指标值异常
14	指标值偏低
15	指标值偏高

表 12-10　火力发电厂过程训练和测试故障划分

编号	训练故障	测试故障
A	4，5，6，7，8	1，2，3
B	1，2，3，7，8	4，5，6
C	2，3，4，5，6	7，8，1
D	1，3，4，6，7	2，5，8

表 12-11　火力发电厂过程零样本诊断结果　　　　%

编号	LSVM	RF	NB	最高	均值
A	92.53	99.48	90.82	99.48	94.28
B	99.90	83.31	89.69	99.90	90.97
C	83.91	80.44	90.87	90.87	85.07
D	92.21	99.96	92.63	99.96	94.93

　　以 RF 为属性学习器的 A 组 20 个属性学习器的平均准确率为 71.45%，TPP 为 75.06%。这验证了所提出的基于故障描述的属性迁移方法的有效性。该方法首先学习故障描述和属性，然后对故障进行诊断。此外，火力发电厂过程中的许多机器是旋转机器，如涡轮机、发电机和卷取机，因此该过程通常在噪声环境下工作。因此，表 12-11 所示的高性能也验证了所提出方法的鲁棒性和模型与现实的匹配。

表 12-12　田纳西-伊斯曼过程零样本实验的比较

算法	A	B	C	D	均值
DAP	96.20	81.32	89.21	93.67	90.10
IAP	92.28	96.33	81.33	90.09	90.01
SJE	66.78	99.33	68.20	99.33	83.41
ESZSL	62.78	96.28	72.37	94.96	81.59
Ours（LSVM）	99.48	83.31	80.44	99.96	90.79
Ours（RF）	90.82	89.69	90.87	92.63	91.00
Ours（NB）	92.53	99.90	83.91	92.21	92.13

此外，将所提方法与其他零样本学习方法进行了比较。实验设置与 TEP 相同。结果见表 12-12。对于火电厂过程，线性 LSVM 通过 4 个不同的组表现出较高的平均精度，揭示了过程的线性特征。SJE 和 ESZSL 在组 A 和组 B 上表现出不稳定的性能，因为该方法使用的深度特征在这里是不适用的。此外，DAP 和 IAP 与我们的方法相比精度较低。DAP 在实验中直接从故障样本中学习，而本节所提模型则通过有监督的主成分分析来学习与属性相关的特征。DAP 和我们的方法都是基于属性迁移的，因此结果可以揭示特征对于零样本故障诊断任务的重要性。

12.5 本章小结

考虑到故障样本在实际中较难采集，本章提出了零样本故障诊断任务并设计了基于故障描述的属性迁移方法，首次尝试在没有样本的情况下诊断目标故障。与基准数据集上的少量样本学习相比，该方法具有不需要目标故障样本的优点。在实际火力发电厂过程中的高精度结果和可行性分析也表明，通过设计合理的故障属性描述，确实可以实现零样本诊断。在今后的研究中，还有许多工作可以进一步发展和完善。例如：①可以考虑基于生成模型的解决方案，如生成式对抗网络，根据故障描述为目标故障生成样本；②本章利用有监督的主成分分析方法作为零样本诊断中提取属性相关特征的基本方法，可以设计出更有意义和可解释性的特征提取方法来更好地实现零样本诊断任务。

参考文献

[1] MA Y X, SONG B, SHI H B, et al. Fault detection via local and nonlocal embedding [J]. Chemical Engineering Research & Design, 2015, 94: 538-548.

[2] LIU Q, QIN S J, CHAI T Y. Decentralized fault diagnosis of continuous annealing processes based on multilevel PCA [J]. IEEE Transactions on Automation Science and Engineering, 2013, 10(3): 687-698.

[3] WANG F, TAN S, YANG Y W, et al. Hidden Markov model-based fault detection approach for multimode process [J]. Industrial & Engineering Chemistry Research, 2016, 55(16): 4613-4621.

[4] ZHAO S Y, HUANG B, FEI L. Fault detection and diagnosis of multiple-model systems with mismodeled transition probabilities [J]. IEEE Transactions on Industrial Electronics, 2015, 62(8): 5063-5071.

[5] LIU Q, ZHU Q Q, QIN S J, etc. Dynamic concurrent kernel CCA for strip-thickness relevant fault diagnosis of continuous annealing processes [J]. Journal of Process Control, 2017, 67: 219-228.

[6] XIN G, HOU J. An improved SVM integrated GS-PCA fault diagnosis approach of Tennessee Eastman process [J]. Neurocomputing, 2015, 32: 1023-1034.

[7] DENG X L, TIAN X M, HU X Y. Nonlinear process fault diagnosis based on slow feature analysis [C] //2012 Confernece on Intelligent Control and Automation. Beijing: IEEE, 2012: 1201-1211.

[8] CUI L, WU N, WANG W J, et al. Sensor-based vibration signal feature extraction using an improved composite dictionary matching pursuit algorithm [J]. Sensors, 2014, 14(9): 16715-16739.

[9] EREN L, INCE T, KIRANYAZ S. A generic intelligent bearing fault diagnosis system using compact adaptive 1D CNN classifier [J]. Journal of Signal Processing Systems, 2019, 91(2): 179-189.

[10] MURPHEY Y L, MASRUR M A, CHEN Z H, etc. Model-based fault diagnosis in electric drives using machine learning [J]. IEEE/ASME Transactions on Mechatronics, 2006, 11(3): 290-303.

[11] SUN C, MA M, ZHAO Z B, et al. Deep transfer learning based on sparse autoencoder for remaining useful life prediction of tool in manufacturing [J]. IEEE Transactions on Industrial Informatics, 2018, 15(4): 2416-2425.

[12] ZHAO J, OUYANG D T, WANG X Y, et al. The modeling procedures for model-

based diagnosis of slowly changing fault in hybrid system [J]. Advanced Materials Research, 2011, 186: 403-407.

[13] PAN Y, MEI F, MIAO H, et al. An approach for HVCB mechanical fault diagnosis based on a deep belief network and a transfer learning strategy [J]. Journal of Electrical Engineering & Technology, 2019, 14(1): 407-419.

[14] YU S S, STEPHEN M A, RUQIANG Y, et al. Highly-accurate machine fault diagnosis using deep transfer learning [J]. IEEE Transactions on Industrial Informatics, 2019, 15(4): 2446-2455.

[15] LU W, LIANG B, CHENG Y, et al. Deep model based domain adaptation for fault diagnosis [J]. IEEE Transactions on Industrial Electronics, 2017, 64(3): 231-245.

[16] LONG W, LIANG G, LI X Y. A new deep transfer learning based on sparse autoencoder for fault diagnosis [J]. IEEE Transactions on Systems Man & Cybernetics Systems, 2018, 49(1): 136-144.

[17] PAN S J, YANG Q. A survey on transfer learning [J]. IEEE Transactions on Knowledge & Data Engineering [J]. 2018, 22(10): 1345-1359.

[18] LEE W S, GROSH D L, TILLMAN F A, et al. Fault tree analysis, methods, and application: a review [J]. IEEE Transactions on Reliability, 2009, 34(3): 194-203.

[19] REAY A K, ANDREWS J D. A fault tree analysis strategy using binary decision diagrams [J]. Reliability Engineering & System Safety, 2002, 78(1): 45-56.

[20] SINNAMON R M, ANDREWS J D. Improved efficiency in qualitative fault tree analysis [J]. Quality & Reliability Engineering International, 1997, 13(5): 293-298.

[21] SAMIR C. Fault tree analysis [M]. USA: John Wiley & Sons, Inc, 2006.

[22] LAMPERT C H, NICKISCH H, HARMELING S. Learning to detect unseen object classes by between-class attribute transfer [C] // Proceeding IEEE Conference Computer Vision Pattern Recognition, Jun. Kyoto: IEEE, 2009: 951-958.

[23] FENG L J, ZHAO C H. Transfer Increment for Generalized Zero-Shot Learning [J]. IEEE Transactions on Neural Networks and Learning Systems, 2021, 32(6): 2506-2520..

[24] AKATA Z, REED S, WALTER D, et al. Evaluation of output embeddings for fine-grained image classification [C] // 2015 IEEE Conference on Computer Vision and Pattern Recognition. IEEE, 2015: 321-331.

[25] ROMERA-PAREDES B, TORR P H. An

embarrassingly simple approach to zero-shot learning [C] // 2015 International Conference on Machine Learning. Lile: IMLS, 2015: 1103-1113.

[26] KANG S, LEE D, YOO C D. Face attribute classification using attribute-aware correlation map and gated convolutional neural networks [C] // 2015 IEEE Conference on Image Processing. IEEE, 2015: 510-518.

[27] ZHAO C H, SUN Y X, Comprehensive subspace decomposition and isolation of principal reconstruction directions for online fault diagnosis [J]. Journal of Northwest A & F University, 2013, 23 (10): 1515-1527.

[28] ZHAO C H, GAO F R, Fault subspace selection approach combined with analysis of relative changes for reconstruction modeling and multifault diagnosis [J]. IEEE Transactions on Control Systems Technology, 2015, 24 (3): 1-12.

[29] WANG J C, ZHANG Y B, et al. Dimension reduction method of independent component analysis for process monitoring based on minimum mean square error [J]. Journal of Process Control, 2012, 22 (2): 477-487.

[30] ZHAO C H, LI W Q, SUN Y X. A subprincipal component of fault detection modeling method and its application to online fault diagnosis [C] // 2013 the 9th Asian Control Conference. Istanbul: ACA, 2013: 791-798.

[31] CHEN J H, LIAO C M, et al. Principle component analysis based control charts with memory effect for process monitoring [J]. Industrial & Engineering Chemistry Research, 2001, 40 (6): 1516-1527.

[32] MISRA M, YUE H H, QIN S J, etc. Multivariate process monitoring and fault diagnosis by multi-scale PCA [J]. Computers & Chemical Engineering, 2002, 26 (9): 1281-1293.

[33] LI M, WU X, Fault diagnosis for fans of coal based on CBR hybrid threshold method [C] // 2010 International Conference on Fuzzy Systems and Knowledge Discovery. USA: Springer, 2010: 1010-1018.

[34] BARSHAN E, GHODSI A, AZIMIFAR Z, et al. Supervised principal component analysis: Visualization, classification and regression on subspaces and submanifolds [J]. Pattern Recognition, 2011, 44 (7): 1357-1371.

[35] DOWNS J J, VOGEL E F. A plant-wide industrial process control problem [J]. Computers & Chemical Engineering, 1993, 17 (3): 245-255.

[36] YU W K, ZHAO C H. Online fault diagnosis in industrial process using multi-

model exponential discriminant analysis algorithm [J]. IEEE Transactions on Control Systems Technology, 2018, 27(3): 13317-1325.

[37] GAO Z, CECATI C, DING S X. A survey of fault diagnosis and fault-tolerant techniques: Part I Fault diagnosis with model-based and signal-based approaches [J]. IEEE Transactions on Industrial Electronics, 2015, 62(6): 3757-3767.

[38] YIN S, ZHU X P, KAYNAK O. Improved PLS focused on key-performance-indicator-related fault diagnosis [J]. IEEE Transactions on Industrial Electronics, 2015, 62(3): 1651-1658.

[39] LI W Q, ZHAO C H, GAO F R. Linearity evaluation and variable subset partition based hierarchical process modeling and monitoring [J]. IEEE Transactions on Industrial Electronics, 2018, 65(3): 2683-2692.

[40] QIN S J. Survey on data-driven industrial process monitoring and diagnosis [J]. Annual Reviews in Control, 2012, 36: 220-234.

[41] PENG K X, ZHANG K, YOU B, DONG J, WANG Z D. A quality-based nonlinear fault diagnosis framework focusing on industrial multimode batch processes [J]. IEEE Transactions on Industrial Electronics, 2016, 63(4):

2615-2624.

[42] CHEN T Q, GUESTRIN C. XGBoost: a scalable tree boosting system [C] // 2016 ACM the 22nd SIGKDD. ACM, 2016: 785-794.

[43] FRIEDMAN H J. Greedy function approximation: a gradient boosting machine [J]. Annals of Statistics, 2001, 29(5): 1189-1232.

[44] KE G L, QI M, et al. LightGBM: a highly efficient gradient boosting decision tree [J]. Advances in Neural Information Processing Systems, 2017, 67: 3149-3157.

[45] ASHISH S, RITESH J, Scikit-learn: machine learning in python [J]. Journal of Machine Learning Research, 2012, 12(10): 2825-2830.

[46] YU J, QIN S J. Multimode process monitoring with Bayesian inference-based finite Gaussian mixture models [J]. AIChE Journal, 2008, 54(7): 1811-1829.

[47] CAI L F, TIAN X M, CHEN S. Monitoring nonlinear and non-gaussian processes using gaussian mixture model-based weighted kernel independent component analysis [J]. IEEE Transactions on Neural Networks and Learning Systems, 2017, 28(1): 122-135.

[48] ZHAO C H, SUN H, TIAN F. Total variable decomposition based on sparse

cointegration analysis for distributed monitoring of nonstationary industrial processes [J]. IEEE Transactions on Control Systems Technology, 2020, 28 (4): 1542-1549.

[49] JOHNSON R A, WICHERN D W. Applied multivariate statistical analysis [M]. NJ: Prentice Hall, 2002.

[50] DENG F, GUO S, ZHOU R, et al. Sensor multifault diagnosis with improved support vector machines [J]. IEEE Transactions on Automation Science and Engineering, 2015, 14 (2): 1053-1063.